رسالة مؤسسة محمد بن راشد آل مكتوم

عزيزي القارئ،

في عصر يتسم بالمعرفة والمعلوماتية والانفتاح على الآخر، تنظر مؤسسة محمد بن راشد آل مكتوم إلى الترجمة على أنها الوسيلة المثلى لاستيعاب المعارف العالمية، فهي من أهم أدوات النهضة المنشودة، وتؤمن المؤسسة بأن إحياء حركة الترجمة، وجعلها محركاً فاعلاً من محركات التنمية واقتصاد المعرفة في الوطن العربي، مشروع بالغ الأهمية ولا ينبغي الإمعان في تأخيره.

فمتوسط ما تترجمه المؤسسات الثقافية ودور النشر العربية مجتمعة، في العام الواحد، لا يتعدى كتاباً واحداً لكل مليون شخص، بينما تترجم دول منفردة في العالم أضعاف ما تترجمه الدول العربية جميعها.

أطلقت المؤسسة برنامج «ترجم»، بهدف إثراء المكتبة العربية بأفضل ما قدّمه الفكر العالمي من معارف وعلوم، عبر نقلها إلى العربية، والعمل على إظهار الوجه الحضاري للأمة عن طريق ترجمة الإبداعات العربية إلى لغات العالم.

ومن التباشير الأولى لهذا البرنامج إطلاق خطة لترجمة ألف كتاب من اللغات العالمية إلى اللغة العربية خلال ثلاث سنوات، أي بمعدل كتاب في اليوم الواحد.

وتأمل مؤسسة محمد بن راشد آل مكتوم في أن يكون هذا البرنامج الاستراتيجي تجسيداً عملياً لرسالة المؤسسة المتمثلة في تمكين الأجيال القادمة من ابتكار وتطوير حلول مستدامة لمواجهة التحديات، عن طريق نشر المعرفة، ورعاية الأفكار الخلاقة التي تقود إلى إبداعات حقيقية، إضافة إلى بناء جسور الحوار بين الشعوب والحضارات.

للمزيد من المعلومات عن برنامج «ترجم» والبرامج الأخرى المنضوية تحت قطاع الثقافة، يمكن زيارة موقع المؤسسة www.mbrfoundation.ae

عن المؤسسة

انطلقت مؤسسة محمد بن راشد آل مكتوم بمبادرة كريمة من صاحب السمو الشيخ محمد بن راشد آل مكتوم نائب رئيس دولة الإمارات العربية المتحدة رئيس مجلس الوزراء حاكم دبي، وقد أعلن صاحب السمو عن تأسيسها، لأول مرة، في كلمته أمام المنتدى الاقتصادي العالمي في البحر الميت ـ الأردن في أيار/مايو 2007. وتحظى هذه المؤسسة باهتمام ودعم كبيرين من سموه، وقد قام بتخصيص وقفٍ لها قدره 37 مليار درهم (10 مليارات دولار).

وتسعى مؤسسة محمد بن راشد آل مكتوم، كما أراد لها مؤسسها، إلى تمكين الأجيال الشابة في الوطن العربي، من امتلاك المعرفة وتوظيفها بأفضل وجه ممكن لمواجهة تحديات التنمية، وابتكار حلول مستدامة مستمدة من الواقع، للتعامل مع التحديات التي تواجه مجتمعاتهم.

بيتر هوفمن

مصادر الطاقة المستقبلية
الهيدروجين وخلايا الوقود
والتوقعات لكوكب أنظف

ترجمة: د. ماجد كنج

مراجعة وتدقيق غازي برو

مؤسسة محمد بن راشد آل مكتوم
MOHAMMED BIN RASHID
AL MAKTOUM FOUNDATION

الفارابي

يتضمن هذا الكتاب ترجمة الأصل الإنكليزي

© Tomorrow's Energy, Hydrogen, Fuel Cells

حقوق الترجمة العربية مرخّص بها قانونياً من الناشر
بمقتضى الاتفاق الخطي الموقّع بينه وبين دار الفارابي

Arabic Copyright©2009 by Dar AL-FARABI

الطبعة الأولى
1430 هـ ـ 2009 م

ردمك 978-9953-71-484-4
tarjem@mbrfoundation.ae
www.mbrfoundation.ae

دار الفارابي

وطى المصيطبة ـ شارع جبل العرب، مبنى تلفزيون الجديد
هاتف: 301461 ـ 307775 (1-961+)
ص.ب: 3181 ـ 11 بيروت 1107 2130 ـ لبنان
فاكس: 307775 (1-961+) . البريد الالكتروني: info@dar-alfarabi.com
الموقع على شبكة الانترنت: www.dar-alfarabi.com

تباع النسخة الكترونياً على موقع:
www.arabicebook.com

المحتويات

مقدمة
طاقة الغد - الهيدروجين

بقلم المترجم

ماجد كنج

إنَّ جميع الكائنات الحيّة تحتاج الى الطاقة للإبقاء على وجودها ونموها وتكاثرها. ويكون استعمال الطاقة إما مباشرة من الطبيعة أو عن طريق الاستحواذ على المادة المتعضية اللازمة لهياكل المتعضيات الحية. يتفرد الإنسان من بين الكائنات بحاجته إلى الطاقة لذات الأسباب المذكورة بالإضافة الى الحاجات الناتجة من تطوره الحضاري. والجدير ذكره إنَّ جميع الحضارات البشرية منذ فجر التاريخ استعملت مصادر الطاقة في محيطها الطبيعي بما يتناسب مع تطورها ومعرفتها وتعقيدات مجتمعاتها في الحقبة التاريخية المرتبطة بهذا الواقع المادي والروحي والمعرفي.

لم تخلُ المجتمعات البشرية في مختلف حقباتها من الأزمات الناتجة عن كسر التوازن بين الحاجات وما هو متاح وقابل للاستهلاك. وهذا ما حدث للإمبراطورية الرومانية وخلال القرون الوسطى.

فقط منذ بضعة قرون دخلت البشرية في عصر الصناعة الكبيرة على المستوى الجماهيري وقد ساعد في ذلك اكتشاف الآلة

7

البخارية التي تعمل من طريق إحراق الفحم. وهكذا إذن دخلت المجتمعات البشرية في ما أصبح يعرف بعصر الوقود الأحفوري.

أدى اكتشاف النفط بكميات وافرة قبل قرنين الى التزاحم على هذه المادة الأحفورية في سبيل الاستعمالات البيتية وخاصة للإنارة. ولقد أدى تطور الآلة البخارية وتصنيع الأعداد الكبيرة من القاطرات والسفن التجارية البخارية والآلات الحربية الى التطور في علم الميكانيك وقوانين الديناميك الحرارية. وكان من نتائج ذلك أن تم اختراع المحرك ذي الاحتراق الحراري الذي يعمل بالوقود الأحفوري السائل أي بواسطة مشتقات النفط.

لقد شكل الاستعمال الطاقوي للنفط سبباً للكثير من الحروب والصراعات، وأدى الى تغيرات هائلة في البنية الاجتماعية الاقتصادية، وأسس بالتالي للثورة العلمية التكنولوجية. فخلال القرنين الماضيين استهلكت البشرية كمية من الطاقة تعادل إجمالي كميات الطاقة المستعملة على مر التاريخ السابق.

لقد أدى الاستخراج المفرط للنفط من باطن الأرض ومن تحت البحار الى نضوب الكثير من حقول النفط، وخرجت دول عدة من مصاف الدول المنتجة الى مصاف الدول المستهلكة ومنها على سبيل المثال الولايات المتحدة. ومع بلوغ إنتاج النفط الذروة ما يعني أنه لا محالة قد دخلنا في مرحلة النكوص، وذلك بسبب أن كميات النفط الدفينة في الباطن تبقى محدودة، إذ أنها تشكلت منذ عشرات ملايين السنين وهي غير قابلة للتجدد بالمنظور التاريخي للبشر. وكنتيجة لذلك انحصر احتياط النفط القابل للاتخراج في مناطق محدودة على الكرة الأرضية، ولكن مركّزة بشكل أساسي في بعض الجهات التي تشكل منطقة الشرق الأوسط أهمها على الإطلاق.

تلتصق الحضارة الحديثة بشكل حميم بالنفط لتسيير آلاتها الجبارة وتطوير صناعاتها وزراعتها المعتمدة بشكل جوهري على

النفط. ولكن بدء تراكم الانبعاثات، وهي تعتبر مجازياً نفايات اتراق مشتقات النفط، أخذ يؤثر على البيئة بشكل سلبي ويهدد بتغيرات مناخية خطيرة خصوصاً لجهة احترار الكوكب الأرضي وذلك بفعل تأثير الدفيئة الناتج خصوصاً عن تراكم ثاني أكسيد الكربون.

إذن وعلى مشارف القرن الواحد والعشرين تجد البشرية نفسها أمام أزمات سياسية واقتصادية وبيئية ومخاطر أمنية وحروب مدمرة لا تقل خطورة عن أي تغيرات جيولوجية كارثية. فالمزيد من استهلاك النفط سوف يؤدي من جهة أولى الى تسارع التهديدات على البيئة وعلى الحياة ذاتها بفعل التلوث، ومن جهة ثانية الى تسارع نضوب هذا المصدر الثمين ما يؤدي الى زيادة احتدام الصراعات وخسارة هذا الخزين من مادة مفيدة في المجالات الصناعية والزراعية والتي لا تعوض، ولا يحل مكانها، أي مواد أخرى ضرورية لبقاء الجنس البشري في هذه الحقبة من تطوره النوعي والكمي.

يرى الكثير من النشطاء البيئيين وعلماء الطاقة أن أمام البشرية فقط بضعة عقود من السنين قبل وقوع الكارثة لإجراء التحول الضروري والجسيم من حضارة اقتصاد الوقود الأحفوري الى حضارة اقتصاد الهيدروجين، ويتطلب ذلك إقصاء استعمال الوقود الأحفوري بجميع مشتقاته واستبداله بمصادر الطاقة البديلة المستدامة مع استعمال الهيدروجين كناقل للطاقة.

تستدعي هذه العملية تحولات كبيرة في الاقتصاد والسياسة والمجتمع. يساعد في ذلك الدخول في عصر المعلوماتية والأنترنت، إذ أنه بحسب هؤلاء العلماء فإن عصر شبكة الهيدروجين (الهيدرونت) قد بزغ، وعلينا أن ننتظر التحولات العميقة لدى الجنس البشري على كل الصعد.

كلمة شكر

ظهر هذا الكتاب كتنقيح وتحديث لكتاب - *The Forever Fuel* *The Story of Hydrogen* (الوقود الأبدي - قصة الهيدروجين) الذي نشرته *Westview Press* سنة 1981. لم أكن حقيقة أنوي إجهاد نفسي في كتاب آخر، ولكنني خضعت أمام إلحاح بعضهم الذي رأى أن كتاباً كهذا ضروري لأن الهيدروجين وخلايا الوقود حققت تقدماً منذ *The Forever Fuel*، ولأن إصداراً جديداً ومنقّحاً سوف يدفع العملية خطوة أبعد. هكذا بدأت جمع مواد جديدة، وقد ساعدني على ذلك المساهمة بكتابة تقرير كل شهر لمجلة *The Hydrogen & Fuel Cell Letter* التي أنشأناها أنا وزوجتي سارة سنة 1986 حيث خرج الكتاب بصيغة أبعد من طبعة منقحة. نحن نعتقد أنه كتاب جديد، مع ذلك بقيت المعلومات القديمة نوعاً ما في صيغة مكثفة.

يتوجب الامتنان للعديدين لأسباب كثيرة ومتنوعة - التلقيم بالمعلومات واقتراح الحقول الجديدة وقراءة الأقسام المبكرة قراءة نقدية واقتراح التعديلات وتقديم الدعم المعنوي حيث كنت على وشك ترك كل شيء. إن أسماء بعض الذين أودّ شكرهم قد وردت في الكتاب، من ضمنهم من دون ترتيب خاص:

Alan Lloyd, Shannon Baxter, Sandy Thomas, Jesse Ausubel,

Henry Linden, Dan Brewer, Gary Sandrock, Joan Ogden, Bob Williams, Bob Zweig, T. Nejat Veziroglu, Bob Rose, Frank Lynch, Karl Kordesch, Peter Lehman, Oliver Weinmann, James Provenzano, Chris Borroni-Bird, Venki Raman, Firoz Rasul, Neil Otto, Debby Harris, Carl-Jochen Winter, Ulrich Schmidtchen, Ron Sims, Cesare Marchetti, Hjalmar Arnason, Heinz Klug, Hans Pohl, Reiner Wurster, Ulrich Buenger, Vahe Kludjan, Martin Hammerli, Karen Miller, Bob Mauro, Lowell Ungar, Ranji George, Barbara Heydorn, Olof Tegstr?m, Curtis Moore, Marcus Nurdin, John Turner, Paul Weaver, Sandy and Andrew Stuart, Glenn Rambach, James Cannon, John O'Sullivan, Jeff Bentley, Dr. Ulrike Gutzman.

هناك امتنان خاص لمساعدتي في الحصول على الدعم المالي لبيل هوغلاند Bill Hoagland وسوزان ليتش Susan Leach ونِيْل روسميسل Neil Rossmeissl وكاتي غريغور پادرو Cathy Gregoire Padro من وزارة الطاقة في الولايات المتحدة الأمريكية.

أخيراً أشكر كلاي مورزان Clay Morzan وپول بتج Paul Bethge من دار نشر معهد ماساشوستس للتكنولوجيا MIT Press وزوجتي سارة وتايلور م بريغز Taylor M. Briggs الذين أمضوا ساعات لا يمكن حصرها في مراجعة النسخة وتقديم الاقتراحات وحذف الأخطاء البارزة، وبالاجمال المساعدة في إنجاز هذا المؤلف، لأنه من دونهم ما كان لهذا الكتاب أن يوجد.

افتتاحية
سيناتور توم هاركين (Tom Harkin)

حين ولدت في سنة 1939 كان تعداد السكان ملياري نسمة في العالم. وحين بلغت الستين كان هناك ستة مليارات. أما حين بلوغ ابنتي سن الستين فسيكون هناك تسعة مليارات نسمة. إن العديد من هؤلاء السكان سيطلبون التدفئة في الشتاء والتبريد في الصيف، كذلك سوف يبغون استعمال البرادات والراديوات والتلفزيونات والسيارات.

إن المسألة ليست إذا كانت أممٌ مثل الصين والهند ستنمو أم أنها ستستهلك أكثر من الطاقة مما تستهلكه اليوم. إنها سوف تفعل، وعليها أن تفعل ذلك. إنه من حقها التطلع الى حياة أفضل كما سلف وفعلنا نحن كذلك.

المسألة هي: أي نوع من العالم سوف ننشئ؟ فاذا استمرينا بإرساء اقتصاداتنا على الفحم والنفط فسوف نخلق عالماً مع الهواء المسموم والمياه المبتذلة والأمراض المنهكة، وسوف يحمل احترار الكوكب القحط والأعاصير والأمراض الاستوائية الى الشمال وغمر السواحل على نطاق واسع.

هناك بديل. يمكننا استبدال الفحم والنفط بمصادر للطاقة

13

نظيفة ومتجددة قادرة على إنتاج الكهرباء وتدفئة المباني وتسيير العربات. مصادر الطاقة المتجددة وافرة في جميع أنحاء العالم. الهند غارقة بأشعة الشمس واستهلاك التيار الكهربائي في الصين يمكن توليده من رياح منغوليا الداخلية. في الولايات المتحدة، يوسَم وسط الغرب، أحياناً، بالعربية السعودية لما فيه من رياح.

في كل حال علينا أن نتذكر أن الشمس والريح وكل مصادر الطاقة المتجددة هي متقطعة وموزعة على مناطق معينة، ويمكن لها أن تصبح مصدراً أساسياً للكهرباء إذا وجدنا الطريقة لتخزين طاقتها ونقلها بفعالية.

إن الهيدروجين يمكن أن يجعل تصور التجديد تصوراً واقعياً عن طريق تخزين الطاقة المتجددة بحيث تكون متاحة متى وحيث تدعو الحاجة. فالهيدروجين هو الجزء الأبسط، إنه غير سام ويمكن صنعه من الماء الصرف باستعمال الكهرباء من المصادر المتجددة. وإذا استعمل الهيدروجين في خلايا الوقود فهو يولد الكهرباء ويطلق بخار الماء لا غير. أما كفاءة السيارات التي تعمل على الهيدروجين فتصبح مضاعفة مرتين أو ثلاث مرات عن تلك التي تعمل بواسطة محرك البنزين. كذلك يمكن لخلايا الوقود أن تصنع بكل الأحجام لتلبي أي شيء بدءاً من الأجهزة المحمولة في الجيب الى منشآت توليد الكهرباء الكبرى. إنها مثالية لبنية تحتية خاصة بالطاقة مبعثرة ومنيعة.

هذا الكتاب هو ذروة نتاج بيتر هوفمان خلال العقود الثلاثة الماضية من تدوين تطور طاقة الهيدروجين من مرحلة تصورها كوة صغيرة في السوق حتى بلغت موقعاً أصبحت فيه على عتبة التجارة الواسعة. إنه يصف الطرائق المتعددة التي يمكن بها إنتاج

14

الهيدروجين وتخزينه واستخدامه، ويقدم التحاليل العميقة للحواجز التقنية والاقتصادية المتبقية لانتشاره على نطاق واسع.

على مدى مهامي في مجلس الشيوخ عملت لتطوير اقتصاد الهيدروجين. وإنني فخور لمشاهدة ما أحرز من تقدم كبير. فاليوم يوجد محطات تزويد بوقود الهيدروجين وحافلات تعمل بخلايا الوقود المستخدمة في المدن في أنحاء العالم كافة. ينوي ديملركرايزلر Daimler Chrysler بيع خلايا الوقود تجارياً بحلول عام 2004 مع غيره من صناع السيارات. والفيرست ناشيونال بنك في أوماها يستعمل خلايا الوقود لتغذية آلات الصرف بالتيار وقت الانقطاع، ومؤخراً جهزت شرطة نيويورك مركزها في ناشونال بارك سيتي بالتيار الكهربائي بواسطة خلايا الوقود لأن ذلك أقل كلفة من تمديد خطوط التيار.

إن تبحّر هوفمان في معرفته الواسعة والعميقة بالهيدروجين سيشكل الأداة الأثمن لمتابعة هذه الجهود وهو كذلك مصدر مهم لأي مهتم ببيئتنا. وبعد قراءة هذا الكتاب فسوف يرى المرء أن حلم اقتصاد الهيدروجين قد أصبح حقيقة. إنني واثق أنه سيأتي يوم أنتقل فيه من مكتبي الذي تعمل التدفئة فيه على الهيدروجين، الى سيارتي التي تعمل بواسطة خلايا الوقود مروراً عبر الهواء النقي، وحين أفعل ذلك سوف يكون معي وبرفقتي هذا الكتاب.

I

لماذا الهيدروجين؟ بوكمينستر فولر
والشيخ يماني وبيل كلينتون

هناك مصدران أوليان للطاقة يمكن استثمارهما وتكريسهما للعمل. الأول
هو الطاقة المدخرة والمخزنة والثاني هو رصيد الطاقة المنتج. الأول كحساب
رصيد رأس مال توفير ومخزن للطاقة، والثاني كحساب جاري للطاقة. يلزم
للوقود الأحفوري ملايين عديدة من السنين من أجل التحويل المعقد والحفظ،
بدءاً من تراكم طاقة أشعة الشمس بواسطة التركيب الضوئي النباتي الى التخزين
العميق للطاقة في باطن الأرض (هنالك وفرة زائدة من موارد الطاقة المنتجة
"المتجددة" في أكثر من مكان وزمان لإنتاج مليارات المخزونات من الطاقة
التي يستهلكها الإنسان، إذا عرف كيف يخزنها حين توافرها لاستعمالها حين
حاجتها وحيث تكون غائبة. هنالك مصادر هائلة للطاقة المنتجة (المتجددة)
المتاحة والتي لا تصمد عمليات حفظها الطبيعة للطاقة على القشرة الأرضية في
"أمام يوم ماطر". هذه الطاقة توجد في المياه وحركة المد والجزر والريح
وأشعة الشمس التي تلفح الصحارى. يقول مستثمرو الوقود الأحفوري من
الفحم والبترول إنَّ إنتاج المخزون المدخر وحرقه أقل كلفة. إن ذلك يشبه
القول إن السطو على المصرف يتطلب جهداً أقل مما تمثله عملية ايداع المال

16

في حساب مصرفي. السؤال هو: التكلفة على من؟ هل هي على حفيد حفيدنا الذي لن يجد في المستقبل الوقود الأحفوري لتشغيل الماكينات؟ أرى أن القبول الأعمى للمجتمع الدولي ممثلاً بانتهازيي اللحظة الراهنة وغياب الفكر البناء والبعيد المدى سوف يجعل مستقبل الجنس البشري على الأرض مشكوكاً به، إذا كنا لن نقبل بتوجهات مقبولة.

- فولّر (Buckminster Fuller, 1969)[1]

تحاول القوى العظمى جدياً استكشاف بدائل للنفط متوخية استمداد الطاقة من الشمس أو الماء. نرجو من الله أن لا ينجحوا لأن ذلك سيجعلنا في وضع مؤلم.

- الشيخ أحمد زكي اليماني وزير النفط السعودي، 1976[2].

إنّ التحول الى الطاقة الشمسية سوف يخلق 9.2 مليون وظيفة، وسوف يقتطع 8.11 مليار دولار في 1990 من الاستثمار في الوقود التقليدي بحسب دراسة للسيناتور إدوارد كيندي (ماساشوستس).

- وكالة الأنباء الدولية - أبريل / نيسان 1979.

الهيدروجين كوقود؟ تلك هي قضية بوك روجرز أيضاً.

- خبير في الطاقة - بون 1980.

إن مؤسستي بالارد پاور Ballard Power ويونايتد تكنولوجيز هما رائدتان في تطوير خلايا الوقود النظيفة للغاية لأن عوادمها لا تنشر سوى الماء المقطر. الآن بالذات تعمل بالار باور مع كرايزلر ومرسيدس- بنز وتويوتا لإدخال الخلايا الى السيارات الجديدة.

---

(1) R. Buckminster Fuller, *Utopia or Oblivion: The Prospects for Humanity* (Overlook, 1969).

(2) United Press International, summarizing Saudi television broadcast of December 21, 1976, after OPEC conference at Doha, Qatar.

- الرئيس بيل كلنتون، 1997[3].

في القرن الواحد والعشرين يجب أن يصبح الهيدروجين ناقلاً للطاقة بأهمية الكهرباء نفسها. إنه مجال للأبحاث متوسط وبعيد الأمد بأهميته.

- اللجنة الرئاسية الاستشارية للعلوم والتكنولوجيا، 1997[4].

إننا نعتقد أن السيارات العاملة على خلايا الوقود سوف تدخل سوق السيارات على نطاق بارز في أوروبا وأميركا حوالى سنة 2005. زيادة على ذلك إننا نرى الكثير من الفرص الضخمة تفتح أمام التجهيز المنزلي وسوق السيارات والحافلات ما دامت الحكومة تشجع بدائل عن المركبات التي تسير على الوقود التقليدي. هذا الاتجاه يشكل تحدياً لشركة مثل شلّ التي عليها تطوير منتوجات وتكنولوجيات جديدة وتحضير الزبائن للتغيرات القادمة وإعلامهم عنها... أستطيع أن أؤكد لكم أننا هنا في كباش طويل.

- كريس فاي Chris Fay المدير التنفيذي لشركة شل فرع بريطانيا، لندن، 1998[5].

إنّ هدفنا على المدى البعيد بسيط جداً: درجة صفر للانبعاثات في الهواء. ولبلوغ هذا الهدف اشتركت كاليفورنيا مع بعض أهم صانعي السيارات

---

(3) عن نسخة من ملاحظات كلينتون أثناء محاضرة عن تغير المناخ في البيت الأبيض في 6 تشرين أوّل/أكتوبر 1997 (في الواقع لم تكن تويوتا تعمل مع بالارد پاور سيستمز ولكنها كانت تطور خلايا الوقود الخاصة بها).

(4) Federal Energy Research and Development for the Challenges of the Twenty-First Century, Report of the Energy Research and Development Panel, PCAST, November 5, 1997.

(5) «ZEVCO unveils fuel cell taxi, Shell UK chief says company is into hydrogen for real,» *Hydrogen & Fuel Cell Letter,* August 1998.

وموردي الطاقة في العالم لتطوير تكنولوجيا جديدة ومحفزة في اتجاهين: فهي صحية للبيئة وقابلة للحياة تجارياً.

- غراي ديفيس، حاكم كاليفورنا 1999[(6)].

اليوم يقول المحللون إن الغاز الطبيعي الذي يحمل نسبة أقل من الكربون قد دخل أو ربما يدخل عصره الذهبي، وبعد ذلك يوم الهيدروجين - الذي يعطي وقوداً من دون كربون على الاطلاق - ينتظر انبلاج فجره.

- نيويورك تايمز، 1999[(7)].

هذه المقتطفات تعطي فكرة ما عن موضوع هذا الكتاب: الهيدروجين كنوع متجدد من أشكال الطاقة غير الملوّثة. الهيدروجين - غاز من دون طعم أو لون أو رائحة - هو أكثر العناصر انتشاراً في الكون. إنه وقود النجوم والمجرات. وبما أنَّه متفاعل من الدرجة العالية فهو أساسي في عدد لا يحصى من المركبات الكيميائية والبيولوجية. هو أيضاً (بالتعريف) وقود فعال غير ملوث[(8)].

حتى قبل ملاحظات بوكمينستر فولّر نادى الكثير من الناس

---

(6) خلال احتفالات في عاصمة ولاية Sacramento التي ميزت اطلاق (California Fuel Cell Partnership) مع ديملز-بنز وفورد و ARCO وشلّ و Texaco و (California Air Resources Board) و California Energy Commission في 20 نيسن/أبريل 1999 في تصريح صحافي.

(7) «الحراك ببطء خلال الطاقة الخالية من الكربون» الصفحة الأولى في 31 تشرين أوّل/أكتوبر.

(8) يعرف قاموس أوكسفورد المصور لسنة 1998 «لوث» أنه «توسيخ (البيئة)». الهيدورجين حين اتحاده (حرقه أو أكسدته) مع أوكسجين الهواء ينتج الماء فقط مع كميات ضئيلة من أوكسيدات النتروجين (الأزوت) التي هي منتوجات زائدة في كل عملية احتراق في الجو (الوسط المفتوح). الماء لا يلوث.

للاستفادة من "حساب الطاقة الجاري" الطبيعي (القوة الشمسية في أشكالها المتعددة) كبديل عن نهب طاقة العالم باعتبارها "حساب ادخار" (الفحم والنفط والغاز). وكما بيّن فولّر فالمشكلة ليست فقط كيف تحصّل هذه الطاقة المجانية ولكن أيضاً كيف تخزن. إنّ التمسك بالطاقة الشمسية لأهداف غير التدفئة أساساً يعني إنتاج الكهرباء، ولكن الكهرباء يجب أن تستهلك في اللحظة التي تنتج فيها. إنه من الصعب تخزينها بكميات كبيرة. الهيدروجين القابل للتخزين يحل تلك المشكلة.

في العقود السابقة، كانت جهود تطوير الطاقات المتجددة تسير جزئياً بدوافع مثالية وبهدف مثالي ولكن أكثر لاعتبارات "أمن الطاقة" - مخاوف نفاد مصادر النفط المحتمل في العالم، وكذلك تفاقم هشاشة خطوط الامداد في الشرق الأوسط غير المستقر سياسياً. ولكن مع نهاية القرن العشرين أصبحت الاهتمامات البيئية أقوى بكثير دافعة العالم نحو أشكال متجددة وبديلة من الطاقة لأنّ كبح التلوث أو حتى ايقافه أصبح هماً عالمياً. الغابات المحتضرة في أوروبا والأمطار الحمضية في كل مكان شكلت أول صيحات اليقظة من أجل تقليص الكبريت وأكسيد الأزوت (النتروجين) وهيدروكربونات الفليور (غاز HFCs) وفوق كربونات الفليور (PFCs) والانبعاثات المشعة وغيرها من الملوثات. أخيراً بدأ يتضح لدى صانعي السياسات وقطاعات واسعة من السكان - بصورة أقل، وأبطأ في الولايات المتحدة منها في بقية العالم - أن عملية احتراق الوقود الأحفوري وتفاعل الكربون في الوقود الهيدروكربوني مع أوكسجين الهواء، ونتائجه في إطلاق وتراكم ثاني أكسيد الكربون في الجو، وأول أكسيد الكربون وغيره من الغازات المؤثرة على المناخ إلى مستويات أعلى بكثير مما قبل العصر الصناعي، تسبب

ارتفاعاً في درجات الحرارة في العالم - أثر الدفيئة المشهور- مع خطر تدمير المناخ العالمي.

إنّ "انعدام الانبعاثات" من السيارات والحافلات والصناعة والسفن ومدافئ البيوت أصبح المعيار النوعي العالمي - معيار تطمح لتحقيقه الدول المتطورة والاقتصادات الصاعدة بدرجات مختلفة لجهة الكثافة والتوجه، إذ في ذهن الكثيرين، حذف الكربون من الوقود الهيدروكربوني وأخذ جزء "الهيدرو" منه - الهيدروجين - كوقود كيميائي عديم الانبعاثات هو الطريقة الوحيدة الواضحة والصعبة لتقليص أو احتمال إلغاء الاحترار الكوكبي المرتجى.

إن أسس احترار الكوكب هي كالتالي: ينتج ثاني أكسيد الكربون من احتراق الوقود الأحفوري كما يجري في دورة الكربون في الطبيعة. (البشر والحيوانات ينفثونه في الجو كجزء من عملية الأيض وتمتصه النباتات الخضراء وتحوله الى مادة نباتية - خشب). ثاني أكسيد الكربون والميتان وغيرهما من الغازات تعمل مثل بيوت الزراعة (الدفيئة) في الجو. إنها تسمح لأشعة الشمس بتسخين سطح الأرض من خلال الجو ولكنها تمنع استعادة بعض هذه الطاقة عن طريق الاشعاعات المرتجعة الى الفضاء ما يؤدي الى الاحتفاظ بالحرارة. الإمساك ببعض الحرارة مفيد وإلّا لما كنا قد تطورنا أولاً، ولكنا قد قرسنا (تجلدنا) حتى الموت. ولكن غازات الدفيئة التي تنتشر في الجو زادت كمية الحرارة المخزنة. وبسبب تناقص الغابات في العالم، وبالتالي تناقص امتصاص ثاني أكسيد الكربون، وأيضاً بتأثير أكبر بسبب زيادة احتراق الوقود الأحفوري في الآلة المتطلبة دائماً لمزيد من الطاقة، زاد ثاني أكسيد الكربون في الجو بشكل اطرادي منذ بداية عصر الثورة الصناعية.

لقد بقي مناخ الأرض منذ الدورات المناخية الممتدة على

آلاف أو عشرات آلاف السنين (مثل العصر الجليدي الذي حصل جزئياً كما يعتقد بسبب تغيرات في مشاعل الشمس والذي ليس للانسان فيه أي تأثير) مستقراً بشكل مقبول لعشرة آلاف سنة أو يزيد. ولكن هذا التوازن بدأ يختل بفعل انبعاث غاز الكربون الذي يسببه الانسان. المسألة هي معرفة الكم. الآراء والتوقعات الأولية بخصوص مستقبل مسار المناخ وزيادة الحرارة المتوقعة والملتصقة بشكل حميم بتوقعات تطور الاقتصاد العالمي والثقة في نماذج الحاسوب المعقدة التي تسعى لتدوين التطورات المناخية تختلف بشكل واسع، وإن كان معظم الخبراء يعتقدون أن كوكبنا يواجه أزمة غير مسبوقة[(9)].

فمع زيادة الحرارة المحتبسة، ومع ازدياد درجاتها في العالم قاطبة يتوقع التيار الغالب بين خبراء الأمم المتحدة للفريق الحكومي حول التغييرات المناخية IPCC تفاقم الأثر الشديد على النظم البيئية ومصادر المياه والإنتاج الغذائي والشواطئ وصحة الانسان: سوف

---

(9) آخرون يناقشون أن هناك مشكلة كبيرة جداً. من بين الأكاديميين البارزين الأكثر شكاً فهو ريتشارد ليندزن Richard Lindzen من معهد مساشوسيننس للتكنولوجيا الذي قال بشكل جلي أنه «ليس لدينا أي تأكيد أن ذلك هو مشكلة جدية» (في احترار الكوكب، ملحق النيويورك تايمس عن مؤتمر كيوتو لتغير المناخ في الأول من كانون أول/ديسمبر 1997. يوصف ليندزن في التايمز بأنه «بطل المحافظين في السياسة والمصالح الصناعية الذي يقلل الخطر» و «قوة فكرية شريفة في النقاش عالي التسييس» كما تقول التايمز إنه يثمن البيئة، ولكن احترار الكوكب والمسائل الأخرى دفعت المجموعات البيئية للذهاب «ما بعد النهاية العميقة» وانتاج «طبل فارغ من أي منظور». إن منتقدي ليندزن تقول التايمز يعيبون عليه أنه يبشر بثوابت غير مضمونة في حقل بحثي مليء بالشك والعديدون يقولون إنه ببساطة خاطىء.

تذوب القبعة الثلجية في القطب، وسيرتفع مستوى البحار ومساحات ممتدة من الخط الساحلي سوف تغمر (بما فيها بعض أكبر المدن في العالم)، وسوف يختفي عدد كبير من جزر المحيط الهادئ. كذلك سوف تتغير أنماط الزراعة مع زحف أحزمة زراعة الحبوب الى الشمال، وسوف تصبح مناطق خطوط العرض في الوسط وأعلى أكثر إنتاجية بما أنّها تمتص كمية أكبر من ثاني أكسيد الكربون. من جهتها، حقول الزراعة في المناطق الحارة وشبه الاستوائية سوف تتقلص.

إنّ تغيرات المناخ سوف تؤدي الى موت أكثر بفعل صدمة الحرارة وانتشار أمراض المناطق الحارة وتفاقم تلوث هواء المدن. وفي ملحق خاص مكرّس لمؤتمر تغير المناخ في كيوتو سنة 1997 نقلت النيويورك تايمز أن فريق العمل الحكومي حول التغييرات المناخية لخص أبحاثه كالتالي: "بالمقارنة مع كامل العبء لأمراض الصحة لا تبدو هذه المشكلات كبيرة، مع ذلك فإن أثر تغير المناخ على صحة الإنسان تشكل خطراً على صحة البشر، خاصة في الدول النامية في المناطق الحارة وشبه الاستوائية"[10].

لقد استخلصت دراسة حديثة[11] تنظر الى توليد الأوزون في أجواء أربع مدن (سكرامنتو - شيكاغو - سانت لويس - ولوس

---

(10) Global Warming supplement to *New York Times,* December 1, 1997.

(11) Hans Deuel, Paul Guthrie, William Moody, Leland Deck, Stephen Lange, Farhan Hameed, Jeremy Castle, and Linda Mearns, «Potential impacts of climate change on air quality and human health,» presented at 92nd Annual Meeting of Air and Waste Managemengt Association, St. Louis, 1999.

أنجلوس) أنه في المستقبل حيث تتضاعف كمية ثاني أكسيد الكربون في جو الكوكب سوف يؤدي ذلك الى ارتفاع في درجة الحرارة اليومية مما سيؤثر على "العلاقات المناخية مع تركيز زائد للأوزون فوق المدارات"، بكلمات أخرى: الحرارات المرتفعة ستزيد من تركيز الأوزون. فالمزيد من الأوزون سيؤدي الى زيادة في الوفيات المبكرة ودخول المستشفيات بسبب أمراض التنفس وأعراض الجهاز التنفسي كما تفيد الدراسة. وفي بعض الوجوه الخاصة تبقى العلاقة بين الأوزون والوفيات المبكرة موضوعاً لبحوث جارية كما أكد أحد الباحثين.

في حالة لوس أنجلوس، إن مضاعفة تركيز كمية ثاني أكسيد الكربون سوف تؤدي الى زيادة المعدل السنوي لدرجة الحرارة اليومية القصوى من 20.7 درجة مئوية الى 24.9 درجة، أما بالنسبة لدرجة الحرارة الدنيا فإن هذا المعدل سوف يرتفع من 14.1 درجة الى 18.2 درجة مئوية وفقاً لحسابات الباحثين. في شيكاغو سوف تؤدي مضاعفة كمية ثاني أكسيد الكربون الى زيادة تالية بمعدلات الحرارة اليومية القصوى من 13.5 درجة الى 19.3 درجة مئوية، والدنيا من 3.78° الى 10.0° مئوية. إن جدول النفقات المقدرة في لوس أنجلوس للوفيات المبكرة بسبب ارتفاع الحرارة مستقبلاً قد يصل الى 2552 مليار دولار (بقياس دولار عام 1990) و14.19 مليوناً لدخول المستشفيات و168.000 دولار يومياً لأمراض التنفس مقارنة بالتكلفة لسنة نموذجية منصرمة. تبلغ هذه الأرقام بالنسبة لشيكاغو على التوالي: 979 مليون دولار و2.38 مليون دولار و28.000 دولار.

إنّ الشكل الرئيسي الآخر للطاقة النظيفة هو الكهرباء مع نقطتين ضدها: الأولى أنها المكون الأضعف في إنتاج الطاقة واستهلاكها

24

- تشكل الطاقة الكيميائية ثلثي الطاقة المستعملة. والثانية أن جل الكهرباء يُنتج من حرق الوقود الأحفوري - الفحم والغاز الطبيعي والبترول. وبحسب نشرة وزارة الطاقة الأمريكية لسنة 1997 عن الطاقة الدولية فإن استهلاك الطاقة العالمي في 1995 يقدر بـ 364 كواد (الكواد = مليون مليار وحدة حرارية بريطانية و ح ب (BTU) [12] منها 140 كواد على شكل كهرباء أي 38%. من هذه الكهرباء 62% منتجة من حرق الوقود الأحفوري من فحم ونفط وغاز (الفحم يحتل الحصة الكبرى 51.6 كواد). الطاقة المتجددة - معظمها كهرومائية - تقدر فقط بـ 29.7 كواد، والطاقة النووية فقط بـ 23.3 كواد. أما النفط الذي ينظر إليه كسبب أساسي في مأساتنا الطاقوية وذلك لتعودنا عليه كوقود لسياراتنا، وبسبب القلاقل السياسية لدول الشرق الأوسط ومنظمة الدول المصدرة للنفط، فتقدر حصته من استهلاك الطاقة في العالم بـ9.12 كواد وهي الحصة الأضعف.

من الصحيح القول إنه في الاجمال نعمل ونلعب بطاقة الوقود الأحفوري الكيميائي - أكثر بكثير مما نموت منه - كما يحلو لبعض أنصار البيئة القول. البنزين والمازوت والزيوت الثقيلة وكيروسين الطائرات النفاثة والغاز الطبيعي والخشب والوقود الحيوي والفحم تسيّر الطائرات والسيارات والقطارات والسفن وتسيّر المعامل وتدفئ البيوت والمكاتب والمستشفيات والمدارس. الهيدروجين هو أيضاً نوع من الطاقة الكيميائية التي تفعل كل ذلك ولكن من دون التلويث.

---

(12) Quad (وحدة قياس للطاقة) تعال ثمانية مليارات غالون بنزين ما يكفي لتسيير ست عشرة مليون سيارة (أكثر مما يوجد في كاليفورنيا) لمدة سنة.

عند احتراقه في محرك الاحتراق الداخلي (من المفترض ألّا ينفث الهيدروجين أي شيء غير بخار الماء السليم، مع ما يفترض من آثار انبعاث زيوت المحرك المؤكسدة خلال العملية وبعض أكسيد النتروجين)[13]. وحين يحترق الهيدروجين بواسطة أكسجين الجو داخل المحرك لا ينفث منه أي ثاني أكسيد الكربون أو أول أكسيد الكربون ولا مركبات الهيدروكربون غير المحترقة؛ لا نتن ولا دخان، وغير ذلك من النفايات التي تزيد عفن الكرة الأرضية الذي تعاني منه حاضراً.

الهيدروجين هو فعال أكثر في خلايا الوقود المحرك الكهروكيميائي الذي عن طريق التركيب الكهروكيميائي لأكسجين المواد والهيدروجين في عملية من دون نار ينتج الكهرباء والحرارة والماء المقطر - الصورة المقابلة في المرآة، النظير المعكوس لعملية تحليل الماء الكهربائية بواسطة التيار المباشر - وعلى عكس محرك الاحتراق الداخلي فإن خلايا الوقود لا تعطي البتة أكسيد النتروجين[14].

ليس في خلايا الوقود أي أقسام متحركة. إنها تقريباً صامتة وهي فعالة مرتين ونصف مقارنة بمحرك الاحتراق الداخلي. في 1990 أصبحت معروفة من الجمهور بشكل واسع كتكنولوجيا طليعية تطلق طاقة من الهيدروجين الصحية بيئياً بشكل كبير والقوية، وهي

---

(13) حوالى 78 بالمائة من الهواء الذي نتنشّقه يتكون من النتروجين (آزوت) المحايد و21% من الأوكسجين. الهواء يحتوي أيضاً على أثر غازات بما فيها CO_2 (0.03%).

(14) لمعرفة أكثر تفضيلاً بكيفية اشتغال خلايا الوقود، راجع الفصل السابع.

متجددة وتشكل قسماً من طاقة العالم لاستعمالها في النقل والأمكنة الثابتة.

"الهيدروجين H_2 ذو الكتلة الذرية 1.00797 هو أخف مادة معروفة"، كما جاء في دائرة معارف الكيمياء. "منظار الطيف - Spectroscope- يظهر أنه يوجد في الشمس والكثير من النجوم والسديم. في مجرتنا ... بالإضافة إلى نجوم درب اللبانة تعتبر حاضراً أنها تكونت قبل 12 الى 15 مليار سنة عندما ترسبت كتل غاز الهيدروجين بفعل قوى جاذبية الدوران. إنّ عملية التكثف هذه أصدرت سخونة مرتفعة كما هو حاصل الآن في الشمس مع إنتاج طاقة حرارية هائلة مشعة وتكوّن عناصر أكثر ثقلاً. لقد تسرب الهيدروجين منذ زمن طويل من الطبقات الجوية الدنيا للأرض، ولكن الهيدروجين يشكل 11.19% من الماء وهو مكون أساسي لجميع الأحماض والهيدروكربون والنباتات والمواد الحيوانية. إنه موجود في غالبية المكونات العضوية"[(15)].

يستعمل الهيدروجين في الكثير من الصناعات كمادة كيميائية أولية، خصوصاً في إنتاج الأسمدة (الزراعية) والدهانات والأدوية والبلاستيكيات. ويستعمل أيضاً في معالجة الزيوت والدهون وكوقود للتلحيم وصنع البنزين من الفحم ولإنتاج الميتانول (كحول الخشب). إنه كسائل فائق البرودة، مخلوط مع الأكسجين السائل، يستعمل وقوداً للمركبات الفضائية وسائر الصواريخ.

ينتج الهيدروجين تجارياً بواسطة اثنتي عشرة طريقة تقريباً،

---

(15) *Encyclopedia of Chemistry,* third edition (Van Nostrand Reinhold, 1973), p. 544.

أغلبها عن طريق انتزاع "الهيدرو" من الهيدروكربون. أما الأكثر استعمالاً والأقل كلفة فهو من طريق "تهذيب البخار" حيث يتفاعل البخار مع الغاز الطبيعي مطلقاً بذلك الهيدروجين. والتحليل الكهربائي، حيث يقسم التيار الكهربائي المباشر الماء الى مكوّنيه الهيدروجين والأكسجين، وتستعمل حيث يكون التيار رخيصاً والنقاء العالي مطلوباً.

يمكن تخزين الهيدروجين كغاز تحت الضغط العالي أو كمكوّن أساسي لبعض المركّبات الهيدرية Hydrides، ولكن أيضاً (في تطور جديد) داخل أو على ألياف كربونية مجهرية. وكوقود سائل خفيض درجة الحرارة cryogenic فهو يعد بأفضل وأسرع وأكثر فعالية ونظافة بيئية في الطيران. والهيدروجين المعدني وهو طرفة مخبرية واعدة كوقود عالي الطاقة وموصل كهربائي عديم المقاومة في تكنولوجيات الكهرباء والإلكترونيات.

منذ سنة 1930 تطلع العلماء من المهتمين بالبيئة، والأكاديميون، ومخططو الطاقة (من داخل وخارج الحكومة) والصناعيون وحتى بعض السياسيين المتعمقين الى التفكير في مفهوم الهيدروجين ودعمه كوقود كيميائي مثالي تقريباً للطاقة ووسيلة تخزين.

إنه لا يلوث كوقود. وكوسيلة للتخزين فهو يجيب على تساؤل فولّر حول طريقة ما "في تخزين (الطاقة) حين تكون متوافرة لاستعمالها حين لا تكون كذلك".

الهيدروجين ليس "مصدراً" للطاقة كما لا يزال يخطئ غالباً حتى الدقيقين والعارفين سن الناس. هكذا، إنه ليس طاقة أولية (مثل الغاز الطبيعي والنفط الخام) موجودة حرة في الطبيعة. إنه حامل للطاقة - وهو شكل من الطاقة يتطلب أن ينتج (مثل الكهرباء التي

لا توجد بشكلها الحر القابل للاستعمال من الآخرين). يمكن توليد الهيدروجين من مصادر أولية عدة - وهذه ميزة بحد ذاتها - مما يقلل فرص قيام كارتيل احتكاري للهيدروجين مشابه للأوبك (التي كانت قادرة، ولو لفترة على الأقل، على التحكم بأسعار الطاقة عالمياً).

اليوم، الهيدروجين مصنوع (أي مستخرج) غالباً من الوقود الأحفوري. ولكن الجهود لتنقية هذا الوقود ("نزع الكربون" بحسب لغة استراتيجيي الطاقة في 1990) سوف تزداد. نزع الكربون (اجتثاثه) يعني تطويع التقنيات المستخدمة طويلاً في الكيمياء والبترول والغاز الطبيعي لالتقاط الكربون أو غاز الكربون (ثاني أكسيد الكربون) وتخزينه "سجنه" لتجنب أذاه وتحرير الهيدروجين.

سوف يُنتج الهيدروجين مستقبلاً من الماء النظيف وطاقة الشمس النظيفة - ومجرد امكانية استخدام الطاقة النووية في صيغها الأنظف (علماً أن الأمر غيرمرحب به من منظور معارضة أواخرالتسعينيات) للطاقة النووية وفي شكلها الانصهاري ضمناً في المستقبل. وبما أنَّه يمكن إنتاج الهيدروجين من المصادر المتجددة وغير المتجددة، فيمكن إذن مزاوجة الطريقين بما يناسب أفضل هيكلية للطاقة في إقليم محدد أو ولاية أو منطقة أو اقتصاد ما - ويمكن على سبيل المثال تحويل الفحم الى غاز في غرب الولايات المتحدة، والتحليل الكهربائي اعتماداً على الطاقة الشمسية في الوسط الشرقي والجنوب. يدرس العلماء الاسرائيليون فصم الماء مباشرة من الشمس حيث ستؤدي حرارة الشمس المكثفة الى فصم الماء الى مكوّنيه من الهيدروجين والأكسجين. يمكن تحليل الماء من الكهرباء المنتجة من المصادر الجيو- حرارية في بعض

المناطق، أو حتى من أقدم شكل للطاقة المتجددة وهي المياه (المحتبسة وراء السدود) المولدة للطاقة الكهربائية أيضاً.

وفي أبسط الكلمات، فإن الخطوط العريضة لمستقبل "اقتصاد الهيدروجين" تفضي الى أمور مثل:

طاقة أولية نظيفة - ترجيحاً، الطاقة الشمسية في تنويعاتها المختلفة ويمكن، طاقة نووية متطورة وحميدة أكثر من الناحية البيئية - يمكنهما إنتاج الكهرباء المستعملة في فصم الماء وإنتاج الهيدروجين كوقود والأكسجين كناتج زائد ذي قيمة. وكبديل يمكن لحرارة الشمس أو تلك المتولدة من المفاعلات النووية أن تستعمل لفصم جزئيات الماء بالطريقة الكيميائية - الحرارية (الحروكيميائية) وهي الآن قيد التطوير. هناك طرائق أكثر بعداً عن المألوف مثل استعمال الجراثيم المبرمجة بالهندسة الوراثية لإنتاج الهيدروجين من الطحالب وغيرها من الطرائق البيولوجية.

وسيستعمل الهيدروجين كوسيلة تخزين للطاقة - كغاز تحت الضغط وسبائك ماصّة له (كما ذكرنا سابقاً) و سائل مبرِّد، أو في مواد كربونية منشَّطة أو وحدات الكربون البالغة التعقيد أو حتى كوقود تقليدي تقريباً مثل الميتانول. وسوف يلبي الهيدروجين وظيفة تخزين الطاقة الشمسية المتبدلة أثناء النهار وعلى مدار الفصول.

كذلك سوف يكون ممكناً حرق الهيدروجين في محركات الاحتراق الداخلي المعدلة - محركات الطائرات النفاثة والتوربينات والمحركات الرباعية الأسطوانات وثنائية الأسطوانات وعربات الديزل؛ هذا كان تصور ومعتقد ورسالة أنصار الهيدروجين منذ 1970 حتى أواسط 1990. ومذ ذاك ومع التقدم السريع والمفاجئ في تكنولوجيا خلايا الوقود تغيرت النظرة بشكل جذري باتجاه

خلايا الوقود كمحركات مستقبلية مفضلة للنقل[16]، وأيضاً لنظافتها وفعاليتها واستقلاليتها كمصدر لكهرباء المباني. إنَّ خلايا الوقود العاملة على البنزين والميتانول المعدَّلين (تهذيبهما) تنفث[17] بقايا كربونية - أقل بكثير من محركات الاحتراق الداخلي لذات الفعالية - وربما أقل من أكاسيد النتروجين- المنبعثة من أجهزة استخراج الهيدروجين من الوقود الكربوني. وفي الحد الأقصى سوف تكون الخلايا العاملة فقط على الهيدروجين نظيفة تماماً لا تنفث أبداً أياً من أكاسيد الآزوت ورسوبات الهيدروكربون. والمكون الخارج من الأنبوب العادم لن يكون سوى بخار الماء الصافي السليم الذي سيأخذ دورته الطبيعية فيتحول الى ضباب وغيوم ومطر وثلج ومياه ري وأنهار وبحيرات ومحيطات. هذا الماء سوف يعاد فضمه مجدداً لمزيد من الوقود.

في حالته الغازية يمكن للهيدروجين نقل الطاقة لمسافات بعيدة في خطوط الأنابيب بتكلفة رخيصة رخص خطوط الكهرباء (تحت ظروف ما يمكن أن تكون ملائمة أكثر) ليسيّر السيارة أو غيرها من الآلات ويصل في نهايته الى المستهلك لينتج الكهرباء والماء.

وكوقود كيميائي يمكن أن يستعمل الهيدروجين على نطاق أوسع من الكهرباء في استعمال الطاقة. (مثلاً من الصعب تخيّل

---

(16) لعقود كانت شركة بي إم ڤي الداعم الرئيسي عن هذه المقاربة والمدافع عنها.

(17) في سياق خلايا الوقود تعود «إعادة تشكيل» البنزين الى تقنية استخراج الهيدروجين من البنزين في مهذّب منفصل قبل تغذية الخلية بالهيدروجين. يستخدم البنزين كناقل للهيدروجين، في خلايا الوقود (ذات غ ت پ (H+) يجب اقصاء أكبر كمية من الكربون لأنه يؤدي الى «تسميم» هذا النموذج من خلايا الوقود.

طائرة تجارية كبيرة تعمل بمحركات كهربائية أياً يكن النموذج الممكن إنجازه). علاوة على ذلك يضاعف الهيدروجين خدماته كمادة كيميائية أولية في مروحة من الاستعمالات.

وأيضاً، بخلاف غيره من الوقود الكيميائي فهو لا يلوث.

يوجد هدفان كبيران لأبحاث الهيدروجين الدولية من أجل تصنيع الوقود الرخيص وإمكانية خزنه في السيارات والحافلات والشاحنات ذات المساحة الضيقة. فخلال السبعينيات والثمانينيات هناك الكثير، إن لم يكن جلّ البحوث كانت منصبة على كيفية فصم أحجام كبيرة من جزئيات الماء. إن المسألة الشاقة هي كيف يستعمل الهيدروجين كوقود. في سنة 1990 تحول الاهتمام الى كيفية صنع الطاقة الهيدروجينية – ليس بالضرورة الهيدروجين النقي في الحد الأقصى – كواقع تجاري وصناعي. هكذا تمّ توجيه الانتباه أكثر فأكثر لتطوير (عملية) تهذيب الغاز الطبيعي بواسطة البخار الساخن. كذلك فإنَّ جهود صانعي السيارات لاستعمال الميتانول كنوع حامل للهيدروجين في المركبات العاملة على خلايا الوقود كانت مثلاً آخر. هذا الأخير مغرٍ من الناحية البيئية لأن الميتانول وهو المنتج اليوم صناعياً من الغاز الطبيعي يمكن تصنيعه، بلا تأثير سلبي على البيئة (محايد لجهة غاز الكربون هي العبارة المفتاح)، من النباتات الخضراء (الكتلة الحيوية) التي تمتص في مرحلة نموها ثاني أكسيد الكربون[18]. المقاربة الثالثة متمثلة باستراتيجية وزارة

---

(18) مع ذلك فإن هنالك عيباً جدياً يرتبط بالميتانول، المعروف أيضاً بكحول الخشب والمستعمل في الصناعة كمذيب ومضاد للصقيع (تحول الماء الى جليد) ومشيب لكحول السكر ومادة أولية في تركيب الفورملديهيد وغيره من المركبات الكيميائية، إنه سام بشكل حاد.

الطاقة الأمريكية وبالتعاون مع صانعي السيارات المهمّين وتتضمن وجود محولات على العربات لاستخراج الهيدروجين من البنزين وغيره من الوقود الأحفوري لاستعماله كوقود. إنّ مدراء مشروع "شراكة من أجل جيل جديد من المركبات" ش ج ج م Partnership for a New Generation of Vehicles PNGV يشرحون أن هذه المقاربة سوف تدفع نحو طاقة أنظف باستعمال البنية التحتية للوقود الحالي كمرحلة انتقالية بديلة وطويلة قبل امكانية وضع بنية تحتية فعالة وواسعة الانتشار للهيدروجين.

فخلال العقود السابقة اعتقد المدافعون عن الهيدروجين أن "اقتصاد الهيدروجين" العالمي سوف يظهر طيفه في نهاية القرن العشرين، وأن الهيدروجين الصافي سوف يشكل حامل طاقة العالم في أواسط القرن الواحد والعشرين. ويمكن أن لا يبلغ الهيدروجين هذه المرتبة العالية في هذا التاريخ حتماً، ولكن من الأكيد أنه سيلعب دوراً أكبر – مباشرة كوقود في خلايا الوقود وبشكل غير مباشر كمركب من وقود كربوني كالميتانول وغيره من الوقود التقليدي – للعقود القادمة. فالكثيرون يرونه كمكمل مهم للكهرباء، الكهرباء والتحليل الكهربائي يمكنهما فصم الماء إلى هيدروجين وأكسجين وعودة لحمتهما تعطي الكهرباء والماء مجدداً. وكل منهما (الكهرباء والهيدروجين) سيستعمل حيث يفيد أكثر ولوقت طويل سوف يكون هناك تنافس، وواقعاً سوف يستمر الاعتماد على الوقود التقليدي خلال المرحلة الانتقالية.

ماذا عن القوة النووية كمصدر أولي للطاقة في إنتاج الهيدروجين؟ الجواب الغريزي السريع المحتمل لأغلب مناصري الهيدروجين والمدافعين عن البيئة هو أن زمن الطاقة النووية حضر

وغاب. إنَّ أحد المناوئين الأمريكيين للنووي، كلير غرينزفلدر Claire Greensfelder (منسقة فريق باركلي من أجل مستقبل من دون بلوتونيوم) تقول على السي إن إن خلال مؤتمر كيوتو لتخفيض احترار الكوكب "محاولة حل مسألة التغير المناخي بواسطة الطاقة النووية كمن يريد شفاء الطاعون بجرعة من الكوليرا". ولكن ذلك ليس دائماً كذلك. في الواقع فإنه في السبعينيات أقر الكثير من جماعات نصرة الهيدروجين أن الطاقة النووية يمكن أن تشكل مصدراً رخيصاً لفصم جزيء الماء. لقد اتخذ هذا المفهوم رشاقة صوفية تقريباً، كمثل رقصة كونية تدمج القوة البدائية التي تسخن الشمس وغيرها من النجوم ومع كتلة البناء الأولي لكل المادة. ولكن اشتعال حريق نووي بعيداً في الفضاء الكوني شيء، وإنشاء مفاعل نووي في منطقة مأهولة أمر مختلف تماماً - أو هذا ما يظهر للقوى المؤثرة المناهضة للطاقة النووية والمتزايدة في العالم. في أواسط السبعينيات تدنت طلبات بناء مفاعلات نووية بشكل حاد. ثم جاءت حادثتا ثري مايل أيلاند (1979) Island Three Mile وتشرنوبيل (1986)، حيث نظر الى هذين الحادثين كشاهد القبر على زوال عصر الطاقة النووية. مع ذلك الجدل لم يتوقف. إنَّ بعض مفكري الطاقة البعيدي النظر وكذلك ممن يتمتعون بمصداقية بيئية معتبرة يعتقدون أن موجة أخرى من محطات الطاقة النووية المقبولة أكثر من الناحية البيئية سوف لن يمكن تجنبها، وسوف تصبح واقعاً في القرن الواحد والعشرين[19].

لقد كانت الثمانينات وقتاً عصيباً لأنصار البيئة والمدافعين عن

---

(19) مثلاً، تريد الـ PCAST تمويل الطاقة النووية على مستويات مضاعفة عدة مرات عن تلك المرصودة للهيدروجين.

الطاقة النظيفة. ففي الولايات المتحدة كانت إدارة ريغان بالأساس غير مكترثة لاهتماماتهم في شأن الكوكب، مركزة بالمقابل على الأمور العسكرية والجيو سياسية. إنَّ الاهتمام بالطاقة المتجددة والنظيفة بما فيها الهيدروجين لم يعد الى السطح إلا في بداية التسعينيات عندما تصاعدت المخاوف على مستقبل البيئة. ربما كان متعذراً تحديد التاريخ الدقيق لمعاودة هذا الاهتمام ولكن يمكن تحديده بكتاب آل غور Al Gore بعنوان: الأرض في الميزان: البيئة والعقل البشري 1992 *(Earth in the Balance: Ecology and the Human Spirit- Houghton Miffin,1992)* وبالنسبة للجماعة الدولية للباحثين في الهيدروجين ولمناصريهم فإنَّ اللحظة المحدِّدة لذلك بدأت في ربيع سنة 1993 عندما أعلنت الحكومة اليابانية عن إنشاء مشروع "شبكة الطاقة العالمية" WE-NET (World Energy Network) وهو مشروع طويل الأمد فعلاً للمساعدة في إطلاق الهيدروجين كطاقة عالمية نظيفة بامتياز. لقد كانت شبكة الطاقة العالمية تطوراً جانبياً وإعادة تحديد لـ "مشروع صنشاين" Sunshine وهو مشروع قومي متعدد الأبعاد للطاقة البديلة بدأ سنة 1974. وفي الأصل أعلن عن أن المشروع سيمتد حتى سنة 2020. ولقد كان سينفق حوالى ملياري دولار أمريكي تذهب بمجملها على معظم وجوه تكنولوجيا طاقة الهيدروجين - مستوى تمويل وتخطيط بعيد المدى يناسب فعلاً المهمة الجبارة لايجاد حل لمعالجة مشكلات الكوكب مثل الاحترار الذي عجزت حكومات شمال أمريكا وأوروبا عن مواجهتها أو حتى عن إيلائها الاهتمام اللازم. إلا أنَّ الأمور تبدلت فأصبحت الميزانية السنوية اليابانية لبرامج الهيدروجين متواضعة أكثر من المتوقع أثناء موجة الحماس الأولى، وذلك إما لأن مخططي مشروع شبكة الطاقة العالمية قرروا إبطاءه أو أيضاً

بسبب عنّات ظهرت في اقتصاد اليابان في السنوات اللاحقة. لقد كانت شبكة الطاقة العالمية وما زالت أول إجابة قوية ومركزة في العالم من بلد صناعي أساسي على المخاوف المتعاظمة من تدهور المناخ على الأرض بسبب الوقود الأحفوري.

أيضاً في بداية التسعينيات فإنَّ الخوف من خطر تأثير ثاني أكسيد الكربون وغيره من غازات الدفيئة على تسخين الكوكب بشكل مفرط، بدأ يلقى انتباهاً أكبر لدى الجمهور (كما بيّنا سابقاً) في أوروبا وغيرها بصورة أسرع مما في الولايات المتحدة. فمنذ قمة الأرض في ريو دي جانيرو 1992 (التي يراها العديدون كمنبر رفيع المستوى ولكن غير فعال) درس احترار الأرض ونوقش وحُلل وشُرح وفُنِّد وحورب في روايات لا تحصى ومقابلات ومجلات وكتب مدرسية وشعبية وبرامج تلفزيونية ومواقع على الشبكة.

يبقى السؤال إذا كان احترار الكوكب يشكل خطراً على عالمنا غير محسوم بشكل ما. ولكن مناصري تكنولوجيا الطاقة المتجددة البديلة والمحايدة كربونياً (لا تؤدي الى تراكم ثاني أكسيد الكربون) والتكنولوجيات الكفيلة بضمان درجة انبعاثات صفر، يقولون إنَّ السلامة أفضل من الندامة. وأمام عدم اليقين من تطور سياق المناخ، فهم يرون أنه من غير الصائب أن تبقى الأعمال كما هي. والى الآن شكل بقاء الأعمال كما هي الأكثر تفضيلاً والضاغطة عالمياً بقوة من قبل مجمعات صناعة الطاقة التقليدية وحلفائها. لقد وثّق روسّ جيلبسپان Ross Gelbspan في كتابه *The Heat is On* (Addison-Wesley, 1997) المراوغة والمناورات لهذه الصناعات ورجالهم لتقويض حاجة التحول الى تكنولوجيات الطاقة النظيفة في سبيل الابقاء على الوضع الراهن المربح كما هو.

توجد غازات الدفيئة بنسبة ضئيلة في الغلاف الجوي – فقط جزء من مليون وحتى من مليار– أي تغير طفيف في تركزها يمكن، وهذا ما يخشى، أن تؤدي الى انطلاقة كبيرة لتغيرات في الجو غير متوقعة ويمكن أن تكون مؤذية. وفي ملحقها الخاص عن كيوتو تذكر النيويرك تايمز جون فايرور John Firor، عالِم الغلاف الجوي في المركز الوطني لأبحاث الجو في بولدر الذي يشبّه الوضع بشركة هشّة أمام شارٍ حيث التغير في اتجاه أصوات بعض أصحاب الأسهم يمكن أن يعني الفارق بين بقاء الشركة وانهيارها. "إنها وضعية مرفوعة عالياً"، قال بشكل جذاب فايرور مستعيراً رطانة أوساط وول ستريت في شأن عدم موثوقية مستقبلنا الجمعي على الأرض. يقول آلن لويْد Alan Lloyd وهو رئيس هيئة الموارد الجوية في كاليفورنيا سنة 1999 ومن أوائل شخصيات المحورية في التسعينيات في مجال الهيدروجين في أميركا موجهاً حديثه إلى ورشة عمل حول خلايا الوقود لجمعية مهندسي مركبات في كامبريدج، ماساشوستس : "التلوث البيئي سوف يمثل على الأرجح الحرب الباردة للقرن القادم".

فإذا كان الإفادة من الهيدروجين كوقود كبيرة إلى هذا الحدّ فلماذا لم تلق طريقاً معتبرة داخل نظامنا الطاقوي منذ سنوات أو حتى عقود مضت؟ ليس هناك من جواب واحد وبسيط عن هذا السؤال؛ هناك حزمة من العناصر المعقدة المتداخلة. منها، لم يكن هناك حاجة لاستعمال للهيدروجين طالما كان النفط والغاز مؤمناً بكميات كبيرة، وطالما كانت الاهتمامات البيئية محصورة بأقلية ضئيلة. الميزة الأساسية للهيدروجين على الوقود التقليدي هو أنه عديم الانبعاثات (المؤذية للبيئة). وهذا بذاته لم يكن ليستأهل

التحول على مستوى المجتمع الى بدائل من أي نوع. الوقود الأحفوري كان رخيصاً والهيدروجين أغلى بعدة مرات. الهيدروجين السائل البارد يشكل طاقة المكوك الفضائي وللاختبار لدى شركة بي إم ڤي BMW كانت مسألة غريبة من اختصاص المختبرات لأربعة أو خمسة عقود مضت.

تقنياً بلغ تطور إنتاج الهيدروجين ومعالجته وتخزينه درجة معقدة وصعبة تتخطى القدرات العادية للمستهلك العادي، ولا يزال الوضع على حاله. مع ذلك، حتى بعض المشجعين الأساسيين اليوم على هذا السباق انتصاراً للهيدروجين، مثل ديملركرايزلر، يقولون إنه لا بد من تحضير الهيدروجين على شكل سائل كسائل الميتانول لكي يستعمل بأمان. إنَّ التكنولوجيا ما زالت غير مكتملة ولكنها تتطور.

إنَّ بلوغ تكنولوجيا ما مرحلة النضج يتطلب وقتاً. كما لاحظ ديڤِد هارت David Hart من مركز الكلية الملكية لسياسات الطاقة وتكنولوجياتها في لندن: "أصبحنا قادرين للتعامل الجيد مع الغاز الطبيعي منذ زمن قريب فقط". ولقد مضى على السيارات مائة عام ولا تزال الى الآن أفضل انجازات الهندسة التي تعرف من وقت لآخر النجاحات والفشل. وأهم من ذلك ربما تكون الاعتبارات الاجتماعية عائقاً كبيراً أمام التطور. منها أنَّ استبدال نظام طاقوي متطور تقريباً بآخر غيره، يعتبر مهمة صعبة تتطلب عقوداً من السنين. إنها مثل استبدال ناقلة نفط بالكاياك (مركب بدائي صغير يدوي الدفع). وبالعودة الى أحد الخبراء "نظام الطاقة يتألف من بنية تحتية عملاقة، ورأس مال مادي وبشري ضخم، ليست فقط ناقلات وأنابيب نفط ومحركات بل أيضاً أناساً - مصرفيين وميكانيكيين

وحفّارين، إلخ (وسياسيين كما يفترض أن يضيف) لذا فإنَّ التطور بطيء"[20]. إنَّ العبور الى الهيدروجين يتطلّب "تغيرات لا تحصى"؛ وما إحلال خلايا الوقود مكان محركات الاحتراق الداخلي إلّا مظهراً بسيطاً.

ربما كان نظامنا القيمي العائق الأكبر أمام التغيير إلى الأفضل - فمن أجل ذلك علينا دفع الثمن. وسلامة البيئة ليست إذاً، بأي شكل من الأشكال، في مرتبة عالية ضمن لائحة الأولويات. كما لخص المشكلة خبير أمريكي بكواليس الكونغرس على دراية بأبحاث الطاقة البديلة (المدير التنفيذي توماس نائب رئيس مجمع تكنولوجيا الطاقة والبيئة وهي مجموعة استشارية مقيمة في آرلينغتون -فيرجينيا) فقال إنَّ الهيدروجين لم ينطلق لأن المجتمع لا يولي الاستدامة إلى الآن ما تستحقة من قيمة.

بمفردات اقتصادية، لا يتضمن ثمن النفط الآثار الضارة للصحة بسبب تلوث الهواء ورذاذات النفط وتلوث المياه الجوفية، وكلفة الحماية العسكرية لمنابع النفط، والأهم من ذلك كله التغير المناخي. إنَّ اختيار طريق بديل سوف يمكن المجتمع من كسب حسم عالٍ، على شكل حذف النتائج المضرة في المستقبل.

إذا أضفنا الى ثمن الفحم والنفط وحتى الغاز كامل الأعباء المترتبة عن الآثار المبينة أعلاه فإن الهيدروجين يبدو واعداً جداً. وإذا كان على الشعب أن يدفع 10 دولارات للغالون أو 30 سنتاً للكيلوواط ساعة للكهرباء كتكلفة الأضرار الصحية والبيئية التي يسببها الوقود الأحفوري، فإن خلايا الوقود في السيارات التي تعمل بالهيدروجين المنتج من طاقة الريح والشمس ستبدو صفقة

---

(20) Source: personal e-mail communication.

رابحة. سوف يهرع المستثمرون إلى صناع تجهيزات الهيدروجين، وسوف يستعيض الناس عن محركاتهم والتنقل بنظام احتراق الهيدروجين النظيف المأخوذ من طاقة الريح بكلفة 2.5 دولار أميركي لمعادل غالون البنزين.

إن طاقة مستدامة حقيقية للمستقبل تتطلب صفتين: لا تلوث أو لا انبعاث غازات الدفيئة ولا استهلاك لموارد الطاقة غير المتجددة: هنالك خياران فقط يستجيبان لهدف الاستدامة هذا: الهيدروجين المتجدد والانصهار الذري.

بكل تشاؤم يضيف توماس:

تتطلب الاستدامة تدخل الحكومات. إنَّ مسؤولية الحكومات وحدها حماية عموم الناس. ليس للصناعة دافع مهم (خارج العلاقات العامة) لنظام طاقوي مستدام. إنَّ هدفها الدائم يتمثَّل في عودة الاستثمارات وحرق الوقود الأحفوري العالي الربحية. وأفضل ما تفعل هي رعاية الطاقة المتجددة ومشاريع خلايا الوقود بجزء ضئيل من أرباحها لإعطاء الصورة أنها تحضر لمستقبل مستقر. ولكن غالبية الحكومات لا تملك رؤية أو تتمتع بتبصّر للمستقبل لكي تضع سياسات سليمة للأجيال القادمة. بالتأكيد فإن الحكومة الفدرالية مشلولة حقاً، وهي تكاد لا تدفع ما عليها وتترك للمجتمع وحده أي مشكلة حقيقية خاصة به. لا يوجد زعيم في الولايات المتحدة لتخمين الحاجة لبرامج متينة ومتابعتها.

بالخلاصة يقول توماس:

... كل صانعي القرارات الحاسمة الذين يستطيعون التأثير في التحول الى طاقة نظيفة مثل الهيدروجين لديهم مدى قصير من الوقت: على الصناعات أن تبرهن عن عودة الاستثمارات في غضون عدد قليل من السنوات وغالبية الرسميين المنتخبين يشعرون أن عليهم إعطاء نتائج قبل موعد الانتخابات المقبلة - في أفضل الأحوال ستة أعوام للسيناتور وأربعة للرئيس وعامان فقط للنائب.

يتساءل شاكياً:

أين سنجد الزعماء أصحاب الرؤيا الذين ينظرون الى الأمام لعقود أو ثلاثة عقود، ويتصورون عالماً أفضل لأطفالهم وأحفادهم وأحفاد أحفادهم؟

دَيفد هارت متحمّس أكثر. إنه يعتقد أن الوقت قد حان أخيراً ليشق الهيدروجين طريقه وذلك بسبب "تضافر اتجاهات تصوب بالاتجاه نفسه - نحو الهيدروجين". "الاتجاهات" تتضمن تقليص انبعاثات ثاني أكسيد الكربون مفسدة نوعية هواء المدن وفرض القانون لسيارات عديمة التلوث وتطور في تكنولوجيا خلايا الوقود وتحوَّل نحو إنتاج الطاقة من مصادر محلية والحاجة إلى تخزين للطاقة المتجددة المتقطعة، والاهتمام بموارد الوقود الأحفوري وأمن التموين الطاقوي. يلخص هارت:

هنالك خيط واحد مشترك بينها وهو الهيدروجين. وبينما تلبي حوامل أخرى للطاقة بعض هذه المتطلبات فإن الهيدروجين وحده يجيب عنها كلها. ولأجل ذلك فإنه حتى أكبر شركات النفط تتوقع أن طاقة المستقبل هي الهيدروجين.

وبالسياق نفسه فإن الأسعار تتغير. فالحصول على الوقود الأحفوري لن يكون بثمن أرخص والطاقات المتجددة تصبح تحديداً أرخص ثمناً للاستعمال. إنَّ التخزين واستخدام تكنولوجيا كخلايا الوقود هي من الآن أقل كلفة، لذا فإنَّ طريقها سالكة. وفي كل حال يبدو أنَّ الميزات تدفع إلى التطور في المجالات الصحيحة وأكلاف الوقود التقليدي الى ارتفاع - ولو ليس دائماً عند محطة التوزيع. فالكلفة لجهة الضرر وفي مجال الصحة أعلى بكثير مما كانت، وبدأ الناس يهتمون بها ولو أنَّها لا تضاف إلى سعر غالون الديزل.

لا يبدو أنَّ مسألة النتائج على البيئة والتي يمكن أن تؤدي الى صراعات جدية سياسية عالمية، قد استرعت انتباه أوساط متتبعي الأحداث السياسية في واشنطن أو الأوساط السياسية الرسمية في واشنطن، مع أنَّه يشغل النخب السياسية في أماكن أخرى. تجدر الإشارة إلى حالة الديبلوماسي الألماني الشاب ماركوز بلينروث Marcuse Bleinroth وهو ابن عم فريدريك كمپ Frederick Kempe المحرر والناشر الشريك للطبعة الأوروبية من مجلة وول ستريت جورنال *Journal Wall Street*. ففي أحدث كتاب له بعنوان، *Father/Land* (Putnam, 1999)، وهو استقصاء حول جذوره الجرمانية يقول كمپ إنَّ بلينروث "كإقتصادي متمرس مقتنع أن القرن الواحد والعشرين سوف يشهد ظهور أصعب المفاوضات في الشؤون البيئية مع الدول النامية وخاصة الصين. لقد أصبح بلينروث طليقاً ليس فقط باللغة الصينية ولكن أيضاً بقضايا البيئة". فيستشهد كمپ بابن عمه كالآتي:

اذا ظلت الصين تنمو وتتطور فإن انبعاثات ثاني أكسيد الكربون سوف تتضاعف بسبب الصين وحدها في 2020. سوف يكون ذلك كارثياً على مناخ الأرض. إنَّ مشكلات البيئة في كل الأحوال هي مسألة سياسات اقتصادية في نهاية المطاف. ومن دون توزيع الثروة دولياً وتحويل أكبر للثروات باتجاه الدول النامية، لن يكون لنا مستقبل. وسوف يتطلب ذلك مفاوضات معقدة بالأهمية والثقل الاستراتيجي لمفاوضات وقف التسلح في مرحلة الحرب الباردة.

إنَّ مخاوف الاحترار الكوكبي وتزايد ثاني أكسيد الكربون في الجو بانت منذ عدة عقود. مثلاً في 1979 ظهر شريط وثائقي على

البي بي سي عن طاقة الهيدوجين حيث يستشهد بعالم مناخ في هاواي (حيث يوجد أضخم مرصد لقياس انبعاث ثاني أكسيد الكربون في العالم) بالقول التالي: "لا ندري إن كان ثاني أكسيد الكربون سيزداد فيؤدي الى أضرار. يمكن أن تكون أزمات النفط قد أدت الى إبطائها... فالعديد من الناس يعتقدون أننا سندخل في حالات مضطربة، اضطرابات لا رجعة منها في غضون حوالى عشر سنوات من الزمن".

إنَّ الهيدروجين لا يحتوي البتة على الكربون، وإنَّ حرقه وتحويله الى طاقة لا ينفث ثاني أكسيد الكربون ولا غازات الدفيئة. كم أنَّ استعماله كوقود سوف يؤدي الى تقليص انبعاث ثاني أكسيد الكربون في الجو، وفي النهاية إلغاء مساهمة الانسان على الأقل في ذاك الانبعاث. فالتحول الى طاقة الهيدروجين - حتى ولو كان الهيدروجين المستخرج من الوقود الأحفوري كتدبير لوقف التدهور- يمكن أن يساعد في انقاذ صحة أطفالنا وربما حياتهم.

لن تهبط السماء - ذلك بعيداً جداً. ولكن أقله أن يحصل شيء على المستوى الدولي مع إجراءات تؤكد أننا نستطيع حالياً استخدام ذكائنا البشري الجمعي، والاستنفار لضمان البقاء، فقد يأتي الزمن الذي تتحول فيه السماء الى رمادية أو صفراء سامة أو حمراء من السخونة والتلوث كما لو أنَّها تسقط. سوف يخبرنا الزمن بذلك من دون شك.

II

إكتشاف الهيدروجين: الفلوجستون والهواء المشتعل

الماء هو كل شيء. هكذا اعتقد طاليس الميليتي (ميليتوس مدينة على الشاطئ الغربي لآسيا الصغرى). طاليس الذي عاش من 624 ق م الى 545 ق م كان فيلسوفاً يونانياً ما قبل سقراط والمعروف كمؤسس للمدرسة الفلسفية الميليتية. وبالرغم من أنه لم يكتب شيئاً على ما يبدو، فقد كان يعتبر واحداً من حكماء اليونان السبعة في زمانه. وكفيلسوف غربي لامع، اشتهر بأنه أدخل علم الفلك الى اليونان القديمة. وقبل طاليس كان الكون يشرح بمفردات أسطورية غالباً، ومع ذلك فإن الماء بالنسبة لطاليس هو المادة الأولية وجوهر كل شيء آخر في العالم. إنَّ أفكار طاليس التي يقال إنها تعود في أصلها الى البابليين، وهي "سهلة الفهم لأن ملاحظة الماء المتحول الى ثلج صلب وتحوله الى حالة تشبه الهواء عند التبخر تؤدي الى فكرة أن كل الأشياء تتفرع من مادة وسيطة

المواصفات"[1]. فلاسفة آخرون متقدمون زادوا الهواء (أناكسامين الميليتي) والنار (هيراقليطس الأفزوزي) والتراب (أمبادوقلس الأغريجانتومي(Agrigentum الى لائحة العناصر.

بمنحى ما لم يكن طاليس بعيداً عن الواقع، ذلك أننا نحن نعرف الآن أن الماء يتكون من عنصرين: الهيدروجين والأكسجين، مع ذلك فإن العنصر الغالب في الماء هو الهيدروجين Wasserstoff) بالألمانية عنصر الماء). الهيدروجين هو المادة الأكثر انتشاراً في الكون والأبسط والأخف بين جميع العناصر. يعتقد أنه يشكل 75% من كتلة الكون وأكثر من 90% من جزئياته بحسب دائرة معارف نيو كولومبيا .New Columbia Encyclopedia يقول عالم فيزياء الفلك في هارڤرد، شڤاينبرغ Sweinberg إنَّ 70-80% من الكون المعروف يتكون من الهيدروجين وأغلب الباقي من غاز الهيليوم[2].

لقد أُنتج الهيدروجين لأول مرة من دون قصد، قبل أو بعد نهاية القرن الخامس عشر، عندما أذاب المجربون الأوروبيون الأوائل المعادن بالأحماض، إلا أنَّ تصنيفه وتوصيفه اقتضى قرنين من الزمن. ولقد ساهم العديد من العلماء في وضع صفات الهيدروجين المستعصية، وكان الجهد لصيقاً بتعيّن الأوكسجين وعزله كيميائياً.

وحتى القرن السابع عشر لم يكن هناك من شك في مقولة إنَّ الهواء هو من العناصر الأساسية، إذ إنَّ عالم الفيزياء والطبيعة

---

(1) Julius Ruska, in *Das Buch der grossen Chemiker,* ed. G. Bugge (Weinheim: Chemie Verlag, 1974), p. 2.

(2) Steven Weinberg, *The First Three Minutes* (Bantam Books, 1997), p. 114.

الهولندي هرمان بورهاف (1668-1738) Herman Boerhaave كان من أول المشتبهين بأن الهواء يحتوي على مكون داعم للحياة وهو سرّ التنفس والحريق. "سوف يعمل الكيميائيون على اكتشاف ما هو وكيف يعمل وماذا يفعل، لكن هذا ما يبقى في الظلام"، ويضيف بورهاف "سعيد هو الذي سيكتشف ذلك"[3]. في انكلترا أقر العالم اللامع روبرت بويل (1627-1691) Robert Boyle بوجود "مادة مانحة للحياة" وهي على الأرجح المادة نفسها التي تذكي النار وهي جزء من الهواء. وكذلك رأى جون مايوّ (1645-1679) John Mayow "أن جزئيات نترو- هوائية"[4] هي مسؤولة عن الاحتراق.

إنَّ الاقتناع بأن الهيدروجين والأكسجين هما غازان (وقود) تأخر بسبب نظرية الفلوجستون، وهي محاولة باكرة ومغلوطة لشرح ظاهرة الاحتراق. (لقد عمل الجاحظ عدة قرون قبل ذلك على اعطاء الشرح العلمي الدقيق لظاهرة الاحتراق ولصقها بالاحتراق وبالتجربة أيضاً في كتاب الحيوان - المترجم). صدرت نظرية الفلوجستون عن العالم الفيزيائي الألماني جورج إرنست شتال (1660-1734) George Ernst Stahl ونشرت في العام 1697، وكانت تعتبر أن الفلوجستون هي المادة المحترقة في بقية المواد وتفارقها عند الاحتراق التام، وهي التي تعطي المواد صفة القابلية للاحتراق. لقد كان يعتقد أنه لا يمكن اختزال الفلوجستون الى عنصر نقي بسيط. إنَّ نظرية الكيمياء الحديثة تعلمنا أنه يجب إضافة مادة - الأكسجين - كي يصبح الاحتراق ممكناً. وكان شتال متمسكاً بالعكس: إنَّ الاحتراق هو خروج مادة الفلوجستون من الأجسام.

---

(3) E. Pilgrim, *Entdeckung der Elemente* (Mundus, 1950), p. 144.

(4) Nitro-aerial because they occur also during combustion of saltpeter.

وبالمقارنة يرى في حالة التفاعل المعاكسة (اختزالاً حيث ينزع الأكسجين من الأجسام) على أنها إضافة للفلوجستون. حتى ولو أنَّ وزن الجسم يزيد مع التأكسد، وهو دليل ساطع على دخول عنصر زائد وليس خروج شيء، فإن شرحاً متحذلقاً قد أعطي لذلك، إذ ادعى شتال أن الفلوجستون خفيف لدرجة أن الأرض تصده. كذلك زعم شتال إنَّ طرد الفلوجستون من مركّب ما تكسب المادة وزناً لأنها فقدت مكوناً كان يخفف من وزنها (لذلك يثقل الجسم حين طرد المكوّن). ولقد كان شتال كما كتب أحد كتّاب سيرته لا يتردد "في إقصاء الوقائع إذا كانت تعارض أفكاره: فوحدة التفكير هي هدفه الأسمى على الرغم من كل الوقائع"[5].

على كلٍ، الداعية البريطاني القس جوزيف بريستلي (1733-1864) Joseph Priestley والصيدلاني السويدي-الألماني كارل ڤلهلم شيله (1742-1786) Carl Wilhelm Scheel وعلماء غيرهما اكتشفوا الأكسجين ولكنهم لم يسموا العنصر. لقد عزل شيله العنصر المشتعل في الهواء وأسماه "هواء النار". وفي وقت ما بين 1771-1772 لأول مرة تم إنتاج الأكسجين الصافي. ولسوء حظ شيله فإن الناشر أخّر نشر كتابه *Chemical Treatise on Air and Fire* "في الكيمياء والهواء والنار" إلى سنة 1777. ونشر منافساه الرئيسيان، بريستلي ولاڤوازييه Lavoisier اكتشفاتهما في سنة 1774. في هذه السنة اكتشف بريستلي الأكسجين، وأسماه "الهواء المنزوع الفلوجستين"، حين سخن أكسيد الزئبق من دون الهواء حيث أنتج الغاز الحاصل شرارات وشعلة لامعة في قطعة خشب. وحين تنشق

---

(5) Richard Koch, in *Das Buch der grossen Chemiker,* ed. Bugge, p. 194.

بريستلي الغاز شعر بنفسه "أنه خفيف ومنشرح لدرجة أنه اعتبره شافٍ ووصفه كمحسن لنوع الهواء في الغرفة ومفيد لأمراض الرئتين".

لقد أدَّت نتائج تجارب بريستلي وشيله الى انتباه أهم كيميائي في ذلك الوقت هو لافوازييه (1743-1794). ولافوازييه الذي كان يدرس الغازات منذ عدة سنوات قد لاحظ أنه خلال احتراق الكبريت والفوسفور فكلاهما يمتصّان جزءاً من الهواء المحيط بالتجربة، ويزيدان وزناً. وخلال زيارته لباريس في أوكتوبر سنة 1774 شرح بريستلي للافوازييه عن تجاربه مع أكسيد الزئبق. ولقد كان هذا الأخير قد سمع منذ وقت قريب عن اكتشافات شيله لهذا الغاز الذي يجعل الشعلة متوهجة وتستطيع "الحيوانات تنشقه". أعاد لافوازييه تجارب بريستلي، وفي سنة 1772 كان أول من قاس كمية "الهواء" التي اختفت خلال احتراق الفوسفور والكبريت. وفي تجربة متقنة سخن أكسيد الزئبق واستنتج غازاً صالحاً للحريق والتنفس. سماه "الأكسجين" (ما يعني اعطاء الحياة- المترجم). لقد لخص إحدى أوراقه كالتالي "سوف ندعو تغير الفوسفور نحو الحمض وإجمالاً أي جسم قابل للاحتراق مع الأكسجين بالأكسدة".

وفي سنة 1789 فإنَّ لافوازييه الذي لم يكتف برفض نظرية شتال عن الفلوجستون استناداً إلى براهين اختبارية أعدّ "مسرحية" لتدميرها كلياً. لقد كتب زائر ألماني "رأيت لافوازييه الشهير يقوم بحرق الكتب في مخبره حيث تبدو زوجته كالكاهن الكبير و شتال كمحامي الشيطان للدفاع عن الفلوجستون المسكين الذي أحرق في

النهاية بعد اتهامات الأكسجين. لا تعتبروا ذلك هزلاً مني، كل شيء حقيقي حَرفياً"[6].

إنَّ اكتشاف الهيدروجين كعنصر كان له أيضاً مقدماته وبداياته. فالصينيون على ما يبدو شككوا في أن الماء عنصر لا ينقسم. وفي القرون الوسطى اكتشف الفيزيائي الشهير ثيوفراستوس باراسلسوس (1541-1493) Theophrastus Paracelsus الهيدروجين حين أذاب الحديد بالڤيتريول. "زاد الهواء ودفع مثل الريح" كما اشتهر قوله عند الاكتشاف ولكنه غاب عنه القول إنَّ الهيدروجين قابل للاشتعال. لقد دوّن توركيه دو ماييمّ Thurquet de Mayeme قابلية الهيدروجين للاحتراق عند خلط حمض الكبريت مع الحديد، وقد أعيدت التجربة مع نيكولا ليمري (1715-1645) Nicolas Lemery حين وصف احتراق هذا الغاز بأنه "انفجار عنيف وساطع". يبقى أنه لم يرَ هذا الغاز كعنصر ولكن كنوع من الكبريت.

فالعزل النهائي وتعيُّن الهيدروجين سارا بالتزامن مع انكشاف أسرار الأكسجين في النصف الثاني من القرن الثامن عشر، وذلك لأن العلماء أنفسهم كانوا يبحثون في الماء والهواء. بويل مثلاً كان يفتش عن الغازات الاصطناعية "الهواء الخادع" كما أسماها، وكان يحصل على الهيدروجين من وضع الحديد في حمض الكبريت. لم يكن بويل يعتبر هذه الغازات مختلفة فعلاً عن الهواء العادي بل كان يراها كهواء مع مواصفات مختلفة، وهي نظرة مشتركة مع غيره من كيميائيي ذلك العصر[7].

---

(6) Pilgrin, *Entdeckung der Elemente*, p. 155.

(7) Georg Lockemann, in *Das Buch der grossen Chemiker*, ed. G. Bugge, p. 256.

كان هنري كاڤينديش (1731-1870) Cavendish Henry أول من اكتشف بعض خصائص الهيدروجين، مع ذلك لم يسمِّ كاڤينديش العنصر هيدروجين: كان مأخوذاً بنظرية الفلوجستون، واعتبر أنه اكتشفه في حالته الصافية وهو اعتقاد تمسك به حتى نهاية حياته. لقد ابتعد كاڤينديش عن فكرة "الهواء الخادع" لغيره من العلماء، مكتشفاً أن هناك نموذجين "الهواء المستقر" (ثاني أكسيد الكربون) و"الهواء المشتعل" (هيدروجين). وأعطى كاڤينديش، واصفاً اكتشافاته في أول أطروحة أمام الجمعية العلمية الملكية 1766، قراءة دقيقة للوزن النوعي لكلا الغازين حيث برهن أن الهيدروجين هو نفسه "الهواء المشتعل" من أي معدن وحمض أتى، وأنه خفيف جداً 1/14 من وزن الهواء.

إنَّ خفة الهيدروجين وضعت سريعاً في خدمة الطيران. "وضع زميلنا معرفته في خدمة تقدم عملي جاعلاً الملاحة الجوية آمنة وسهلة". كما يقول مادح معاصر لكاڤينديش بعد سنة من وفاته[8]. وكان يحيل إلى جاك ألكساندر سيزار شارل (1746-1823) Jacques Alexandre César Charles، فيزيائي فرنسي أكّد تجارب بنجمن فرانكلن Benjamin Franklin عن الكهرباء والذي أصبح مهتماً بالطيران. في سنة 1783 طيّر شارل بالوناً مملوءاً بالهيدروجين الى علو ميلين. "في الواقع" يقول الخطيب المنوّه عنه آنفاً: "يمكننا القول إنه من دون اكتشاف كاڤينديش وتطبيقات شارل له كان سيصعب انجاز المنطاد، فكم كان خطراً ومزعجاً استخدام النار لشحن الهواء الساخن في المناطيد"[9].

---

(8) Geoges Cuvier, in *Great Chemists,* ed. E. Farber (Interscience, 1961).

(9) مناطيد Montgolfimres كانت بالونات منتفخة بالهواء الساخن باسم مخترعيها

لقد برهن كاڤينديش أيضاً أنه بخلط الهيدروجين مع الهواء يعطي الاشتعال السريع (المتفجر) بعد مرور شرارة كهربائية، الماء وبقية من الهواء. وفي تجارب أخرى فعل ذلك في خليط من الأكسجين والهيدروجين الصافيين، وعندما كانت المعدلات صحيحة فقد نتج ماء فقط، مما أعطى الدليل النهائي على أن الهيدروجين هو "عنصر" أولي. لقد بدأت تجارب كاڤينديش عن خليط الأكسجين والهيدروجين ومرور الشرارة الكهربائية أواخر سنة 1770 ولم تنشر إلّا في سنة 1780 في مؤلفه الشهير "تجارب على الهواء".

لقد جرّب لاڤوازييه لبعض الوقت أن يحدد طبيعة "الهواء المشتعل" الذي هو أيضاً وجده من ذوبان المعادن بالحمض. وبإحراقه هذا الغاز حاول ايجاد حمض من جديد، ولكن لم تكن تلك هي النتيجة. في سنة 1783 سمع لاڤوازييه عن أعمال كاڤينديش عبر طرف وسيط (شارلز بلاغدن Charles Blagden أمين سر الجمعية الملكية). لقد أعاد لاڤوازييه التجربة على الفور ولكن لم يستطع في المرة الأولى أن يؤثر على مريديه بما تعني. وفي مجهود آخر عمل العكس وفصم الماء في أنبوب نحاسي مسخّن. وحشوة الحديد في الأنبوب قد أصبحت سوداء وصدأت من الأكسجين الفالت و"الهواء المشتعل" أتى هذه المرة من الماء -

= الأخوان بذات الاسم. كانت تبقى عالية بواسطة الهواء الساخن بواسطة الاحتراق المكشوف المركب على القاعدة وليس بفعل غاز خفيف مثل الهيدروجين. كانت البالونات الأولى التي صعدت في الهواء: في طيرانها الأول الذي أطلق في شهر حزيران/يونيو سنة 1783 في آنوناي قرب مدينة ليون (الفرنسية). لقد بقي المنطاد عشر دقائق في الجو وقطع مسافة ميل واحد. في السنة نفسها طار المنطاد فوق باريس بشكل حر ومأهول للمرة الأولى.

فقط من الماء- في تجربة رائدة أشعل لافوازييه الهيدروجين بالأكسجين وحصل على 45 غراماً من الماء (الماء ما زال محفوظاً في أكاديمية العلوم الفرنسية). إنَّ تجاربه الأخيرة الكلاسيكية التي برهنت أن الأكسجين والهيدروجين هما العنصران المكوِّنان للماء جرت أمام مؤتمر للعلماء في سنة 1785. بالتنسيق مع اختباريين آخرين نشر عمله الأساسي: "منهاج التسمية الكيميائية" حيث نعت الأكسجين بـ "الهواء مانح الحياة"، والهيدروجين بـ "الهواء المشتعل" (التسمية تعني حرفياً للأكسجين ما يعطي الحياة وللهيدروجين ما يعطي الماء- المترجم).

في 1793 أي اربع سنوات بعد سقوط الباستيل تم اكتشاف طريق إنتاج الهيدروجين على نطاق واسع تحت تأثير قوى الحرب المتنازعة والصاعدة، بحسب دراسة تاريخية عن الهيدروجين قدمت في المؤتمر الدولي في ڤيينا سنة 1986[10]. لقد أشار جان پورتييه Jean Portier وك. بايو C. Bailleux (من مؤسسة خدمات غاز فرنسا وكهرباء فرنسا) أن غيتون دو نورڤوْ Guyton de Norveau، الكيميائي المشهور و"ممثل الشعب في هيئة الخلاص العام (في الثورة الفرنسية)، قد اقترح استعمال الهيدروجين في البالونات لإطلاق منصات مراقبة وتجسس من قبل الجيش. وكان حينها قد كرر تجربة لافوازييه الشهيرة لعام 1783 على نطاق أوسع وقام دو نورڤوْ بالاتفاق مع لافوازييه بإقناع الهيئة أن ينتج الهيدروجين على نطاق واسع بالطريقة التي جربت سابقاً. أوكلت المهمة لجان پيار

---

(10) J. Pottier and C. Bailleux, «Hydrogen: A gas of the past, present and future,» in *Proceedings of Hydrogen Energy Progress VI,* volume 1, ed. T.N. Veziroglu et al. (Pergamon).

كوتِّلّ Jean Pierre Coutelle وهو فيزيائي وكيميائي آخر، بنى لهذا الغرض فرناً مجهزاً بأنابيب الحديد المقوى ومحشوة بـ 50 كلغ من الحديد. فالبخار (المسخن) يدخل من جهة والهيدروجين يخرج من جهة أخرى. وبمضي ثلاثة أيام وعلى مدار الساعة بلغت حصيلة التجربة كمية من الهيدروجين المنتج قدّرت بـ 170 متراً مكعباً. هكذا إذن وضع كوتِّلّ أول نموذج لتوليد الهيدروجين في مخيم للعسكر قرب باريس. المولد الأول الجاهز بُني حوالى سنة 1794 في موْبوْج .Maubeuge في تلك الأثناء عدّل أحد المعاونين النموذج الذي سمي من قبل بورتييه وبايوْ "المولد العسكري المعياري". وأشار بورتيي وبايوْ إلى أن المخططات آنذاك أثبتت صنع فرن مكون من سبعة أنابيب حديدية بطول ثلاثة أمتار كل واحد بقطر 30 سنتمتراً ويحتوي على 200 كلغ من نشارة الحديد. كان الماء يحقن في سبعة أنابيب والهيدروجين الناتج يغسل ويبرد بواسطة مغسل إضافي. علاوة على ذلك كان الجهاز يتضمن نظام مراقبة للحرارة. خمسة وسبعون سنة قبل ذلك كان جهاز معقد كهذا يعمل لإنتاج غازات الفحم.

في بداية القرن التاسع عشر ما كان يدعى غاز الهيدروجين كان يستعمل لإنارة وتدفئة البيوت والشقق وإضاءة الشوارع عند الحاجة. وعملياً لم يكن غاز الهيدروجين البتة، ولكن بشكل أساسي غازات الفحم المتفرعة من الفحم الحجري أو الخشب. إنَّ الغموض كان يتأتى من أنها جميعها أخف من الهواء ومرتبطة بأصحاب البالونات المغامرين (يحكى أنه كان في باريس قهوة تدعى "قهوة غاز الهيدروجين" ولكن على ما يبدو كانت مضاءة بغاز الفحم).

لقد أصبح لافوازييه عضواً في هيئة الضرائب التي كانت تقتطع

الضرائب بتفويض من الحكومة الفرنسية. وكان النظام يتخلله الكثير من التجاوزات بحيث كان بعض أعضاء تلك الهيئة مكروهين من الشعب. لافوازييه الذي كان أيضاً مفوضاً في إنتاج البارود للبنادق أوقف خلال عواصف الثورة الفرنسية وأصبح من ضحاياها. وفي سنة 1794 حكم على كل أعضاء هيئة الضرائب بالموت وانتهوا الى المقصلة ومنهم العالم العظيم لافوازييه.

III

قصة طاقة الهيدروجين: المحترم سيسيل Cecil، وجول ڤيرن Jules Verne، والرهيب السيد إرّنْ Erren Mr

في 27 نوڤمبر/تشرين الثاني سنة 1820 اجتمع أمناء جامعة كمبردج للاستماع الى مناظرة أحد أعيان الكنيسة. تضمنت نشاطات جمعية كمبردج الفلسفية أن إلقاء المحترم سيسيل مريد كلية ماجدلين محاضرة طويلة عنوانها: استعمال غاز الهيدروجين لإنتاج القوة المحركة في الآلات واصفاً محركاً يعمل "بضغط الجو عن طريق الفراغ الناتج عن تفجر غاز الهيدروجين مع هواء الغلاف الجوي". (في ذلك الوقت كان الفراغ الجوي يعتبر المحرك الآلي وليس الدفع الانفجاري - المترجم). شرح سيسيل بداية مساوئ المحركات بواسطة المياه المجرورة Water-Driven (التي تستعمل فقط في "حال توافرت المياه بكثرة") ومحركات البخار (التي تتطلب الوقت للتحرك). إنَّ فائدة المحرك البخاري كانت "منقوصة بالتحضيرات

المملة والشاقة الضرورية لبدء العمل". علاوة على ذلك فإن "محركاً بخارياً لا تزيد قوته قوة الرجل الواحد لا يبدأ بالعمل قبل نصف ساعة من التحضيرات والمحرك البالغة قوته أربعة أحصنة لا يعمل قبل ساعتين من التحضيرات". يحل المحرك العامل بقوة الهيدروجين كل هذه المشكلات، وكشف سيسيل إنَّ "المحرك العامل بغاز الهيدروجين يجمع حسنتين أساسيتين للماء والبخار معاً: إنه يعمل في أي مكان من دون تحضيرات شاقة أو انتظار". ويضيف أيضاً، متنبئاً: "يمكن أن يكون في بعض وجوهه أقل من كثير من المحركات المستخدمة حالياً، مع ذلك سوف لن يكون عديم الفائدة بالكامل، إذا أمكن إيجاد فوائد خاصة به مع عيوبه مجتمعة".

وبالعودة الى شروحات سيسيل فإنَّ المبدأ العام هو أن الهيدروجين بعد خلطه بالهواء وإشعاله سوف يخلق فراغاً جزئياً كبيراً. الهواء الضاغط (على الفراغ) سيحفز قوة محركة "تقريباً بالطريقة نفسها لمحرك البخار: الفرق يكمن أساساً في طريقة خلق هذا الفراغ... إذا جمعنا وحدتي قياس ونصف من حجم الهواء مع وحدة قياس من الهيدروجين وأشعلناها فإن ناتج الغازات سوف يساوي ثلاث مرات الحجم الأساسي"[1].

لقد ذهب سيسيل في الشرح المفصل لطريقة عمل محركه، ولكن جمعية العلوم في كمبردج لم تحدد في وثائقها إذا كان سيسيل قد صنع فعلاً مثل هذا المحرك. وفي كل الأحوال يبقى أنه

---

(1) *Transactions of the Cambridge Philosophical Society* 1 (1822).

للمرة الأولى يحاول أحد التقنيين الأوائل وضع مواصفات الهيدروجين في التطبيق.

إنَّ جاء اقتراح سيسيل قد جاء بعد عشرين سنة من اكتشاف التحليل الكهربائي للماء (فصمه الى هيدروجين وأكسجين عن طريق مرور تيار كهربائي مطّرد). وهذا الاكتشاف أنجز من قبل عالمين انكليزيين وهما: وليم نيكولسون William Nicholson والسير أنطوني كارليل Sir Anthony Carlisle ستة أعوام بعد إعدام لاڤوازييه وبضعة أسابيع بعد أن صنع الإيطالي ألساندرو ڤولتا Alessandro Volta أول خلية كهربائية (بطارية).

في المائة والخمسين سنة التالية تقريباً نوقشت مزايا الهيدروجين الفريدة بتواتر أكبر من قبل العلماء وكتّاب الخيال العلمي. ربما كان المثل الأكثر شهرة في جماعة الهيدروجين هو كاتب الخيال العلمي جول ڤيرن الذي كتب وصفاً مستقبلياً غريب الشكل في أحد آخر كتبه عن كيفية تحول الهيدروجين إلى أن يصبح الوقود الأول الرئيس في العالم. كتب كتاب "الجزيرة المسحورة" في سنة 1874، أي مائة سنة قبل البحث الجدي في الهيدروجين. وفي مقطع بارز يصف ڤيرن نقاشات خمسة من الأمريكيين خلال الحرب الأهلية يحطون الرحال بعد الضياع في جزيرة غامضة تقع على بعد سبعة آلاف ميل من نقطة انطلاقهم في ڤرجينيا بعدما أخذت العاصفة بالونهم الذي انطلقوا به من معسكر الاتحاديين[2]. الخمسة هم "المتعلم والمتنور والعملي" المهندس سايروس هاردينغ Cyrus Harding وخادمه نيب Neb والعنيد الذي لا يلين الصحافي المراسل جدعون سپيلّيتّ Gideon Spilett وبحار يدعى پنكروفت

(2) My source here is the 1965 Airmont Publishing Company edition.

Pencroft والـشـاب هـربـرت بـراون) Herbert Brown يتيم وتحت ولاية بينكروفت). لقد كان الخمسة يناقشون مستقبل الاتحاد ويشرح سبيلّيت عن مستقبل التجارة والصنعة إذا حدث وتوقف إمداد الفحم:

"من دون الفحم لن يكون هناك آلات ومن دون الآلات لن يكون هناك سكك حديد ولا قاطرات بخارية ولا مصانع ولا شيء مما هو ضروري للحضارة الحديثة"!

"ولكن ماذا سيجدون"؟ سأل بنكروفت؛ "هل يمكنك أن تحزر أيها القبطان"؟ "وماذا سيحرقون بديلاً من الفحم".

"الماء"! أجاب هاردينغ.

"الماء"؟ صاح بنكروفت، "الماء كوقود للبواخر والمحركات؟ تسخين الماء بالماء!"

"نعم ولكن الماء المقسّم الى عناصره الأولية" يجيب سايروس هاردينغ. "والمفكك من دون شك بالكهرباء التي ستصبح قوية ومدجنة". ذلك أن الاكتشافات الكبرى، بفعل قوانين لم تجد تفسيراً، تبدو مشجعة وأصبحت كاملة في آن. "نعم يا أصحابي أعتقد أنه سيأتي يوم يستعمل فيه الماء كوقود حيث الأكسجين والهيدروجين مجتمعان أو منفصلان سيوقران مصدراً للحرارة والضوء بقوة لايستطيعها الفحم. سيأتي يوم يحل الهيدروجين محل الفحم في حجر البواخر وخزانات القاطرات ستكون مليئة بهذين الغازين المكثفين، بدلاً من الفحم، وسيشتعلان في الأفران مطلقين طاقة حرارية هائلة. لذا، ليس ثمة خوف البتة. وما دامت الأرض مسكونة فإنها ستلبي حاجات سكانها. إنني أعتقد أنه حين ينضب الفحم سوف نتدفأ بالماء. سوف يكون الماء فحم المستقبل".

"أود أن أرى ذلك" علّق البحّار.

"لقد ولدت باكراً جداً يا بنكروفت" يجيب نيب الذي شارك بالحديث فقط بهذه الكلمات.

بالطبع لم يشرح ڤيرن ما هي الطاقة لإنتاج الكهرباء لتحليل الماء. ولكن بالنسبة لسياق القرن التاسع عشر في المعرفة العلمية فإن نظرة ڤيرن ملفتة.

فالهيدروجين موجود في رواية مغامرات شبابية نشرت بعد سنة 1900 بقليل في انكلترا، حيث أنَّ عالماً بريطانياً يدعى وليم هاستينغز كامبل William Hastings Campbell، مهتم بالهيدروجين قد استشهد بالكتاب أثناء إلقائه محاضرة عن الهيدروجين في المؤسسة البريطانية للوقود في مارس/آذار 1933. لقد أخبر كامبل مستمعيه المميزين أن كتاب "القرصان الحديدي" لمؤلفه ماكس پمبرتون Max Pemberton أثّر فيه كثيراً عندما كان يافعاً. ويصف الكاتب مجموعة لصوص عالميين على متن سفينة حربية ذات سرعة رهيبة بسبب محركاتها الهيدروجينية. "طريقة أخرى تظهر كيف يستطيع الفن استباق الاكتشافات" يقول التقرير عن المحاضرة في "جريدة مؤسسة الوقود" *Journal of the Institute of Fuel*.

لقد شهدت العشرينيات والثلاثينيات من القرن الماضي ازدهاراً في الاهتمام بالهيدروجين كوقود، خاصة في ألمانيا وانكلترا وكندا. تطور المجمع الكندي للتحليل الكهربائي - وهو اليوم من أكبر الرياديين العالميين في صناعة أجهزة الهيدروجين الكهربائي (لقد باع حوالى 900 جهاز لـ 91 بلداً)، باكراً في القرن العشرين. حوالى سنة 1905 بدأ ألكساندر ت ستيوارت Alexander T. Stuart الاهتمام بطاقة الهيدروجين حين درس الكيمياء وعِلْم المعادن في جامعة تورونتو. الشاب ستيوارت وأحد أساتذته، لاش ميلر Lash Miller (طالب سابق لدى مخترع خلايا الوقود، وليم غروڤ) قد لاحظا أن غالبية كندا تستورد معظم وقودها ما عدا الخشب. "وفي الوقت ذاته كان لا يستخدم من طاقة توليد شلالات نياغرا من

الكهرباء إلّا نسبة 30-40% منها". يروي ساندي ستيوارت Sandy
Stuart في أول مجموعة من المحاضرات تحمل اسمه سنة 1996
في جامعة شيربروك Sherbrooke فيقول: "المسألة هي كيف يمكن
تحويل فائض القدرة هذه الى وقود طاقوي؟ الجواب الواضح هو
التحليل الكهربائي للماء. إن ذلك يرجعنا الى أول أجهزة التحليل
الكهربائي المجربة".

وكما جرى، صارت محللات ستيوارت الكهربائية تعمل تجارياً
ليس لإنتاج الهيدروجين كوقود ولكن الأكسجين والهيدروجين لقَطْع
الفولاذ. لقد أصبحت هذه الأجهزة ضمن ما سمي شركة ستيوارت
للأكسجين في سان فرانسيسكو سنة 1920. وبعد أربع سنوات بدأت
الحكومة الكندية دعم استعمال بطاريات ستيوارت لتحليل الكهربائي
للماء في صناعة الأسمدة الزراعية في كولومبيا البريطانية. وخلال
أواسط العشرينيات طوّر العجوز ستيوارت مفاهيم لمصلحة "هيئة
موارد أونتاريو المائية utility Ontario-Hydro" بهدف دمج طاقة
الكهرماء والفحم وغيرها من موارد الفحم لصنع "غاز المدن"
(خليط من الهيدروجين وغاز أول أكسيد الكربون) للتدفئة المنزلية،
وكذلك لتصنيع الميتانول، وغيرها من مركبات كيميائية، وبشكل
مباشر تحويل خام الحديد الى حديد. في 1934 أنشأت هيئة موارد
أونتاريو المائية محللاً كهربائياً للماء بقوة 400 كيلوواط، وكان
هناك معامل لتدفئة المباني بالهيدروجين وكذلك لإجراء تجارب
المركبات عليها، ولكن هذا المشروع توقف بعد سنتين. كل هذه
الجهود توقفت مع التغيرات في حكومات أونتاريو ولكن أيضاً
بسبب دخول كندا في الحرب العالمية الثانية مع وصول الغاز
الطبيعي الى كندا بعد الحرب.

على المستوى المفهومي، أهم الوجوه في هذه السنوات الأولى

كـان جـون بـوْردِن سانـدرسون هـالـدان John Burden Sanderson Haldane، وهو فيزيولوجي أصبح عالم وراثة وبقي فترة طويلة رئيس تحرير الجريدة الشيوعية Daily Worker وهاجر في الستينيات الى الهند وعمل لتطوير المؤسسات العلمية. في سنة 1923 حين كان في أواخر العشرينيات من عمره ألقى محاضرة في جامعة كمبردج قال خلالها إنَّ الهيدروجين بواسطة التحليل الكهربائي والرياح بعد تسييله وتخزينه سوف يكون وقود المستقبل[3]. وفي دراسة قرئت على جمعية "مهرطقي" الجامعة قال هالدان: "الهيدروجين السائل هو أفضل طريقة لحفظ الطاقة بالوزن نفسه لأن كل ليبرة تعطي من الطاقة ثلاثة أضعاف مثيلتها من النفط. وإنه خفيف جداً، فهو يزن ثلث الوزن للحجم ذاته من النفط. إنَّ ذلك لن يقلل من أهمية استعماله في الطائرات حيث الوزن أهم من الحجم". يتنبأ هالدان أنه لأربعمئة سنة من حاجة انكلترا من الطاقة ستؤمن من "طواحين الهواء التي ستشغل محركات الكهرباء التي بدورها ستغذي التيار ذا التوتر العالي". ويتابع قوله "على مسافات مناسبة سيكون هناك محطات كبيرة حيث يحول فائض التيار لتحليل الماء الى أكسجين وهيدروجين. وهذان الغازان سوف يسيلان ويحفظان في باطن الأرض... وخلال فترات الهـدوء (الريـاح الخفيفة) سوف يستعمل هذان الغازان كوقود لتشغيل المحركات المولدة للكهرباء أو أكثر فأكثر في خلايا الأكسدة" (المولدة للكهرباء)[4]. ويتابع هالدان: "هذه الخزانات الضخمة للغازات

---

(3)   J.B.S. Haldane, *Deadalus or Science and the Future* (Dutton, 1925).

(4)   الآخر كان اشارة الى خلية الوقود الأولى التي أُنشئت سنة 1839 من قبل الانكليزي الفيلسوف والفيزيائي والقانوني وليم غروف الذي أنتج الماء من

المسيلة سوف تسمح باختزان طاقة الريح، وبذلك يمكن استخدامها في الصناعة والنقل والتدفئة والإنارة على قدر الرغبة. إنَّ التكلفة الأولية عالية جداً ولكن مصاريف التشغيل سوف تكون أدنى من نظامنا الحالي ومن بين الميزات الواضحة أيضاً سيكون السعر الواحد في أي منطقة من البلاد وبذلك سوف تتوزع الصناعة وفق صيغة لا مركزية إلى حد كبير؛ ولن يكون هناك من دخان ورماد منتشرين". (كما كان الحال في بداية القرن العشرين - المترجم).

أيضاً في انكلترا كان هاري ريكاردو Harry Ricardo وهو من أوائل الرواد في تطوير محرك الاحتراق الداخلي وأ ف بورستال A.F. Burstall من أوائل العاملين على مواصفات احتراق الهيدروجين، ووليم هاستينغز كامبل والألماني رودولف إرّنْ Rudolf Erren (الذي أمضى معظم الثلاثينيات من القرن الماضي في إنكلترا)، ور أو كينغ R. O. King (في حينه مع مختبر وزارة الأجواء البريطانية British Air Ministry Laboratory (الذين عملوا في البحث في الهيدروجين كوقود.

كذلك في ألمانيا، عمل فرانتس لاواتشيك Franz Lawaczek ورودولف إرّنْ وكورت ڤايل Kurt Weil وج إ نوغيرّاث J.E. Noeggerath وهرمان هونّيف Hermann Honnef، وغيرهم من المهندسين أوالمخترعين في الأبحاث على الهدروجين ودافعوا عن خيار استخدام الهيدروجين كوقود. لقد اعترف بعضهم أنهم تأثروا بجول ڤرن كما أنَّ مصمم التوربينات لاواتشيك قد بدأ يهتمّ

= الأكسجين والهيدروجين ولكن تقريباً دون كهرباء. إنَّ تطور خلايا الوقود الحديثة التي تنتج الكهرباء أيضاً لم يبدأ حتى الخمسينيات من القرن العشرين.

بالهيدروجين منذ سنة 1907. في سنة 1919 بدأ في تصميم مفاهيم للسيارات والقاطرات والمحركات العاملة على الهيدروجين. إنَّ بعض إلهاماته جاءت من قريبه الأمريكي من أصل ألماني ج إ نوغيرّاث الذي عمل في نيويورك وبعدها في برلين. ولقد تعاونا على اختراع محلل كهربائي للماء بحجم صغير. وفي سنة 1930 كان لاواتشيك أول من فكر بأنابيب نقل الهيدروجين. من جهته حلم هرمان هونّيف ببرج فولاذي بعلو 750 قدماً ويحمل طاحونة هواء بقطر 480 قدماً، وتستطيع إنتاج الكهرباء بقوة مئة ميغاواط يمكن تخزينها بشكل هيدروجين سائل، لكن هذا المفهوم لم يتحقق منه سوى برج من 50 متراً فقط.

في إيطاليا نشر في سنة 1937 مقال في مجلة *Rivista Aeronautica* يشير إلى جهود المهندس أ. بلديمانو من أجل ملاءمة الهيدروجين لكي يستعمل في محركات الطائرات.

في الولايات المتحدة ذكر إيغور سيكورسكي Igor Sikorski الهيدروجين السائل كوقود للطيران سنة 1938 أمام المؤسسة الكهربائية الأمريكية في شينيكتادي Schenectady. وبعد أن تنبأ بتطوير نوع جديد من المحرك يسمح للطائرة لأن تسرع حتى 500-600 ميل في الساعة على ارتفاع 000 30-000 50 قدم قال سيكورسكي: "إذا كان هناك طريقة مضمونة واقتصادية لإنتاج الهيدروجين السائل ومعالجته لاستعماله كوقود، فسيؤدي ذلك الى تغير كبير، خاصة بالنسبة للطائرات الكبيرة. سيسمح ذلك بالطيران حول خط الاستواء من دون التوقف ومن دون التزود بالوقود. سوف يمكن ذلك بزيادة فعالية الطائرات من كل نوع".

ومن أولى استعمالات الهيدروجين والأكثر إثارة للدهشة استعماله في المناطيد ليس فقط كغاز خفيف للنفخ، ولكن أيضاً كوقود للدفع في بالونات النقل الألمانية في العشرينيات والثلاثينيات من القرن الماضي التي أمنت رحلات مسلّية ومريحة فوق الأطلسي. في العادة كانت "سفن" الجو هذه تحمل كميات كبيرة من الوقود السائل (عادة خليط البنزين والبنزول- البنزين الخام) الذي كان يشغل محركاً من 12 أو 16 أسطوانة والذي كان يدفع المنطاد زيپّلين Zeppelin على ارتفاع 2400 قدم وسرعة 75 ميلاً في الساعة إذا لم يواجه الريح رأسياً. إنَّ التوفير في الوقود كان إحدى المشكلات للمنطاد زيپّلين وثانيها هو تقليص الخفة الناتجة عن حرق الوقود الذي يقلص وزن المركبة. وبحسب تقرير للشركة في سنة 1929 فإن قاعدة نفث الهيدروجين التي كان يطبقها القبطان "لتثقيل" المركبة بمعدل متر مكعب مقابل كل كيلوغرام وقود مستهلك خلال رحلة من دون توقف تستمر عادة بين ثلاثة إلى خمسة أيام. إنَّ التوفير في الوقود كان ممكناً عن طريق زيادة فعالية المحركات ولكن خفة المركبة لم تجد حلاً. لقد كان الحل سهلاً بمقدار ما كان مبتكراً. لماذا لا يستعمل الهيدروجين المتروك في الجو كوقود مساعد للوقود الأساسي، لقد وجد مهندسو زيپّلين أن ذلك ممكن. إنَّ خلطهما بنسبة 1/10 تزيد قدرة المحرك من 269 حصاناً الى 325 حصاناً، وذلك يؤدي الى توفير جوهري في الطاقة. فالتجربة أنجزت فوق البحر المتوسط لمدة 82 ساعة، قطع خلالها المنطاد 6000 ميل في 1928، وقد تقلص مصروف الوقود 14%. في انكلترا جربت الخطوط الجوية الشيء ذاته ووجدت أنه "يمكن اجمالاً استبدال وقود النفط كله بالهيدروجين من دون أي

نقص في الفعالية". وفي رحلة نموذجية بين لندن ومصر تم توفير خمسة أطنان من الوقود (النفطي) بحسب هذه التجارب. وفي مطلق الأحوال لا الانكليز ولا الألمان طبقوا ذلك على الرحلات الروتينية بشكل واسع.

واحد من أكثر المدافعين عن الهيدروجين هو الألماني رودولف إرّنْ، وهو المهندس الذي كانت لديه عربات وحافلات وغواصات ومحركات احتراق داخلي تعمل جميعها على الهيدروجين وغيره من الوقود التقليدي وغير التقليدي. لقد كانت محركات إرّنْ تشغل عدداً ضخماً من المركبات في ألمانيا وانكلترا، وهو أنشأ شركته في شمال برلين سنة 1928. سنتان قبل ذلك بدأ يهتم بالهيدروجين متابعاً بذلك اهتماماً بدأ منذ الطفولة. وفي زيارة له قمت بها إلى هانوڤر سنة 1976 قال لي إنه تأثر وهو طفل بقصة القرصان الحديدي. في هذه الرواية أن مجموعة قراصنة خطفت عالماً ألمانياً صنع محركاً يعمل على الهيدروجين وأجبرته أن يصنع لها سفينة ذات محرك يعمل على الهيدروجين مما جعل سفينتهم أسرع من بقية السفن.

لقد بدأ إرّنْ تجاربه على الهيدروجين وهو ما زال في ثانوية كاتووايس .Katowice ولقد تواصل اهتمامه بالهيدروجين كهواية في الجامعة في برلين وغوتينغن ثم في لندن. "أثناء الصيف حين كان الطلاب يذهبون في العطلة كان يذهب الى معمل المحركات ليعرف كيف تعمل بالتطبيق، النظرية وحدها لاتعمل". في سنة 1928 حصل على أول عقد لمحرك الهيدروجين؛ قدم إرّنْ عمله أمام مؤتمر الطاقة العالمي في برلين سنة 1930. وبالنسبة له "محرك إرّنْ " و"نظام إرّنْ" و"عملية إرّنْ" وهي اليوم مهملة تماماً، كانت تشكل اعترافاً رسمياً باختلاف مقاربته لعملية الاحتراق عن غيرها.

في سنة 1930 واستجابة للعديد من الشركات الانكليزية سافر إرّنْ الى لندن وأسس شركته الهندسية. هناك تابع تجاربه في استعمال الهيدروجين كوقود صافٍ أو كزيادة على الوقود العادي "لتنقيته". (تغذية إرّنْ- تأْرين Errenizing في أي عملية احتراق داخلي كانت على ما يبدو معروفة جيداً نسبياً في الثلاثينيات أقله بين مهندسي المحرك الآلي). إنها تتلخص جوهرياً بحقن الهيدروجين تحت ضغط خفيف الى غرفة الاحتراق حيث الهواء أو الأكسجين عوض ضخ الوقود مع الهواء بواسطة الكاربيراتر وحصول الاحتراق الانفجاري. يقوم نظام إرّنْ على تعديل يسمح بهذه العملية ويترك المحرك كما هو أساساً. وعند استعمال الهيدروجين كمقوٍّ يسمح نظام إرّنْ بإقصاء الاحتراق المرتجع العنيف ويؤدي الى احتراق أفضل للهيدروكربير مما يؤدي الى فعالية أكبر وتوفير في الوقود المستهلك.

كورت ڤايل وهو مهندس من أصل ألماني كان في الثلاثينيات من القرن الماضي مدير مؤسسة إرّنْ للتكنولوجيا، وفي سنة 1970 أصبح أستاذاً زائراً في معهد ستيڤنز Stevens للتكنولوجيا، قال إنَّ عدم اختلاط الهيدروجين مع أكسجين الهواء قبل دخول غرفة الاحتراق هو من عبقرية إرّنْ. قال ڤايل الذي كان رائداً في دفع الهيدروجين إلى الأمام شارحاً "عند إغلاق الصبابات وبحقن الهيدروجين عندها نحصل على فعالية أقوى". المقاربة الهندسية هذه عادت للحياة في بداية السبعينيات.

في أواسط الثلاثينيات عرض إرّنْ وڤايل على الحكومة النازية، التي كانت وقتها مهتمة باقتصاد الاكتفاء الذاتي وتقليص التبعية للوقود السائل، إجراء تعديل على محرك الاحتراق الداخلي العادي وتحويله الى نظام ڤايل المتعدد الوقود. بالإضافة الى الوقود المصنع

من الفحم بطريقة فيشر-تروپش Fischer-Tropsch وبرجيوس Bergius[5]، يمكن عندها استعمال الهيدروجين المنتج في ساعات الفراغ في محطات توليد الطاقة الكهربائية التي كانت تعمل حينها بنسبة 50% من طاقتها. في سنة 1938 عندما فر ڤايل الى الولايات المتحدة كانت حوالى مئة شاحنة تجوب المسافة بين برلين ومنطقة الرور الصناعية في الغرب على بعد 350 ميلاً، فيتم التبديل بكبسة زر من وقود الى آخر من داخل قمرة القيادة. يذكر ڤايل إنَّ تعديل المحرك ليس أمراً صعباً بحد ذاته ولكن ذلك أهون لبعض المحركات من غيرها. لـ "ست أسطوانات مستقيمة، الأمر أهون من نموذج للأسطوانات على خطين". أما بالنسبة لتكلفة التعديل فإنها لا تتجاوز بضع مئات الدولارات للمحرك الواحد (بأسعار السبعينيات). اعتقد إرّنْ أن حوالى ألف سيارة وشاحنة حولت الى هذه الطريقة بينما يقول أحد التقارير البريطانية إنَّ عددها وصل الى 3000 أو 4000.

لقد جرب نظام السكك الحديد الألماني عربة تعمل بالهيدروجين على السكة جنوبي درسدن .Dresden القطار كان مدفوعاً بقوة 75 حصاناً لمحرك على البنزين بست أسطوانات مستقيمة. كان يسير بصعوبة بحسب تقرير في سنة 1932 لمرآب صيانة القطارات الألماني، ولكن بعد تلقيمه بالهيدروجين أصبحت قوته 83 حصاناً وبالهيدروجين وحيداً 77 حصاناً.

---

(5) عملية فيشر-تروپش تركب الهيدروكربون المختلفة من أول أكسيد الكربون والهيدروجين. عملية برجيوس Bergius التي تصدع الفحم الى نفط خام صناعي بمساعدة الهيدروجين ومحفز مكَّن النازيين الألمان من انتاج كميات كبيرة من بنزين الطيران الصناعي.

هذه العملية التي سميت "تأرين" Errenization دخلت الى انكلترا. لقد عدَّل إرّنْ شاحنات وحافلات كارتر-پاترسون Carter-Paterson التي تعمل على محركات ديزل بيردمور Beardmore وجعلها تعمل على الهيدروجين لتوفير الوقود وتقليص التلوث. كذلك تحدث عن حدث مع بعثة أسترالية أمضت أسبوعين أو ثلاثة في مشغله للتحقق من ادعائه وفحص محركه، حيث أرادت البعثة تجريب سرعة حافلة على طريق مفتوح. لقد اختير مكان التجربة على تلة خارج لندن. بحسب إرّنْ:

كانت الشرطة هناك لمراقبة السائقين الخارجين من النادي والذين كانوا يتجاوزون السرعة المسموح بها وهي 30 ميلاً في الساعة... . كانت الشرطة مختبئة جيداً لكننا مع ذلك حولنا الوقود إلى هيدروجين وعوض السير بسرعة 30 ميلاً وصلت السرعة الى 50 و52 ميلاً في الساعة صعوداً الى قمة التلة. "أوقفتنا الشرطة وأعلمتنا أنها قاست سرعتنا بواسطة كرونوميتر، وأننا تجاوزنا السرعة المسموح بها وهذا ما اعترفنا به. دفعنا ما علينا ولكننا شكرناهم كثيراً مما فاجأهم قبل أن نشرح لهم أنه أصبح لدينا الآن الدليل على صحة ادعاءاتنا".

في سنة 1935 عنون إرّنْ على رأس الصفحات في الصحافة البريطانية الشعبية أخباراً أفرحت قلوب أنصار جول ڤيرن. كتبت صحيفة صانداي ديسباتش *Sunday Despatch* في 24 مارس/آذار سنة 1935 في صفحتها الأولى "الوقود السري لتحطيم رقم الطيران القياسي"، وفي عنوان فرعي "حول العالم من دون توقف مع الهيدروجين السائل". تروى القصة عن المحركات التي طُورت "بالسرّ" في لندن والتي "ستسمح للطائرات بتحطيم الرقم القياسي في المسافة والطيران في طبقات الجو العليا (ستراتوسفير) والطيران

حول العالم من دون توقف للتزود بالوقود". لم يتجاوز المشروع عتبة التصميم النظري. أربعة عقود بعد ذلك ذكر إرّنْ أنَّ نموذجاً لطائرة تندفع بواسطة محرك رولز رويس Rolls-Royce أصبحت جاهزة للاقلاع، ولكن الفكرة سقطت بسبب عدم الخيار بين الانطلاق من بريطانيا أم من ألمانيا.

اختراعان اثنان من إرّنْ: الأول غواصة "الأوكسي - هيدروجين" والثاني الطوربيد عديم الأثر اللذان لفتا الانتباه في لندن سنة 1942. انطلق إرّنْ من ملاحظة أن الطوربيدات تخرج خلفها خيطاً من الغازات وفقاقيع الماء. لأن الهيدروجين والأكسجين اللذين يعاد تركيبهما على شكل بخار ماء يتكثفان ثانية فيتحولان إلى ماء يختلط بمياه البحر ولا يعطي أي ذيل خلفي. والغواصة العاملة على احتراق الأوكسي - هيدروجين لا تحتاج الى بطاريات ضخمة ومحركات كهربائية للعمل تحت الماء. بدلاً من ذلك عندما يعمل محرك الديزل أثناء دفع الغواصة على السطح يمكن تحليل الماء بواسطة كهرباء المولدات وتخزين الهيدروجين تحت الضغط. وعند الإبحار تحت الماء يمكن تشغيل محرك الديزل ذاته بالأكسجين والهيدروجين من دون خروج أي دخان وفقاقيع. الوزن المقتصد من إقصاء محركات الكهرباء والبطاريات الضخمة يمكن أن يزيد من امكانية حمل المزيد من الوقود وبالتالي زيادة مدى الإبحار للغواصة- الى 15.000 ميل حسبما جاء في أحد التقارير. الأكسجين المنتج قد يكون ذا قيمة قصوى في حالة الطوارئ والهيدروجين المضغوط قد يساعد في نفخ أجهزة الانقاذ إذا تعذر ذلك من الهواء الاحتياطي.

أعيد إرّنْ الى ألمانيا في نهاية الحرب العالمية الثانية. لقد وضعت اليد على جميع ممتلكاته وطواقمه البشرية خلال الحرب.

كما أنَّ جميع مستندات شركته اختفت تحت قصف الحلفاء على برلين. بعد سفره الى هانوفر حيث ساهم في إنشاء مؤسسة لتجارة البلاستيكيات، عمل لسنوات عديدة كمهندس استشاري متخصص في مكافحة التلوث وطرائق الاحتراق الصناعي وغيرها من النواحي التابعة، ولكن لم يبق أي محرِّك من محركاته الى ما بعد سنوات الحرب(6).

تصاعد الاهتمام بالهيدروجين كوقود خلال الحرب العالمية الثانية بسبب الخوف من تمديد المخزون من الوقود أو الخوف من قطعه بسبب العمليات العدوانية. في أستراليا بدأ الاهتمام بالاستعمال الصناعي للهيدروجين باكراً بسبب الطلب على الفيول زمن الحرب، وبسبب خسارة حقول النفط في جزيرة بورنيو التي أصبحت بأيدي اليابانيين. ولقد زاد اهتمام حكومة كوينزلاند بالهيدروجين على أثر زيارة منسق الأعمال العامة ج ف كمب J.F. Kemp الى برلين ولندن سنة 1938 حيث أمر بعد عودته الى بلاده بإجراء دراسات لحسابه الخاص. في كل حال لم ينتظر مهندس أسترالي آخر وهو ج س جوست J. S. Just نهاية الحرب حتى يتمم تقريراً عن إنتاج الهيدروجين خارج ساعات الذروة في إنتاج الكهرباء في بريسبان Brisbane حيث كان الهيدروجين معداً إجمالاً للشاحنات. لقد أذنت حكومة كوينزلاند بإنشاء مجمع تجريبي عالي الضغط ولم يسمع عنه الشيء الكثير بعدها. إنَّ انتصار الحلفاء في

---

(6) مع ذلك كانت ملاحظة سعيدة في أسفل الصفحة؛ ظهر إرّن في مؤتمر طاقة الهيدروجين الدولي في زوريخ. لقد قدم في الجلسة الختامية وارتفع التصفيق عالياً وطويلاً ـ كاعتراف مناسب لرجل بقي لمدة أربعين سنة أمام أي شخص آخر.

سنة 1945 وعودة النفط والبنزين الرخيص أدّيا الى توقف تقدم الهيدروجين[7].

لقد عاد الاهتمام بالهيدروجين عاد الى الظهور مجدداً في سنة 1950 من خلال خلايا الوقود. فرانسيس ت بيكون Francis T. Bacon وهو عالم بريطاني طوّر عملياً أول خلية وقود هيدروجين - هواء. (تطور ظهر ذو مغزى كبير لاحقاً في برنامج الفضاء الأمريكي).

أيضاً في الخمسينيات اهتم فيزيائي ألماني بالهيدروجين كوسيط خازن للطاقة. من جهته إدوارد جوستي Eduard Justi وهو أخصّائي مرموق في الكهرباء - الكيميائية في ألمانيا (جامعة براونشفيغ Braunschweig) عمل لسنوات من أجل تطوير خلايا وقود فعالة أكثر. وفي مقالة صدرت سنة 1962 بعنوان "الاحتراق البارد -خلايا الوقود" لفرانتس شتاينر (Cold Combustion-Fuel Cells - Franz Steiner) ناقش فيها جوستي مع مساعده أوغست ڤينسل August Winsel التوقعات من فصم الماء الى عنصريه الأكسجين والهيدروجين وتخزينهما منفصلين ومن ثم إعادة دمجهما في خلايا الوقود. بعد ذلك وسّع جوستي فكرته في كتاب سنة 1965 (*Energieumwandlung in Festkörpern* - Vanderhoeck & Ruprecht) حيث اقترح استخدام الطاقة الشمسية لإنتاج الهيدروجين على مساحة البحر المتوسط وضخه الى ألمانيا وغيرها من البلدان.

في سنة 1962 اقترح الكهرو-كيميائي الأسترالي جون بوكريس John Bockris مخططاً لتزويد المدن الأمريكية بالطاقة المشتقة من

---

(7) كان هناك استثناء واحد هو R.O.King الذي واصل أبحاثه في جامعة تورنتو على احتراق الهيدروجين أواخر الأربعينيات والخمسينيات.

الشمس بواسطة الهيدروجين. يقول بوكريس (الذي نشر في سنة 1975 *Energy: The Solar-Hydrogen Alternative* - Halstead، أول تحليل مفصل لمستقبل اقتصاد طاقة الشمس-هيدروجين)، أنّ مصطلح "اقتصاد الهيدروجين" - الذي يحتمل معاني "اقتصادية وبيئية متعددة - صُكّ اثناء مناقشة في مركز جنرال موتورز للتكنولوجيا في وارن - متشغان. في ذلك الوقت كان بوكريس مستشاراً لدى جنرال موتورز ويناقش إمكانات محروقات أخرى كبديل للبنزين مما يساعد بالتالي على إقصاء التلوث وهو موضوع بدأ يؤثر في وعي الجمهور. يخلص الفريق الى أن الهيدروجين سيصبح وقود كل أنواع الناقلات. من جهتها أجرت جنرال موتورز باكراً تجارب على الهيدروجين ولكن على ما يبدو لم تعطها الأهمية المطلوبة - أقله على مستوى الدعاية- وهذا ما فعلته شركة ديملر-بنز Daimler-Benz بعد ست سنوات.

في سنة 1970 ألقى العالم الايطالي سيزار مارتشيتّي Cesare Marchetti محاضرة في جامعة كورنيلّ Cornell شرح فيها وضع الهيدروجين بمفردات مبسطة. مارتشيتّي الذي هو عضو في قسم المواد في الهيئة الأوروبية لأبحاث الطاقة النووية في إيسپرا Ispra شمال إيطاليا وأحد أبرز المدافعين عن الهيدروجين في أوروبا، دعا لاستعمال الهيدروجين في أوروبا والولايات المتحدة منذ أواخر الستينيات[8]. فالهيدروجين المنتج من الماء بواسطة حرارة المفاعل

---

(8) بدأ اهتمام مارتشيتّي بالهيدروجين بطريقة مواربة بالعودة الى نهاية الخمسينات حيث كان يعمل في شركة النفط الوطنية الايطالية (ENI) محاولاً ايجاد الطرق للاستفادة من المفاعلات النووية خارج فترة الذروة. «الفكرة كانت كيف نستعمل الكهرباء لانتاج الأدينوزين تريفوسفات ATP الذي هو حامل الطاقة في النظم

النووي يمكن أن يحرر البشرية من التعاطي بالوقود الأحفوري. كما قال في جامعة كورنيلّ "إمكانية الهيدروجين كبيرة وهناك رائحة ثورة تعصف في الجو". إنَّ مارتشيتّي الذي يمتلك موهبة تحويل العلاقات المعقدة الى مفردات بسيطة قدم اقتراحه للهيدروجين كالآتي:

السبب الذي من أجله تركزت الدراسات في الطاقة النووية على مجال إنتاج الكهرباء هو التغذية بالطاقة في مجتمع متقدم هي جوهرياً على شكل كهرباء بنسبة 20% الى 25%، ويتم إنتاجها بزرع المباني الضخمة حيث المفاعلات تدل على اقتصادياتها. ولكن لم ينجز شيء لاقتحام الـ 3 /4 الباقية من التغذية بالطاقة: في مجال الغذاء والوقود والتعدين وغيرها من

= الحيوية (البيولوجية)، كما ذكر في مقابلة قديمة. حاول مارتشيتّي إيجاد الطرق لتركيب ATP الصناعي للعمل كوسيط بين مصدر الطاقة الكهربائية مثل المفاعل ونظام بيولوجي. وجد مارتشيتّي فعلاً «أنَّ ذلك لا يعمل لأن الـ ATP لا يغادر خلية الفرد، لذلك لا يمكنه إدخاله في خلية». في الستينيات ذكر أنه في أيام دراسته الثانوية قرأ أن هناك بعض البكتيريا القادرة على استقلاب الهيدروجين والأكسجين والنمو عليهما. «إذن فكرت أن هذه المادة هي الصلة الصحيحة بين سلسلة الغذاء والكهرباء ونه يمكنك إنتاج الهيدروجين والأكسجين كهربائياً». إنَّ البحث الكتبي تحت حرف H ـ للهيدروجين ـ وجد كل أنواع العمليات الكيميائية «التي تستطيع عمل أي شيء تقريباً ـ تبسيط المواد في الكيمياء ـ تبسيط الفلذات الى معادن وتشغيل المحركات وأشياء مشابهة». وبالنظر للمسألة بشكل أشمل «قررت من وجهة نظر نسقية أن التحليل الكهربائي (للماء) ليس جيداً وذلك لعدة أسباب. إذن بالذهاب الى عمق المسألة الذي هو تحويل الطاقة الحرة من مصدر حراري الى نسق كيميائي قررت، أن أفضل طريق لذلك هو الذهاب الى نسق كيميائي من خلال عملية متعددة المراحل (الخطوات)». كان ذلك حوالى 1969 والطريقة التي رواها مبتسماً «قلت لدى بنيDe Beni لاختراع نظام كهذا وقد اخترع واحداً».

الاستخدامات المختلفة في مجتمع ينزع إلى استخدام مروحة واسعة من الكيمائيات.

تكمن المشكلة في ايجاد وسيط مرن يُنتج في مبانٍ ضخمة حيث يمكن تخزين حرارة النووي كطاقة كيميائية ويمكن توزيعها بالقنوات العادية...

برأيي إنَّ أفضل مرشح لتلبية هذه المهمة هو الهيدروجين: أولاً لأن بالإمكان الحصول على الهيدروجين من الماء وهو مادة أولية غزيرة ورخيصة. وثانياً لأن الهيدروجين قابل للاستعمال بشكل مباشر وفعال في:

1. بديل الفحم في التموين.
2. تدفئة المنازل والمصانع كبديل عن النفط.
3. في التركيب الكيميائي لإنتاج الأمونيا والميتانول.
4. إنتاج المحروقات (الوقود) السائلة مثل الميتانول للنقل. ثمة مكان للأمونيا والهيدروجين في المستقبل.
5. إنتاج الغذاء بواسطة الخمائر.

تغطي النقاط الأربع الأولى إجمالي الـ 80% من الطاقة المستخدمة ما عدا الكهرباء.

يمكن للنقطة الخامسة أن تحلّ مرة واحدة مشكلة التغذية لسكان العالم المتزايدة أعدادهم.

لقد نشرت رسالة مشابهة في محاضرات ونشرات ومقالات في الولايات المتحدة من قبل مجموعة من العلماء والمهندسين كانوا قد توصلوا إلى الاستنتاجات نفسها في قطاعاتهم المختلفة. ديريك غريغوري Derek Gregory وهو عالم بريطاني يعمل لدى معهد تكنولوجيا الغاز في شيكاغو وأصبح مهتماً بالهيدروجين كبديل للغاز الطبيعي كتب مقالاً خصباً عن اقتصاد الهيدروجين لعدد من مجلة *Scientific American* في يناير/كانون الثاني سنة 1973. لقد كان

يحظى بتأييد قوي من هنري ليندن Henry Linden وهو رئيس معهد تكنولوجيا الغار م ت غ IGT Institute of Gas Technologyوالدماغ المفكر وراء تشجيع جهود الأبحاث والتطوير في مجال الهيدروجين في الولايات المتحدة[9]. بوب ويتكوفسكي Bob Witcofski وهو باحث شاب في وكالة الفضاء الأمريكية نازا NASA أصبح مقتنعاً بالآمال المثيرة للهيدروجين السائل كوقود للطائرات بما في ذلك الطائرات غير الملوثة الأسرع من الصوت. لورنس جونز Laurence Jones فيزيائي الجسيمات في جامعة متشغان أصبح مهتماً بالهيدروجين كجزء من اهتماماته العلمية وبسبب تزايد الاهتمام بالتلوث البيئي الناجم عن السيارات. لاري وليمز Larry Williams وهو اختصاصي تبريد لدى شركة مارتن ماريبتا Martin-Marietta Corp أقر بأهمية الهيدروجين كوقود من خلال عمله في تطوير البرنامج الفضائي الأمريكي.

في بداية السبعينيات عندما تجاهلت (ظاهرياً) جنرال موتورز وفورد وكرايزلر قدرة الهيدروجين كوقود غير ملوث لاستخدام السيارات فإنه استقطب انتباه وحماسة العديد من الأكاديميين الأمريكيين والمهندسين والمتحمسين للمركبات الآلية. لكن على الرغم من البدايات الصعبة مع عمل جمعية پرّيس للسيارة من دون دخان في كاليفورنيا Perris Smogless Automobile Association in California ومع سيارة تسيّر بالهيدروجين من ابتكار جامعة كاليفورنيا

---

(9) Linden was one of the first energy experts to use the term «hydrogen economy.» See *Journal of Fuel Heat Technology* 18 (1971), November, p. 17.

في لوس أنجلوس والتي حازت على المركز الثاني في مسابقة مدعومة من جنرال موتورز وشركات أخرى، لأفضل سيارة مدينية، فقد انتشرت الجهود لاستعمال الهيدروجين في السيارات والشاحنات في الولايات المتحدة وألمانيا واليابان وفرنسا وحتى أيضاً في الاتحاد السوڤياتي (السابق).

كذلك كان الجيش الأمريكي يرى في الهيدروجين وقوداً واعداً حيث بدأ برنامج لسلاح الجو الأمريكي سنة 1943 بجامعة أوهايو الحكومية أدى إلى استعمال الهيدروجين والأكسجين السائلين كوقود للصواريخ في برنامج الفضاء الأمريكي. وفي سنة 1956 بدأت لوكهيد العمل سراً لإنتاج طائرة فائقة العلو وعلى مسافات طويلة وهي إرهاص لـ U-2. وفي برنامج موازٍ كانت الوكالة الاستشارية لعلوم الفضاء الناكا NACA سلف النازا قد جمعت محرك الطيران الحالي في قاذف نفاث مزدوج من طراز B-57 الذي يعمل جزئياً بالهيدروجين. كذلك كانت البحرية تبحث باستثمار الهيدروجين كوقود لمجموعة متنوعة من السفن والأكسجين مع الهيدروجين كوقود لمراكب الانقاذ في العمق والتي تعمل بواسطة خلايا الوقود. وقد اندفعت فكرة ثورية في أواسط الخمسينيات وهي الاستفادة من الطاقة النووية لشحن طائرات النقل بالهيدروجين السائل كوقود للطائرات.

أحد الجهود العسكرية المعتبرة في أواسط الستينيات كانت الطاقة النووية (الكهربائية) الخزينة "وهي تجربة مبكرة في اقتصاد الهيدروجين"، بحسب تقرير مقدم في سنة 1974 في مؤتمر تحت عنوان اقتصاد الهيدروجين للطاقة في ميامي THEME. كانت الفكرة

تطوير مفاعل نووي يستطيع فصم الماء الى مكونيه الهيدروجين والأكسجين ميدانياً جاعلاً الهيدروجين متاحاً كوقود كيميائي لمدرعات الحرب والشاحنات. لقد كان ذلك تظهيراً "للاعتراف بأن المشكلة في مسرح العمليات الحربية هي نقل النفط" كما قال جون أوسوليڤان J. O'Sullivan الذي كان مهندساً عسكرياً كيميائياً، وفي التسعينيات مدير برنامج خلايا الوقود في معهد أبحاث الطاقة الكهربائية في پالو آلتو .Palo-Alto لقد سقطت الفكرة بسبب مشكلات فعلية وبسبب أن نقل مجمع نووي -هيدروجيني هو "موضوع عالي الهشاشة" ويتطلب عدداً كبيراً من الأشخاص ويخسر ميزته - وهي الحركية - إذا كان يتوجب دفنه وحمايته من الهجمات.

الحماسة للهيدروجين في بداية السبعينيات كانت نتيجة تعاظم الوعي البيئي (خاصة ما يتعلق بزيادة التلوث في محركات النقل وصعود اليقين بالحاجة الى نظم نقل وأشكال من الطاقة البديلة غير الملوثة) وكذلك الانتباه الى أنه مع مصادر النفط البعيدة آلاف الأميال في الشرق الأوسط المتقلب فإن الانتباه الى مصادر للطاقة القريبة يجب التطلع إليها.

أظهرت صدمة النفط في سنة 1973 أن عصر الوقود السائل الرخيص والمناسب يقترب من نهاياته إلى حد ما وأنه يجب البحث عن بدائل. ومن أول ومضة ظهر الهيدروجين بأنه يعطي الجواب الأسرع والأسهل والأنسب. وبإنتاجه بواسطة التحليل الكهربائي "برخص" من المفاعلات النووية "الآمنة والنظيفة" (هكذا ذهبت الحكمة التقليدية وقتها) يمكن أن يحل الهيدروجين فوراً مكان الوقود الأحفوري. إذن الهم البيئي وأمنية ضمان الطاقة مندمجان قد سرّعا الاستقصاء عن الهيدروجين.

إن أسباب تجدد الاهتمام بالهيدروجين تختلف باختلاف الأشخاص، ولكن فكرة "الطاقة المتحولة الحميدة بالكامل" كما وضعها بداية لورنس جونز من جامعة متشغان كانت بالتأكيد العامل الأهم. فالهيدروجين كما لاحظ جونز "يحظى بجاذبية حميمية لدى الناس". لقد عبّر لورنس جونز فيزيائي الجسيمات عن ذلك بشكل أفضل سنة 1971 في مقال لمجلة "العلوم" الأمريكية كاتباً أن فكرة استعمال الهيدروجين السائل كبديل للوقود الأحفوري وصلت إليه لدى محادثة عرضية "تعود لاستعمال الهيدروجين السائل بكميات كبيرة للتجارب في قطاع الفضاء". ويذكّر جونز قائلاً: "بعد ملاحظتي لهبوط أسعار الهيدروجين السائل في السنوات الأخيرة وجدت أن الكلفة باللتر تساوي تلك التي للبنزين". وحين بدأ يقرأ أكثر عن الهيدروجين في الأدبيات المتاحة أقر "... إنَّ له اتساقاً خاصاً وجذباً جديران بنقاش أوسع. النتيجة التي توصلت إليها أن استعمال الهيدروجين السائل ليس فقط ممكناً من الناحية التقنية والاقتصادية ولكنه أيضاً مستحب وكذلك لا مفرّ منه".

في مقال آخر، نشر بعد سنتين في مجلة "التخطيط البيئي ومراقبة التلوث" يقول جونز: "سيظهر قريباً أن عدداً مدهشاً من الأفراد والمجموعات البعيدين عن بعضهم كثيراً، يفكرون بالطريقة نفسها". هذه الظاهرة خرجت الى العلن سنة 1972 في اجتماعَ الربيع لجمعية الكيمياء الأمريكية في بوسطن حيث قدم مارتشيتّي ومساعده جيانفرانكو دي بني Gianfranco De Beni أول طريقة فصم حرارية كيميائية للماء، وأيضاً في المؤتمر السابع لهندسة تحويل الطاقة المنعقد في سان دييغو في ذاك الخريف.

في عددها الصادر بتاريخ 22 أيلول/سبتمبر سنة 1972 خصصت بيزنس ويك مقالاً على عدة صفحات عن تطور الهيدروجين دولياً[10]. (مفاعيله على العلماء المجتمعين في سان دييغو كانت حقاً مشجعة. كتب مارتشيتّي في ملاحظة شخصية، أنه "بين 650 مشتركاً كان حوالى 500 منهم مركزين على "حلقة الـH_2"). بعد ذلك بشهرين حملت مجلة فورتشن رواية أطول، كما صدرت مقالات في ريدرز دايجست وبوبولر ساينسز تايم *Popular Sciences Time* وغيرها من الحوليات.

لقد أقر باحثو الهيدروجين أنهم لم يكونوا وحيدين في بلوغ القمة في 6 مايو/أيار سنة 1972 - وهي الذكرى الـ35 لكارثة هيندنبورغ Hindenburg (المنطاد الألماني الذي احترق عند الهبوط -المترجم) وقد أنشأت جمعية Hindenburg من أجل "الاستعمال الآمن للهيدروجين كوقود". فبيل إشّر Bill Esher الذي ظهر اسمه في العديد من المقالات المنشورة في الولايات المتحدة في السبعينيات كان سكرتير جمعية Hindenburg[11].

---

(10) في ذلك الوقت كنت أعمل في ميلانو في ايطاليا كمدير مكتب لـ (Mc Graw-Hill World News) وهو مركز خدمة أنباء داخلي لغالبية حوليات التكنولوجيا لـ Mc Graw-Hill والأعمال بما فيها بزنس ويك. لقد اقترحت العينة بعد محاورة مارتشيتّي في مركز أبحاث الوكالة الأوروبية للطاقة الذرية في إيسپرا على بعد 40 ميلاً من ميلانو على سفوح جبال الألب الايطالية. هذه المقابلة المسجلة التي بين فيها مارتشيتّي المفهوم الأساسي لسوق اقتصاد الهيدروجين وهو بداية اهتمامي بالهيدروجين.

(11) يذكر إشّر Escher في مقابلة سنة 1976: «أصبحت مهتماً كثيراً بالهيدروجين لأنه كان يدفع أجري في سنة 1958 حيث كنت أعمل على صواريخ الأكسجين ـ هيدروجين لدى مركز أبحاث لويس التابع للناسا. كان عملي المساعدة في

في مارس/آذار سنة 1973 عقد موتمر -THEME وهو أول مؤتمر رئيسي عالمي عن الهيدروجين - وتمثل العمل في هذا المؤتمر على الأرض بإنشاء الجمعية الدولية للطاقة الهيدروجينية التي رعت المؤتمر العالمي للطاقة الهيدروجينية مرتين كل سنة مذَّاك. رئيس هذه الجمعية ت. نجات وزيروغلو T. Nejat Veziroglu أقام جردة عمل في سنة 1994 عند افتتاح المؤتمر في كوكوا بيتش Cocoa Beach: "في ظهيرة اليوم التالي تخرجت مجموعة صغيرة مؤتلفة تدعى لاحقاً "رومانسيّو الهيدروجين": سيزار ماتشيتّي وجون بوكريس وطوكيو أوتا Tokyo Ohta وبيل ڤان ڤورست Bill Van Vorst وأنيبال مارتينيز Anibal Martinez وولتر سايفريتس Walter Seifritz وحسين عبد العال وبيل إشّر والأخير كورت ڤايل وأنا وقلائل من المتحمسين غيرنا..."[(12)]. بعد "نقاش

= إجراء التجارب وتحضير علب الدفع العاملة على الهيدروجين والأوكسجين التي كانت تعتبر وقوداً صاروخياً لا يجارى». تحول إشّر «الى الحياة الواقعية». كما دعا إلى ذلك نهاية الستينيات حين ذهب الى العمل لحساب روكتداين وهو صانع أجهزة صواريخ في كاليفورنيا، وكان مكلفاً بيع تكنولوجيا الصواريخ للعالم الخارجي. وهو يذكر: «قمت برحلات قليلة الى الخدمات العامة وغيرها من الأشخاص المماثلين الذين يمكن أن يكون لديهم اهتمام بالهيدروجين. كان ذلك ممتعاً وبشكل مباشر تمخض ذلك عن نشاط كبير وبعد سنة في 1970 تركت وأصبحت مستشاراً مستقلاً (في الهيدروجين ونظم الطاقة البديلة المرتبطة به)». في نهاية التسعينيات بعد تنقلات مهنية عديدة التحق إشّر بالاتحاد الدولي للعلوم التطبيقية في Huntsville.

(12) كان بوكريس وإشّر ومارتشيتّي وڤايل قد أدخلوا سلفاً في هذا المجلد. عمل طوكيو أوتا في قسم الهندسة الكهربائية في جامة يوكوهاما الوطنية في اليابان، ودرس Van Vorst في مدرسة الهندسة والعلوم التطبيقية في جامعة كاليفورنيا في لوس أنجلوس، وعمل مارتينيز Martinez لمنظمة النفط الوطنية الفنزويلية في

حامي الوطيس" تم الاتفاق على أن "نظام طاقة الهيدروجين هي فكرة جاء وقتها". "إنها حل دائم لنضوب الوقود التقليدي والمشكلة البيئية على الأرض". كما قال وزيروغلو وزاد: "إنه أنيبال مارتينيز من فنزويلا- للمصادفة اشترك جزئياً في إنشاء منظمة أوبك - الذي ألح لإنشاء المجتمع المكافح لتأسيس نظام الطاقة العالمي الذي لا مناص منه". "الباقي متروك للتاريخ". سجلت الجمعية رسمياً في خريف سنة 1974 وأصبح عدد أعضائها حوالى الـ 2000 عضو في سنة 1979. ففي سنة 1976 بدأت تنشر مجلة فصلية ثم أصبحت كل شهرين وهي الآن شهرية باسم المجلة الدولية للطاقة الهيدروجينية. *International Journal of Hydrogen Energy*.

لقد بدأت الحكومات والمؤسسات الدولية تتيقظ. ففي الولايات المتحدة حيث تمويل البحث عن الهيدروجين لم يتعد المليون دولار سنوياً حتى أواسط السبعينيات قد قفز الى 24 مليوناً في 1978. هذا المبلغ يبقى ضئيلاً جداً في نظر المدافعين عن الهيدروجين الذين يقارنونه بالـ 200 مليون دولار التي أعطيت[13] في السنة نفسها لأبحاث تحويل الفحم الى غاز طبيعي. إنَّ كلاً من التفاوت والشعور قد تغيّرا قليلاً: فبعد ارتفاعها أكثر قليلاً عن المليون دولار، في مطلع التسعينيات تدرجت ميزانية برنامج الهيدروجين

=   كراكاس، وحاضر سايفريتس Seifritz في المؤسسة الاتحادية السويسرية للبحث النفاث، وكان عبد العال مع كلية النفط والتعدين في الظهران في المملكة العربية السعودية.

(13) وزارة الطاقة الأميركية تأسست سنة 1977 ودمجت مع وكالات أخرى بما فيها إدارة البحث وتطوير الطاقة المؤسسة سنة 1974.

لوزارة الطاقة بصعوبة ليستعيد مستوى الـ 24 مليون دولار في سنة 1999.

ألمانيا أيضاً بدأت تمويل برامج الهيدروجين على نطاق ضيّق بحدود المليوني دولار بين سنتي 1978 و1980. وابتداءً من سنة 1976 بدأت وكالة الطاقة الدولية المتمركزة في باريس دعم برامج الهيدروجين. أما في سنة 1978 فقد بقيت ميزانيتها نوعاً ما على عتبة 16 مليون دولار موزعة على عدة سنوات.

من جهتها بدأت المجموعة الاقتصادية الأوروبية في سنة 1972 صرف مبلغ 60-70 وحدة حسابية أي ما يعادل تقريباً 72 و84 مليون دولار (وقتها) في الهيدروجين. ولكن مع هبوط الاهتمام بالهيدروجين مجدداً بسبب تراجع الصدمة النفطية نهاية العقد، اختصرت المجموعة الأوروبية من التمويل وعاد الى مستوى 13.2 وحدة (حوالى 10.2 مليون دولار وقتها) للفترة بين سنتي 1975-1979.

بدأ المشروع الياباني "صن شاين" في سنة 1974 كبداية حقيقية، كمشروع ضخم للطاقة البديلة شبيه بعظمة برنامج أپولو. كان معداً لتموين اليابان بالطاقة النظيفة والوافرة في حوالى سنة 2000. ولقد تحدثت التقارير المبكرة في الغرب الأوروبي، لدى العلماء في أواسط السبعينيات، عن إجمالي 15 مليار دولار موزعة على سنوات المشروع وفيها ميزانية بقيمة 3.6 مليار دولار مخصصة للهيدروجين[14].

حصل تغير ملموس في الموقف بين العاملين من أجل

---

(14) حقول البحث الأساسية في مشروع صن شاين كانت الطاقة الشمسية طاقة الحرارة الجوفية وتغويز الفحم والتسييل.

الهيدروجين بعد أن زادت صفوفهم في السبعينيات. ومع نهاية الستينيات وبداية السبعينيات شكل عدد قليل نسبياً من الأفراد المثاليين المنتشرين في مختلف القارات نوعاً من الحركة النخبوية على مستوى العالم حيث عملوا باستقلالية تقريباً وغالباً كجهد محبب، خارج ساعات العمل. إنَّ التواصل بين الأعضاء كان متباعداً لكن ابتداءً من أواسط السبعينيات بدأ المشهد يتغير، معلومات أكثر عن الهيدروجين بدأت تنتشر عن طريق طائفة العلماء العالمية والجمعيات ومخططي الطاقة وأيضاً الباحثين والمؤسسات التي حملت القضية بشكل متفرغ. وبسبب هذا النمو، حصلت المأسسة ومعها إزيل بعض الغموض. جزئياً كان زوال الوهم مرتبطاً بالتطلعات الجامحة في البداية. وأخذ الباحثون الأمريكيون، والمتحمسون خاصة، بفكرة أن اقتصاد الهيدروجين هو لحظة الترياق لعلاج مشكل أمن الطاقة والمشكلات البيئية. ولأنَّ اقتصاد الهيدروجين لم يتطور واقعاً وكذلك لم تتطور تجهيزات البنية التحتية سريعاً خلال بضع سنوات، فإن تراجعاً حتمياً قد حصل خاصة على ضوء النزعة الأمريكية لوضع الأفكار الجديدة قيد التنفيذ فوراً. ربما كان الأوروبيون أكثر واقعية (أو أبطأ في الاستجابة بحسب وجهة نظر كل واحد). فمارتشيتّي وآخرون غيره دافعوا على طول الخط عن فكرة أن أي نظام طاقوي جديد يتطلب عقوداً من الزمن - ربما قرناً - قبل أن يستحصل على قسم معتبر من كعكة الطاقة الإجمالية.

في سنة 1976 صرح ديريك غريغوري وهو المتكلم الرئيسي في مؤتمر ميامي عن طاقة الهيدروجين أنه أكثر تشاؤماً مما كان عليه بخصوص حظوظ الهيدروجين للدخول كوقود عام منذ سنتين في مؤتمر اقتصاد الهيدروجين للطاقة في ميامي THEME. لقد وافق بوب وتكوڤسكي على هذا الرأي، وهو كان حاضراً في ذلك

المؤتمر، لكنه بقي متحمساً: "في يوم ما، لا أعلم متى سيأتي اقتصاد الهيدروجين. وأود بعد عدة سنوات من اليوم أن أقف وأكون قادراً على القول، حقاً، طائرتنا العاملة على الهيدروجين تحسنت بنسبة 20% عن النموذج الأولي الذي جرب سنة 1990 من قبل عالم بولوني الأصل عمل لصالح وكالة النازا وكنت أريد أن أكون هذا البولوني".

كما دارت الأمور، لم يصل ويتكوفسكي ولا أي شخص آخر في النازا إلى هذا "النموذج الخام الأولي" خلال التسعينيات. ومع ذلك، توصل الروس إليه في أواخر الثمانينيات وكذلك فعل ثمانيني رائد في الطيران في فلوريدا. لقد توصل الروس إليه عن طريق تعديل محرك من ثلاثة لطائرة نفاثة تجارية الى الهيدروجين السائل. أما وليم كونراد الطيار المتقاعد في ادارة الطيران الاتحادي فكان يعمل مراقباً لسلامة الطيران (وأيضاً كان مديراً أول في شركة البانميركان مدرباً على الطيران) فقد فعل ذلك أيضاً بتحويل محرك وحيد صغير لطائرة الى طاقة الهيدروجين.

بالإجمال فإن الثمانينيات، أقله في نصفها الأول، لم تكن لصالح الهيدروجين - أو لطاقة بديلة متجددة جيدة للبيئة على العموم. ومع مجيء إدارة ريغان أقصيت البيئة والطاقة النظيفة الى المرتبة الخلفية حيث كان شعار المرحلة تسمين العسكر، لمواجهة الاتحاد السوفيتي ومقارعة الشيوعية حول العالم وتحفيز القطاع الخاص من دون قيود (بما فيها صناعات الوقود الأحفوري) وذلك على حساب المتطلبات الاجتماعية الأهم والأوسع. الوثائق الموجودة في مكتب الخزينة في الكونغرس تظهر أن إدارة ريغان قلصت ميزانية الطاقة المتجددة بنسبة 80% مباشرة بعد تولي ريغان المسؤولية. في الوقت ذاته تصاعد الانفاق على الأسلحة النووية

بشكل مستمر بالدولار الثابت من 5 مليارات في سنة 1990 صعوداً الى 12 ملياراً في سنة 1992.

يبقى أن بعضهم لم يستسلموا وبقوا في المعركة لأجل تكنولوجيا الطاقة النظيفة. إنه من الصعب معرفة متى سيعود المد مجدداً، ولكن واحدة من علامات الطريق ظهرت في ربيع سنة 1986 بعد أول جلسة استماع للكونغرس عن الهيدروجين كوقود منذ عشرة أعوام. لقد جاءت جلسة الاستماع بطلب من النائب (عن كاليفورنيا) جورج براون الابن وهو رئيس لجنة النقل والطيران والتجهيز، الفرعية المنبثقة عن لجنة العلم البرلمانية House Science Commitee. لإعادة النظر في قانون تطوير البحث في الهيدروجين حيث عمد إلى إدخال لائحة تعتبر رئيسية وربما الوحيدة لصالح الهيدروجين للبرلمان[15]. لقد أطلق براون هذه اللائحة من أجل التوظيف في الاهتمام المعطى للهيدروجين كوقود في مركبات الفضاء والمحطية من قبل الرئيس ريغان في خطابه الأسبق عن حال الاتحاد في سنة 1986. كانت لائحة براون تود تخصيص 200 مليون دولار، على خمس سنوات لبرنامج وزارة الطاقة للأبحاث في طاقة الهيدروجين ووضع هيئة لتكنولوجيا الهيدروجين مع ما يتطلب ذلك من تآزر أفضل بين البحث الهيدروجيني وحاجة النازا لبرنامج بحثي هيدروجيني مقبول. يقول براون : "المشكلة الرئيسية باستعمال الهيدروجين تبدو اقتصادية تتعلق ابتداءً بالإنتاج. أفكار جديدة... تركز على اختراق محتمل يمكن أن يغير بشكل درامي اقتصاديات إنتاج الهيدروجين". كما كان متوقعاً لم تكن انطباعات

---

(15) السيناتور سپارك ماتسوناغا (هاواي) دانييل إيڤانس (ر-واشنطن) D. Evans كانا الشخصين الأكثر بروزاً كمدافعين عن الهيدروجين في ذلك الوقت.

إدارة ريغان متأثرة. روبرت سان مارتان Robert San Martin نائب مساعد وزير الطاقة لشؤون الطاقة المتجددة أسقط الفكرة قائلاً "لا داعي لقوانين جديدة".

العلامة على تدني الاهتمام الرسمي للحكومة الأمريكية جاءت في 1987، حين اقترحت وزارة الطاقة مبلغ المليون دولار الهزيل لتطوير البحث في الهيدروجين للسنة المالية 1988[16].

حاول براون والسناتور سپارك ماتسوناغا Spark Matsunaga (عن هواي) إدخال خطة خمسية جديدة في سنة 1987 عن طريق الحصول على 200 مليون دولار للهيدروجين وتسريع تجارة خلايا الوقود. لم يمرر الكونغرس القانون حتى سنة 1990 (دعي قانون ماتسوناغا للبحوث وتطوير طاقة الهيدروجين بعد موته لتخليده).

في العقد التالي، بدت الجهود شديدة البطء بطيئة للمتابعين للمشهد الدولي للهيدروجين تتأرجح وتتقدم خطوتين الى الأمام

(16) تفاهة حقيقية حصلت سنة 1986 حين تلاشت المليون دولار المرصودة لبرنامج الهيدروجين كوشم في مختبر بروكهاڤن الوطني في عملية التمويل «الكونغرسية». الكلمة من تلة الكپيتول Capitol Hill أن ذلك كان ببساطة بسبب خطأ تحريري وليس بسبب أي كان أراد التدخل في برنامج الهيدروجين «لقد سقط بين الفوالق» قال مصدر في تلة الكپيتول في حينه. أخيراً استعيدت المليون دولار. بعد سنة 1987 أخذ ذلك عشر سنوات لعودة برنامج الهيدروجين في وزارة الطاقة الأميركية الى ما يشبه تمويلاً معقولاً مع 15 مليون دولار منحت في سنتي 1996 و1997 وهذا يعتبر صغيراً بالنسبة لغيرها من الطاقة المقيدة كالطاقة الڤلطائية الضوئية التي تلقت 60 مليوناً في ميزانية سنة 1997. (للحق يجب القول إن الحقول المرتبطة بالهيدروجين مثل خلايا الوقود حصلت على ما يقرب من 70 مليون دولار في السنة المالية 1998 ـ حوالى الثلث للنقل والباقي لمحطات خلايا الوقود).

وخطوة الى الوراء بحسب نظرية الجدلية المادية للتاريخ. يبقى أن ميزة التسعينيات ظهرت بوضوح حيث تغيرت أمور كثيرة خلال هذا العقد وأن تقدماً قد حصل.

إن رسم كل تفاصيل الخطوات المعقدة للنشاطات الدولية للهيدروجين منذ نهاية الثمانينيات قد يطول كثيراً ولكن هناك بعض الايضاحات التي سنناقش بعضها في الأجزاء اللاحقة.

1987:

• دراسة بتكليف من البرلمان الكندي واثنتان من وزارات اتحادية طالبت كندا بإلحاح لتجعل من تكنولوجيا طاقة الهيدروجين "مهمة قومية".

1988:

• مكتب تخطيط طائرات توپوليف في الاتحاد السوڤياتي (سابقاً) حوّل جزئياً طائرة الركاب (164 مقعداً) TU-154 التجارية النفاثة الى الهيدروجين السائل عن طريق تحويل واحد من ثلاثة محركات الى وقود الصواريخ. الاقلاع الوحيد لمدة 21 دقيقة حدث في 15 نيسان/ أبريل.

• في أيار/مايو أصبح وليم كونراد أول شخص يقود طائرة (من أربعة مقاعد من طراز غرومان أميركان شيتاه Grumman American Cheetah) بوقود الهيدروجين السائل في فورت لودردال Fort Lauderdale.

• النشاطات ذات المستوى العالي في الاتحاد السوڤياتي

السابق لأبحاث الهيدروجين ظهرت جلية خلال المؤتمر العالمي لطاقة الهيدروجين في موسكو. تقريباً نصف الدراسات المقدمة (150 دراسة) في المؤتمر جاءت من العلماء السوفيات. قدمت دراسة غنية من قبل عالمين أمريكيين وهما جوان أوغدن Joan Ogden وروبرت وليمز Robert Williams من جامعة برينستون Princeton في قسم الدراسات البيئية والطاقة، وتنبأت الدراسة أن الهيدروجين المنتج بواسطة الخلايا الفولتائية الضوئية سوف يكون منافساً من الناحية الاقتصادية مع الوقود المركب من الفحم وحتى مع الكهرباء باكراً في القرن الواحد والعشرين.

● وزارة الطاقة في أونتاريو-كندا دفعت 600.000 دولار كندي للتجارب على خلية وقود جديدة وهي من مركب صلب بوليمار Solid Polimer كهرو-محلولي لخلية الوقود، أنتجته بالارد تكنولوجيز أند داو كندا Ballard Technologies and Dow Canada.

● في ألمانيا حصلت تجارب سرية على غواصة تعمل بالهيدروجين بواسطة خلية وقود قلوية تغذى بالهيدروجين كانت قد طورتها شركة سيمنس Siemens.

● الاتفاق بين الاتحاد الأوروبي ومقاطعة كيبك في كندا في ك1/ ديسمبر على مشروع هيدرو هيدروجين الأوروبي الكيبكي الرائد Euro-Quebec Hydro Hydrogen Pilot project وهو دراسة جدوى شحن الهيدروجين المنتج بالتحليل الكهربائي للماء من كيبك الى أوروبا.

1989:

• أطلقت الجمعية الوطنية للهيدروجين في واشنطن مع حوالى دزينة من الأعضاء. في أواخر التسعينيات زاد عدد الأعضاء الى أكثر من 60 عضواً.

• بعد تجارب دامت أكثر من عشر سنوات أعلن عالمان من مختبر الجيوفيزياء في مؤسسة كارنيجي Carnegie في واشنطن أنهما أنتجا الهيدروجين في حالة المعدن. قال هو-كوانغ ماو Ho-Kwang Mao (David) وراسل هملّيّ أنهما حققا هذا الإنجاز في شروط البيئة المحيطة تحت ضغط 2.5 ميغابار 2.5) Megabars مليون مرة الضغط الجوي).

• أُسِّست في زوريخ هيئة دولية من أجل وضع وضبط المعايير التقنية لطاقة الهيدروجين وذلك بمباركة المنظمة الدولية للمقاييس (الأوزان والأحجام والوحدات الطاقوية والكيميائية وغيرها - المترجم).

1990:

• أول مجمع لإنتاج الهيدروجين من الطاقة الشمسية أصبح يعمل لدى سولار ڤاسرستوف-بايرن Solar-Wasserstoff-Bayern في جنوب ألمانيا.

• ألمانيا والاتحاد السوڤياتي (سابقاً) اتفقا مشتركين على تطوير تكنولوجيا الدفع النفاث التجاري بواسطة الهيدروجين السائل كوقود.

• في دراسة لمؤسسة البحوث على الطاقة النظيفة في جامعة ميامي تبين أن كلفة التلوث لسنة 1990 بلغت 2.3 تريليون دولار أمريكي، أي ما يعادل 460 دولاراً لكل فرد (رجل أو امرأة أو

طفل) على الكوكب. بالنسبة للولايات المتحدة يعادل ذلك زيادة دولار واحد على كل غالون بنزين بالسعر الحقيقي [17].

● آكيما ACHEMA وهو أول معرض (بالأهمية) لصناعات التجهيزات الكيميائية في فرانكفورت أضاف قطاعاً مخصصاً للهيدروجين في معروضاته.

● قسم عنفات الغاز في جنرال موتورز بدأ العمل على خلايا وقود تعمل بواسطة (تقنية غشاء التبادل البروتوني غ ت پ Proton Exchange Membrane PEM بقوة 10 كيلوواط) وذلك بالاشتراك مع مختبر لوس ألاموس القومي Los Alamos National Laboratory وشركة داو كميكال DOW Chemical Co وشركة بالارد پاور سيستمز Ballard Power Systems.

1991:

● أول تجارب الهيدروجين السائل (المستخرج بواسطة الطاقة

---

(17) آخرون قدروا التكاليف بأكثر من ذلك. وفي مقال في *Atlantic Monthly* كانون الأول/ديسمبر سنة 1997 قال پول إيرليش Paul Ehrlich مع أربعة كتّاب مشاركين إنَّ سعر البنزين يحمل «تكلفة إجتماعية على الأقل بأربعة دولارات للغالون ولكنه يباع للأميركيين بـ 2,1 دولار». السيناتور ريتشارد لوغار Richard Lugar (Indiana) رئيس لجنة الزراعة والتغذية والغابات في الكونغرس يقدر أن الكلفة الحقيقية للنفط الخام من الشرق الأوسط هي أربعة أضعاف السعر الرائج. «نتيجة تبعية العالم لنفط الشرق الأوسط تعني أنه بينما سعر السوق المعلن للبرميل هو حوالى 20 دولاراً فالكلفة المتعلقة بابقاء طرق الملاحة سالكة واحتواء الدول المارقة والارهابيين في الخليج قد يضاعف سعر البرميل أربع مرات». هذا ما قاله لوغار في بيانه الافتتاحي في 13 كانون الثاني/نوفمبر سنة 1997 للجنة الاستماع عن أمن الطاقة واحترار الكوكب.

الشمسية) لأجهزة دفع السيارات والحافلات في باڤاريا، سولار ڤاسرستوف-بايرن. الهدف كان تزويد حافلة بالوقود في بضع دقائق.

1992:

• أقيم منزل مزود بطاقة الهيدروجين المخزنة على المدى البعيد والمنتجة بواسطة الطاقة الشمسية. صمم المنزل المستقل تماماً من ناحية الطاقة من قبل معهد فراونهوفر لنظم الطاقة الشمسية في فرايبورغ -ألمانيا Fraunhofer Institute for Solar Energy Systems Freiburg.

1993:

• وضعت شركة بالارد پاور سيستمز لأول مرة في العالم خلية وقود مجهزة بتكنولوجيا غشاء التبادل البروتوني غ ت پ لتشغيل حافلة في ڤانكوڤر.

• كشفت اليابان عن خطة لإنفاق ملياري دولار على ثلاثة عقود تقريباً لتطوير طاقة الهيدروجين النظيفة على مستوى العالم بواسطة ما يدعى مشروع شبكة الطاقة العالمية.

• بدأت ديملر-بنز وبالارد پاور سيستمز جهوداً مشتركة لتطوير خلايا الوقود للسيارات والحافلات.

• قطاع مراقبة نوعية الهواء على الساحل الجنوبي في حوض لوس أنجلوس قام بدراسة للنظر في إمكان استعمال خلايا الوقود للحد من التلوث.

:1994

• حصلت منظمة "هواء نظيف الآن" كانْ Clair Air Now CAN وهي منظمة غير ربحية على 1.2 مليون دولار من الحكومة لإنشاء أول خلايا ڤولتائية ضوئية لإنتاج الهيدروجين من الطاقة الشمسية كمشروع ترويجي في أمريكا الشمالية. ينتج الجهاز غاز الهيدروجين لتزويد ثلاث شاحنات بالوقود الناتج من التحليل الكهربائي للماء بواسطة أشعة الشمس.

• عرضت ديملر-بنز أول خلية وقود للسيارة نيكار1 السيارة الكهربائية الجديدة NECAR I (New Electric Car) الاختبارية في مؤتمر صحفي في أولم -Ulm ألمانيا. ثم أطلقت شركة نيوجيرسي لطاقة الهيدروجين New Jersey's H Power Corporation خلية وقود تعمل بالميتانول وحمض الفوسفوريك على حافلة خلال نشاطات يوم الأرض في واشنطن.

• دخل مجمع هايسولار HYSOLAR السعودي الألماني في الخدمة للعرض قرب الرياض.

• أول حافلة من أربع تعمل بالهيدروجين دخلت في الخدمة في بلجيكا. صنعت هذه الحافلات تحت إشراف مشروع هيدرو هيدروجين الأوروبي الكيبكي الرائد.

:1995

• عرضت خمس مركبات تسير على الهيدروجين والهيدروجين الممزوج بوقود آخر أو هيدروجين مستخرج من وقود آخر في اللقاء السنوي للجمعية الوطنية للهيدروجين في الكساندريا - ڤرجينيا.

• أعلنت سلطة شيكاغو للنقل عن مخطط طويل المدى

لاختبار ثلاث حافلات تعمل على الهيدروجين بواسطة خلايا وقود بالارد. أعلنت سلطة شيكاغو للنقل عن مخطط طويل المدى لاختبار ثلاث حافلات تعمل على الهيدروجين بواسطة خلايا وقود بالارد مجهزة بتكنولوجيا غ ت پ.

• أعلنت ديملر-بنز للفضاء عن مخططات لتجربة يعمل خلالها أحد محركات طائرة DO-328 على الهيدروجين السائل.

1996:

• بدأت محطة لتوليد الكهرباء وتعمل على خلايا وقود بالصهيرة الكربوناتية molten-carbonate مستخدمة الغاز الطبيعي. صمم هذا الجهاز من قبل شركة بحوث الطاقة Energy Research Corporation في سانتا كلارا كاليفورنيا.

• في مؤتمر صحفي دولي، كشفت ديملر-بنز عن أول نموذج يعمل على خلايا وقود من دون أي تلويث لحافلة الركاب مينيڤان نيكار II.

• كشفت تويوتا عن نسخة من تكنولوجيا غ ت پ المستعملة في خلايا الوقود تجريبية لسيارة راف4 RAV4 الشعبية للرياضة والخدمة.

• "العنصر واحد" Element One وثائقي أمريكي مدته ساعة عن طاقة الهيدروجين عرض لأول مرة في المؤتمر العالمي لطاقة الهيدروجين في شتوتغارت.

• فيلم سينمائي رد الفعل المتسلسل Chain Reaction من إنتاج شركة فوكس عن الهيدروجين الوفير والنظيف: الذي انتظرته جماعة الهيدروجين فجاء مخيّباً للآمال بشكل عام.

1997:

• في معرض ديترويت للسيارات كشفت شركة كرايزلر عن نموذج من تكنولوجيا غ ت پ المستعملة في خلايا الوقود لسيارة ركاب تعمل على الهيدروجين المنتج (على السيارة) من البنزين أو غيره من الوقود. طورت هذا الجهاز شركة آرثر د ليتل.

• أديسون بِيْن Addison Bain واحد من الأنصار المحترمين للهيدروجين ومهندس متقاعد في النازا تحدى الاعتقاد أن يكون الهيدروجين وراء كارثة هيندنبورغ. (المنطاد الألماني الذي استعمل في ثلاثينيات القرن الماضي). يقول بِيْن إنَّ الهيدروجين ساهم بالتأكيد بالمحرقة التي حصلت ولكن الشرارة ونشاطات الكهرباء الساكنة في الجو في تلك اللحظة أدت الى إشعال النار في الغلاف القابل للاشتعال في المنطاد.

• أعلنت ديملر-بنز وبالارد ڤاور سيستمز عن مخططات مشتركة لإنفاق أكثر من 300 مليون دولار لتطوير واحتمالات إنتاج وتسويق خلايا الوقود للنقل.

• كشفت ديملر-بنز عن جيل ثالث من سيارات تعمل بخلايا الوقود مجهزة بتكنولوجيا غ ت پ. النيكار III تعمل بواسطة خلية وقود بالارد بقوة 50 كيلوواط تعمل على الميتانول.

• انضمت شركة فورد لفريق ديملر-بنز وبالارد لتطوير خلايا وقود تجارية للسيارات والشاحنات والحافلات.

• اقترحت اللجنة الرئاسية لمستشاري العلوم والتكنولوجيا أن يصبح الهيدروجين ناقلاً للطاقة بذات أهمية الكهرباء خلال القرن الواحد والعشرين، وطلبت من وزارة الطاقة أن يتوسع برناج الهيدروجين بشكل جوهري.

1998:

● أطلقت جنرال موتورز وملحقتها أوپل OPEL في ألمانيا مشروع خلية الوقود المجهزة بتكنولوجيا غ ت پ للسيارات في أوروبا. نسخة عن خلية تجريبية وضعت على سيارة أوپل زفيرا Zafira في معرض باريس للسيارات.

● نورسك هيدرو Norsk-Hydro أهم مجمع للصناعات الاستهلاكية والكيميائية والمعدنية في النروج أعلن عن خطة لإنتاج الكهرباء بواسطة الهيدروجين كوقود في توربينات البخار.

● اتخذت حكومة ايسلندة خطوات على الأرض بالاشتراك مع ديملر-بنز وبالارد ڤاور سيستمز تحضيراً لاقتصاد الهيدروجين.

● أنشأت مجموعة روايال دوتش/شل قسماً عالمياً جديداً للطاقات المتجددة وكذلك فريقاً للهيدروجين من أجل استثمار الفرص المؤاتية للأعمال في هذا القطاع.

● خرجت خلية الوقود القلوية زيڤكو ZEVCO في عرض للجمهور في لندن على "Millennium Taxi" برعاية مجموعة روايال دوتش/شل.

1999:

● أنشأت مجموعة روايال دوتش/شل قسماً للهيدروجين.

● عرضت ديملركرايزلر تصميماً لسيارة جيپ Jeep تعمل على خلايا الوقود. وكشفت فورد عن نسخة للسيارة البحثية P2000 وعن سيارة رياضة - نفعية مجهزة بخلايا وقود.

● أول محطات غاز الهيدروجين في أوروبا فتحت في هامبورغ

وميونيخ. هناك محطة مشابهة فتحت في ديربورن- متشغان من قبل مختبر أبحاث فورد.

- ثلاث شركات عابرة للقوميات ديملر-بنز ومجموعة روايال دوتش/شل ونورسك هيدرو شكلت فريقاً مع ست مؤسسات ايسلندية وشركات لإنشاء الشركة الإيسلندية للهيدروجين وخلايا الوقود.

- أطلقت كاليفورنيا شراكة تعاونية في مجال خلايا الوقود بين صانعَي السيارات فورد وديملر كرايزلر وصانع خلايا الوقود بالارد پاور سيستمز وشركات النفط آركو ARCO وشلّ وتكساكو ووكالتين حكوميتين لموارد الطيران ومفوضية كاليفورنيا للطاقة.

:2000

- كشف بالارد پاور سيستمز عن أول إنتاج لخلية وقود مجهزة بتكنولوجيا غ ت پ، جاهزة للاستخدام كمحرك للعربات خلال معرض ديترويت للسيارات. الوحدة بقوة 70 كيلوواط شكلت التصميم الأولي للاستعمال من قبل صانعي السيارات من أمثال ديملر كرايزلر وفورد لتشكل أولى خلايا وقود للسيارات. كذلك في معرض ديترويت عرضت فورد الطراز Focus لسيارة صغيرة تعمل على خلايا الوقود. لقد عرضت جنرال موتورز نسخة من سيارة لخمسة أشخاص هجينة: پريسپت Precept.

- بالتعاون بين جامعة كاليفورنيا والمختبر القومي للطاقة المتجددة كُشف النقاب عن تقنية تجريبية لإنتاج الهيدروجين المتجدد مؤسَّس على عمل الطحالب الخضراء.

- فــي هــايـفــوروم HYFORUM وهــو مــؤتــمــر دولــي عــن الهيدروجين في ميونيخ أعلنت شركة بي إم ڤي عن أول عرض لبيع سيارة فخمة بأربعة مقاعد تعمل بالهيدروجين، وتسير بمحرك ذي احتراق داخلي.

IV

إنتاج الهيدروجين من الماء والغاز الطبيعي والنبات الأخضر

لم تكن بداية مؤاتية لمشروع الطاقة الشمسية في الجنوب المشمس عادة في كاليفورنيا. السماء صباحاً كانت ملبدة. تساقط الرذاذ على المئة والخمسين، من مهندسين وبيئيين وأعضاء حكوميين ومسؤولين من شركة زيروكس Xerox وفضوليين آخرين من الذين اجتمعوا في 26 أيلول/سبتمبر سنة 1995 على مساحة نصف فدان محشورة بين أبنية حديقة عامة على بعد ميلين جنوبي مطار لوس أنجلوس الدولي. كانت المناسبة افتتاح أول خدمة هيدروجين شمسية للاستخدام في الولايات المتحدة على ثلاث شاحنات تعمل بوقود الهيدروجين غير الملوِّث. كانت شاحنة فورد رنجرز المزودة بطاقة من "أشعة الشمس إلى خرطوم الوقود" تجول شوارع إلسيغوندو El-Segundo والتجمعات السكانية المجاورة في حوض لوس أنجلوس برخصة تجريبية ممنوحة من قبل هيئة الموارد الجوية لكاليفورنيا.

ولكن ما قد يكون مخيّباً للآمال أكثر من الطقس بالنسبة إلى جيمس پروڤنزانو James Provenzano رئيس منظمة هواء نظيف الآن (كلير إير ناو CAN) البيئية، الفريق البيئي المحلي الذي أدار المشروع بالتشارك مع زيروكس هو التغطية الضئيلة لوسائط الإعلام. ففي حين غطت صحيفة لوس أنجلوس تايمز وهي جريدة محلية مع بعض المحطات الإذاعية، الحدث بعض الشيء فإن مراسلي التلفزيون الذين كان معولاً عليهم لتغطية واسعة بقوا بعيدين. "كان ذلك يوم انهاء التحقيقات مع سيمبسون Simpson" (لاعب كرة قدم أمريكي متهم بقتل زوجته-المترجم) كما صرح پروڤنزانو بحزن لاحقاً. "لجنة الحكم غادرت في اليوم التالي". ومع ابتداء محاكمة سيمبسون الذي أصبح نجماً هوليودياً، بسبب التهمة المنسوبة اليه بقتل زوجته، لم يفعل التلفزيون المحلي ولا القومي سوى نقل وقائع هذا الحدث.

إنَّ مشروع الـ 2.5 مليون دولار للهيدروجين الشمسي أصبح طيفاً بعد 18 شهراً في نظر پروڤنزانو وبعده بنظر مدير برامج البيئة في شركة زيروكس في إلسيغوندو وپول ستاپلز Paul Staples الناشط البيئي المحلي. فكلاهما كانا يعملان مع منظمة كانْ التي أسسها ويرأسها بوب شڤيك Bob Zweig فيزيائي من محيط ريڤرسايد Riverside وهو محامٍ لا يتعب في دفاعه عن الهيدروجين منذ أكثر من عقدين. ولفترة طويلة كان روبيرت شڤيك مسؤولاً في جمعية رئة أميركا American Lung Association، وقد وصل الى معرفة الآثار المؤذية لتلوث الهواء على الإنسان في حوض لوس- أنجلوس وغيره. تقريباً في وقت الأزمة النفطية ذاتها لسنة 1973 أصبح روبيرت شڤيك مقتنعاً أنه لتقليص الأمراض الناتجة من التلوث بشكل فعال (مثل الأمفيزيما والربو وسرطان الرئة) وكلفتها

الاجتماعية[1] المنتفخة لا بدّ من اعتماد الوقود عديم الانبعاثات كالهيدروجين بدل الوقود الكربوني التقليدي.

وعلى الرغم من الطقس غير المساعد والاهتمام الإعلامي الضئيل فإن مشروع كان - زيروكس للهيدروجين كان واعداً بالنسبة لمناصريه. فالداعية المتحمس ستاپلز (الذي تخلى عن المشروع بعد ذلك) قال: "بكل أمل، سوف يرى التاريخ بنظرة خلفية الى التسعينيات بأنه العقد الذي بدأ فيه كل شيء. أود فقط أن أدعي أننا تركنا أثر قدم في هذا الجهد. هذا المشروع وهو الخطوة الأولى لوضع رؤية العديدين منكم الحاضرين اليوم موضع التنفيذ".

النائب الأمريكي الديمقراطي هوارد برمان Howard Berman الذي تتضمن دائرته ضواحي لوس أنجلوس القريبة في سان فرناندو ڤالي San Fernando Valley كان قد جرب طويلاً أن يجعل من الهيدروجين حقيقة اقتصادية. "إن جنوب كاليفورنيا" كما عبر "هو أرض خصبة لنمو التكنولوجيات النظيفة مثل معمل منظمة كانْ للهيدروجين الشمسي" (مستخرج بواسطة الطاقة الشمسية). "هذه المشاريع مثالية لخلق فرص عمل جديدة لأولئك الذين أقصوا من برنامج الفضاء وبسبب إغلاق القواعد العسكرية".

سوّق بيرمان لفكرة كانت محبوكة في البداية من قبل شفيك عن "رواق الهيدروجين" في كاليفورنيا الجنوبية حيث سيكون مشروع كان - زيروكس واحداً من المكونات الأولية الأساسية. وعلى

---

(1) لقد أظهرت ملاحظات شفّك المنشورة أواسط التسعينات من قبل جيْنْ هول Jane Hall وديڤيد أبّيْ David Abbey من الكلية الطبية للصحة العامة Lona Linda أن التكلفة الاجتماعية لهذه الأمراض كانت بحوالى 14 مليار دولار سنوياً في حوض لوس أنجلس وحدها.

خريطة موزعة من قبل منظمة كانْ يوجد 15 مركز تجهيز منجزاً أو في طور الانجاز أو مقترحة للطاقة الهيدروجينية بما فيها مركز ألايد سيغنل لتطوير خلايا وقود PEM Allied Signal في تورانس Torrance ومعمل پراكسير Praxair الموجود في أونتاريو لهيدروجين الغاز الطبيعي، ومحطة تجريبية لنظام الطاقة المتجددة في قاعدة إدوارد لسلاح الجو، ومشغل مقترح لتحويل الحافلات الى طاقة خلايا الوقود الهيدروجينية في ڤان نويس Van Nuys وآخر لخلايا الوقود مقدم من بالارد پاور سيستمز.

إنَّ مجمع تجهيزات كان - زيروكس المدمج هو شكل جنيني للسلسلة الكاملة للتجهيز المطلوب لإنتاج الهيدروجين من الماء، وإن تسيير شاحنتين صغيرتين واحدة لزيروكس وأخرى لبلدية غرب هوليوود هي: أشعة الشمس الساقطة على خلايا ڤلطائية ضوئية بقوة 48 كيلوواط ومصنوعة من قبل شركة في كاليفورنيا بنظام تقوية بالعدسات تحت اسم: شركة الهندسة التطبيقية الشمسية. وبتحول الطاقة الشمسية الى كهرباء يمكن تحليل الماء الى مكوناته بواسطة المحلل الكهربائي (المصنّع في شركة المحللات الكهربائية الكندية Canada's Electrolyser Corporation) حيث ينتج المحلل حوالى 1500–2000 قدم مكعب نمطي (scf) من الهيدروجين يومياً من ماء الصنبور المنزوع الأيونات في نظام جانبي معد لذلك، بالإضافة إلى جهاز إزالة بخار الماء المختلط بغاز الهيدروجين الذي يخزن في وعاء معدني قبل ضغطه على 5000 پاوند بالإنش المربع. بعد ذلك يمر الغاز بنشافة ذات ضغط عالٍ مما يزيل بقية الماء العالق قبل دخوله الى جهاز تخزين بسعة 13.000 قدم مكعّب نمطي تقريباً وتحت ضغط 5000 ليبرة بالإنش المربع. وبسبب ضغط استيعاب المحلل الكهربائي (كان ذلك فقط مشروعاً ترويجياً)، ولكن أيضاً

لتلبية الحاجات المستجدة مستقبلاً للعربات العاملة على الهيدروجين فإن فائض الهيدروجين كان ينقل بواسطة صانع الغازات پراكسير في مجمع في أونتاريو على بعد 80 ميلاً في الداخل مخزناً 80.000 قدم مكعب نمطي تحت ضغط 2200 ليبرة بالإنش المربع من الهيدروجين. في النهاية أنَّ نظام التخزين الإضافي وخزان الوقود تحت الضغط العالي في المحطة يغذيان عربتَي فورد رنجرز (نموذج 1993 و1994) اللتين عدلتا من قبل كايزر إنجنيرينغ Kaiser Engineering في ريڤرسايد. فالعربتان جهزتا بخزانين للغاز الخفيف المضغوط بحوالى 2600 قدم مكعب نمطي لكل واحد تحت ضغط 3600 ليبرة بالإنش المربع ما يعادل 5 غالونات من البنزين تخدم لحوالى 140 ميلاً. وفي الخدمة العادية تسير العربة 100 ميل في الأسبوع كما قال پروڤنزانو، بينما عربتا زيروكس كانتا تحملان تجهيزات صيانة وعدة؛ وعربة بلدية غرب هوليوود كانت تُستعمل لأهداف بيئية وجمع قمامات للتدوير لقد وصل المشروع الى نهايته حين قررت زيروكس ذلك حاجة منها للموقع من أجل أغراض أخرى؛ لقد بقيت صهاريج التخزين ومضخة الهيدروجين السائل عند الموقع لتزويد الشاحنتين العاملتين على الهيدروجين السائل بينما نقلت اللوحات الشمسية والمحلل الكهربائي والتجهيزات التابعة على بعد 100 ميل شرق پالم دزرت Palm Desert على ساحل صحراء موجيڤ Mojave Desert حيث أصبحت جزءاً من نظام وقود الهيدروجين الجديد الذي أنشأته شركة حافلات، لعربات صغيرة حولت للعمل على خلايا الوقود ولإمكانية استعمال خلايا الوقود للحافلات كجزء من "شراكة كاليفورني في خلايا الوقود".

على بعد آلاف الأميال شرقاً، في أوروبا، كانت المحللات الكهربائية للماء العاملة على الطاقة الشمسية هي الأساس في معامل

إنتاج وقود الهيدروجين بالطاقة الشمسية في ألمانيا (Solar Hydrogen Bavaria) Solar Wasserstoff Bayern: (SWB) وهايسولار (مجمع ألماني سعودي مشترك مع تجهيزات لإنتاج الهيدروجين بالطاقة الشمسية قرب الرياض وبموزاته، وإن بحجم أصغر، مركز أبحاث وتعليم في شتوتغارت في أعقاب المؤتمر العالمي لطاقة الهيدروجين). هذه المشاغل كانت أكبر وأكثر تعقيداً من تلك التي صنعتها كان - زيروكس.

كانت معامل إنتاج وقود الهيدروجين بالطاقة الشمسية (SWB) مدعومة من الصناعات الثقيلة، ولقد جرى تشغيلها شراكةً من قبل بايرڤيرك Bayernwerk (وهي مسيطرة في الصناعات الاستهلاكية في باڤاريا) وصانع السيارات بي إم ڤي ومورد الغاز ليندِه Linde ومجمع سيمنس للتجهيزات الكهربائية (هيئة الطيران الألمانية التي كانت من مؤسّسي المشروع قد انسحبت في خريف 1994).

إن معمل SWB الذي أطلق في سنة 1986 وشغل مساحة 12.4 فداناً حظي بموقع احتضان في وادٍ رائع قرب ناحية نوينبورغ ڤورم ڤالد الصغيرة Neunburg Vorm Wald قرب الحدود الألمانية التشيكية حيث كانت النيّة أنه مشغل تجريبي دائم لأي جديد في تكنولوجيا الهيدروجين مما يراه مجلس التخطيط، يغذى من صفوف من نماذج ڤولتائية ضوئية متنوعة موزعة على لوحات تصل حتى 350 كيلوواط، ويعمل نظامه بواسطة محللات كهربائية متطورة على ضغط مائي منخفض؛ ومع نظم ضغط وتنقية وتنشيف وتخزين الهيدروجين والأكسجين المنتجة؛ مع مراحل إحراق اختباري لخليط الهيدروجين والغاز الطبيعي؛ وخلايا الوقود القلوية وخلايا الوقود العاملة بحمض الفوسفور، وأيضاً (قبل أن تغلق) تكنولوجيا غ ت پ المستعملة في خلايا الوقود؛ ونظم الخدمات والنظم الثانوية

المتنوعة؛ ومحطة تعبئة الهيدروجين للعربات العاملة ضمن نظام آلي مغلق تماماً. (في كثير من المعامل).

وما عدا الاختلافات في الحجم والمدى وتنوع التجهيزات[2] وواقع أن سيارات معمل SWB ذات المقاعد الأربعة وشاحنات الرفع وغيرها من العربات كانت معدة حصراً للعمل على أرض المشاغل فإن عربات كاليفورنيا كانت مجازة للعمل على الطرقات العامة. إنَّ معمل SWB مشابه لمثيله الذي تملكه منظمة كانْ في هدفه الجوهري، وهو تبيان كيف يمكن إنتاج الهيدروجين من لا شيء غير الماء والشمس مع صفر انبعاثات (ملوِّثة) من العربات حيث أنَّ العنصر الوحيد الغائب هو جهاز التسييل. فالهيدروجين السائل المستعمل لتزويد سيارة بي إم ڤي التجريبية كان يحمل من معمل لينده في باڤاريا، وكان الهيدروجين المنتج على الموقع يستخدم من أجل تجارب تطبيقية أخرى لتشغيل خلايا الوقود والمراجل (التجريبية) واختبار النظم الهيدرية Hydride Systems وغيرها من المكونات. لقد شعر المنظمون أن تسييل كمية الهيدروجين القليلة نسبياً المنتجة من الطاقة على الموقع ستكون مكلفة كثيراً.

لم تكن أهداف معمل SWB غامضة: "نحن لسنا معملاً للإنتاج" كما يشرح أكسل شيزكا Axel Szyska أحد مديري المشروع في مقابلة أجريت معه في خريف سنة 1994. "نحن مركز تجريبي ولكن مع أهداف أبعد من مستوى المختبر... إننا عن سابق تصور ننظر الى الخطوة التالية". في النهاية أصبحت هذه النوايا الحسنة

(2) على مدى عشر سنوات وظف الشركاء حوالى 145 مليون مارك (90 مليون دولار) في المرفق.

موضع جدل بسبب الواقع الاقتصادي لكن نظراً لعدم رغبة بايرڤيرك بمتابعة تمويل مشغل تجريبي لا يحمل إلا وعداً ضعيفاً بمردود اقتصادي سريع واستشعاراً منها بالرياح الباردة الناجمة عن الاضطراب في الأسواق والوافدة من وراء الأطلسي أعلنت في سنة 1998 عن إقفال معمل SWB خلال سنتين.

إنَّ هايسولار هي محصلة اتفاق شراكة بين ألمانيا والمملكة العربية السعودية، وقد أنشئت للبحث في إنتاج واستعمال الهيدروجين الشمسي (منتج بواسطة الطاقة الشمسية) حيث أنَّ الفريق السعودي يضم باحثين من مدينة الملك عبد العزيز للعلوم والتكنولوجيا في الرياض ومن ثلاث جامعات أخرى. أما المؤسسة الألمانية لأبحاث الفضاء The Deutsche Forschungstalt für Luft und Raumfahrt RDL فكانت ترعى القسم الألماني من المشروع. وفي أول ثماني سنوات بلغت تكلفة هايسولار حوالى 64 مليون مارك (في حينها حوالى 37 مليون دولار) موزّعة بالتساوي بين الحكومتين، وبلغ متوسط الانفاق السنوي 8 ملايين مارك (4.7 مليون دولار) بحسب هارتموند ستيب Hartmund Steeb مسؤول هايسولار في مقابلة أجريت معه في سنة 1994.

بعد ثماني سنوات من التحضير والاختبار والبدايات الكاذبة وبعض التأجيل بدأت هايسولار بإنتاج الهيدروجين بواسطة كهرباء الطاقة الشمسية في بداية 1994 حيث كان التيار ينتج من صفوف خلايا ڤلطائية ضوئية مركزة على لوحات معيّرة على 350 كيلوواط. (لقد انحدر العيار الى 280 كيلوواط جزئياً بسبب عدم الحصول على قطع غيار، لأن أحد موردي قطع غيار الخلايا الڤولتائية الضوئية قد توقف عن العمل).

بالإضافة الى الموقع الرئيسي، حوالى 30 ميلاً شمال شرق

الرياض كان المشروع يضم مشاغل تجريبية أصغر في جدة المدينة السعودية المرفأ وكذلك في شتوتغارد.

وبإنتاج الهيدروجين حققت هايسولار فعالية تحليلية كهربائية بحدود 69% بحسب دراسة مقدمة في سنة 1996 في المؤتمر الدولي للهيدروجين.

لقد غطى برنامج هايسولار بقسميه (الألماني والسعودي) أغلب مظاهر تكنولوجيا الهيدروجين الشمسي بما في ذلك الاحتراق التفكيكي ومحرك الاحتراق الداخلي وتكنولوجيا خلايا الوقود حيث تركّز البحث الأساسي بداية على العملية الضوئية-الكهربائية-الكيميائية وعلى تحويل الطاقة الكيميائية وعلى عمليات الاحتراق بالاضافة الى نظم طاقة الهيدروجين.

وعلى مر السنين استكشف الباحثون السعوديون والألمان خلايا الوقود بحمض الفوسفور والخلايا القلوية وتحويل مختلف محركات الاحتراق الداخلي، بما فيها محرك ديزل مرسيدس بنز ومحرك البنزين برغز وستراتون Briggs & Stratton الصغير، الى البخ الهيدروجيني المباشر مما كان يعتبر التقنية المناسبة الأساس والفعالة في العملية. لقد درست ظاهرة الاحتراق غير المستقر المرتبط باستعمال الهيدروجين كوقود مع مكونات مختلطة داخلياً وخارجياً في محرك اختباري ذي أسطوانة شفافة.

ومن بين مواضيع أخرى درست هايسولار إمكانية إنشاء محطات كهرباء متباعدة مع إنتاج طاقة متجددة للمناطق النائية والاقتصادات الهجينة من الديزل التقليدي ونظم الطاقة المتجددة المتقلبة (ڤولتائية ضوئية والريح). حيث أصدر باحثو هايسولار أكثر من 150 نشرة.

وفي مؤتمر مونتريال للهيدروجين خريف سنة 1995 أعلن

هارتموت ستيب إنَّ حكومة ألمانيا قررت إلغاء تمويل هايسولار نهاية العام ولقد أُملي هذا الاتجاه الجديد جزئياً بفعل الكلفة العالية لإعادة توحيد ألمانيا لأن طاقة الهيدروجين هي لأمد بعيد (50 عاماً ومافوق) وعالية التكلفة. لقد نظرت الحكومة الى الهيدروجين بأنه "لنهار بعد نهار ما بعد الغد" كما عبّر ستيب عن ذلك. ولكن حتى نهاية سنة 1999 كانت منشآت الرياض وشتوتغارت لا تزال تعمل بتمويل من مدينة الملك عبد العزيز للعلوم DLR & KACST (المؤسسة الألمانية لأبحاث الفضاء) حيث كانا يركزان على تكنولوجيا غ ت پ لخلايا الوقود. وفي تلك السنة وقعا مذكرة تفاهم لمتابعة البحوث المشتركة في هذا المجال حتى حزيران/ يونيو سنة 2001. "ليست هايسولار أطلالاً بحتة ولكنها مشروع حيّ بعيد المدى حتى ولو تحولت بعض أولويات البحث الى سياق خلايا الوقود وغيرها من تكنولوجيات الطاقة" كما قال ڤيرنر شنورنبرغر Werner Schnurnberger أحد مدراء البرنامج الأساسيين لدى DLR (الجناح الألماني في المشروع).

العصارة المقدسة: استخراج الهيدروجين من الماء

إن فصم جزيء الماء الى مكونّيه الهيدروجين والأكسجين هو عمل صعب يتطلب طاقة مكثفة بسبب ارتباط القوى الكيميائية القاسي. فالهيدروجين لا يوجد عادة في حالته الحرة. إنما يكون دائماً على التقريب مكوناً في شيء آخر حيث أنَّ هنالك تراكيب عديدة غير جزَيْء H_2O. غاز الهيدروجين يوجد عادة فقط على شكل جزَيْء H_2.

إنَّ فصم الماء يمكن أن يتمّ بطرق عديدة، بما في ذلك مباشرة

عن طريق الحرارة العالية جداً وبمساعدة مواد كيميائية على مرحلتين أو أكثر، وبدمج الحرارة مع العناصر الكيميائية أو بفعل بعض المتعضيات المكتشفة في المحيطات، أو بتمرير تيار كهربائي (مباشر) في الماء (أو حتى البخار) في التحليل الكهربائي وهي طريقة معروفة لطلاب المدرسة الثانوية في أي مكان.

فالتحليل الكهربائي هي طريقة مجربة لإنتاج الأكسجين والهيدروجين على مستوى صناعي. وفي كل الأحوال، لقد استخدمت بشكل معتبر في الأمكنة حيث الكهرباء رخيصة (مثل كندا والنروج مع مواردهما الكهرومائية). وخلال وقت طويل اعتبر إنتاج الهيدروجين بواسطة التحليل الكهربائي مقبولاً من الناحية الاقتصادية حين كان مطلوباً كخزين نقي عالي القيمة وفقط حيث النقاء مطلوب. وفي الستينيات وأوائل السبعينيات اعتقد الكثير من الباحثين أن التحليل الكهربائي قد عفى عليه الزمن بشكل بائس وغير ذي جدوى كطريقة لإنتاج شيء سوف يستعمل في آخر الأمر كوقود يعاد حرقه، ولكن بالنسبة لهايسولار ومعمل SWB ومنظمة كانْ فإن التحليل الكهربائي لن يلغى حتى من أجل إنتاج شيء عادي كوقود للسيارة.

إن تحليل الماء كهربائياً بسيط جداً في المبدأ: قطبان (إلكترودان) كهربائيان، واحد موجب والثاني سالب غارقان في الماء الذي أصبح موصلاً أكثر للكهرباء بإضافة محلول مناسب حمضي أو قلوي. وعند تمرير التيار المباشر يبدأ الهيدروجين بتكوين فقاقيع حول الإكترود السالب (الكاتود) بينما يتجه الأوكسجين الى الإلكترود الموجب (الأنود) حيث يغذى النظام بشكل متواصل بالماء البارد النقي جداً (لأن وجود الأملاح قد يؤدي الى ترسبات

على الإلكترود تمنع وصول التيار)، وذلك للتعويض عن نقص الماء المحلل الى أكسجين وهيدروجين.

إن جهازاً صناعياً للتحليل الكهربائي معقد أكثر - بالإضافة إلى ترتيب الوعاء الأساسي- إلكترودات ومحلول وحواجز لمنع التّماس بين الإلكترودات، ولأجل فصل الغازين من المصدر وحاوية، وكل ذلك يأخذ أشكالاً منوعة - إنَّ جهازاً كهذا يتطلب:

- محولاً كهربائياً للتيار من المتردد المعروف الى التيار المباشر مع هدر قليل في الطاقة ولكن بدرجة معتبرة.

- تجهيزات لتوزيع التيار الكهربائي على الإلكترودات.

- نظام أنابيب لشفط الهيدروجين والأكسجين بعيداً عن الجهاز.

- نظام فصل خاصاً (في بعض الأجهزة) لسحب الغازات من المحلول.

- تبريد الآلات لسحب السخونة الناتجة من التحليل الكهربائي.

- جهاز تنشيف لشفط بخار الماء الصاعد من المحلول مع الغازات.

إنَّ خلايا التحليل الكهربائي المسوّقة تجارياً تعود الى سنة 1890. وفي كل الأحوال، لم يكن التحليل الكهربائي للماء يوماً على مستوى صناعي في الولايات المتحدة، بينما يلجأ المستهلكون الكبار مثل صناع الأسمدة الزراعية ووكالة برنامج الفضاء الى الهيدروجين المنتج من تهذيب الغاز الطبيعي بواسطة بخار الماء (على حرارة مرتفعة- المترجم). "لقد اعتبر التحليل الكهربائي للماء

تقليدياً كأكثر طريقة تكلفةً لإنتاج الهيدروجين واعتبرت المحللات الكهربائية غير فعالة ومكلفة"، بحسب نظرة فاحصة تعود للسبعينيات من قبل معهد تكنولوجيا الغاز Institute of Gas Technology[3].

فعلياً، ليست هذه هي الحالة، فالتقرير يُكمل "على العكس إنما خطوة توليد الكهرباء هي المكلفة وغير فعالة لأنَّ معظم المحللات المسوّقة تجارياً اليوم قادرة على إعطاء كهرباء/هيدروجين بنسبة 75%، بينما إمكانية - رأس المال/الكلفة هي أقل من ذلك بكثير من كلفة محطات الكهرباء المطلوبة لتشغيلها". وهناك الكثير من المحللات اليوم تعمل على نسبة 80-85%، أما في المختبر فقد وصلت النسبة الى 90%.

وبالمقارنة مع طرائق أخرى مثل فصم الماء بواسطة حرارة الشمس المركزة العالية جداً والعمليات الحروكيميائية والكهروكيميائية والحيّو-ضوئية وغيرها من تكنولوجيات إنتاج الهيدروجين (مما يتطلب أجهزة معقدة جداً ومعالجات صعبة ودقيقة)، فإن المحللات البسيطة تبقى لها الأفضلية. وبما أنَّها لا تحتوي على أقسام متحركة فإنها تعمل من دون خلل بشكل آلي تقريباً وتتطلب صيانة بسيطة مثل تغيير الإلكترودات الصدئة مرة كل عدة سنوات.

إنَّ التحليل الكهربائي قابل أيضاً للعمل تحت ضغط أكبر، مما يساعد كذلك في زيادة الفعالية. وكنتيجة مهمة تعطي المحللات غاز الهيدروجين عالي النقاء حيث أنَّ الهيدروجين الناتج من تهذيب

---

(3) Institute of gas Technology, Survey of Hydrogen Production and Utilization Methods, 1975.

الغاز الطبيعي بالبخار يبقى بطريقة ما ملوثاً، وقد يؤثر عند استعماله في خلايا الوقود مما يتطلب تنقيته وبالتالي زيادة الكلفة.

إنَّ كمية الطاقة المطلوبة لتحليل الماء تساوي الطاقة المنتجة في العملية المعكوسة عندما يندمج الأكسجين مع الهيدروجين لتهذيب الماء بحيث أنَّ خلية التحليل الكهربائي للماء تحتاج الى 94 كيلوواط لإنتاج 1000 قدم مكعب من الهيدروجين الغازي. وليست كل الطاقة مطلوبة على شكل كهرباء مكلفة فقط 79 كيلوواط ساعة تكفي والباقي يمكن أن يعطى على شكل حرارة أقل تعقيداً وأقل كلفة كشكل للطاقة - إنها مقاربة أدت الى تحفيز الاهتمام دورياً بفكرة التحليل الكهربائي للبخار.

المحللات الكهربائية

يوجد أساساً نوعان من المحللات الكهربائية الصناعية: واحد ذو القطب الواحد والثاني ذو القطبين. ومع ذلك حصل تطور في المواد والتصميم وبالتالي تحسن في الفعالية (من 70-75% في السبعينيات الى 80- 90% الآن[4]). وهكذا، فإنَّ المبدأ الأساسي لم يتغير خلال سبعين عاماً.

---

(4) محتوى الطاقة في الوقود الغازي يعبِّر عنه نموذجياً كعالي (كثير) الاحتراار معيارياً (HHV) أو منخفض (قليل) الاحتراار (LHV) (أي ينتج الكثير من الحرارة أو القليل ـ مترجم) كل من قياسي الحرارة ـ وهو عدد الوحدات الحرارية الانكليزية (Btu) المنتجة لكل قدم مكعب معياري (scf) للغاز بعد الاحتراق التام على ضغط ثابت وناتج الاحتراق المقاس على درجة 600°ف والماء المكون من هذا الاحتراق والترسب سائلاً من جديد. قياس التحمية الأدنى يستخدم ذات المعطيات ولكن الماء لا يتكثف من جديد سائلاً ويبقى في

يعتبر قرار مصنع نروجي، نورسك هيدرو Norsk Hydro، باستعمال محلل كهربائي لصناعة الأسمدة كمَعلم باكر في تكنولوجيا التحليل الكهربائي. لقد أنشئ واحد من أوائل المحللات الكهرائية الكبيرة فعلاً في سنة 1927. كما أنشئ أول محلل كهربائي كبير في أميركا الشمالية حوالى سنة 1940 في كولومبيا البريطانية من قبل كومنكو Cominco، وهي أقدم شركة تعدين في كندا. وبعد سنة 1945 أنشئ العديد من المحللات الكهربائية في العالم حيث توجد أكبر ثلاثة (مستعملة كلها في صناعة الأسمدة) في نانغال بالهند، وقد أنشأتها شركة دي نورا NORA، ميلانو إيطاليا، وواحد في مصر قرب سد أسوان من صنع شركة ديماغ Demag الألمانية والثالث من صناعة نورسك هايدرو في رياكون Rjakon.

إنَّ المحلل ذا القطب الواحد هو الأقدم والأبسط. الإلكترودات ذات الشحن السلبي والإيجابي مفصولة عن بعضها بعضاً بواسطة حجاب حاجز عادة من الحرير الصخري (الأميانت) الذي يسمح بمرور المحلول ويفصل بين غازي الهيدروجين والأكسجين. والميزة الأساسية للمحلل ذي القطب الواحد هو أنه يحتاج الى عدد قليل من القطع غير المكلفة، ويمكن توقيف خلية عن العمل لإصلاحها بينما تستمر بقية الخلايا بإنتاج الهيدروجين. أما العيب الأساسي في هذا الجهاز فهو أنه غير مرغوب للحرارات العالية بسبب خسارة الحرارة في المساحات الكبيرة، ويتطلب كذلك مساحة في المعمل أكبر من تلك التي يتطلبها المحلل ذو القطبين.

= حالة البخار. في العادة لا يكون الفرق ذا معنى في غالبية الوقود المستعمل في نظم الاحتراق التقليدية ولكنه يبلغ مع الهيدروجين حوالى 15,6%. إن ذلك لمهم بما أن خلايا الوقود تستخدم فقط الـ LHV من الهيدروجين.

في المحلل ذي القطبين كل إلكترود له وجهان واحد سالب وواحد موجب. وكل وجه يفضي الى خلية ملاصقة للأخرى. فالمناصرون يقولون إنه يحتل حيزاً أقل على أرض المشغل، وإنَّ هذه المحللات الكهربائية مناسبة أكثر للعمل تحت ضغط أكبر وفي حرارات أعلى (وهو ما يزيد فاعليتها). ومن سلبياتها أيضاً أنها تتطلب دقة أكبر عندما تصنع، وأنها أصعب للصيانة (إذا تعطلت خلية فإنه يجب تعطيل كل المجموعة للصيانة).

إنَّ أكثر محلل ذي قطب واحد انتشاراً في أميركا الشمالية هو الذي يعرف باسم ستيوارت سلز Stuart cells المصنّع منذ عدة عقود في تورنتو من قبل شركة إلكترولايزر Electrolyser Corporation. لقد أحيت هذه الشركة من جديد في أواسط التسعينيات فكرة إنتاج الهيدروجين المنزلي للسيارات (كانت شركة ديملر-بنز قد اتجهت لذلك أواسط السبعينيات في دراسات على الورق)، ولقد قدّم أندرو ستيوارت Andrew Stuart التصور في مايو/أيار سنة 1997 الى محترف الهيدروجين الكندي Canadian Hydrogen Workshop في تورنتو قائلاً إنَّ الشركة تطور محللاً بحجم غسالة - نشافة مع ماكنة ضغط Compressor داخلية قادرة على إنتاج الهيدروجين (المنزلي) ليلاً. حينها أخذ التصميم شكله، وصرح ستيوارت أنه سيباع بسعر 1500 دولار أمريكي (إذا أنتج بكمية مليون وحدة وبيع مع السيارة) أو بسعر 5000 دولار أمريكي إذا أنتج منه فقط 000 10 وحدة. إنَّ أول نموذج من تطبيق الوقود الشخصي Personal Fuel Appliance Energy قيد التطوير في قسم الشركة الجديد لستوارت إنرجي حيث جرب أمام خبراء شركة فورد للمحركات في خريف سنة 1999، وعرض أمام جماعة الهيدروجين لأميركا الشمالية في مؤتمر جمعية الهيدروجين القومية في ربيع سنة 2000، في ڤيينا ڤرجينيا.

إن مصنع تلداين لنظم الطاقة Teledyne Energy Systems الكائن مركزه قرب بلتيمور هو من أبرز صناع المحللات ذات القطبين. تتدرج أحجام محللاته فإنها تتدرّج من الصغير للمختبرات الى الأجهزة الضخمة القادرة على إنتاج الهيدروجين بالأطنان كل يوم لقد بدأ المصنع بالعمل في أواخر الستينيات بعدما حصلت على تكنولوجيا خلايا الوقود والمحللات الكهربائية من أليس شالمرز Allis-Chalmers الذي بدوره طوّر هذه المعرفة من خلال عمله كمتعهد لبرنامج الفضاء الأمريكي. أما تلداين (الذي بيع بدوره وأصبح يسمى تلداين براون إنجنيرينغ Teledyne Brown Engineering) أصبح يعتبر واحدة من الشركات القليلة في الولايات المتحدة التي تستمر في توظيف الوقت والمال والموارد في تحسين تصميم المحللات الكهربائية.

لقد شهدت سنة 1995 في ألمانيا بداية محلل كهربائي يعمل تحت الضغط وبفلاتر من تصميم elektrolyseure-Gesellschaft Für Hochleistungs، وهي ورشة مشتركة بين Daimler-Benz Aerospace Airbus وHamburgische Electricit?tswerke وNorsk Hydro Electolysers.

هناك تطور آخر معتبر ظهر في تكنولوجيا البوليمير المحلولي الكهربائي الصلب پ م ك ص Solid Polymer Electrolyte SPE[5]. لقد كانت هذه التكنولوجيات مموّلة بداية من جنرال إلكتريك في السبعينيات لإنتاج الهيدروجين تجارياً ولإنتاج الأكسجين في الأمكنة

---

(5) SPE هي ماركة مسجلة يملكها هاملتون ستاندارد، هي فرع من شركة يونايتد تكنولوجيز، أعيدت تسميتها هاملتون ستدستراند بعدما ابتاعت شركة سندستراند في 1999.

114

المقفلة مثل الغواصات. وعلى غرار تكنولوجيا غ ت پ المستعملة في خلايا الوقود تستبدل پ م ك ص المحلول الكهربائي السائل بآخر صلب يشبه التفلون .Teflon وحين تغطس في الماء تصبح موصلاً ممتازاً للكهرباء. وهي بخلاف المحللات فهي لا تتطلب إضافة الحامض أو القلوي للماء للمساعدة في توجيه عملية التحلل الكهربائي. وفي بداية الثمانينيات حين بهتت أزمة النفط بعد السبعينيات مع الاهتمام بالهيدروجين انطفأت خطط إنشاء وحدة تجريبية من 5 ميغاواط. عند ترنّح هذه التكنولوجيا باعت جنرال إلكتريك كل تكنولوجيا غ ت پ للتحليل الكهربائي وغ ت پ المستعملة في خلايا الوقود لهاملتون ستاندرد Hamilton Standard وهي فرع لشركة التكنولوجيات المتحدة United Technologies Corporation، وهذا ما قاد بالمقابل إلى إنشاء شركة خلايا الوقود الدولية International Fuel Cells كملحق لهاملتون ستاندرد. بمرور السنين، ترك بعض أعضاء فريق جنرال الشركة وتفرقوا وبذلك نقلوا الخبرة المتعلقة بتكنولوجيا غ ت پ إلى لاعبين جدد انخرطوا في المنافسة الدولية الكثيفة لإدخال تكنولوجيا الـ غ ت پ الى السوق.

حديثاً، تقدمت تكنولوجيا غ ت پ للمحللات الى الواجهة مجدداً مع إنشاء شركة پروتون إينرجي سيستمز للمرتفعات الصخرية Proton Energy Systems of Rocky Hill في كونّكتكتّ لتسويق التكنولوجيا المطورة بداية من قبل هاملتون ستاندرد. بدأت پروتون إنرجي في سنة 1996 مع مجموعة صغيرة من موظفين سابقين لدى هاملتون ستاندرد وقد طورت سلسلة من محللات مزودة بتكنولوجيا پ م ك ص/غ ت پ للاستعمال الصناعي، وكذلك صنعت خلايا وقود (بما في ذلك خلية "استيلادية" وهو نموذج يعمل باتجاهين، مرة كمحلل (منتج) وأخرى كخلية وقود. وفي اليابان سوّقت شركة

شينكو پانتك من كوبي Shinko Pantec Company of Kobe محللاً كهربائياً مجهزاً بتكنولوجيا غ ت پ مشابهاً ومتجاوزة مولد غاز الهيدروجين والأكسجين عالي النقاءHigh-purity Hydrogen and Oxygen gas Generator HHOG.

إن درجة الفعالية التحويلية للمحلل غ ت پ تساوي تقريباً فعالية المحللات الكهربائية التقليدية ذات المحلول السائل أي حوالى 80-90%. ولكن المحلل بـ غ ت پ قادر على إنتاج الهيدروجين بفاعلية وبكلفة/فعالية تحت ضغط مرتفع من دون الحاجة الى جهاز ضغط إضافي وعلى درجة عالية من النقاء (تصل حتى 99.9999% وأكثر). والمحلل بـ غ ت پ معروف بصغر حجمه. بالاضافة الى ذلك فإن المحلل الكهربائي بـ غ ت پ مثله مثل خلية الوقود المجهزة بـ غ ت پ مرغوبتين فهمامرغوبان كونهما تمتصان زيادات ونقصان التيار المتغيرة؛ ومناصريهما يقولون إنَّ المحللات الكهربائية وخلايا الوقود العاملة بالمحلول الكهربائي السائل لا تستجيب فورياً لهذه التغيرات؛ لأنَّ إدخال الكثير من التيار يؤدي الى غليان المحلول الكهربائي بدل فصم الماء الى هيدروجين وأكسجين أو توليد الكهرباء.

وفي تطور بعيد، جرت أبحاث في أواسط التسعينيات حول جهاز يعمل بالحرارة العالية وهو معدل عن تكنولوجيا غشاء پ م ك ص وذلك في معهد البحوث العلمية - الدولي م ب ع - د SRI International في منلو پارك في كاليفورنيا بطلب من برنامج شبكة الطاقة العالمية الياباني. (مذّاك تواصلت الأبحاث لدى شركات ومختبرات أخرى). إنَّ الميزة الأساسية كما قدمت من قبل م ب ع - د في شباط/فبراير سنة 1996 في ورشة عمل في طوكيو هي

أغشية م ب ع - د مستقرة على حرارات تصل الى 400-4500 مئوية مما يسمح بالعمل على حرارات عالية ويعطي نتائج عالية.

فصم البخار

هناك شكل آخر من تكنولوجيا التحليل الكهربائي يتمثّل بتطوير تحليل البخار على حرارات مرتفعة، بدايةً مع جنرال إلكتريك وبعدها مع دورنييه سيستم Dornier System.

في نهاية الستينيات بدأت جنرال إلكتريك التجارب على التحليل الكهربائي للبخار على حرارة 1000° مئوية (1832° ف) بواسطة التيار الكهربائي. الميزة الرئيسية المعتدة لهذا النموذج من التحليل الكهربائي هو تقليص الحاجة من الكهرباء الغالية وعالية النوعية بشكل قوي لأن معظم الطاقة المستهلكة سيكون على شكل حرارة خام. ولقد كان من المؤمل أن تنقص الكلفة في إنتاج الهيدروجين من الماء بشكل معتبر مع هذه المقاربة.

بدأت شركة دورنييه سيستم التطلع الى التحليل الكهربائي للبخار على حرارات مرتفعة في سنة 1975. ولقد دام البرنامج 15 عاماً وتوصل الى كفاءة بحوالى 93% (تبعاً لتصريح صحفي لوزير العلوم والتكنولوجيا الألماني)، والى تقليص في استهلاك الكهرباء حتى 30-45% نسبة الى التحليل الكهربائي التقليدي. يتكون جوهر النظام من محلول كهربائي صلب من أكسيد السيراميك الصلب المؤلف من أكسيد الزركونيوم ومغلف بإلكترودات مسامية ذات خصائص توصيل عالية لإيونات الأكسجين على حرارات التشغيل، مع انتقال الهيدروجين لجهة الكاتود والأكسجين لجهة الأنود. لكن

مع انحسار موجات الصدمة لأزمة النفط في السبعينيات وعودة البنزين رخيصاً غمر النسيان المشروع.

فصم الماء الحروكيميائي

إنَّ فصم الماء الحروكيميائي يقوم على فكرة توحيد الحرارة العالية مع العناصر الكيميائية العالية التفاعل المدورة بشكل مستمر مما يؤدي الى فصم الماء بين مكونيه الأكسجين والهيدروجين. لقد كان هذا الحقل ناشطاً في السبعينيات، حين اهتم الغرب بكيفية التخلص من تبعيته لنفط الشرق الأوسط. ولقد أعاد انتعاش تكنولوجيا ولدت خمسين عاماً قبل ذلك كجهد لإنتاج الهيدروجين من الماء لصناعة الأمونيا للأسمدة الزراعية. هذه الطريقة أصبحت اليوم ذات أهمية ضئيلة عملياً وعلى كلٍ فهي لا تزال موضع اهتمام في اليابان.

إنَّ من أوائل المنادين بإنتاج الهيدروجين الحروكيميائي من الماء هو أحد العلماء الذي يعمل لصالح شركة تسمى Synthetic Ammonia and Nitrates Ltd في انكلترا سنة 1924. لقد وضع إميل كولِّتّ Emil Collett دورة من خطوتين. في الخطوة الأولى يتفاعل الماء مع الزئبق على حرارة عالية ليشكل أكسيد الزئبق HgO والهيدروجين. في الخطوة الثانية يفترض أن يتفكك أكسيد الزئبق الى زئبق صافٍ وأكسجين. ومن المحتمل أن هذه الطريقة لم تعمل جيداً؛ ثلاثون سنة بعد ذلك قرر الباحثون أنه لعدد من الأسباب النظرية يلزم ثلاث دورات لفصم جزيْء الماء بشكل مجدٍ اقتصادياً وعملياً بالطريقة الحروكيميائية.

في الولايات المتحدة، كان فصم الماء في عملية كيميائية

بدورة مغلقة مع دعم حراري لإنتاج وقود الهيدروجين قد اختبر في بداية الستينيات عندما بدأ مختبر بروكهاڤن الوطني Brookhaven National Laboratory البحث عن طرائق "كيمونووية". الفكرة كانت استخدام مفاعل نووي ضخم لإنتاج كلا الهيدروجين والأمونيا لتلبية الحاجة الصاعدة كالصاروخ للأسمدة الزراعية. في سنة 1966 بنى العالمان من جنرال إلكتريك على هذه الفكرة وهما جيمس فونك James Funk وروبرت راينشتروم Robert Reinstrom وكتبا دراسة أساسية(6) ظلت في صلب أدبيات اقتصاد الهيدروجين. كان فونك وراينشتروم يعملان إذن في إنديانا پوبيلس لصالح قسم جنرال موتورز في آليسون GM's Allison Division التي كانت تصنع المدرعات للجيش الأمريكي. وكان الجيش يستكشف "خزاناً للطاقة يعمل نووياً" لإنتاج الهيدروجين كوقود للمدرعات لكن الفكرة عسكرياً كانت فارغة وأيضاً غير واعدة علمياً. يستنتج هذان العالمان أنه "يبدو من غير المحتمل وجود عنصر أو تركيبه بما يؤدي الى دورة (تحليل الماء) من خطوتين ويكون ذلك أفضل من المحللات الكهربائية".

تراجع الاهتمام بالحروكيمياء في الثمانينيات فوضع مذّاك خارج الحلبة. في التسعينيات كانت جنرال أتومِكس من سان دييغو General Atomics of San Diego من أعمدة الترويج القليلة لهذا المفهوم (في سياق تطبيقات لمفاعل نووي عالي الحرارة). ولا يزال العمل جارياً في اليابان أيضاً في مؤسسة بحوث الطاقة النووية

---

(6) J. Funk and R. Reinstrom, «Energy requirements in the production of hydrogen from water,» *I&EC Process Design and Development* 5 (1966): 336-342.

بالتعاون مع جامعة طوكيو وشركة طوكيو للهندسة Tokyo Engineering Corporation.

إنتاج الهيدروجين من الوقود الأحفوري وبوسائل أخرى

يتوافق العديد من أنصار الهيدروجين في العالم حالياً أن الزخم الدافع الأول لوضع الهيدروجين في الساحة التجارية سيأتي من استعمال الوقود المحتوي على الكربون مثل الغاز الطبيعي والكتل الحيوية وربما الفحم حتى.

هناك اليوم حوالى 40 مليون طن من الهيدروجين تنتج تجارياً كل سنة في مختلف أنحاء العالم[7]. ويمكن أن يفهم أن ذلك كثير ولكن ليست هذه هي الحال؛ 40 مليون طن من الهيدروجين تساوي 5 كواد وحدة حرارية بريطانية أو تكاد من الطاقة أي أكثر قليلاً من 1% من حاجة العالم للطاقة.

يعزل الهيدروجين من الوقود الأحفوري، والغاز الطبيعي بشكل خاص، بطريقة يتفاعل فيها الغاز الطبيعي مع البخار على حرارة 1500 - 1600° ف (فهرنهايت) مع مساعدة النيكل كمحفز. النتيجة هي خليط من الهيدروجين وأول أكسيد الكربون وثاني أكسيد الكربون والبخار والمِيتان غير المتفاعل. يبرد الخليط الى درجة 750° ف ويتفاعل مجدداً مع المزيد من البخار فوق "محفز محول مائي غازي"، مما ينتج أكثر من الهيدروجين ويحول أول أكسيد الكربون الى ثاني أكسيد الكربون. وهذا الأخير وغيره من القذارات

(7) بذلك تنتج الولايات المتحدة حوالى عشرة ملايين طن ـ غالبيتها محجوزة للبيع للمصافي أو معامل الأمونيا الكيميائية، وهي مكون أساس في صناعة الأسمدة وتساعد في تورق النبات.

تقصى بعملية تدعى امتزاز دوّار ضغطي Pressure Swing Adsorption مما يترك الهيدروجين الصافي.

ثمة عملية يجري تطويرها من قبل شركة Air Products and Chemicals وهي عملية الامتصاص المكثف "Sorption-enhanced" تَعِد بإمكان تقليص كلفة التصنيع بنسبة 25 - 30% إضافية عن طريق إقصاء ثاني أكسيد الكربون خلال عملية التفاعل.

هناك طريقة جديدة لإنتاج الهيدروجين من الغاز الطبيعي ظهرت بحوالى 1994 دعيت "عملية كڤرنرProcess Kvearner" بعد أن طورتها شركة كڤيرنر للهندسة الشركة النروجية الأولى في حقل هندسة/إدارة الغاز والنفط. (تمتلك النروج الكثير من الغاز الطبيعي كمنتج زائد على النفط في حقول عرض البحر) (حصل النضوب لاحقاً). إنَّ عملية كڤيرنر تتضمن تكييف شعلة پلازما (التي عمل عليها كڤيرنر منذ سنة 1982) في تفكيك النفايات من أي مصدر حيث تستعمل الپلازما الساخنة تستعمل لتفكيك الغاز الطبيعي الى هيدروجين وأسود الكربون قابل للتسويق التجاري. (يستعمل أسود الكربون في الإطارات والكاوتشوك والبلاستيكيات والدهان وصناعة الحبر ويستعمل أيضاً في بعض الصناعات التعدينية الحديثة حيث يعمل كمادة لخفض الأكسدة وكمضاف كربوني أو مكربِن في الفولاذ وعمليات الصهر). هذه العملية مرغوبة نظراً لنتيجتها التي تصل تقريباً الى 100% في تحويل الغاز الطبيعي الى هيدروجين وأسود الكربون. وإنه لمن المعروف أنها تتطلب القليل من الطاقة وتوظيف الأموال وكلفة التشغيل المنخفضة وأنها مرنة. يقول كڤيرنر إنه يمكن تكييفها لتفكيك أي نوع من وقود الكربون، بدءاً بالميتان وصولاً الى الزيوت الثقيلة. يحصل التفكيك على حرارة 1600° مئوية. يمكن أن يكون التفاعل خالياً من الانبعاثات (الكربونية):

شعلة البلازما هي كهرباء- محوّرة، فإذا كان التيار الأولي نظيفاً بيئياً (لدى النروج الكثير من التيار الكهرومائي الرخيص) فلن تتولد أي انبعاثات من عملية التحويل. في محاضرة أمام المؤتمر الدولي لطاقة الهيدروجين سنة 1996 استخلص شتاينَر لينوم Steinar Lynum وهو رئيس مساعد لشركة كڤيرنر وبيورن غودرناك Bjorn Gaudernack من معهد النروج لتكنولوجيا الطاقة بأنه بالأسعار الرائجة للغاز الطبيعي والكهرباء أصبح "الهيدروجين من الغاز الطبيعي أرخص ما يمكن كصيغة للتزود بالهيدروجين". يبيّن أحد الجداول أن المتر المكعب المعياري من الهيدروجين المنتَج بطريقة كڤيرنر 6.61 سنتات مقابل 6.71 سنتات في تهذيب البخار. يضاف الى هذه الكلفة 1793 كأكلاف دفن غاز ثاني أكسيد الكربون عميقاً في مستودعات جوفية مفرغة أو خزانات الغاز والنفط في باطن الأرض أو حقنها عميقاً في قاع المحيطات لدى تهذيب الغاز الطبيعي بالبخار. على العموم، اعتماداً على الجدول السابق ذكره فإن الكلفة الإجمالية لعملية كڤيرنر ليست تماماً ضعف تلك لتهذيب الغاز بالبخار التي هي 0.17 سنتاً مقابل 3.3 سنتات للأولى. على كل من الوجهة المالية، يتأكد التحسن مع رصيد 5.36 سنتات لكل (متر مكعب معياري) من إنتاج أسود الكربون carbon black بالإضافة لنصف سنت أخرى للبخار.

إنَّ الأكسدة الجزئية تشابه من الناحية المفهومية عملية كڤيرنر ولكنها تستعمل جزءاً من مخزون الوقود الأحفوري لإنتاج الحرارة المطلوبة في العملية مما يعطي في النهاية 20-60% من أسود الكربون. والباقي من الاحتراق يخرج من المدخنة ثاني أكسيد الكربون وأكسيد النتروجين (NOx) وثاني أكسيد الكبريت SO2 وغيرها من الانبعاثات. لقد توسعت الأكسدة الجزئية على الأرض

في التسعينيات، وغالباً في سياق تطوير أجهزة تهذيب الوقود على متن السيارات والحافلات. ثمة لائحة جزئية من مطوري أجهزة التهذيب هذه تتضمن مختبر أرغونّ الوطني Argonne National Laboratory وشركة إپيكس Epyx[8]، والدولية لخلايا الوقود وجونسون متّيْ Johnson Matthey وشركة نورثْوِست پاور سيستمز Northwest Power Systems وشركة شل. وكمثل جيد للأكسدة الجزئية على حرارة عالية للوقود الأحفوري عن طريق إحراق جزء من الوقود لإنتاج الهيدروجين هو شركة هيدروجين برنر تكنولوجي Hydrogen Burner Technology, Inc. في لونغ بيتش في كاليفورنيا حيث يعتقد رئيس الشركة ديڤِد مورد David Moard أن تكنولوجيا الأكسدة الجزئية التي هي أقل كفاءة نوعاً ما من تهذيب الغاز الطبيعي بالبخار تبقى أكثر مرونة وأسهل للتركيب على متن السيارة أو الشاحنة.

ليس فقط الهيدروجين ولكن أيضاً العديد من الوقود البديل الضئيل التلويث من الميتانول والإيتانول يمكن تصنيعها من المصادر العديدة التي تحتوي على الكربون بما فيها الفحم والكتل الحيوية إذا صدق الاقتصاديون. هكذا يمكن تصور إرجاع الهيدروجين الى ما بعد الحراق الخلفي الشهير إذا كانت الاهتمامات الاقتصادية تفرض إلصاقه بالبنى التحتية للإنتاج والتوزيع لأطول ما يمكن من الزمن. فخبير الدفع المتقدم كريس بورّوني-بيرد Chris Borroni-Bird لدى صانع سيارات أمريكي مهم - وهو شخص يدافع عن التحول الى الهيدروجين على المدى البعيد ولكنه يفهم حقائق السوق على

---

(8) Epyx (a spinoff of Arthur D. Little, Inc.) became Nuvera in early 2000 in a merger with the Italian firm De Nora.

الأرض- أظهر أن طرائق تركيب الفيول القديمة (مثل عملية -Fisher Tropsch التي تعود الى 1930) لا تزال تحظى بمناصرين حتى اليوم. لقد طورت هذه الطريقة إبان الحكم النازي لألمانيا لإنتاج البنزين الإصطناعي وغيره من الهيدروكربون من أول أكسيد الكربون والهيدروجين[9]. "الكثير من الشركات ترنو إليها وإلى غيرها من العمليات لإنتاج البنزين". كما يقول بورّوني - بيرد الذي صمم مشروع عربة ديملر كرايزلر الهجينة بخلية وقود قبل أن يلتحق بجنرال موتورز سنة 2000 كمدير تصميم التكنولوجيا الانتقالية. "البنزين لا يماثل بالضرورة النفط الخام. ما دام النفط رخيصاً - بحدود 20 دولاراً للبرميل- هذه الطرائق الأخرى ليست ذات جدوى اقتصادية وبالتأكيد في الولايات المتحدة... ولكن الكثير من الشركات تملك هذه الطرائق أو تعمل عليها وهي متأهبة لسحبها عن رفوف الشركة عند الحاجة".

في أواسط السبعينيات وفي صبيحة صدمات النفط دافع عدد من الخبراء والمنظمات عن إنتاج الهيدروجين من الفحم عن طريق تغويزه (تحويله إلى غاز) أو تسييله وهو أمر أعادت وزارة الطاقة في الولايات المتحدة الاعتبار اليه مجدداً في التسعينيات. واعتماداً على "الهيدروجين غداً" وهي دراسة أعدها سنة 1976 مختبر الدفع النــفــاث م د ن Jet Propulsion Laboratory JPL إنَّ "إنتــاج الهيدروجين من الفحم هو أساساً عملية أكسدة جزئية مشابهة للزيت الثقيل. العملية تتعقد بضرورة معالجة وقود غير متفاعل نسبياً كمادة

---

(9) مشروع الحكومة الأميركية الرديء جداً Syn-Fuel الذي حاول صنع البنزين المركب من المصادر الأحفورية من غير النفط الخام والذي انتهى في سنة 1986 يمكنه أن يرى النور مجدداً في صيغة جديدة محسّنة.

صلبة وإزاحة كميات كبيرة من الرماد. إنَّ مشكلة معالجة المواد الصلبة هي أن لها تأثيراً قوياً على الكلفة وتمنع استعمال الكثير من التكنولوجيا والتجهيزات المطورة للنفط للاستعمال في تحويل الفحم. فالفحم والبخار والأكسجين تتفاعل جميعها في عمليات المغوِّز الأساسي لإنتاج الهيدروجين".

في الولايات المتحدة، كانت جنرال أَتومِكس المشجع الأساسي للمفاعل على حرارة عالية م ح ع High Temperature Reactor HTR - إذ أنشأت الشركة مفاعلاً منها في فورت سان ڤرين Fort St Vrain في كولورادو. وكان لديها الطلبات الكثيرة، لكن البرنامج توقف في أواسط السبعينيات.وفي ألمانيا كان مركز البحث النووي في بوليش Jülish نقطة التركيز لتطوير ما يدعى "سرير صحي م ح ع" لكلا الاستعمالين: توليد الكهرباء وتغويز الفحم. لقد كان هناك مفاعل قيد الإنشاء بقوة 500 ميغاواط في التسعينيات ولكن ذلك لم يحصل.

بالرغم من معارضة الطاقة النووية المستمرة فإن جنرال أَتومِكس لم تتخلَّ عن الطاقة النووية، من أجل إنتاج الكهرباء والحرارة التي بواسطتها تنجز العمليات الكيميائية (بما فيها إنتاج الهيدروجين). وفي ملتقى الربيع سنة 1996 للهيئة الاستشارية لطاقة الهيدروجين التابعة لوزارة الطاقة في ألكسندريا في ڤرجينيا يصرح مدير برنامج جنرال أَتومِكس للتطوير أن استعمال التيار الناتج من الطاقة النووية هو ذو كفاءة منطقية في إنتاج الهيدروجين. وقال مدير مفاعل جنرال أَتومِكس التجريبي العامل بالهيليوم بطريقة الصهر: إنَّ جزئيات الوقود بعد تغليفها بالسيراميك يمكن أن تخزن بشكل سليم لملايين السنين من دون أي تسرب إلى المحيط الحيوي. ومع كفاءة الجهاز التي تفوق 47% يمكن إنتاج الكهرباء بكلفة 3.5-3.7 سنتاً

للكيلوواط ساعة ومن حرارة المفاعل على 700-900 درجة مئوية يمكن إنجاز واحدة من ثلاث عمليات إنتاج الهيدروجين (تهذيب الوقود الأحفوري بالبخار الساخن (بما في ذلك الميتان-الغاز الطبيعي) والتحليل الكهربائي للبخار على حرارة عالية وفصم الماء الحروكيميائي) كل ذلك بكفاءات تتدرج من 50 الى 90%.

تستمر اليابان بالعمل على إنتاج الهيدروجين من مفاعل بقوة 30 ميغاواط على حرارة عالية بواسطة الغاز السائل. يُذكر أنَّ الدراسات التي تشرح المجهود الياباني قدمت في المؤتمر العالمي لطاقة الهيدروجين السنوات 1996 و1998 وفي 1999 لدى الجمعية الكندية للهيدروجين.

في السياق التراتبي تحتل سهولة إنتاج الهيدروجين من الوقود الأحفوري بما في ذلك الميتان المكانة الأبرز خاصة أن هذا الأخير يشكل غالبية الغاز الطبيعي ويبقى رخيصاً في العادة. إنه أسهل للمعالجة مقارنة بسائل (مثل النفط الخام) أو جسم صلب (مثل الطَفلّ الزيتي أو الفحم). إنه أيضاً الميتان الذي يحتوي على أعلى نسبة هيدروجين: أربع ذرات هيدروجين لذرة كربون واحدة. بعده يأتي النفط بنسبة هيدروجين/كربون 1.5 -1.6. الطفلّ الزيتي له نسبة 1.6 ولكنه صلب وبالتالي أصعب للمعالجة من النفط العادي. الفحم يشكل الصعوبات الأكبر لاستخراج الهيدروجين، وتتدرج النسبة بين 0.72 و0.92 (تقل كمية الهيدروجين على الكربون).

لقد بلغ إنتاج الهيدروجين الإجمالي في الولايات المتحدة 3006 مليارات قدم مكعب معياري. واعتماداً على المعطيات التي راكمها معهد البحوث العلمية للاستشارات، يوزع الجزء الغالب من هذا الإنتاج كالتالي: 1211 مليار قدم مكعب معياري لإنتاج الأمونيا، و1120 ملياراً للتصفية و302 مليار قدم مكعب نموذجي

لإنتاج الميتانول و117 مليار قدم مكعب "لاستعمالات أخرى". "الإنتاج التجاري" للبيع للزبائن (غير النازا وشركات الإلكترونيات) من قبل شركات الغاز مثل Air products وChemicals و Praxair تصل فقط الى 255 مليار قدم مكعب معياري من الهيدروجين، بحسب معهد البحوث العلمية (م ب ع).

إعتماداً على نشرة سنة 1998 لمسح م ب ع الشامل لسوق الهيدروجين بين سنة 1993 وسنة 1997 فإن نسبة المعدل السنوي لمبيعات الهيدروجين في الولايات المتحدة زادت بمعدل سنوي فاق 25%. وتُرجع المقالة الصادرة في مجلة بعنوان "أهلاً بالهيدروجين" في شباط/فبراير سنة 1996 من المجلة الصناعية Chemical Engineering هذا النمو بشكل كبير للطلب من قبل مصافي النفط التي تحتاج الى هيدروجين أكثر لإزالة مادة الكبريت وغيرها من المواد الملوثة من النفط الخام. وبحسب المجلة المذكورة فإن ثمة طلبات كبيرة أخرى تأتي من استعماله في فوق أكسيد الهيدروجين (المستعمل لإزاحة الكلور المستعمل كمبيّض في صناعات الورق وغيرها) وكمضاف في تطبيقات أخرى تندرج من تقليص النفايات الى تنقية الألياف المركبة مثل النايلون 6 الى هدرجنة المنتجات الكيميائية.

يقول تقرير م ب ع لسنة 1998 إن التحول الصاعد في الطلب على الهيدروجين لم يقتصر على الولايات المتحدة. فقد شهدت أوروبا أيضاً زيادة في الطلب يعود أغلبها للتشريعات البيئية. وأمريكا اللاتينية أيضا شهدت زيادة في الطلب من أجل تكرير النفط الخام الثقيل. في آسيا أيضاً لوحظت زيادة في الطلب الإجمالي لمنتجات مصافي التكرير وإنتاج الهيدروجين أقله قبل الانكماش الاقتصادي لأواخر التسعينيات.

لقد دفع النمو الكبير في الطلب شركات Air Products

وChemicals وPaxair كي تنشئ العديد من معامل إنتاج الهيدروجين الضخمة من أجل خدمة المصافي وغيرها من الزبائن في الولايات المتحدة. وبسبب قدرة الإنتاج العالية فإن م ب ع توقعت أن يصل نمو سوق مبيعات الهيدروجين الى 10% سنوياً بين 1996 و2001.

إنَّ بعض المستهلكين لكميات صغيرة في المعادن والإلكترونيات والصناعات الغذائية والزجاج والعمليات الصناعية الكيميائية يشترون الهيدروجين السائل المتميّز بكلفة النقل القليلة بواسطة الشاحنات وبعدها يعيدونه غازاً قبل استعماله. ومع ذلك فإن اقتصاديات إنتاج الهيدروجين واستعماله على نطاق صغير قد "تتغير جذرياً خلال السنوات الخمس التالية" مع نمو نظم الإنتاج الصغيرة خاصة نظام الأكسدة الجزئية. وتقول الدراسة إنَّ "هذه التطورات تبرز كمنتوج ثانوي لصناعة خلايا الوقود" وتضيف إنَّ "الأكلاف المرتبطة بنظم الإنتاج الصغيرة ستنحدر أكثر كلما أصبحت خلايا الوقود معتمدة تجارياً، مؤدية الى طلب دعم إنتاج بكميات أوسع نطاقاً لنظم الهيدروجين المعيارية الأصغر حجماً".

إن الاعتقاد الأساسي العام مع نهاية القرن العشرين هو أننا سنصنع الهيدروجين، لعدة عقود قادمة، من الوقود الأحفوري. هذه بالتأكيد نظرة روبرت وليمز وهو من كبار الباحثين العلميين في مركز جامعة برنستون لدراسات الطاقة والبيئة وعضو في هيئة مؤسسة Mac Arthur وصوت مؤثر في واشنطن وغيرها في النقاش الدائر حول مستقبل البيئة والطاقة النظيفة. ويقول وليمز في دراسة عن "استراتيجية وقود متطورة لخلايا وقود العربات" قدمها سنة 1996 إلى مؤتمر تسويق خلايا الوقود للعربات إنَّ إنتاج الهيدروجين من الوقود الهيدروكربوني معقول إلى حد كبير في المستقبل من أجل التطبيقات على نطاق واسع، لا سيّما أنها ستكون الطريقة الأقل

تكلفة. ضمن هذه النظرة سيلعب الهيدروجين النقي المنتج بالتحليل الكهربائي، ولكن الأكثر كلفة، دوراً محدوداً ومفضّلاً في المشاريع التجريبية والأسواق الملائمة التي يمكن مدها بالكهرباء الكهرومائية، وحيث نقاوة الهيدروجين المنتج من الوقود الأحفوري البالغة 99.999% ليست كافية. ويعتقد وليمز أنه في مستقبل منظور -خلال القرن الواحد والعشرين على الأرجح- سينتج الهيدروجين والميتانول من مشتقات الوقود النفطي والغاز الطبيعي أو نفايات المدن الصلبة- بعدها سيدخل الهيدروجين أو الميتانول المشتقان من الكتل الحيوية أو الفحم الى السوق مما قد يقود إلى الالتزام بأن يُعزل ثاني أكسيد الكربون المولد في العملية ويحبس في موضع يبعده عن الأذى. ويتوقع وليمز بأنه "حتى مع أخذ كلفة حبس ثاني أكسيد الكربون بالاعتبار فإن الـH_2 المنتج بالطريقة الحروكيميائية سيكون أقل كلفة من الهيدروجين المنتج بالتحليل الكهربائي في الأسواق الواسعة النطاق". ويرى "أن الهيدروجين المشتق من الفحم مع حبس ثاني أكسيد الكربون سويكون أقل كلفة بكثير من الـH_2 المنتج بالتحليل الكهربائي حين إنتاجه على نطاق واسع"، و"إنه ربما في القرن الواحد والعشرين سيكون معقولاً "حمل الفحم الى حقول الغاز الطبيعي لإنتاج الـH_2 مع حبس ثاني أكسيد الكربون المنتج بعد عزله عميقاً في حقول الغاز الجوفية الفارغة".

في دراسة أعدت سنة 1995[10] من قبل وليمز وثلاثة من

---

(10) Robert Williams, Eric Larson, Ryan Katofsky, and Jeff Chen, «Methanol and Hydrogen from Biomass for Transportation, with Comparisons to Methanol and Hydrogen from Natural Gas and Coal,» report 292, Center for Energy and Environmental Studies, School of Engineering and Applied Science, Princeton University, 1995.

زملائه في جامعة برنستون قُدرت كلفة إنتاج الهيدروجين لخلايا الوقود للعربات (بدولار سنة 1991) من الغاز الطبيعي والكتل الحيوية ومن الفحم، وكانت النتيجة أن تهذيب الغاز الطبيعي بالبخار الساخن هي أرخص عملية بتكلفة 7.17 دولارات للجيغاجول ج ج gigajoule GJ (أي 10^9) من طاقة الهيدروجين. تليها إنتاج الهيدروجين من الكتل الحيوية المغوزة بتكلفة 8.73 دولارات/ ج ج. واحتل مغوِّز الفحم، من تصميم شلّ، المرتبة الثالثة فينتج الهيدروجين بكلفة 8.91 دولارات/ج ج. بعد ذلك تأتي مغوِّزات الكتل الحيوية المصممة من قبل شركة Manufacturing and Technology Conversion International (8.76 دولاراً / ج ج) ومعهد تكنولوجيا الغاز (10.91 دولاراً /ج ج)، وشركة شل (11.24 دولاراً/ج ج). كل غالون بنزين يحوي على 0.131/ج ج من الطاقة؛ فيقول وليمز وزملاؤه إنَّ السعر المقارن للبنزين المعدل على المحطة تلك السنة هو 1.10 دولار/للغالون متحولاً الى 8.36 دولارات/ ج ج. لقد استنتجوا أن "الفرق بين البنزين والهيدروجين" هو أقل "من عامل اثنين (2)، حتى لأغلى عمليات إنتاج الهيدروجين. إنه نوع من سعر الوقود الذي عاش معه الأوروبيون واليابانيون - وازدهروا- لعقود". ولكن ذلك ينقصه نقطة أساسية وهي كالتالي.

العربات المدفوعة بخلايا الوقود تتمتع بكفاءة أعلى بحوالى مرتين ونصف من تلك التي تعمل بمحرك الاحتراق الداخلي بحسب قول وليمز وأقرانه؛ مع هذه العربات العاملة على الهيدروجين فإن زيادة الفعالية ستتضاعف بعامل يقترب من ثلاثة (3). وبحسب وليمز وأقرانه فإن الميتانول والهيدروجين المنتجين من الكتلة الحيوية سيكونان أساساً منافسَين تقريباً للبنزين والديزل المنتَجين حاضراً من

النفط الخام المستورد من مصادر عديمة الضمانة أكثر فأكثر. الهيدروجين والميتانول المشتقان من الكتلة الحيوية يعطيان أيضاً صفراً أو تقريباً صفر تلوث للهواء ومستوى منخفضاً جداً من دورة حياة لانبعاثات ثاني أكسيد الكربون إذا كان المصدر المغذي للكتلة الحيوية ينمو بشكل مستقر وسيكون منافساً تقريباً" للكميات الكبيرة للوقود المشتق من الفحم حتى إذا كان مصدر تزويد الكتلة الحيوية عالي التكلفة. يعترف وليمز وأقرانه أن الهيدروجين والميتانول المشتقين من الكتلة الحيوية لن يكونا قادرين على منافسة مشتقات الغاز الطبيعي في الزمن القريب ولكن "من المنتظر أن ترتفع أسعار الغاز الطبيعي في العقد القادم أو كذلك"، جاعلاً الكتلة الحيوية منافِسة تقريباً.

أخيراً واعتماداً على وليمز وأقرانه فإن إنتاج الميتانول للتصدير سوف "يجلب دفقات جديدة من المداخيل المستدامة للمناطق الريفية في الأقاليم النامية من خلال المنافسة واستقرار سعر المحروقات للنقل في السوق العالمية". وقد دافع عن هذه الفكرة السيناتور توم هاركين Tom Harkin نصير الهيدروجين في مجلس الشيوخ الأمريكي، والذي يرى أن إنتاج المحاصيل سريعة النمو للطاقة مثل تحويل العشب من شأنه تحقيق ربح مزدوج: مصدر للطاقة الإضافية المضمونة للاستعمال المنزلي ومصدر دخل جديد للمزارعين المرتبطين بالمساعدات الفدرالية (التي سوف تنضب في السنوات القادمة بسبب جهود واشنطن للجم العجز في ميزانية الولايات المتحدة)[11]. هكذا إذن فإن لدى العربة المجهزة بخلية

---

(11) إدارة كلينتون كانت قد اتخذت من قبل الخطوات الأولى لتشجيع زراعة محاصيل الطاقة: اشترك حتى 500 مزارع وملاك الأراضي ببرنامج اختياري

وقود "إمكانية منافسة العربة المسيّرة بمحرك احتراق داخلي internal combustion engine vehicle ICEV بالسعر والفعالية بينما هي تصحح فعلياً نوعية الهواء وضمانة الطاقة واحترار الكوكب" كما يستخلص وليمز وأقرانه.

ليس من غير المتوقع أن تظهر في دراسة مبكرة لروبرت وليمز وزميلته في البحث من جامعة برنستون جوان أوغدن أن الهيدروجين المنتج بالتحليل الكهربائي بواسطة الطاقة المتجددة كالشمس والرياح يوفر صورة على أعلى درجة من الاعتبار لكل وحدة طاقة منتجة على أساس الكلفة المترتبة على تكنولوجيا التحليل الكهربائي بالرياح والقوة الڤولتائية الضوئية لما بعد سنة 2000. مع ذلك فإن تقييمات 1993 تستنتج أن هناك نقطة تقاطع - في مكان ما حول نصف مليون قدم مكعب معياري من الهيدروجين تنتج يومياً، ما يكفي لـ 300 خلية وقود للعربات - وسيكون عندها إنتاج الهيدروجين بواسطة التيار الكهربائي المنتج بدوره بواسطة قوة الرياح واللوحات الڤولتائية الضوئية "منافساً بشكل تقريبي" لما ينتج على مقاييس صغيرة بطريقة تهذيب الغاز الطبيعي بالبخار على حرارة عالية. ويتوقع أن كلفة الهيدروجين المنتج بهذه الكميات وبواسطة الطاقة الڤولتائية الضوئية ستكون في حدود 12.21 دولاراً لكل ج ج، بينما ستكون أغلى بواسطة التيار المنتج بالرياح وتصل الى 16.26 دولاراً لكل ج ج. في الإنتاج الواسع النطاق (50-100

= نموذجي على 4000 آكر لزراعة العشب القطيبي لانتاج التيار الكهربائي الذي أعلنت إدارة الطاقة عنه في تشرين أول/أكتوبر سنة 1996. انتاج الطاقة كان سيتم إما عن طريق مفوز بقوة 6-MW أو كوقود إضافي في مرجل حديث للفحم المسحون.

مليون قدم مكعب يومياً) سيكون الهيدروجين المنتج من تغويز الكتلة الحيوية الأقل كلفة للإنتاج بحدود من 6-9 دولار اتلكل ج ج - وهي كلفة منافسة للهيدروجين من الغاز الطبيعي (الذي تخطط وزارة الطاقة لأن يبلغ من 4 الى 6 دولارات/ج ج) ما بعد سنة 2000 وهي على الأرجح كلفة أقل من الهيدروجين المنتج بتغويز الفحم. وتقول أوغدن إنَّ إيصال غاز الهيدروجين للزبائن (بما في ذلك الضغط والتخزين وأنابيب النقل والتوزيع على المحطة) سيزيد الكلفة بحدود 6.8 دولارات/ج ج. ولكن "كلفة الوقود الموزع وحدها ليست مؤشراً صالحاً لتنافسية الهيدروجين كوقود للنقل". ثمة مقاييس معيارية اقتصادية أفضل تكمن في كلفة دورة حياة خدمات الطاقة و"عتبة تعادل سعر البنزين". (وهو السعر الذي سيكلفه محرك الاحتراق الداخلي على مدى خدمته في سيارة مساوية تعمل على الهيدروجين). تستخلص أوغدن قائلة "حتى ولو كان الهيدروجين أغلى بكثير بحسابات الطاقة من أنواع وقود أخرى، يمكن له المنافسة، بالكلفة على قاعدة مدى دورة حياة الخدمة، في الاستعمالات التي يكون فيها أكثر كفاءة من غيره من صنوف الوقود". وكتبت بينما "ستكون سيارات خلايا الوقود أغلى بكثير على الأرجح من عربات البنزين فإن تحليلاتنا تؤشر الى أن العربات العاملة بخلايا الوقود يمكن لها أن تنافس بالكلفة على قاعدة مدى دورة حياة الخدمة. بناء على افتراض أن أهداف خلايا الوقود والبطاريات المتطورة قد أنجزت فإن ذلك سيتحقق لأن العربات المسيرة على خلايا الوقود ستكون كفؤة طاقوياً من مرتين الى ثلاث مرات أكثر من عربات البنزين وأنها تدوم فترة أطول وتكاليف صيانتها أدنى".

إنَّ العديد من أنصار خلايا الوقود و(خصوصاً) أنصار الطاقة

المتجددة هم غير مرتاحين لإنتاج الهيدروجين من الوقود الأحفوري. إنهم يرون ذلك بمثابة الانزلاق للخطيئة تحت غطاء الاهتمامات اللوجستية ضمن حلف شيطاني ينفي كاملاً الحجة الداعية للذهاب الى الهيدروجين بالدرجة الأولى. لقد تساءل جان مارك وهو خبير طاقة لدى اتحاد العلماء المعنيين ببرنامج النقل إذا كانت مسألة البنية التحتية عويصة لدرجة "لا يمكننا تجاوزها؟". ووجه سؤالاً في مؤتمر العربات الكهرو/شمسية في نيويورك في سپتمبر/أيلول سنة 1996 "عما إذا كان تحفيز جيل جديد من العربات يستطيع تحسين نوعية الهواء فعلاً؟". والجواب المرجح هو النفي. إنه (ناتج) ثانوي كجزء من فعالية الوقود". وسؤال مارك يحيل إلى شراكة الحكومة التي حظيت بتحفيز شديد مع صانعي السيارات الأمريكيين من أجل جيل جديد من العربات - وهو برنامج يطمح الى تصنيع سيارة تستطيع قطع مسافة 80 ميلاً بالغالون الواحد ولكن ليس لدى البرنامج أي أهداف بما يخص خيار الوقود المستعمل وتقليص الانبعاثات. ولم يرَ مارك أي "مكاسب بمفردات غازات الدفيئة مع خلايا الوقود الى أن يتم التحول الى الموارد المتجددة". كما يؤكِّد أن استعمال البنزين في خلايا الوقود كحل قريب الأجل يمكن أن يكون أحد أمرين إمّا "منصة الوثب أو حجر عثرة". ويضيف "يمكن للسيارات العاملة على خلايا الوقود بالبنزين مثلاً أن تسرع في عملية دخول خلايا الوقود على المدى القصير ولكن بإطالة تبعيتنا للنفط يمكن لها ببساطة أن تؤجل منافع التحول الى بدائل من خلال الإبقاء على خيار ثان أفضل". في كل حال، آخرون (بما في ذلك شركة التكنولوجيات الموجهة وهي شركة استشارات في ڤرجينيا شجعت شركة فورد في إطلاق برنامج خلايا الوقود) بينوا أن الهيدروجين المنتج من الغاز الطبيعي سوف يسمح

بتقليص غازات الدفيئة بنسبة 40% عند استعماله في سيارة تعمل على خلايا الوقود وهذا أفضل بكثير من تلك العاملة بمحرك الاحتراق الداخلي. إنَّ ذلك يعني أنه ليس علينا انتظار الهيدروجين الصافي من الطاقة المتجددة للبدء في التقليص المعتبر في انبعاثات غاز الدفيئة[12].

إنَّ خلف عمليات إنتاج الهيدروجين التقليدية التي نوقشت أعلاه توجد أفكار ومفاهيم وتجارب وبرامج تحاول إنتاج الهيدروجين (أساساً من الماء) عن طريق مقاربات جديدة مبتكرة مستوحاة في الكثير منها من عمليات تحويل الطاقة المكتشفة في الطبيعة.

فالبحّاثة في الولايات المتحدة واليابان وأوروبا يجرون أبحاثاً تدور حول العمليات التي يتفاعل فيها ضوء الشمس بشكل مباشر مع محفز أو متعضّ بيولوجي (مثل الطحالب الزرقاء) وهي عمليات يتم فيها فصم جزيء الماء بأشعة الشمس بمساعدة محفّز أو أنصاف الموصلات وكذلك حول استعمال "الفحم المتجدد" - وهي لائحة من العمليات المعقولة وغير المعقولة كفاية المقترحة لإنتاج الهيدروجين والمجربة نوعاً ما أيضاً وأيضاً. حتى أنَّ واحدة من الشركات KMS fusion Inc, of Ann Arbor قامت في أواسط السبعينيات باستعمال لايزر عالي القوة لإطلاق عملية صهر حرارية نووية وبيّنت أنه يمكن إنتاج الهيدروجين بواسطة هذا التفاعل الانصهاري.

---

(12) C. Thomas, Brian James, Frank Lomax, Jr., and Ira Kuhn, Jr., «Fuel options for the fuel cell vehicle: hydrogen, methanol or gasoline?» *International Journal of Hydrogen Energy* 25 (2000): 551-567.

واحدة من أولى تجارب التحليل الضوئي الناجحة - وهي نقطة تحول في تاريخ عمليات توليد الهيدروجين المتقدمة - نوقشت من قبل عالمين يابانيين سنة 1972 وهما أكيرا فوجيشيما Akira Fujishima من جامعة كاناغاوا Kanagawa، وكينيشي هوندا Kenishi Honda من جامعة طوكيو. لقد توصلا لإنتاج كميات قليلة من الهيدروجين في نظام تحليل مائي يستعمل إلكترودات من أنصاف الموصلات ومشحون بتيار من ضوء الشمس فقط من دون أي زيادة توتر كهربائي إضافي. في داخل الخلية فوجيشيما- هوندا إلكترود ثاني أكسيد التينانيوم موصول خارجياً بإلكترود أسود پلاتيني. حين تعريض إلكترود ثاني أكسيد التيتانيوم TiO2 للضوء يخرج تيار من إلكترود البلاتين الى إلكترود ثاني أكسيد التيتانيوم عبر الدائرة الخارجية، وقد لاحظ فوجيشيما وهوندا أن الفقاقيع بدأت تخرج من المحلول. لقد استخلصا من اتجاه التيار أنه يمكن فصم الماء بالضوء المرئي إلى أكسجين وهيدروجين من دون استعمال أي توتّر خارجي، وأن الهيدروجين ينتج على الإلكترود البلاتيني الأسود، وأن الأكسجين يذهب الى طرف ثاني أكسيد التيتانيوم وذلك بكميات ضئيلة - حوالى 1%.

ثاني أكسيد التيتانيوم كان أيضاً المكون الرئيس في نظام كهرو-كيميائي ڤولتائي ضوئي جرّبه في أواسط التسعينيات مايكل غراتزل Michael Graetzel من المؤسسة الفدرالية السويسرية للتكنولوجيا. لقد سُمّي النظام "ورق نبات اصطناعي"، إذ إنَّ هذا النظام المكون من اللوحات الواسعة والوحدات يحاكي التمثيل الضوئي الطبيعي ولكن بدل إنتاج المادة النباتية فهو ينتج الكهرباء والهيدروجين. في نظام غراتزل يحل ثاني أكسيد التيتانيوم - وهي مادة حميدة بيئياً ونصف موصلة وهي سيراميك متدني الثمن يستعمل بشكل واسع في

معجون الأسنان وملون أبيض في الدهانات - مكان السيليكون عالي النقاء والثمن. في التجارب الأولية زعم غراتزل أن الكفاءة التحويلية وصلت الى 7% في ضوء الشمس المباشر و11% في الضوء المنتشر. في ذلك الوقت ادعى غراتزل أن(13) "الورقة الاصطناعية" يمكن أن تصبح أرخص جهاز ڤولتائي ضوئي الى الآن ينتج الكهرباء بحدود 0.05 دولار للواط الواحد(13). وفي تقرير لغراتزل، سنة 1996، يصف "خليته الشمسية الكيميائية" كنظام جزيئي ڤولتائي ضوئي يعمل بتحسيس أغشية بلورات متناهية الصغر بواسطة تحويل شحنة (كهرباء) المعدن الى المحسسات. إنَّ الكفاءة الكلية لتحويل الطاقة الشمسية الى كهرباء تزيد كما قيل عن 10%. وإن جهازاً مشابهاً مصنوعاً من أغشية نصف موصلة يفكك الماء الى هيدروجين وأكسجين بدرجة كفاءة إجمالية تبلغ 4.5%. ويقول غراتزل إنَّ هناك سبع منظمات صناعية تعمل على تسويق خلايا الشمس البلورية المتناهية الصغر، بداية في استعمالات التيار الضعيف، مثل الساعات الشمسية (العاملة على طاقة الضوء)(14).

لقد جرب البحاثة في المختبر القومي للطاقة المتجددة في غولدن، كولورادو، استخراج الهيدروجين بواسطة بكتيريا تعمل بالتمثيل الضوئي، رودوسبيريليوم روبروم Rhodospirillium rubrum، التي تنتج الهيدروجين بواسطة الخميرة مكونة الهيدروجين من الماء حتى بوجود الأكسجين. في العادة، إنَّ الجراثيم المنتجة للهيدروجين

---

(13) Graetzel's initial project was funded by the Swiss Energy Ministry, by Sandoz, and by Asea Brown Boveri.

(14) Graetzel is also collaborating with scientists at the National Renewable Energy Laboratory in Golden, Colorado.

عن طريق فصم الماء تموت بوجود الأكسجين وهذا ما يحدث حين فصم الماء. ولكن في بداية التسعينيات قام فريق بقيادة پول ويفر Paul Weaver باكتشاف فصيلة من الرودوسبيريليوم تستطيع الاستمرار بإنتاج الهيدروجين حتى ولو تعرضت لأكسجين الجو. غير أن هذه الجراثيم لا تستطيع مباشرة فصم الماء إلا بعد تعريضها لتغيرات جينية (بواسطة الهندسة الجينية) وعمليات معقدة تكتسب من خلالها صفات متعضي آخر - السيانوباكتيريوم cyanobacterium على سبيل المثال. بعد ذلك، قال ويفر في مقابلة سنة 1993 إنه أراد تطوير النظام لاستعمال خلايا من دون جراثيم تعمل بالأنزيم بدل الجراثيم الحيّة، وذلك "بواسطة الضوء والخميرة فقط". في هذه المقاربة الخاصة، تكون كفاءة إنتاجية الهدروجين من الماء متدنية نظرياً: حوالى 10-12% في أفضل حال- الكفاءة الحقيقية في الخلايا الحقيقية هي ضئيلة- فقط حوالى 0.1 - 0.3%. ولكن يقول ويفر إنَّ الجراثيم رخيصة وإن تدني الكلفة هي "الى جانب النظام البيولوجي. الطبيعة تصنع المحفّز غير الثمين من ثاني أكسيد الكربون والماء أو الغاز الاصطناعي. إنَّ مصاريف التشغيل ستكون مساوية لتلك التي تدفعها مزرعة لإنتاج حبوب العلف". مذَّاك تغير مركز اهتمام الفريق نوعاً ما، جزئياً لأن إنتاج الهيدروجين بالخمائر من دون جراثيم يعتبر اليوم غير عملي ومكلفاً جداً. في سنة 1998 قال ويفر إنَّ الهدف على المدى القصير هو استعمال مجموعة خاصة من بكتيريا التمثيل الضوئي التي تعيش في العتمة لإنتاج الهيدروجين بواسطة أول أكسيد الكربون، حيث يؤخذ الوقود الغازي من الكتلة الحيوية المغورة مثلاً وتعمل الجراثيم في خطوة أولية وحيدة على تحويل الغاز لحقنه مباشرة في خلايا وقود تعمل بتكنولوجيا غشاء التبادل الپروتوني أو العاملة على الحمض الفوسفوري. ويشرح ويفر

أن غالبية الطاقة في هذا الوقود الغازي تأتي من الهيدروجين وأول أكسيد الكربون. وتستطيع البكتيريا بهذه الطريقة إنتاج الهيدروجين بتحفيز من أول أكسيد الكربون مبقية على نسبة 0.1 جزء من المليون من أول أكسيد الكربون الراسب؛ والهيدروجين المنتج هو نقي لدرجة كافية لاستعماله في خلايا الوقود. وفي سنة 1999 خرجت هذه التكنولوجيا من المختبر الى التجربة في الخارج لتقييم العملية.

لقد أكملت مجموعة أخرى من الباحثين في المختبر القومي للطاقة المتجددة في غولدن، الطريق المرسومة في اليابان من قبل فوجيشيما وهوندا في بداية السبعينيات. وفي بداية سنة 1998 أعلن جون ترنر John Turner وأسكار خاسيليف Oscar Khaselev أنهما توصلا الى فصم الماء مباشرة بواسطة خلايا ڤولتائية ضوئية وخلايا كهرو- كيمياؤ ضوئية في خطوة وحيدة بكفاءة تصل حتى 12.4% في فصم الماء. قال ترنر في عرضه واصفاً مراجعة برنامج الهيدروجين لوزارة الطاقة في سنة 1998، إنَّ في بعض التجارب "رأينا حتى أكثر من 15-16% ولكن 12% هي إنتاجية جيدة". لقد أعلن عن انجاز ترنر وخاسيليف هذا أولاً في نيسان/ أبريل سنة 1998 في مجلة *Science* وأصبح عنوان الصفحة الأولى في العالم بعد أن تلقفت قصته وكالة الأسوشيتد پرس. من جهتها اقتبست مجلة أخبار الكيمياء والهندسة *Chemical & Engineering News* أستاذ الكيمياء ناتان لِويسّ Nathan Lewis من معهد كاليفورنيا للتكنولوجيا في قوله إنَّ "هذا العدد من المجلة كان مدهشاً".

في جهاز ترنر- خاسيليف تغطس خلية متعددة الطبقات في المحلول الكهربائي (حمض الكبريت المذاب في الماء). وعندما يشع الضوء الأبيض على الإلكترود تمتص قمة الطبقة المصنوعة من

غاليوم/إنديوم/پلاتينيوم الضوء المرئي. عندها تمتص طبقة أدنى مصنوعة من الغاليوم/زرنيخيد الأشعة من طيف ما تحت الحمراء الأقرب، المنقولة عبر الطبقة العليا وعبر نفق ترابط ديودي. جريان كل الإلكترونات نحو الطبقة المضاءة حيث تفكك الماء وتخرج فقاقيع الهيدروجين من المساحة المضاءة. "الثقوب" الإلكترونية - فراغات متروكة خلف الإلكترونات المثارة بالضوء والمنتقلة الى السطح المضاء- تجري الى الخلف مدفوعة بالطاقة المضغوطة بواسطة خلية غاليوم/أرسيناید إلى النقطة التي تستطيع فيها أكسدة الماء وتكوين الأكسجين على إلكترود البلاتينيوم. وبما أنَّ الهيدروجين والأكسجين يتولدان على الجانبين المعزولين من الخلية فإنه يمكن بالتالي التقاطهما وتخزينهما بسهولة. يأمل ترنر عند الاقتضاء تبديل البلاتينيوم الغالي بالنيكل أو أكسيد الكوبالت كمحفز مطور من قبل ريك روشلو Rick Rocheleau في معهد الطاقة الطبيعية في هاواي. هذه المواد ليست محفزة بالدرجة نفسها ولكن سعرها أرخص. من ناحية أخرى يعتبر ترنر أن عملية الإنتاج ذات الخطوة الواحدة تكلف ربع كلفة العمليات التقليدية ذات الخطوتين لإنتاج الهيدروجين ولكنها تبقى أغلى بثلاثة الى أربعة أضعاف من عملية تهذيب الغاز الطبيعي بالبخار على حرارة عالية. يضيف ترنر بتواضع إنها "ليست الكرة السحرية التي تحملنا إلى هناك"، ولكنها "انجاز علمي لطيف".

V

الطاقة الأولية: استعمال الطاقة من الشمس وغيرها لإنتاج الهيدروجين

في رأس العمود من صحيفة هيرالد تريبيون الدولية نقرأ بتاريخ 15 نوڤمبر/تشرين الثاني سنة 1977: "أول مشروع للطاقة الشمسية واسع النطاق في صحراء الولايات المتحدة". تحكي القصة عن التقدم في مشروع تجريبي، سولار1 Solar One، الذي كان قيد الإنشاء قرب بارستوف Barstow في كاليفورنيا. يراكم هذا المعمل المستقبِل النموذجي المنجز بعد ذلك بخمس سنوات في صحراء موجيف القوة المنعكسة المؤتلفة لـ 1818 مرآة شمسية، مركزةً هذه الطاقة على 24 جهازاً لاقطاً - مرجل للماء المغلي على طاقة الشمس- موضوعة على قمة برج يعلو 300 قدم. هذه اللواقط (أجهزة الاستقبال) تحول الماء المُضخ إليها الى بخار على حرارة 9600 ف مما يشغل بدوره توربينة تنتج التيار الكهربائي. بعد ذلك كان البخار يتكثف ماء من جديد ويعاد الى اللواقط. الهدف

الأساسي من هذه التجهيزات هي تجربة صلاحية التصميم الأولي للوحدة المرجل، وهو كناية عن نظام تخزين حراري، إضافة إلى تجربة نظام التحكم. وخلال أول سنتين من العملية أنتج المعمل الذي كلف 144 مليون دولار أمريكي وبطاقته البالغة عشرة ميغاواط ما معدله 7700 ميغاواط ساعة من الكهرباء بكلفة 150.000 دولار شهرياً. لقد حصلت في سنة 1998 عملية إعادة تأهيل سمحت ببقاء التجهيزات الأساسية في مكانها. وسمي الجهاز مجدداً سولار2 Solar Two، وبقي تحت التجربة لمدة عامين الى أن أغلق في نيسان/أبريل سنة 1999 بسبب النقص في تمويل البرنامج.

على الجهة الأخرى من الأطلسي كانت تقوم خلال الفترة نفسها مشاريع أخرى لكنها أصغر حجماً. لقد أنشأ الاتحاد الأوروبي في صقلية برجاً للكهرباء الشمسية بقوة واحد ميغاواط متصلاً مباشرة بالشبكة المحلية. وفي أسبانيا، أنشأت وكالة الطاقة الدولية في فرعها الباريسي معملين متجاورين أحدهما "موقد شمسي" والثاني "مزرعة شمسية" حيث تولد الكهرباء بصف من الخلايا الڤولتائية الضوئية والفكرة من ذلك إجراء مقارنة كفاءة التصميمين.

إنَّ الربط بين التيار الشمسي المصدر بمختلف تنويعاته (الريح - الموج والتيار الكهرو-مائي والطاقة الڤولتائية الضوئية وحتى الطاقة من مادة النبات) وطاقة الهيدروجين يبقى غامضاً في ذهن أناس كثر. الخطأ المشترك حتى بين بعض العارفين هو الاعتقاد أن الهيدروجين هو "مصدر" طاقة بذاته. ولكنه ليس كذلك.

للتأكد، يوجد الهيدروجين بنسب ضئيلة كغاز طبيعي وبالتالي يمكن نظرياً اعتباره "مصدراً" للطاقة على الأقل، ولكن ذلك غير مجدٍ عملياً.

الهيدروجين هو طبعاً مصدر للطاقة بالمعنى النووي: في الشمس تنصهر خلايا الهيدروجين لتكوين الهيليوم وإنتاج الطاقة التي تصلنا على الأرض كأشعة شمسية. ولكن الهيدروجين ليس مصدراً كيميائياً للطاقة، حتى مع ذلك فهو يعتبر في سياق اقتصاد الهيدروجين وقوداً كيميائياً - أي إنه عنصر كيميائي "ناقل للطاقة" شبيه للكهرباء، مع الميزة الإضافية أنه يمكن تخزينه لوقت الحاجة مما يخفف من التقلبات في موارد الطاقة المرتبطة بالمصادر الأولية المتقطِّعة كالريح والشمس.

إنه من الصعب تخزين الكهرباء على نطاق واسع بما يكفي لسد حاجات مدينة أو منطقة أو صناعة. (نترك هنا للحظة تقنيات إعادة التخزين مثل "ضخ الخزين". وهي طريقة يعود بها الماء الى خزانات مرتفعة لتعود وتنطلق في التوربينات في ساعات الحاجة. وبصورة رئيسية تستهلك الكهرباء في لحظة إنتاجها).

ثمة نقطة أخرى يجب تذكرها - كانت محورية لأنصار الطاقة الهيدروجينية في الستينيات والسبعينيات، ألا وهي أن الكهرباء تبقى "الطرف الأقلّوي" في استهلاك الطاقة عالمياً بنسبة الثلث سنوياً. الطاقة الكيميائية بكل أشكالها - نفط وغاز وفحم وبنزين وخشب وزبل البقر والغاز الاصطناعي- تمثل أغلبية الطاقة المستعملة في العالم، الأمر الذي يجعل التطلع الى هذه الأشكال من الطاقة الكيميائية أكثر إلحاحاً - حيث أنَّ كل واحد منها يلوث بطريقة أو بأخرى- لغرض استبدالها بالهيدروجين النظيف وعديم التلويث.

إنه من المفيد أيضاً التذكير بأن التيار الكهربائي لا يوجد بشكله "الخام" في الطبيعة ولكن يتوجب تصنيعه في آلات معقدة واستدراره من "المصادر الأولية" (النفط والفحم والأورانيوم والآن بشكل مفضّل من أشعة الشمس). "متاح" متيسّر (مجدٍ) usable هي

مترادفات لكلمة السر هنا؛ بالطبع توجد الكهرباء في الطبيعة ولكن من العسير التقاط التيار من البرق وجعله يشغِّل قطعة من منظومة آلات. وعلى المنوال ذاته يتطلب إنتاج الهيدروجين اعتماد طرق مختلفة - من الغاز الطبيعي اليوم (الكلفة الأدنى والطريقة الأفضل صناعياً) وربما من الفحم ولكن عند الاقتضاء من أخيراً من الماء ومختلف مشتقات الطاقة الشمسية- الڤولتائية الضوئية والريح والأشعة المباشرة وحرارة الشمس وصولاً إلى الكتلة الحيوية.

بشكل تبسيطي يمكن مقارنة الهيدروجين بجهاز نقل الحركة في السيارة: إنه لا ينتج القوة بذاتها ولكنه يجعلها مناسبة لتحويل القوة المتاحة، من المحرك الى عمل مفيد. الهيدروجين يعمل نوعاً ما بالطريقة ذاتها ولكن مع ميزات أخرى.

يمكن اعتبار الهيدروجين أيضاً كنهر عريض تصب فيه العديد من "الينابيع الأولية"[1]. في نهاية المجرى يمكن توزيعه على "قنوات الري" التي تدعم نشاطات اقتصادية عديدة بما فيها النقل والصناعات المتنوعة والاستعمال المنزلي والنشاطات الكيميائية مثل صناعة الأسمدة والپروتينات.

ثمة نظرة أخرى مفيدة للنظر الى الهيدروجين باعتباره غازاً طبيعياً يصنعه الإنسان ناقصاً الفحم مسبب احترار الكوكب. إنَّ "نزع الكربون" عبارة مختزلة برزت بين استراتيجيي الطاقة الأكاديميين بداية التسعينيات وهي تصف فكرة اجتثاث الكربون صناعياً من الوقود الأحفوري قبل حرقه وطمر الكربون على شكل ثاني أكسيد

---

(1) مع بعض الميزات السياسية والاقتصادية الجلية حيث الهيدروجين يوجد متاحاً في أجزاء عديدة في العالم فإنَّ كارتيلات (مجموعات احتكار) النفط مثل أوبك في السبعينيات سوق تشهد أوقاتاً صعبة تقيد إرادتها.

الكربون في حقول الغاز الفارغة، مثلاً، قبل أن يتصاعد في الجو ويلوثه. فالوقود الأحفوري "المنزوع الكربون" هو بالطبع الهيدروجين. وهذا تأكيد مهم لهذه الفكرة الجذابة البسيطة والصعبة على القبول وهو أنه يستحيل استعمال مصادر الطاقة الأولية من دون المرور بالهيدروجين كوسيط لأنه مع هذا الأخير، أي الهيدروجين يمكن تحويل الطاقة النووية والطاقة الشمسية والمائية الى وقود كيميائي يمكنه دفع السيارات والطائرات مثلاً. ومن دون الهيدروجين فهذه المصادر الأولية صالحة فقط لإنتاج الكهرباء، وأنه من الصعب تصور طائرة ركاب ضخمة تعمل بالمحركات الكهربائية.

إنَّ إمكانية التخزين هي خاصية مهمة أخرى لوقود الهيدروجين الكيميائي الذي يجعل ممكناً اقتصادياً عبر الزمن - لفصل الشتاء مثلاً - تخزين الطاقة من مصادر متقطعة كالتيار من أشعة الشمس مثلاً. الهيدروكربون (الغاز الطبيعي والنفط والفحم) هي بالتأكيد سهلة التخزين. ولكن كيف يمكن تخزين أشعة الشمس أو الحرارة من مفاعل نووي؟ التخزين يعمل جيداً في برج معامل الطاقة الشمسية، حيث تخزن الحرارة بشكل فعال 24 ساعة، على مدار الليل والنهار، في حاويات تخزين من خليط الملح[2]. ولكن هذا

---

(2) في البرج الشمسي 10-MW Solar II التابع لوزارة الطاقة في كاليفورنيا تخزن حرارة الشمس على حوالى 1050°ف (573° مئوية) بفاعلية جيدة في حاويات سبائك الملح. نسبة المعدل السنوي لهذه الفعالية تصل حتى 98%. إن ذلك يفترض أن المنشأة تعمل يومياً باطلاق الطاقة الى الشبكة مستعملة الطاقة الشمسية المختزنة خلال النهار في الليل كحرارة في حاويات عملاقة (ثلاثة ملايين باوند، بأربعين قدماً ارتفاع و25 قدماً كقطر) كما يقول جَيْمس باتشيكو James Pacheco وهو عضو أساسي في فريق مختبرات سانديا Sandia القومية التي تدير Solar II شراكة مع مختبر الطاقة المتجددة القومي. يقول Pacheco

الأسلوب لا يعمل جيداً عندما يطبق "بالتجزئة" كما في حالة السيارات والشاحنات أو في التخزين طويل المدى، من فصل لآخر. من ناحية أخرى يمكن تخزين الكهرباء إذا حولت الى هيدروجين عن طريق فصم الماء بالكهرباء. فالهيدروجين والأكسجين يمكن تخزينهما بسهولة مثل غيرهما من الغازات الصناعية لأنه باحراق الهيدروجين بالأكسجين المخزن أو أكسجين الهواء المحيط يمكن إنتاج الكهرباء أو الحرارة مجدداً متى وحيث تقتضي الحاجة بواسطة نماذج مختلفة من آلات الاحتراق (آلات الاحتراق الداخلي مثل محرك السيارة أو آلات الاحتراق الخارجي مثل المحرك البخاري) أو بكفاءة أعلى عن طريق إعادة دمج الغازين داخل خلايا الوقود بالطريقة الكهروكيميائية، الصامتة والنظيفة، من دون أي اشتعال صريح.

لقد قام الكهروكيميائي البارز جون بوكريس John Bockris[3] مؤسس مركز الكهروكيميائيات وبحوث الهيدروجين في جامعة A&M للزراعة والميكانيك في تكساس، والذي يعتبر منذ السنوات الباكرة واحداً من مشجعي اقتصاد الهيدروجين، بوضع شرح للعلاقة بين المصادر الأولية والهيدروجين كالتالي:

مصادر الطاقة المرجحة في المستقبل هي الذرّة والشمس. يمكن

= إنَّ الحرارة تتبعثر ببطء شديد: الحاوية تمسك حوالى 105 ميغاواط ساعة من الكهرباء وحين لا تستعمل فإنها تخسر فقط حوالى 100 كيلوواط في الساعة أو حوالى F-5 يومياً. «إنه تصميم بسيط جداً ورخيص جداً». كما يقول باتشيكو.

(3) Since retiring in the 1990s, Bockris has shifted his attention to more esoteric fields, including low-temperature nuclear reaction, quantum electrochemistry, and transmutation of metals.

للمفاعلات النووية أن تنتج الكهرباء الأرخص إذا كبر حجمها، ولكن كبر الحجم سوف ينتج تلوثاً حرارياً لذلك يجب وضع المفاعلات الضخمة التي تعطي الكهرباء الرخيصة عند مصدرها في مناطق بعيدة، في المحيط مثلاً، أو نائية عن المدن المأهولة مثل شمال كندا أو سيبيريا أو وسط أستراليا.

وتطابقاً مع تلك الاعتبارات من المفضل أن تكون لواقط الأشعة الشمسية بعيدة عن التجمعات السكانية التي تحتاجها وجدواها أكبر إذا أنشئت في أفريقيا الشمالية والسعودية وأستراليا. بالتالي فإن الكهرباء التي عليها ايصالها سوف ترحّل على مسافات 1000 ميل في الحد الأدنى (1600 كلم) وفي بعض الحالات على مسافة 4000 ميل (6400 كلم) للترحال بين مركز التوليد ومركز الاستعمال.

لقد أدى البحث عن الأفضل في هذه الحالة ولسبب خسارة جزء من الطاقة المرحّلة خلال التوصيل الى بروز مفهوم "اقتصاد الهيدروجين". إذن، يمكن أن يكون تحويل طاقة الكهرباء المنتجة من الشمس أو المفاعل النووي الى الهيدروجين في مصدر الطاقة. بعد ذلك يمكن نقل الهيدروجين بواسطة الأنابيب حيث الضخ يستلزم طاقة ضعيفة - وتحويله مجدداً الى كهرباء في موقع الاستعمال (خلايا وقود) أو استعماله في الاحتراق لإنتاج القدرة الميكانيكية[4].

منذ منتصف الثمانينيات خسرت الطاقة النووية تقريباً كامل بريقها كمصدر أولي لإنتاج الطاقة الكهربائية[5]. لكن بسبب

---

(4)   J. Bockris, *Energy: The Solar-Hydrogen Alternative* (Halstead, 1975).

(5)   مع ذلك ليس هنالك من مفاعلات جديدة تشيد في الولايات المتحدة والعديد منها تم إلغاؤه في السبعينيات والثمانينيات والمفاعلات المائة والأربعة التي كانت تعمل في 1999 بفعالية أكبر (مع عناصر قدرات تصل حتى 80%) في التسعينيات مقارنة بالـ50% في السبعينيات)، وكانت تنتج غالبية كهرباء البلاد (حوالى 25% مقارنة بالـ10% في السبعينيات)، وذلك أكثر من أي وقت حصل بحسب نيويورك تايمز. مقال التايمز للسابع من مارس/آذار سنة 1999 في

المخاوف العميقة لقطاعات واسعة من السكان والشكوك من تخزين النفايات الذرية عالية السمّية على مدى عشرات آلاف السنين تحولت الطاقة النووية عن كونها حجر رحى اقتصادياً هائلاً يطوق رقاب مسؤولي الخدمات الجمعية. وبدلاً من شعار "رخيص جداً لكي يقاس" (صرخة أنصار النووي التحشيدية) تحولت الطاقة النووية الى "مكلفة جداً لإدارتها"، هذا ما كتبه پول غونتر Paul Gunter من مركز معلومات الذرة والموارد في واشنطن معلقاً على تقارير اختصاصيي الطاقة المتجددة[6]. يستشهد غونتر بعدد شباط/ فبراير سنة 1985 من مجلة فوربس *Forbes* عن "جنون النووي" حيث تقول: "إن فشل برنامج الطاقة النووية الأمريكي يصنف كأعظم كارثة إدارية في تاريخ الأعمال، إنه كارثة على نطاق هائل. لقد أنفقت صناعة الخدمات العامة ما يوازي 215 مليار دولار في الطاقة النووية بالإضافة الى 140 ملياراً حتى نهاية العقد، وفقط الأعمى أو سيئ النية يمكنه أن يفكر أن المال أنفق بالطريقة الصحيحة. إنها هزيمة للمستهلك الأمريكي ولتنافسية الصناعة

= الذكرى العشرين لحادث Three Mile Island يقول إن «الصناعة النووية ستظل للسنوات القادمة، ولكن يبدو أنها وصلت الى الذروة بمفردات عدد المفاعلات العاملة ومساهمتها (بكمية) التيار المنتجة قومياً». المفاعلات الأخيرة (Palo Verde واحد واثنان وثلاثة في أريزونا) كانت قد لزمت في تشرين أول/ أكتوبر سنة 1973 وهو الشهر الذي بدأ فيه الحظر النفطي العربي كما قال المقال كانت المفاعلات الـ437 تعمل على مدى العالم في نهاية سنة 1997 و36 تحت الانشاء.

(6) In *Renewable Energy-Experts and Advocates,* ed. T. Dickerman (American Association for Fuel Cells, 1997), a resource book for American high school debaters.

الأمريكية والخدمات العامة التي حملت البرنامج على عاتقها ولقطاع الصناعة الخاص الذي جعله ممكناً".

ولكن هنالك الانصهار النووي - الخيار السعيد والرقم غير المنتظر. وعلى عكس الانشطار النووي، فإن الانصهار لا ينتج نفايات الوقود المشعة، مع أنَّ المفاعل ذاته سيصبح مشعاً مع الوقت. كذلك بخلاف الانشطار فإن الانصهار لا ينتج مواد تدخل في تصنيع القنبلة وليس معرضاً للتفاعل الحرج (انفجاري) ومورد وقوده غير محدود نظرياً إنَّ مفاعلات الانصهار تعمل بالتمام على مياه البحر: يتطلب التفاعل الأولي الديوتِريوم والتريتيوم وهما نظيران ثقيلان للهيدروجين. يستخرج الديوتِريوم من ماء البحر ويصنع التريتيوم في مفاعل بواسطة الليثيوم الموجود أيضاً في مياه البحر. الانصهار لا يعطي انبعاثات في الهواء محلياً ولا غازات الدفيئة إذا استطاع العلماء والمهندسون تطوير طريقة اقتصادية للسيطرة على التفاعل الحرونووي. ويمكن إنتاج الهيدروجين في المفاعل الانصهاري ذاته موفراً بذلك طريقاً آخر لطاقة المستقبل المستدامة من دون ضرر للبيئة ومورد وقود لا ينضب نظرياً[7].

على كل، فإن الشمس والطاقات المتجددة تشكل حالياً أفضل مصدر مساعد لإنتاج الهيدروجين بشروط تراعى فيها حماية البيئة.

---

(7) إنني مدين للرئيس التنفيذي ساندي توماس نائب رئيس شركة التكنولوجيات الموجهة للطاقة والبيئة لخلاصته المقتضبة عن إمكانات الاندماج (الطاقة النووية الاندماجية ـ 3). عمل ساندي لمدة ثماني سنوات في البحث الاندماجي وخمس سنوات للبحث في السيليكون الڤولتائي الضوئي غير البلوري قبل الذهاب الى واشنطن حيث أمضى ثماني سنوات أخرى كمساعد في الطاقة للسيناتور توم هاركن. لقد انتقل الى (Directed Technologies) نهاية التسعينيات.

إنَّ بعض شركات الوقود الأحفوري المتقدمة بدأت ترى النور. كان جون براون الرئيس التنفيذي لشركة ب پ BP وهي ثالث أكبر شركة نفط في العالم الأول من بين أقرانه بإقرار بحقيقة احترار الكوكب بسبب ثاني أكسيد الكربون؛ لقد وضع شركته في سباق من أجل الطاقة المتجددة اعتماداً على مجلة بزنس ويك ("حين الأخضر يستولد الأخضر" - 10 نوڤمبر/تشرين الثاني سنة 1997). ويعتقد جون براون بأن الطاقة المتجددة سوف تلبي 5% من حاجة العالم خلال عشرين عاماً و50% سنة 2050. وعلى شركة ب پ أن تدخل الى الطابق الأرضي. لقد أنفقت ب پ منذ الآن 160 مليون دولار لتطوير أعمالها في الطاقة الشمسية وتملك 10% من السوق العالمية للطاقة الشمسية. "كلما فكرنا بذلك اكتشفنا أننا نستطيع تحسين كفاءة بيئتنا...وحاضراً كسب عائدات مالية أعلى" كما قال براون للبزنس ويك. لقد قطعت مجموعة شلّ النفطية الهولندية مع رتابة التعاطي بالوقود الأحفوري التقليدية. فقد أسست أيضاً بخطوات متتابعة سريعة قطاعاً للطاقات المتجددة (بتمويل 500 مليون دولار) في خريف سنة 1997. وفي ربيع سنة 1998 قررت المجموعة ترك ما يدعى بصورة غير موفقة التحالف من أجل مناخ الكوكب (وهي مؤسسة تضم شركات نفط وغيرها من الشركات المكرَّسة لتبيان أن احترار الكوكب ليس له علاقة بانبعاث ثاني أكسيد الكربون من الوقود الأحفوري). وبعد وقت قصير من ذلك بدأت شلّ تنظر جدياً إلى الهيدروجين كحامل للطاقة، فأرسلت في حزيران/يونيو كوكبة من المسؤولين الى المؤتمر الدولي لطاقة الهيدروجين في بيونس أيرس استجابة لتوجيهات مكتومة (أطلقت بطلب من مارك مودي ستوارت Mark Moody-Stuart رئيس شلّ الذي تبوأ المسؤولية في يوليو/تموز).

مبدئياً، يمكن للطاقة الشمسية أن تنتج الهيدروجين بطرق مختلفة. وبشكل خاص، تنتج الكهرباء أولاً ثم تستعمل للتحليل الكهربائي للماء. ليس من الواضح ما إذا كانت هناك تكنولوجيا شمسية مفضلة لإنتاج الهيدروجين، وكثير من المتغيرات لها دورها - بما في ذلك كلفة رأس المال وهيكلية التسويق لتكنولوجيا معينة والظروف المحلية (مثلاً حسومات ضريبية خاصة) وكفاءة كامل سلسلة التحويل بدءاً من أشعة الشمس المتوافرة في مكان معين ومعدل سرعات الهواء ودرجة ضخامة المعمل (للإنتاج من الكتلة الحيوية) والكفاءات التحويلية لمختلف أصناف الخلايا الڤولتائية الضوئية وفعاليات فصم الماء وتخزين الهيدروجين وسعر الأكسجين واستعماله كمنتج ثانوي .

من الطبيعي أن توجد أكبر كمية معلومات وأكثرها تفصيلاً ودقة، عائدة الى مختلف المصادر الأولية لإنتاج الهيدروجين، في مجموعة الأوراق والدراسات لنظم طاقة الهيدروجين المنشورة منذ سنة 1989 من قبل مركز دراسات الطاقة والبيئة في جامعة برنستون حيث العديد منها نفذ بطلب من وزارة الطاقة الأمريكية. فالعديد وربما غالبية الوثائق تذكر جوان أوغدن كمؤلفة أو مشاركة. لقد بدأت أوغدن كفيزيائية للانصهار النووي ولكنها اعترفت بالصعوبة العلمية والتحديات الهندسية التي تواجه الانصهار فقررت عندها أنها تريد أن تفهم عن الطاقة ومشكلات البيئة بشكل عام فهماً أفضل و"كل الخيارات لمستقبل طاقة نظيفة". لقد تركت الانصهار وبدأ العمل على الهيدروجين في سنة 1985. مذّاك يمكن القول إنها أصبحت أول المحللين في نظم الهيدروجين النافذين.

واحدة من محاضرات أوغدن في كانون الثاني/يناير سنة 1997 في المؤتمر العالمي للسيارات في كاليفورنيا في ريڤرسايد تتفحص

الجدوى التقنية والاقتصادية لبنية تحتية واقعية لهيكلية التزود بوقود الهيدروجين أقله كقسم للسيارات عديمة الانبعاثات التي اعتمدت في جنوب كاليفورنيا. تعتقد أوغدن أن الطاقة المطلوبة المتوقعة للكفاءات العالية هي في خلايا الوقود وليس في الفعالية المتدنية للسيارات العاملة بالاحتراق الداخلي للهيدروجين. منذ البدايات، تقول، هناك موارد ضخمة ممكنة للهيدروجين موجودة قبلاً في حوض لوس أنجلوس: معامل الهيدروجين والمصافي.

إنه لمن المقدر أن يبلغ عدد السيارات في سنة 2010 في حوض South Coast Air تسعة ملايين سيارة (أحد عشر مليوناً إذا حسبنا سيارات الخدمة في ألعاب الرياضة وغيرها ...) وسوف يكون بينها 700.000 موصوفة بعديمة الانبعاثات. إذا تيقنا أن "سيناريو التسويق الاقتحامي" لسيارات خلايا الوقود قد يبدأ في سنة 2003، وإذا تيقنا أن نصف السيارات عديمة الانبعاثات و10% من الحافلات الجديدة العاملة بخلايا الوقود فإن ذلك سوف يؤدي الى ارتفاع عدد السيارات العاملة بخلايا الوقود الى 350.000 سيارة وعدد الحافلات 300 منها تجوب منطقة لوس أنجلوس حوالى 2010 مما يتطلب 55 مليون قدم مكعب معياري من الهيدروجين يومياً ما يساوي تقريباً ناتج الهيدروجين اليومي في مصفاة للنفط بحجم جيد[8].

إن العديد من منشآت النفط في المنطقة التي تنتج كميات كبيرة من الهيدروجين محجوزة سلفاً للزبائن ولكن يبقى ما هو فائض.

---

(8) قالت أوغدن إنه كمقياس إجمالي، مليون قدم مكعب نمطي في اليوم من الوقود حوالى 800 سيارة مجهزة بخلية وقود بـ غ ت پ كل يوم أو حوالى حافلة مجهزة بخلية وقود بـ غ ت پ.

الهيدروجين الفائض من المبيع يمكن تسويقه كوقود للنقل. كذلك هناك عدد من المصافي في المنطقة تنتج كميات ضخمة من الهيدروجين، يستهلك غالبيته داخلياً (في المصافي) للتنقية، ولكن الكثير من ملايين الأقدام المكعبة منها حاضرة بشكل ناجز للبيع خارج الموقع. ومع تصاميم الأجهزة الهيدروجينية الجديدة لتلبية الطلب المتوقع على المزيد من البنزين المهذب فإن المحولات الكبيرة تبنى الآن. هكذا، تقول أوغدن، إنَّ إنتاج الهيدروجين من المصادر الموجودة "سيكون مهماً عندما تتوافر سيارات الهيدروجين". فالكمية المتوافرة من الهيدروجين في المنطقة تنحصر بين 5 ملايين الى 15 مليون قدم مكعب يومياً، ما يكفي "لـ 30.000 الى 100.000 سيارة بخلايا الوقود أو 700 الى 2000 خلية وقود للحافلات". وحسبما تكون الطريقة التي تجرى بها حسابات الرسملة في ما يخص الكلفة التي قد تنخفض الى دولار واحد للـ1000 قدم مكعب (2.8 دولار/ج ج) في مصدر الهيدروجين وترتفع الى 3 دولارات لـ 1000 قدم مكعب إذا أدخلت أكلاف للرأسمال أخرى ذات أهمية. سعر المبيع على محطة التوزيع قد يرتفع إلى أقل قليلاً من 4 دولارات /ج ج (من تهذيب الغاز الطبيعي التقليدي على المحطة بواسطة محول عادي) الى حد أدنى يبلغ أكثر قليلاً من دولار واحد (للتقنية نفسها ولكن بقدرات أكبر في السرعة والكمية). من ناحية أخرى يمكن أن يكلف الجيغاجول (ج ج) من الهيدروجين السائل بواسطة الصهريج حتى 30 دولاراً/ج ج - ويكون مقبولاً على الأرجح في أولى المشاريع التجريبية، من دون مصاريف رأسمال منشأة لتهذيب الغاز الطبيعي أو معمل التحليل الكهربائي للماء. ويمكن ضمن ظروف محددة لأنبوب محلي توزيع الهيدروجين الرخيص بسعر ينحصر بين 3

دولارات/ج ج (فاضل المصفاة) و8-10 دولارات/ج ج (للهيدروجين من الكتلة الحيوية ومن تحويل الفحم أو من النفايات المدينية الصلبة). دولار واحد لغالون البنزين يترجم الى 7.67 دولارات لكل ج ج. وبمفردات أخرى يمكن لأسعار الهيدروجين المختلفة (ما عدا السعر الغالي للهيدروجين السائل) أن تنحصر تقريباً بين سعر هو أدنى من سعر البنزين الأساس لسنة 1998 البالغ دولاراً واحداً للغالون وسعر يبلغ ثلاثة أضعاف هذا السعر البالغ التدني.

إضافة، هناك، حسبما تقول أوغدن، "موارد غاز طبيعي ضخمة" في منطقة لوس أنجلوس. الـ 55 مليون قدم مكعب المطلوبة يومياً لأول 350.000 خلية وقود السيارات المجهزة بتكنولوجيا غشاء التبادل البروتوني (غ ت پ) يمكن إنتاجها بالتهذيب بواسطة البخار لـ 22 مليون قدم مكعب من الغاز الطبيعي يومياً - "أقل من 1% من إجمالي دفق الغاز الطبيعي في نظام توزيع الغاز لكاليفورنيا الجنوبية".

ويوجد في كاليفورنيا الجنوبية "إمكانية كبيرة" لاستعمال التيار الكهربائي خارج ساعات الذروة (التيار المنتج بين السادسة مساء والعاشرة صباحاً) لتحليل الماء كهربائياً. كذلك تنقل أوغدن تقديرات شركة Southern California Edison التي تشير أن هناك 4000-6000 ميغاواط متوافرة كل ليلة بأسعار تنحصر بين 4 سنتات للكيلوواط ساعة للاستهلاك التجاري الصغير الحجم و3 سنتات للكبير الحجم. فإذا حولت تلك الكمية من الكهرباء الى الهيدروجين بواسطة التحليل الكهربائي للماء فإنها تكفي لتشغيل 3.5 مليون الى 5.3 مليون سيارة مجهزة بخلية وقود.

في دراسة مبكرة للموضوع نفسه فإن أوغدن وآدم كوكس

وجيسون وايت تفحصوا عن كثب متطلبات الهيدروجين في حوض لوس أنجلوس بعد سنة 2010 خلال الانتقال للهيدروجين المتجدد. تقول أوغدن وأقرانها إنَّ التموين بالغاز الطبيعي عموماً سيكون على الأرجح كافياً لعدة ملايين من السيارات المجهزة بخلايا الوقود ذات تكنولوجيا غ ت پ لعقود عديدة.

وسيجري إدخال الطاقة المتجددة إذا تم تحويل كامل أسطول السيارات المكون من 12-14 مليوناً الى سيارات عديمة الانبعاث - سيكون الهيدروجين المستخرج من التحليل الكهربائي للماء بواسطة الكهرباء الشمسية، أي بواسطة الخلايا الڤولتائية الضوئية. وفي منطقة لوس أنجلوس يقدر الكتاب أنه يلزم حوالى 21 ميلاً مربعاً من الأرض لإنتاج حوالى 159 مليون قدم مكعب يومياً ما يكفي لمليون سيارة مجهزة بخلية وقود، مؤمِّنة معدلاً سنوياً من 220 واط للمتر المربع وبنسبة كفاءة 15% للخلايا الڤولتائية الضوئية و80% للمحلل الكهربائي للماء. ومع التحسن المنتظر بكلفة التصنيع الواسع النطاق للأغشية الرقيقة للخلايا الڤولتائية الضوئية فإن سعر الهيدروجين في حده الأعلى سوف يكون على الأرجحً بين 22-30 دولاراً/ ج ج وهو يساوي ثلاثة أو أربعة أضعاف سعر غالون البنزين البالغ سعره الأساس في السوق دولاراً واحداً. فإذا كان نصف عدد السيارات التي تجوب حوض لوس أنجلوس والبالغة 14 مليوناً سوف تتحول الى عديمة الانبعاثات من بدايات إلى منتصف القرن الواحد والعشرين فالمطلوب عندها اثنتي عشرة مرة المساحة المشار إليها سابقاً - أي حوالى 250 ميلاً مربعاً. لقد بيّنت أوغدن وأقرانها أن هنالك العديد من مواقع الرياح الجديدة بما فيها معبرا تيهاشاپي پاس Tehachapi Pass وسان غورغونيو San Gorgonio Pass على القاطع الشرقي لحوض لوس أنجلوس. يقولون إنَّ

الهيدروجين من الرياح ستكون في العشر الى العشرين سنة القادمة أقل كلفة من هيدروجين الكهرباء الڤولتائية الضوئية على الأرجح وعلى المدى البعيد سيكونان متساويين.

على العموم، تلخص أوغدن وأقرانها أن سعر توزيع الهيدروجين كوقود للنقل من المصادر المتوافرة يمكن أن يكون متدنياً الى 12 دولاراً أو مرتفعاً حتى 30 دولاراً للجيغاجول ضمن الظروف الخاصة بمنطقة لوس أنجلوس. ولكن مرة أخرى يجب أن نتذكر أن هذا الثمن الغالي لكل وحدة طاقة يعوّض تقريباً بالفعالية العالية لخلايا الوقود وكلفة صيانتها المتدنية. وإنَّ هواء أكثر نقاءً لمنطقة لوس أنجلوس المشبعة بدخان العربات سيكون النتيجة المرغوبة في النهاية (ويجب أن لا ننسى أن هذا هو السبب الرئيسي للتحول الى هذه التكنولوجيات).

وتقول أوغدن في تقدرير إجمالي تقريبي للغاية إنَّ الخطوط للهيدروجين الكهربائي تصبح على الأرجح أفضل حين يتحقق واحد أو أكثر من الأمور الأربعة التالية: سعر الكهرباء المنخفض جداً (1-2 سنت للكيلوواط ساعة)؛ أن يكون سعر الغاز الطبيعي مرتفعاً نسبياً (أكثر من 4 دولارات لكل مليون و ح ب)؛ الطلب على الهيدروجين منخفض جداً ("وحاجة عدد ضئيل من السيارات")؛ يمكن إنتاج الهيدروجين بكميات صغيرة على الموقع مما يجنب التكاليف الكبيرة للنقل والتوزيع.

هناك جانب بيئي سلبي للهيدروجين الإلكتروليتي - إذا كان مصنّعاً من التيار الكهربائي التجاري. من جهته يقدِّر ساندي توماس Sandi Thomas نائب الرئيس للطاقة والبيئة في شركة التكنولوجيات الموجَّهة أن غازات الدفيئة سوف تتضاعف إذا استعملت الكهرباء (العادية) لإنتاج الهيدروجين حتى لو استعمل هذا الهيدروجين في

مركبات فعالة مجهزة بخلايا وقود (تزيد فاعليتها عن محرك الاحتراق الداخلي لكمية الطاقة نفسها-المترجم). السبب هو أن نصف كهرباء الولايات المتحدة تولّد من حرق الفحم. إنَّ استهلاك المزيد من الكهرباء لإنتاج وقود السيارات والشاحنات سيزيد الوضعية السيئة سوءاً. وتبعاً لقول توماس فإن "الهيدروجين ليس دائماً مكسباً صافياً وفي هذه الحالة يمكن أن يفاقم التغير المناخي". وفي مداخلة شخصية يقول توماس إنَّ الهيدروجين المستهلك في مركبة مجهزة بخلية وقود "قد يزيد غازات الدفيئة بأكثر من 80% بالمقارنة مع سيارات البنزين التقليدية" حتى في كاليفورنيا التي لديها نسبياً أكثر من باقي البلاد من التيار غير الملوِّث المنتج بواسطة الطاقة النووية والكهرومائية.

المصادر المتجددة الأولية

التيار الكهرومائي

تبقى الطاقة المنتجة من تساقط المياه رائدة كمصدر للطاقة المتجددة في الولايات المتحدة بحسب دراسة شاملة لليندا تشرش تشيوتشي Linda Church Ciocci المديرة التنفيذية لمؤسسة البحوث المائية(9). وتقدرها بحوالى 10% (حوالى 90.000 ميغاواط) من التيار المنتج في الولايات المتحدة وحوالى 98% من الطاقة المتجددة.

للسخرية فإن التيار الكهرومائي يتطور بشكل أبطأ من أشكال

(9) Linda Church Ciocci, «Hydropower, The Nation's Leading Renewable Energy,» in *Renewable Energy-Experts and Advocates,* ed. Dickerman.

الكهرباء الأخرى في الولايات المتحدة بحسب ما تفيد دراسات مؤسسة الأبحاث المائية. وستتدنى مساهمتها الى 7% حوالى سنة 2015، ولكن الاهتمام بالطاقة الكهرومائية يزداد في العالم على وجه الإجمال. فهو يقدر بـ 19% من توليد الكهرباء الصافي في العالم و24% من قدراته. هنالك حوالى 131.000 ميغاواط من الطاقة الكهرومائية مخططة لوسط وجنوبي أمريكا و127.000 ميغاواط لآسيا. إنَّ أكبر معمل للطاقة الكهرومائية (12.600) يوجد اليوم في البرازيل على نهر پارانا في ولاية إيتاپو Itapu.

بمفردات إنتاج الهيدروجين فإن أكثر المشاريع طموحاً وغموضاً - وهو واحد من أولة الوصلات الانتقالية الى اقتصاد الهيدروجين المستقبلي- في ايسلندة هو ما يقوم به برلماني يدعى هيالمار أرناسون Hjalmar Arnason الذي جمع قواه في التسعينيات مقترحاً تحويل سيارات البلد وشاحناته وأسطول الصيد فيه الى خلايا وقود الهيدروجين (احتياطي الطاقة الكهرومائية في ايسلندة تقدر بـ 64.000 جيغاواط/في السنة، أي أقل من 10% من المستعمل)[10]. وفي بداية سنة 1999 تأسست شركة الهيدروجين وخلايا الوقود الإسلاندية مع مساهمة ثلاث شركات قوية متعددة الجنسيات: ديملركرايزلر ومجموعة شلّ الهولندية ونورسك هيدرو كشركاء أقليين.

إنَّ نسخة طريفة للغاية من مصدر الطاقة الأولية هذه اقترحت من قبل الباحثين السويسريين في أواسط السبعينيات للغرينلاند. لقد

---

(10) Source: «Iceland and Dailmer-Benz/Ballard start plans for hydrogen economy,» *Hydrogen & Fuel Cell Letter,* June 1998.

اقترح أولريش لاروش Ulrich La Roche وهو عالم يعمل لحساب شركة براون بوفري Brown Boveri السويسرية، سحب "كهرباء الجبال الجليدية" في غرينلند التي تصل بحسب تقديراته الى ما بين 100 جيغاواط وواحد تيراواط (1000 جيغاواط)[11] - وهو ما يزيد عن حاجة سكان الساحل (في غرينلند) ويسمح بذلك في التصدير. لقد عرض لاروش أفكاره في مؤتمر ميامي بيتش للهيدروجين.

الرياح

قريباً من الطاقة الكهرومائية تعتبر طاقة الرياح أفضل مصادر الطاقة الأولية البديلة بمعيار المردودية وكآخر شكل أساسي كثيف كطاقة أولية بديلة.

في سنة 1995 بلغت قدرة طاقة الريح على شكل تيار كهربائي في الولايات المتحدة 1750 ميغاواط. وفي أواسط سنة 2000 وصل الى 2500 ميغاواط مع 1000 ميغاواط لعام 2001 بحسب راندال سويشر Randall Swisher المدير التنفيذي للجمعية الأمريكية لطاقة الرياح[12]. أما على اتساع العالم فقد وصلت طاقة الرياح المستغلة الى أكثر من 15 جيغاواط في أواسط سنة 2000 وتضاعف العدد كل ثلاث سنوات بعد ذلك. بالاجمال، تبقى أوروبا رائدة العالم بما يقرب من 10 جيغاواط منجزة وتخطط لإنشاء

---

(11) الجيغاواط يساوي 1000 ميغاواط؛ والتراواط يساوي 1000 جيغاواط.
(12) Email, August 22, 2000.

معامل جديدة في عرض المحيطات للاستفادة من رياح المحيط المنتظمة. من البارز أن تكون الهند بين أول خمس دول في العالم مع منشآت منجزة بقدرة 1 جيغاواط. كما كتب سويشر سنة 1997: "يعود ذلك الى الكلفة المثيرة وتحسن الكفاءة لطاقة الرياح ما يجعلها موثوقة كبديل أكثر إمكانية تنافسية من تكنولوجيات الطاقة التقليدية مثل الفحم والنفط والطاقة النووية"(13).

لقد رأى سويشر أن الدمج بين الغاز الطبيعي والرياح يشكل مرحلة انتقالية "اليوم، الغاز الطبيعي وحده أرخص من الرياح (طاقة الرياح). ومن شأن اجتماع هذين المصدرين أن يلبي حاجات المجتمع المتزايدة في المستقبل فيما يقلل التأثير على البيئة". ويقول سويشر "ينعم معبرا تيهاشاپي وآلتامونت في كاليفورنيا بدورات رياح يومية عاصفة جراء اختلاف الحرارة بين اليابسة والمياه، ما يجعلهما مناطق مفضلة لطاقة الرياح. وبحسب سويشر أيضاً، "المساحات الواسعة بين تكساس وداكوتا الشمالية ومينيسوتا" وهضاب كولورادوا ووايومينغ ومونتانا وجبال آپالاش المتشعبة وصفوف الجبال الغربية كلها مرغوبة على الأرجح.

في نشرة صدرت سنة 1997 عن الجمعية الأمريكية للطاقة الشمسية(14) تقول إنَّ الكهرباء المستولدة من الرياح رخيصة. وبحسب پول جيپ Paul Gip فإن كلفة الكيلوواط/ساعة في

(13) Randall Swisher, «Wind Energy: Technology, Resource Potential and Policy Needs,» in *Renewable Energy-Experts and Advocates,* ed. Dickerman.

(14) *Solar Energy-Today's Technologies for a Sustainable Future,* ed. M. McIntyre (American Solar Energy Society, 1997).

الولايات المتحدة من الطاقة المستولدة من الرياح تدنت بشكل مثير، من أكثر من 40 سنتاً في بداية الثمانينيات الى 5 سنتات؛ وبحسب سويشر وقّعت عقود في تكساس بسعر 3 سنتات للكيلوواط ساعة. إنَّ ذلك جميل ولكن يبقى أن يتدنى سعر الكيلوواط/ساعة الى أقل من 3 سنتات وأيضاً أقل من 1.5 سنت لكي ينافس الهيدروجين المستولد كهربائياً البنزين.

استيلاد الكهرباء مباشرة من الشمس

من المرجح أن أفضل برهان ناجح لتجميع الطاقة من الشمس وتزويد المنازل والمصانع بالكهرباء يتضمن تسع محطات شمسية في صحراء موجيف بين لوس أنجلوس ولاس ڤيغاس في معامل Daggett وKramer Junction وHarper Lake في كاليفورنيا. هذه المنشآت تنتج بسهولة ما مجموعه 354 ميغاواط مستعملة لذلك مرايا عاكسة. المنشأة الأولى دخلت في الخدمة سنة 1984 وقد أُنجز إنشاء الأخيرة سنة 1990. لقد صُممت وأُنشئت من قبل الشركة الإسرائيلية الأمريكية المحدودة لوز إنترناشنلLuz International ؛ هذه المشاريع تحول طاقة الشمس الى كهرباء في ذروة الفعالية بحوالى 21% مع معدل وسطي سنوي بفعالية 12% وبسعر للتيار يبلغ 8-10 سنتات للكيلوواط ساعة[(15)]، ما هو غير رخيص كفاية لإنتاج الهيدروجين.

Source: David Kearney of Kearney & Associates, a former Luz vice (15) president.

الخلايا الڤولتائية الضوئية

لقد حفزت بسبب الصدمات النفطية للسبعينيات وقد شجعت حكومة الولايات المتحدة الخلايا الڤولتائية الضوئية منذ ذلك التاريخ. وكنتيجة لذلك هبطت أسعار الوحدات الڤولتائية الضوئية من حوالى 100 دولار للواط سنة 1975 الى حوالى 4 دولارات للواط الواحد(16). وخلال هذه الفترة تطور السوق العالمي لهذه التكنولوجيا من حوالى الصفر الى أكثر من 90 ميغاواط ما يبقيه ضئيلاً مقارنة بأسواق طاقة الرياح والكهرباء من السدود المائية.

لقد زادت فعالية الخلايا الكريستالية التقليدية (المنحوتة بجهد من سبائك السيليكون) من 4% الى حوالى 25% لنماذج المختبر والوحدات المنتجة تجارياً تصل فعاليتها الى حوالى 14%. إنَّ فعالية مواد الأغشية الرقيقة الڤولتائية الضوئية هي أدنى بكثير 17.1% لنماذج المختبر و10% لوحدات الإنتاج التجاري. على كل حال فإن مواد الأغشية الرقيقة يمكن إنتاجها على شكل شرائط طويلة مع أتمتة أعلى من تلك لدى إنتاج الخلايا الكريستالية، وينتظر من ذلك أن تنخفض الكلفة بشكل قاطع. واعتماداً على تقديرات جمعية صناعية هي المجموعة الاستهلاكية لخلايا الڤولتائية الضوئية فإن الطلب على هذه الأنظمة في الولايات المتحدة سيزداد الى 9000 ميغاواط عند نزول الكلفة تحت معدل 3 دولارات للواط الواحد(17).

---

(16) Source: James Rannels, acting director of Photovoltaic and Wind Energy Division of US Department of Energy, in *Renewable Energy-Experts and Advocates,* ed. Dickerman, p. 51.

(17) Ibid.

إنَّ مـديـر بـرنـامـج الـشـمـس في سـاكـرامـنـتـو Sacramento في كاليفورنيا، دونالد أوسبورن Donald Osborn، ويضيف إنَّ المحللين يتوقعون أن سعر وحدة الكريستال المفردة سيهبط حتى دولارين للواط سنة 2010. يقول أوسبورن إنَّ أغشية الخلايا الرقيقة المتطورة المصنوعة من مواد غريبة مثل زرنيخيد الغاليوم أظهرت فعالية في المختبر تصل حتى 28% مع ضوء الشمس المكثف[18]. وإنَّ بعض وحدات الأغشية الرقيقة يتوقع منها أن يهبط سعرها حتى 1.25 دولار للواط الواحد سنة 2010.

الكتلة الحيوية أو الكتل النباتية

الكتلة الحيوية (التي تتضمن بين أشياء أخرى بقايا صناعة الخشب من قشور وأغصان وبقايا مصانع الورق وبقايا الزراعات مثال قشر الأرُز وقصب السكر والقمح والذرة ودوار الشمس، إلخ، والغازات المستخرجة من مكبات النفايات الصلبة في المدن) يمكن إحراقها مع الفحم في منشآت الطاقة الكهربائية التقليدية أو إحراقها على حدة في منشآت البخار أو تحويلها الى غاز لتسيير توربينات توليد الكهرباء وخلايا الوقود أو حتى في محركات الاحتراق الداخلي[19].

إنَّ منشآت الكهرباء التي تستهلك الكتلة الحيوية تكون صغيرة وتستخدم على وجه الخصوص توربينات بخار صغيرة (في حدود

---

(18) Donald Osborn, photovoltaic section, *Solar Energy,* ed. McIntyre.

(19) Source: Ralph Overend and Susan Moon, «Biomass,» in *Solar Energy,* ed. McIntyre.

10-30 ميغاواط وبعضها يصل حتى 50 ميغاواط) وذلك لأن كمية البقايا العضوية على موقع معين تكون عادة قليلة، بما أنَّ هذه المنشآت صغيرة فإنها لا تستطيع أن تتضمن من الناحية الاقتصادية مركبات الاحتفاظ الحراري المعقدة ولذلك فإن فعاليتها تبقى متدنية نسبياً: بحدود 17-23%، ومع بعضها الأكبر عدداً يمكن أن تصل هذه النسبة الى 28%. (مصنع كبير وحديث يعمل بالفحم تصل فعاليته حتى 35%). يبقى أن الاحتراق المباشر للبقايا العضوية الصلبة ينتج كهرباء تتدنى كلفتها حقيقة حتى 0.073 دولار للكيلواط ساعة[20].

لكن يمكن الوصول إلى فعالية أكبر إذا حُوِّلت النفايات الى غاز يستعمل في نظم توربينات الغاز. إنَّ الأنظمة التي تفعل ذلك (الآن تحت التطوير وهي صنعت بداية للفحم) يتوقع منها أن تستولد الكهرباء بكلفة أدنى - حوالى 7.1 سنتات لكل كيلوواط ساعة. وفي سنة 2020 يتوقع أن تكلف الكهرباء المستولدة من النفايات حوالى 4.3 سنتات لكل كيلوواط ساعة.

إننا بانتظار طريقة واعدة يمكن أن تتضمن استغلال الأراضي الهامشية أو المستغلة جزئياً لزراعة محاصيل سريعة النمو تستعمل في إنتاج الطاقة. وهناك ثلاث تجارب "محاصيل للطاقة - (الكهربائية)" وهي مشاريع برعاية وزارة الطاقة والزراعة في الولايات المتحدة بدأت في أواسط التسعينيات[21]. واحدة منها، في غرب مينيسوتا، حيث تحرق جذوع الفصّة (حوالى 50% من المحصول) والأوراق تستعمل علفاً. التجربة الثانية تتضمن زراعة ما

(20) Ibid.

(21) Ibid.

يدعى العشب السريع (النمو) على مساحة 40.000 فدان من أرض معزولة في ولاية آيوا مخصصة لزراعة الفصة من أجل إنتاج 35 ميغاواط حرقاً لتزويد منشأة توليد كهرباء بقوة 735 ميغاواط. (العشب سريع النمو هي نبتة محلية عميقة الجذور تنبت في المروج وتساعد على إحياء التربة واستقرارها وتعيد بذر نفسها ذاتياً بفاعلية ولا تحتاج الى المبيدات). أما التجربة الثالثة فتديرها شركة موهوك نياغارا للطاقة (الكهربائية) وتتضمن زراعة أشجار الصفصاف كوقود إضافي لمعمل إنتاج يعمل بإحراق الفحم. لقد خطط أحد مجمعات للشركات لزراعة شجر الصفصاف على مسافة 50 كلم دائرياً حول معامل إنتاج الكهرباء بإحراق الفحم في ولاية نيويورك حيث يمكن للصفصاف أن يصل الى علو 28 قدماً خلال ثلاث سنوات ويمكن حصاده من دون الحاجة الى إعادة البذار، ويتوقع المجمع أن يحصل على سبعة محاصيل في 21 سنة.

الكتلة الحيوية تطلق الانبعاثات بما فيها أكسيد الأزوت وجزئيات ومركبات عضوية وسمِّيات مختلفة. ويدافع عن أن هذه الملوثات معقولة ويمكن معالجتها وأن الانبعاثات تبقى متوافقة مع نوعية الهواء المطلوبة[22].

ولكن الجاذبية الأكبر لطاقة الكتلة الحيوية تتأتى من منظور تقليص غازات الدفيئة لأنها محايدة كربونياً: ثاني أكسيد الكربون المتولد من إحراقها سوف يلتقط مجدداً مع نمو النبات مجدداً وهذه مباراة لائقة مع دورة الكربون في الطبيعة. ويشير المنتقدون مع ذلك إلى أن انبعاث الكربون يمكن أن يحصل إذا لم يجدد إنبات الأشجار ونموّها. وأيضاً إنَّ المَزارع تستعمل الجرارات والشاحنات

---

(22) Ibid.

للحصاد والنقل وكلها آليات تستهلك الوقود الأحفوري. فإذا كان الوقود المستعمل لذلك هو البنزين أو الديزل فسوف يحدث انبعاث الكربون. إذا كانت من مشتقات الكتلة الحيوية فإن ذلك سينقص إنتاج الطاقة الإجمالي.

مفاهيم متقدمة في مجال الطاقة الشمسية

بعد التكنولوجيات الجاهزة للاستعمال الأولي ظهرت تكنولوجيات جديدة خارقة من خلال طرق حديثة (وأيضاً أكثر فعالية، كما يؤمل) لإنتاج الكهرباء أو الهيدروجين. واحدة من هذه الطرق هي حرارة الشمس المرتفعة لفصم الماء وهي حرفياً أكثر الطرق التكنولوجية صعوبة لإنتاج الهيدروجين بواسطة الطاقة الشمسية. الفكرة الأساس هي استعمال الأشعة الشمسية المكثفة بواسطة عدد كبير من المرايا الأرضية المركزة على نقطة في أعلى برج شمسي لإنتاج الحرارة على عدة آلاف من الدرجات المئوية حيث يفصم البخار الى أكسجين وهيدروجين.

التجارب في فرنسا وكندا واليابان توصلت الى فصم الماء مباشرة بهذه الطريقة في السبعينيات وبداية الثمانينيات ولكن بنسبة 10% من البخار الى مكوناته من الأكسجين والهيدروجين. حديثاً توصلت شركة صغيرة باسم H Ion الى نسبة 2-3% مع نسب لحظوية وصلت الـ 10% بمجهود مدعوم من المختبر القومي للطاقة المتجددة في كاليفورنيا.

لقد استعاد فريق من مؤسسة وايزمان للعلوم في اسرائيل بإدارة أبراهام كوغان المسألة في مطلع التسعينيات معتقداً أنه يستطيع أكثر من ذلك وربما أيضاً تطوير طريقة صناعية قابلة للاستدامة. وفي

مقابلة معه سنة 1996 يقول كوغان إنَّ التجربة توصلت الى حرارة 2.227 درجة مئوية وتحت ضغط جوي عادي وأنه تم فصم نسبة 10% من الماء الى هيدروجين وأكسجين[23]. كما يقول : "جربنا العمل على حرارة (2.227° مئوية) وتحت ضغط جوي 0.05 وتوصلنا بذلك الى فصم 25% من الماء". في آذار/مارس 1993 أجرى فريق وايزمان تجاربه الأولى في المحطة الشمسية 64 للمعهد (Institute's 64-heliostat) وهو برج شمسي بقوة 3 ميغاواط. إن الآثار الأولى للهيدروجين قد ظهرت على حرارة 1650° مئوية. وعلى 1750° مئوية بدأ الهيدروجين يفيض بسرعة 30 مم بالدقيقة كما أكد كوغان في محاضرة له سنة 1995. وقد ذهب كوغان في توقعاته بأن احتمال فصم الماء مباشرة من أشعة الشمس هو ذو جدوى اقتصادية. وبحسب شريط فيديو من مؤسسة وايزمان عن المشروع فإن نسبة الفصم وصلت الى 30% على حرارة 2300° مئوية وربما الى 55% على حرارة 2500° مئوية تصبح ممكنة.

خلال السبعينيات، ظهر في بدايات الأزمات النفطية عدد من البدائل المتخيلة للطاقة في أمكنة مختلفة. وفي ما يلي بعض الأمثلة.

"المدخنة" الشمسية العملاقة

إنتاج الكهرباء بشكل كبير من الطاقة الشمسية هو الهم وراء ما اقترحه المهندسان الألمانيان الغربيان يورغ شلايش Jörg Schlaich ورودولف برغرمان Rudolph Bergermann كفكرة لـ "المدخنة

(23) «Weizmann Institute Scientists Zero In on Direct High-Temperature Solar Water Splitting», *Hydrogen & Fuel Cell Letter,* November 1996.

الشمسية" منذ مطلع سنة 1976. الفكرة الأساس بسيطة. إنها تدمج بين أثر بيوت البلاستيك (الدفيئة) (حيث يسخن الهواء والتراب تحت غشاء البلاستيك الشفاف عن طريق أشعة الشمس) مع أثر المدخنة (حيث يخرج الهواء بفعل اختلاف الحرارة ويشغل توربيناً لتوليد التيار الكهربائي). ويقول شلايش إنَّ معامل كهذه يمكنها إنتاج الكهرباء بأسعار تنافسية.

يتصور شلايش وبرغرمان الدمج الهجين بين الدخان الصناعي الكثيف وبرج تبريد عال يصل ارتفاعه حتى 3300 قدم وقطره 330 قدماً. ويصار الى بناء هذه "المدخنة" بالاسمنت (الخفيف أو يمكن جمعها بواسطة شبكات الألمنيوم المربوطة بعمود الخرسانة. على الأرض تكون المدخنة محاطة بسقف شفاف (تماماً كما في بيوت الزراعة البلاستيكية) من الزجاج أو البلاستيك، يكون على علو 6-8 أقدام ارتفاعاً عن سطح الأرض وبقطر حوالى سبعة أميال. وكمكسب جانبي يمكن استخدام جوانب السقف، حيث يجري الهواء كنسيم لطيف، لزراعة الحبوب.

وبالارتكاز جزئياً على معطيات متعلقة بالخدمات الألمانية خلصت حسابات شلايش الى أن معملاً من هذا النوع بقوة 400 ميغاواط سوف ينتج بداية الكهرباء بسعر 0.14 مارك ألماني للكيلوواط (8 سنتات بالسعر الجاري آنذاك)، مقابل 0.12 مارك ألماني (سبع سنتات) للمفاعل العامل بالفحم و0.1035 للمنشأة المختلطة. هذه الكلفة سوف تنحدر الى النصف خلال الستين سنة القادمة من عمر المنشأة[24].

---

(24) Jorg Schlaich, *The Solar Chimney-Elecricity from the Sun* (Edition Axel Menges, 1995).

أول منشأة من هذا النوع بنيت في أسبانيا على بعد 100 ميل جنوب مدريد. لقد عملت بنجاح حتى سنة 1990. وفي سنة 1996 بدأت الخطط في بناء معامل أضخم (200 ميغاواط) في ولاية راجستان الهندية. هذه المنشأة هي نتاج التعاون بين المجمع الدولي للطاقة الموجود في سريلانكا ومكتب شلايش وفريق دولي متخصص للإنشاءات العالية جداً والسعر المقدر لذلك هو بين 800-900 مليون دولار[25]. يقول موقع المجمع على الإنترنت إنَّ ذلك سيكون المرحلة الأولى من مشروع شمسي بطاقة 1000 ميغاواط. وسيكون قطر البرج الذي يعلو 3300 قدم حوالى 557 قدماً ومساحة رقعة الدفيئة اللاقطة على الأرض ستكون بقطر سبعة أميال[26].

النقطة السلبية الممكنة في هذه المنشآت أنها تحول الطاقة الشمسية الى كهرباء بفعالية متدنية. ويقدّر شلايش أن فعالية منشأة بقوة 200 ميغاواط في الهند ستكون في حدود 3% فقط- أقل بكثير من القدرات المعلنة لمنشأة صحراء موجيف والتي تساوي الضعف.

المرايا الشمسية المدارية

الفكرة التي استحوذت حقاً على القليل من اهتمام الإعلام في السبعينيات كانت التقاط الطاقة الشمسية بواسطة محطات طاقة شمسية في مدار الأرض حيث تحول كميات هائلة من التيار

---

(25) Source: Wolfgang Schiel, a physicist working in Schlaich's office.

(26) إن المشروع كان متوقفاً ربما لعدم ثبات التمويل الذي قد يكون له علاقة بتقلبات الأسواق المالية المتأثرة بالتجارب النووية في الهند وباكستان.

الكهربائي الى الأرض بواسطة حزم الموجات القصيرة. والطاقة الملتقطة بهذا الشكل يعاد تحويلها الى كهرباء بواسطة محطات مستقبلة على الأرض.

إنَّ شركتي بوينغ أيروسپاس Boeing Aerospace وروكوِل إنترناشنل Rockwell International كانتا حاضرتين كما هو معلوم لاستثمار هذه الفكرة الأولية. لقد أنفقت النازا ووزارة الطاقة بعض المال لدراسة الجدوى. في مقال لمجلة *Engineering New-Record* لسنة 1978 يبين پيتر غليزر Peter Glaser عندما كان رئيس الهندسة لدى شركة آرثر د ليتل Arthur D. Little أن نظاماً كهذا يمكنه تزويد الكوكب بالطاقة حتى 25% من الحاجات في سنة 2025.

المقاربة الثانية- وضع عدد من المرايا في المدار "لتحزيم" ضوء الشمس وإرساله الى "واحة طاقة" بقطر 25 ميلاً كانت قد صممت سنة 1977 من قبل كرافت إيريك Kraft Ehricke المدير السابق للنازا[27]. يقول إيريك "إن الشمس الاصطناعية لأوروبا" ستخلق مناخاً في "واحة الطاقة" يعادل تقريباً الصحراء العربية أو الأسترالية، وعندها سيكون إجمالي مورد "الواحة" بين 35.000 و50.000 ميغاواط، ولكن من الواضح أن الفكرة لم تقلع.

تحويل طاقة المحيطات الحرارية

إنَّ استغلال اختلافات الحرارة بين طبقات مياه المحيطات

---

(27) Source: «Energie aus dem Weltall mit der «Kraftsoletta,» *Handelsblatt,* September 6, 1977.

الدافئة على السطح وتلك الباردة في الأعماق هي تكنولوجيا لم يحن وقتها فعلاً من قبل. وبالرغم من الآمال المتقطعة على مدى عقود يبدو أنَّ فكرة تحويل الطاقة الحرارية في المحيطات OTEC Ocean Thermal Energy Conversion قد سقطت في النسيان. إنَّ أوَّل من اقترح هذه الفكرة كان الفيزيائي الفرنسي جاك دارسونڤال Jacques d'Arsonval قبل حوالى مئة عام. في بداية الثلاثينيات شيد المهندس الفرنسي جورج كلود Georges Claude منشأة لحرارة المحيط في خليج ماتانزاس Matanzas Bay على بعد 50 ميلاً غربي هاڤانا، أنتجت حوالى 22 كيلواط من الكهرباء. ولقد شيد كلود أيضاً منشأة على متن سفينة راسية على شواطئ البرازيل. إنَّ المنشأتين قد دمرتا بالطقس والأمواج ولا شيء يدل أنهما أنتجتا من الكهرباء أكثر مما يلزم لتشغيلهما. من جهته ساهم الوقود الأحفوري الرخيص في دفنهما.

بعد 25 عاماً تقريباً، صمم المهندسون الفرنسيون منشأة بـ 3 ميغاواط تعمل على تحويل حرارة المحيط لصالح أبيدجان (على الساحل الغربي لأفريقيا) ولكن المنشأة لم تبلغ نهايتها. وفي سنة 1979 شيد مختبر الطاقة الطبيعية في هاواي (كيهول پوينت Keahole Point على ساحل الجزيرة) منشأة بـ 50 كيلوواط على منصة بحرية على مسافة قريبة في عرض المحيط، ولكن أيضاً هنا مجمل التيار كان مستخدماً لتشغيل النظام. وصل صافي الناتج الى15 كيلوواط فقط بحسب المختبر القومي للطاقة المتجددة. هناك منشأة أخرى تعمل على فروقات الحرارة في المحيط شيّدت في اليابان سنة 1981 في جزيرة نورو Nauru. فهذه المنشأة بطاقة 100 كيلوواط ولّدت 32 كيلوواط كتيار صافي الناتج. ومنذ عهد ليس

ببعيد أنتجت منشأة "دورة -مفتوحة"[(28)] في كيهول پوينت 50 كيلوواط من الكهرباء في تجربة أجريت سنة 1993.

لقد تعرفت جماعة الهيدروجين الدولية على مشاريع طاقة البحار الحرارية في ميامي بيتش سنة 1974 خلال المؤتمر الدولي من خلال دراسة توحد بين هذه الطاقة والطاقة الشمسية بواسطة الخلايا الڤولتائية الضوئية على منصات عائمة ضخمة. ولم يُعرف شيء عن هذا التصور بعدها. أما وزارة الطاقة في الولايات المتحدة الأمريكية فقد موّلت برنامجاً لتحويل طاقة المحيطات الحرارية في السبعينيات ولكن كانت هناك شكوك من جدواه منذ البداية.

باستثناء التجهيزات في هاواي (يدار اليوم من قبل المركز الدولي الباسيفيكي لأبحاث التكنولوجيا الرفيعة في هونولولو) فقد هفتت تكنولوجيا تحويل طاقة المحيطات الحرارية كما نقل الباحث لويس ڤيغا Luis Vega من المركز الدولي الباسيفيكي لأبحاث التكنولوجيا الرفيعة. وفي خريف سنة 1997 توقفت وزارة الطاقة عن تمويله، لكن بالاستناد إلى ڤيغا "الآن لم يعد هناك من نشاط في هذه المجال في العالم"[(29)].

---

(28) هنالك نموذجان في الأساس «دورة ـ مغلقة» و «دورة مفتوحة». في نظام الدورة المغلقة تستخدم طبقة ماء البحر العليا الساخنة والطبقة العميقة الباردة لتبخير وتكثيف السائل الفاعل مثل الأمونيا الذي يشغل توربينة التوليد في دورة مغلقة. في نظام الدورة المفتوحة يشكل سطح ماء البحر وميض تبخر في علبة خاوية فيشغل البخار على ضغط ضعيف عنفة التوليد. مياه البحر الباردة تستخدم لتكثيف البخار بعد اجتيازها للتوربينة. الحلقة المفتوحة هكذا يمكن تحضيرها لانتاج الماء الندي، كما تنتج الكهرباء أيضاً.

(29) Vega does not consider mere paper studies «as activity, given the numerous studies, in at least seven different languages, in the last century,» Source: Fax from Luis Vega, November 12, 1997.

طاقة حرارة الأرض الباطنية

إنَّ طاقة حرارة الأرض الباطنية (في عمق الأرض) قد تكون النائم الحقيقي بين كل الخيارات لمصادر الطاقة المستدامة - وأيضاً العملاق بينها. فالكهرباء الحرارية الباطنية تنتج بشكل مستمر منذ 1904 في منطقة توسكانا في إيطاليا على بعد 40 ميلاً جنوب غرب فلورنسا بالاستناد إلى نشرة صدرت سنة 1998 ("الطاقة الحرارية الباطنية") عن معهد الطاقة وعلوم الأرض في جامعة ولاية يوتاه Utah. هـنـاك نـشـرة أخـرى صـادرة عـن مكـتـب وزارة الطـاقـة للتكنولوجيات الحرارة الباطنية تقول إنَّ الكهرباء المنتجة بهذه الطريقة لا تزال تعمل من دون انقطاع في نيوزيلندة منذ سنة 1958 وفي حقل جيبرز Geybers في كاليفورنيا منذ سنة 1960. وبحسب النشرة الأخيرة أيضاً : " لـم يهمل في الواقع أي حقل حراري باطني بسبب انخفاض في الموارد"[30].

حاضراً تنتج الطاقة الحرارية الباطنية حوالى 2700 ميغاواط من التيار الكهربائي في الولايات المتحدة. وإنَّ إجمالي الناتج في العالم هو 7000-8000 ميغاواط بحسب وزارة الطاقة. يُذكر أنَّ منشآت الكهرباء الحرارية الباطنية تعمل بقدرة عالية تصل الى 70 و100% والقدرة المتاحة تزيد عادة على 95%.

وبحسب نشرة وزارة الطاقة الأمريكية فإن إجمالي المـوارد الحرارية الباطنية في الولايات المتحدة تقدر بـ 70.000.000 كواد "كمية هائلة من الطاقة حقاً"- ما يساوي التزود بالطاقة المستهلكة بالعادة لمدة 750.000 سنة. تقول نشرة جامعة يوتاه إنَّ بين

---

(30) «Strategic Plan for the Geothermal Energy Program,» June 1998.

10.000 الى 15.000 ميغاواط من توليد الكهرباء هو تقدير "مقبول" لما يمكن تطويره في الولايات المتحدة، وإنَّ مقدار 50.000 الى 100.000 ميغاواط يعتقد أنه ممكن على مستوى العالم من مصادر "الحرارة المائية" وحدها. (حرارة المياه الجوفية الساخنة - المترجم). على كل فإن الطاقة الحرارية الباطنية تصنف الثالثة كأكبر مصدر للطاقة المتجددة بعد الطاقة الكهرومائية والكتلة الحيوية وقبل طاقة الشمس (المتاحة) والرياح، اعتماداً على تقديرات جامعة يوتاه. إنَّ البحث حالياً يدور حول ايجاد مصادر طاقة مخفية لاستغلالها مثل ينابيع المياه الساخنة (أيضاً الصخور الساخنة الناشفة في طبقات الحمم البركانية على عمق يصل حتى عشرة آلاف ميل)، وربما كانت مصادر الطاقة هذه هائلة. في الواقع يعتقد أنها أضخم من مصادر الفحم والنفط والغاز والأورانيوم مجتمعة.

إن حزاماً من "مقاطعات" حرارية باطنية تطوق المحيط الهادئ منتشرة جنوباً من شبه القارة الهندية الى جنوب شرق آسيا وأندونيسيا ثم تصعد شمالاً بمحاذاة الصين وشواطئ اليابان ثم تقفز الى أمريكا الشمالية بعدها تمتد جنوباً نحو شواطئ غرب كندا والولايات المتحدة وأمريكا الجنوبية. "مقاطعة" ثانية مشابهة ولكن أصغر تمتد من مضيق جبل طارق مخترقة البحر المتوسط الى شمال إيطاليا ويوغوسلافيا وروسيا مع تمدد جنوبي نحو البحر الأحمر ومن ثم شرق أفريقيا. يوجد أيضاً بقع حرارية باطنية ساخنة أصغر في ايسلندة وجزر الكناري وجزر هواي.

إنَّ الطاقة الحرارية الباطنية نظيفة، وبحسب الوثيقة السابقة الصادرة عن وزارة الطاقة:

• ليس هناك من وقود يحترق ولا انبعاث لأكسيد النتروجين والقليل جداً من ثاني أكسيد الكبريت.

• ليس من انبعاثات في الهواء لدى استعمال المفاعل الحراري الباطني المزدوج[31].

• العديد من المنشآت الحرارية الباطنية لا تولد نفايات معتبرة.

• تشْغل المنشآت القليل من الأرض وأثرها خفيف على المناطق السياحية.

وتستنتج وثيقة جامعة يوتاه أن "الطاقة الحرارية الباطنية هي جزء حيوي من المستقبل المستقر".

---

(31) هنالك طرازان رئيسيان من معامل الحرارة الجوفية الكهربائية: طراز وميض البخار والدورة الثنائية، معمل الوميض البخاري يعمل بالبخار المضغوط والساخن على (300°-700°ف) الآتي من أعماق تصل حتى 000 10 قدم. حين ينقص الضغط على السطح بحوالى الثلث أو ما شابه تتحول «ومضات «Flash» ـ التي تغلي انفجارياً ـ إلى بخار يشغّل التوربينة والمولد ـ المنشآت الثنائية تشغل على حرارة سوائل الحرارة الجوفية المتدنية أكثر212°-300°ف. هنا تمر السوائل من خلال مبادل حراري يحمي ثانوياً سائلاً، عضوياً في العادة، مثل السائل لسائل المشغل من نوع Isopentane الذي يتحول الى بخار على حرارات أقل من الماء. البخار العضوي هذا يشغل العنفة والمولد قبل إعادة تكثيفه الى سائل ثم عودة تبخيره، مجدداً بالحرارة الجوفية.

VI

الهيدروجين للسيارات والحافلات:
عوادم البخار

كتبت جريدة *Suddeutsche Zeitung* الألمانية في كانون الثاني/
يناير 1999: "إن إظهار أحد السياسيين حبوره على محطة بنزين
ظاهرة لا تتكرر كل يوم". ولكن هذا ما فعله حقاً عمدة هامبورغ
أورتـويـن رونـده Ortwin Runde عنـد افتتـاح أول مـحطة تـوزيـع
للهيدروجين في أوروبا: "ستصبح الشوارع هادئة. فقط أصوات
الاطارات والهواء اللافح سيلازم السيارات العابرة بدل زعيق
العوادم. ستصبح المدينة نظيفة، منذ أن تصبح الانبعاثات منعدمة
تماماً. المشاة على الأرصفة لن يسدّوا أنوفهم وسوف لن يهرب
الضيوف من الشوارع الى المقاهي لأنهم الآن سيستطيعون التمتع
بغروب الشمس في الهواء الطلق". لقد كان رونده الشخص الأول
على مقود شاحنة صغيرة للخدمة من بين ستّ تحولت الى وقود
الهيدروجين، جالت في استعراض احتفالي. الشاحنة بحمولة 3

176

أطنان وبأربع أسطوانات سعة 2.3 ليتر لمحرك احتراق داخلي من صنع مرسيدس-بنز تعود الى أسطول خدمة التوزيع لشركة أوتو-ڤيرساند Otto-Versand للبريد، وهي من أكبر الشركات في العالم.

لقد عمدت شركة أوتو-ڤيرساند إلى ترقية التزاماتها البيئية المستدامة في منتوجها على مدى سنوات. ولقد بدأت بتجريب الڤانات (الشاحنات الصغيرة) العاملة بالغاز الطبيعي في سنة 1995، وفي سنة 1998 شيدت نظاماً ڤولتائياً ضوئياً بقدرة 50 كيلوواط - الأكبر في شمالي ألمانيا- في إحدى منشآتها. في سنة 1997 اتفقت مع دزينة من الشركات المحلية على مشروع محطة الهيدروجين الغازي الذي أنشأته شركة هامبورغ للهيدروجين وهي مجموعة غير ربحية تأسست في الثمانينيات.

ساهم في المشروع مصرفان وإدارة النقل في هامبورغ وإدارة الكهرباء والغاز في المدينة وموزع للغاز وشركة نقل متخصصة وبشكل لافت شركة شلّ الألمانية وهي القسم الألماني في مجموعة شلّ الهولندية. صممت عملية تحويل الڤانات للعمل بواسطة الهيدروجين ونفذت وجرِّبت من قبل الاختصاصي المخضرم في الهيدروجين الأمريكي فرانك لينش Frank Lynch من مؤسسة هيدروجين كومپوننتس Hydrogen Components بليتلتون في كولورادو.

بالإضافة الى التغطية الواسعة محلياً وقومياً في الجرائد فإن كل محطات التلفزة الألمانية وسي. إن. إن. عرضت خطوات دخول وخروج الشاحنة من محطة وقود لودڤيغ بولكوف "Ludwig Boelkow Fueling Station"، كما دعيت تيمناً بصناعي الطيران من آباء الداعمين للهيدروجين في ألمانيا. حتى نيويورك تايمز نقلت رواية قصيرة من خدمة رويترز السلكية. لقد أكد فريتز ڤاهرنهولت Fritz

Vahrenholt وهو رئيس شركة شلّ الألمانية أن "الهيدروجين سيكون أهم مصدر للطاقة في القرن الواحد والعشرين"، وعلى المدى البعيد سيحل محل النفط والغاز".

في البداية، كان على شاحنات أوتو-فيرساند أن تتزود بالهيدروجين المنتج تجارياً بسعر أعلى نوعاً ما من الوقود التقليدي -13 سنتاً بالكيلومتر ما يزيد بأربعة سنتات عن وقود الديزل. ولكن هدف شركة ايسلندة للهيدروجين هو استيراد الهيدروجين المتجدد بالسفينة من ايسلندة حيث توجد منشأة قديمة لصنع الأسمدة تنتج الهيدروجين بالطريقة الحرارية الباطنية والكهرومائية.

وتمشياً مع الحملة الإعلانية الواسعة والآمال الرفيعة المعقودة على تكنولوجيا خلايا الوقود فقد أكّد المنظمون في مشروع أوتو-فيرساند أن الهدف ليس تطوير وإنشاء نظام طاقة كهربائية أكثر تعقيداً بالهيدروجين. أضافوا قائلين إنَّ الأهداف هي البرهنة على أن سيارات الهيدروجين يمكن أن تعمل بشكل موثوق في محيط الأعمال المدني العادي وتلقى القبول لدى العامة، تقاد الشاحنات من قبل سائقي الشركة العاديين من دون الحاجة الى أي تدريب أو ترخيص خاصّين، ومحطة التزويد مصممة للتزود بالوقود بالخدمة الذاتية.

بالنسبة لميكايل أوتو Michael Otto المدير التنفيذي للشركة بذات الاسم فإن هذا الحدث يحمل معنى عميقاً. قال أثناء الاحتفال إنَّ وضع أول شاحنة مزودة بوقود الهيدروجين في السير على الطريق "لن يكون العلامة الوحيدة في المشهد. فأسطول سيارات هامبورغ هو رمز المسيرة نحو مستقبل متجه نحو استخدام طاقة الهيدروجين في النقل البري". ثم أردف يقول: "كمسؤولي أعمال يقع على التفكير منهجياً في المستقبل. إنني مقتنع بعمق أنه

لم يعد لدينا ما يكفي من وقت للنظر في دفتر الربح والخسارة. إنَّ أولئك المقاولين الذين ينظرون الى صفحة الموازنة الإجمالية والذين يعون بمسؤولياتهم تجاه المجتمع والبيئة هم وحدهم من سينجحون على المدى البعيد. إنَّ توفير الطاقة لكوكبنا هي مهمة مصيرية بالنسبة إلى الجنس البشري، وإنَّ توظيفات كهذه هي بالتأكيد مكلفة على المدى القصير، ولكن على المدى البعيد سيكون واضحاً أن البيئة والاقتصاد ليسا متناقضين لزاماً، على العكس فإن الاستثمار في التكنولوجيا البيئية في المستقبل سيضمن التنافسية والوظائف الجديدة".

شهران بعد ذلك، في واشنطن، شكَّل الإعلان عن سيارة نيكار4 العاملة بخلايا الوقود من إنجاز شركة ديملر كرايزلر الخبر الأول عبر العالم. لقد قام بوب إيتون Bob Eaton نائب رئيس شركة ديملر كرايزلر بقيادة سيارة الأربعة مقاعد الصغيرة الى قاعة المؤتمر الصحفي المكتظة في مركز رونالد ريغان للتجارة الدولية. سيارة نيكار4 العاملة بالهيدروجين السائل تصل سرعتها القصوى الى 90 ميلاً بالساعة مع مدى بحوالى 280 ميلاً، حيث خلية الوقود تخزن 70 كيلوواط. وشاحنة نيكار2 شاحنة نصفية تعمل بالهيدروجين السائل وهي أكبر من نيكار4 وتصل سرعتها القصوى الى 68 ميلاً في الساعة. (نيكار3 مشتقة من فئة-A كانت تزود بالميتانول- اعترفت شركة ديملركرايزلر بأنها تفضل سيارة تجارية مجهزة بخلية وقود).

وخشية من أن يشك أحد في أن دخول ديملر كرايزلر الى خلايا الوقود مؤكد، صرح يورغن شرمپ Jürgen Schrempp في احتفالات واشنطن قائلاً: "اليوم نعلن أن السباق للبرهنة على الصلاحية التقنية لخلايا الوقود أصبح خلفنا والسباق اليوم بدأ

لجعلها في متناول الجميع". ويقول شرمپ إنَّ الشركة تخطط لامتلاك سيارات مجهزة بخلايا الوقود بكميات محدودة لسنة 2004. وأردف يقول إنَّ الشركة تنوي انفاق 1.4 مليار دولار على تكنولوجيا خلايا الوقود لهذه الغاية - تقريباً المبالغ ذاتها الموظفة في خط كامل لصناعة سيارات مربحة (مثل Dodge Intrepid ومشتقاتها) في الولايات المتحدة. كما أضاف فرديناند پانيك Ferdinand Panik رئيس مشروع خلايا الوقود لدى ديملر كرايزلر. سيارة نيكار4 هي فعلاً اختراق كبير في تكنولوجيا خلايا الوقود لأننا طورنا فعلاً نظام خلية وقود قوي جداً وصغير كفاية لوضعه داخل سيارة صغيرة". "قبل خمس سنوات، كان يلزم شاحنة نيكار1 كبيرة لاحتواء جسم خلايا الوقود، ولكن ذلك لم يعد قضية الآن. إنَّ أهمية هذا التقدم التكنولوجي يشبه تأثير الشرائح الميكروية على تكنولوجيا الكومبيوتر عندما حلت محل الترانسزتور".

لقد كان أوتو وشرمپ رمزين على مستوى القادة من رجال الأعمال الدوليين للتغيير في الموقف من تكنولوجيات الطاقة المعتمدة على الهيدروجين عند نهاية القرن العشرين. ومن جهتهم المسؤولون الأول في أهم مصانع السيارات قالوا تقريباً الشيء ذاته. ها هو يوشيو كيمورا Yoshio Kimura المدير العام لمشروع شركة تويوتا لتجهيز سيارة راڤ4 بخلية الوقود يصرح في معرض كشف النقاب عن السيارة في ندوة أوساكا الدولية حول العربات الكهربائية المنعقدة بتاريخ تشرين الثاني 1996 بما يلي: "النظر الى مجمل النظام، بما في ذلك التوضيب وإدخال خلايا الوقود وسبيكة امتصاص الهيدروجين فقد وصلنا تقريباً الى أعلى المعايير العالمية كما أعتقد". وأيضاً جون سميث Smith John رئيس مجلس إدارة جنرال موتورز الذي تنبأ في معرض ديترويت للسيارات سنة 1997

بأن "الضغوط البيئية سوف تفرض تحولات في صناعة السيارات وسوف تقود الى التحول بعيداً عن العربات العاملة بالبنزين الى العربات الكهربائية والهجينة والعاملة بخلايا الوقود"، عندها "وليس من شركة سيارات سوف تكون قادرة على الازدهار إذا كانت تعتمد 100% على المحرك ذي الاحتراق الداخلي"[1].

إن ذلك يشكل تحولاً كبيراً في الموقف. فخلال السبعينيات وأيضاً حتى نهاية الثمانينيات على الأرجح، أي كلام عن تكنولوجيات الدفع المتقدمة والطاقة النظيفة والاهتمام بأمور البيئة كان يعتبر هرطقة في عالم السيارات القصير النظر في ديترويت. لقد خبر وليم كلاي فورد William Clay Ford ذلك حين حاول زيادة الاهتمامات بالبيئة بعد التحاقه كمحلل تصاميم السيارات في سنة 1979 بالشركة التي أسسها جده هنري فورد Henry Ford. وفي مطلع سنة 1999[2] صرح فورد لصحافي في النيويورك تايمز قائلاً: "فيما خصّ شركة سيارات من العقلية القديمة، ينظر إلي الناس كأنني ثوري يريد إزالتها، بمجرد طرحي للأسئلة". وبحسب رواية التايمز فإن فورد هذا بعد أن أصبح المدير الاستراتيجي لأعمال الشركة في بداية الثمانينيات قد أرسل مذكرة يدعو فيها الى اجتماع حول السياسة البيئية، فحذره محامو الشركة على الفور من أن المذكرة، من دون الحديث عن اللقاء، يمكن أن تستغل ضد الشركة في ملاحقة قانونية بيئية. وفي مناسبات كثيرة وصل وليم فورد الى عتبة ترك الشركة، وإنشاء فريق بيئي، ولكنه سمع من زوجته

---

(1) *Los Angeles Times,* January 9, 1997.

(2) «Can Motor City come up with a clean machine?» *New York Times,* May 19, 1999.

وأصدقائه أن تأثيره يكون أكبر إذا بقي في الشركة. وقد اعترف لهم فورد بصوابية رأيهم بعد أن أصبح لاحقاً مدير الشركة فقال: "كانوا مصيبين، في النهاية، ولكنهم كانوا أكثر صبراً مني".

لم يعد هناك أي مسألة حقيقية تتقدم على أن تكنولوجيات النقل المتطورة التي تستعمل الهيدروجين (مباشرة أم غير مباشرة) كحامل للطاقة ستكون مسألة أساسية في القرن الواحد والعشرين. إنَّ ذلك أصبح صرخة بعيدة عن التردد والريبة وسوء الظن والتشكيك الساخر ونظرات الاستهجان التي رافقت النقاشات حول الهيدروجين لفترة دامت حتى منتصف التسعينيات.

إن حالة الوقود البديل عامة والهيدروجين خاصة نوقشت لسنوات في كل أنواع المعارض. ليس المقصود هنا حراثة الأرض نفسها مجدداً بتفاصيل أكثر. إلا أنَّ بعضها يبقى ملائماً. في سنة 1997 وهي السنة الأخيرة التي أنتجت فيها الاحصاءات (لدى كتابة هذه السطور) فقد كانت حصة النقل حوالى 54% من استهلاك النفط في الولايات المتحدة (أي حوالى 18.6 مليون برميل يومياً)[3]. نصف هذه الكمية مستورد وغالبيتها من الشرق الأوسط غير المستقر سياسياً. ولكن بالامكان القول إنَّ النقل هو القطاع من المجتمع الذي يلوث الهواء أكثر. إنه مسؤول عن 76.6% من انبعاثات أول أكسيد الكربون من كل المصادر و49.2% من أكسيد الأزوت و40% من المركبات العضوية المنتشرة و23% من المواد الجزيئية وبحسب وكالة حماية البيئة[4]. بحسب دائرة المعلومات في

---

(3) US Energy Information Administration, Annual Energy Review, 1997 (1999).

(4) US Environmental Protection Agency, National Air Quality and Emissions Trends Report (1997).

وزارة الطاقة لسنة 1997 فإن ثاني أكسيد الكربون يساهم بنسبة 84% في انبعاثات غاز الدفيئة الناتجة عن النشاط البشري. والمخيف أن الانبعاثات لكل دولار من الناتج لكل مواطن التي تدنت في بداية الثمانينيات استعادت صعودها في التسعينيات ولو على وتيرة متدنية. وبالاستناد إلى دائرة معلومات الطاقة يساهم النقل بثلث انبعاثات ثاني أكسيد الكربون التي بلغت سنة 1979، 473 مليون طن متري[5].

يعتبر الهيدروجين وقوداً مثالياً أو قريباً للمثالية كحلّ لهذه المشكلات. فمن خلال تعريفه هو لا يلوَّث، من خلال الحرق أو الأكسدة في الهواء، يعطي الماء. (إنه يعطي بعض أكسيد الأزوت إذا حدث الاحتراق مع الاشتعال كما في المحرك ذات الاحتراق الداخلي ولكن ليس هناك من أكسيد الأزوت في خلية الوقود الكهروكيميائية).

الصعوبة تكمن في كيفية نقل الهيدروجين على متن السيارة. هناك صعوبة في تخزينه وفي السيطرة عليه خاصة على حافلة ركاب محدودة المساحة. لقد كافح صانعو السيارات والبحاثة لعقود ولم يزل الجواب على هذه المسألة غامضاً. هل سيصبح ممكناً نقل الهيدروجين في خزّان على شكل معدن هيدريدي (كما في تجربة تويوتا على سيارة راف4 وتجربة مرسيدس السريعة في الثمانينيات)؟ هل كغاز مضغوط في خزانات (كما هو في نيكار2 لمرسيدس-بنز أم كتصور لسيارات بخلية وقود قيد التطوير لدى فورد، وكحافلات

(5) Office of Integrated Analysis and Forecasting, Emissions of Carbon from Energy Sources in the US-1998 Flash Estimate, June 1999 (www.eia.doe.gov/oiaf/1605/flash/flash.html).

متعددة بخلايا وقود أطلقتها شركة ديملر كرايزلر وشركة مان الألمانية، ونيوپلان)؟ هل كسائل مبرد (تفضيل شركة بي إم ڤي)؟ أو من خلال استخراجه من وقود كربوني مثل البنزين (مقاربة جربتها من قبل أغلب صناع السيارات كحل احتياطي وأيضاً من قبل وزارة الطاقة)، أو من الميتانول (المقاربة التي تعتقد شركة ديملر كرايزلر أنها الأنجح تجارياً على الأرجح)؟[6].

من السهل تخزين الوقود السائل في سيارات البنزين والديزل. ففي المحرك الأمامي التقليدي يكون خزان الوقود عادة في المؤخرة تحت جسم السيارة لكن مع الهيدروجين فالوضعية معقدة أكثر. في حالته العادية الهيدروجين يكون غازاً. في التخزين الفعال يجب أن يكون إما مضغوطاً مثل الغاز الطبيعي أو في حالة تبريد (سائل) أو مرتبطاً ضمن هيكلية هيدريد أو موضوعاً داخل شكل آخر. كل ما ذكرناه آنفاً صعب، وله مصاعب هندسية و/أو اقتصادية. ومع انتهاء القرن العشرين لم يوجد أي اتفاق على أفضل طريقة لتخزين الهيدروجين على متن السيارة، لذلك يتطلع بعض صانعي السيارات للوقود السائل الهيدروكربوني كالميتانول وأنواع وقود الهيدروكربون (بما فيها البنزين والديزل) "كحوامل للهيدروجين". "نريد اختراقاً بشكل شرس" يقول مدير برنامج الهيدروجين في وزارة الطاقة سنة 1996 في لقاء ميامي حيث تمت مراجعة هذا البرنامج حيث الوضعية تبقى كما هي في الأساس.

لم يتخذ أي صانع كبير للسيارات قراراً نهائياً بشأن طريقة تخزين الهيدروجين في السيارة التجارية. فصانعو تجهيزات

---

(6) Buses and centrally fueled fleets of trucks or vans are a different matter; hydrogen may well be the fuel of choice for them.

الهيدروجين (مثل شركة التحليل الكهربائي ومؤخراً ملحقتها منشأة ستوارت إنيرجي للنقل) والباحثون (مثل مركز جامعة برنستون لدراسات الطاقة والبيئة) يؤيدون فكرة أن بناء البنية التحتية الصافية للهيدروجين "للعموم" لن تكون فوق كل ذلك مكلفة أكثر بكثير من تركيب أجهزة صغيرة لاستخراج الهيدروجين من مخارج ملايين خلايا الوقود في السيارات. من جهتها تعتقد جوان أوغدن أنه الى أن يصبح الطلب على الهيدروجين متزايداً فإن إنتاج الهيدروجين على محطة الوقود أو شاحنة التفريغ سيوفر أرخص كلفة تسليم للوقود[7]. لكن على المدى البعيد سيتوجب إنتاج الهيدروجين في المدينة من أفضل مصدر محلي، ويسلم عبر أنابيب لتغذية محطات التوزيع. التخزين في المركبة على شكل هيدروجين غاز تحت ضغط 5000 ليبرة بالإنش المربع بدأ يستحوذ على اهتمام وزارة الطاقة ولدى صانعي السيارات والقليل منهم (بما فيهم شركتا IMPCO Technologies و(Dynetec بدأوا بعرض نظام كهذا.

الطهريون يحكمون على استراتيجية استخراج الهيدروجين من الوقود الكربوني كخيانة وانصياع تام للمصالح النفطية الكبرى، ولكن المدافعين عنه يقولون إنه حل مرحلي الى أن تتحسن تكنولوجيا تخزين الهيدروجين؛ وبغياب بنية تحتية واسعة للتوزيع يمكن اعتماد هذا الطريق. إنَّ ذلك قد يحل أحجية أسبقية البيضة أو الدجاجة المزمنة (من يجب أن يأتي أولاً جهاز التوليد الهيدروجيني أم نظام توزيع الهيدروجين؟) ما يسمح لخلايا الوقود بالدخول الى التطبيق مع بنية تحتية خفيفة وكلفة اجتماعية متدنية. وتتابع الحجة بالقول إنه مع الوقت سيصبح نظام التخزين على متن العربة عملياً،

---

(7)   اتصال خاص.

وإنَّ خلايا الوقود ستنتشر أكثر وتكيفها مع الهيدروجين الصافي سيكون من دون عناء.

وبالعودة الى السبعينيات حين فكر الناس باستعمال الهيدروجين كوقود للسيارات والشاحنات تصور كثيرون قوارير فولاذ مشابهة لتلك المستعملة في التلحيم، لتخزين الهيدروجين المضغوط على متن العربة. إنَّ قوارير كهذه بسيطة ولكن وزنها يمنع استعمالها. لقد احتسب لاري وليمز من شركة مارتن ماريتا للفضاء الجوي Martin Marietta Aerospace أن خزاناً تقليدياً مصنوعاً من الفولاذ المضغوط، القادر على تخزين تقريباً ذات كمية الطاقة التي يسعها خزان الوقود لسيارة ذات حجم عادي، قد يبلغ وزنه حتى 3400 باوند ويحتاج إلى تحمّل 800 مرة الضغط الجوي وإلى جدران فولاذية بسماكة ثلاثة إنشات تقريباً.

لاري وليمز الذي لم يتزحزح موقفه في الدفاع عن التخزين المبرد خلال عشرين عاماً يورد لائحة بالميزات الأساسية لهذه الطريقة بالتخزين في دراسة وضعها سنة 1973:

الكلفة الأدنى لكل وحدة طاقة

الوزن الأقل لكل وحدة طاقة

لوجستية تموين بسيطة

وقت إعادة التخزين المطلوب عادياً لمشكلات أمان لا يمكن السيطرة عليها.

يجدول وليمز النقائص كالتالي:

خسارة من الوقود حين تكون العربة لا تعمل (السائل الفائق البرودة يتبخر). حجم كبير للقارورة. مشكلات هندسية في التبريد.

في مداخلة شخصية يسجل خبير آخر هو ساندي توماس نقيصة إضافية:

الهيدروجين السائل المستخرج من الغاز الطبيعي المستعمل في خلايا وقود فائقة الفعالية لن يخفض غازات الدفيئة بصورة معتبرة. أيضاً الكهرباء المنتجة من (احتراق) الفحم سوف تكون المتهمة: الكهرباء المطلوبة لتسييل الهيدروجين والمستخرج من احتراق الفحم ستساوي تقريباً الاقتصاد بالوقود المحقق بسيارة مجهزة بخلية وقود.

إنَّ بعض المشكلات في لائحة وليمز- الخزان الكبير والمشكلات الهندسية والتبخر- قد قُلِّصت بفضل اثنين من مطوري تكنولوجيا نقل الهيدروجين السائل في العقدين الأخيرين وهما بي إم ڤي ومؤسسة موساشي Musashi للتكنولوجيا. (لاحقاً سنرمز الى الهيدروجين السائل بـ"LH_2").

وفي دراسة قُدمت من قبل بي إم ڤي في سنة 1996 في المؤتمر العالمي لطاقة الهيدروجين في شتوتغارت جرى توضيح التطور بالصورة لخزان الوقود داخل سيارة بي إم ڤي لأربعة أجيال من السيارات المزودة بوقود LH_2. في أول صورة تظهر طراز سنة 1979 الأصلي، يحتل الخزان مع أنابيبه وتجهيزاته تقريباً كامل مساحة الصندوق في مؤخرة السيارة. نسخة سنة 1984 كانت أنعم بشكل بيضاوي ولكنه كان لا يزال يحتل أغلب المساحة. نسخة سنة 1990 كانت بشكل أسطواني أصغر ويترك حجرة أكبر للأمتعة. في نسخة سنة 1995 كانت القارورة موضبة بطريقة ذكية مستدخلة في الصندوق عند المؤخرة لدرجة أنها لا ترى، تاركة الكثير من المساحة المفيدة.

هناك دراسة أخرى قدمت في مؤتمر شتوتغارت- هذه المرة من قبل معمل Solar-Wasserstoff- Bayern الألماني، وهو قد اختفى الآن كمعمل للهيدروجين الشمسي قرب ميونيخ - قدمت وصفاً لمحطة تزويد بسعة 3000 ليتر LH_2 أنشئت لتطوير تقنيات الشحن

الأرضية لوقود الصواريخ. إنها تصف بالتفصيل كم هو معقد الخط المزدوج للوقود لتبريد الخزانات على متن المركبة والذي قد طوّره تنافسياً اثنين من مزودي الغاز الألمان، مسّر غريشَيْم Messer-Griesheim ولينِدِه اللذين يسّرا أمر إعادة التزويد بالوقود. ولقد توّجت هذه التجارب منتصف سنة 1999 بالكشف عن محطة تزويد نموذجية تقدم الهيدروجين السائل والغازي كليهما في مطار ميونيخ (كجزء من تطوير هذه الطريقة قبل كشف النقاب عن محطة المطار حوالى 500 تجربة تزويد ما يساوي 90.000 ميل من مسافات طرق كانت قد أنجزت على سيارة بي إم ڤي بأربعة مقاعد).

دراسة ثالثة مقدمة من قبل مسّر غريشَيْم تبين أن الخسارة في LH_2 انخفضت من حوالى 9% يومياً قبل 20 عاماً الى 1%. كما يؤكّد مسّر غريشيم قائلاً: "حالياً نجرب عدم الخسارة في الوقود خلال التشغيل العادي لأن وقت حفظ الضغط يمكن أن يمدد لعدة أيام". أيضاً لأن كثافة الطاقة في خزانات LH_2 زيدت على عدة أجيال من تصاميم الخزانات من 10 الى 22 ميغاجول للكيلوغرام باستعمال مواد عازلة أخف وأفضل وكذلك مع تطويرات أخرى.

على المدى البعيد اعتبرت الهيدريدات ربما أفضل حل لمشكلة كيفية تخزين الهيدروجين على متن السيارة. السلامة كانت السبب الرئيسي. حتى مع وعي "صدمة هندنبورغ" (البالون الألماني الذي اشتعل وسبب قتل العشرات في 1930 - المترجم) يعتبر الباحثون الهيدريدات آمنة أكثر من سواها لأنها لا تسرب أو تنفث الهيدروجين ولا تشتعل عند التصادم. وفي السنوات الأخيرة، وعلى الرغم من ذلك، فقد برّدت سلبيات الوزن المرتبطة بالهيدريدات من الحماسة لها بشكل معتبر. لقد أهمل ديملر-بنز، وهو أول المدافعين، الهيدريدات لصالح الميتانول كحامل للهيدروجين في

خلايا وقود السيارات والهيدروجين الغازي المضغوط للحافلات. لقد بقيت تجارب مازدا Mazda على الهيدريدات مستمرة في التسعينيات. وفي سنة 1996 كانت تويوتا على ما يبدو صانع السيارات الوحيد الذي استعمل الهيدريد المخزن (في سيارته التجريبية راف4 المدفوعة بخلايا الوقود التي دشنتها في السنة نفسها). فالهيدريدات ما زالت تعتبر قابلة للحياة في حيِّزين محددين هما في عربات الرفع وعربات المناجم. أيضاً في مطلع سنة 2000 كانت "شركة أجهزة تحويل الطاقة" Energy Conversion Devices Inc. في تروي - ميتشغن تدلل على هيدريداتها "المهندسة نووياً" على قاعدة الماغنيسيوم باعتبارها قادرة على تخزين الهيدروجين بفعالية وبصورة اقتصادية.

لقد كانت الهيدريدات - عادة سبائك معدنية[8]- في الأصل قد طوّرت من أجل مفاعلات الطاقة النووية بغية إبطاء النوترونات السريعة كوسيلة للسيطرة على التفاعلات النووية والسيطرة بالتالي على ناتج المفاعل النووي الكهربائي. إنَّ هيدريد حديد-التيتانيوم، وهو المادة المستعملة في التطبيقات الميكانيكية الأولى، يشبه ويظهر كأنه معدن عادي - حبيبات دقيقة فضية اللون من دون أي إشارة لما هو غير طبيعي. على كل تتمتع الحبيبات بصفة بارزة أنها تمتص الهيدروجين مثل أي اسفنجة مع الفرق أن الهيدريدات تمتص وتُسرّح الغاز على مستويات ضغط ودرجات حرارة مختلفة.

تصدر الحرارة حين تمتص السبيكة، أو غيرها من مواد الامتصاص، الهيدروجين (حرارة التشكل)؛ كمية الحرارة نفسها

---

(8) There are other types, such as chemical hydrides and liquid organic hydrides.

يجب زيادتها على الهيدريد لكي يُسرّح الهيدروجين مجدداً (حرارة التحلل). تربط الهيدريدات ذرة الهيدروجين نووياً ويندمج الهيدروجين بهيكلية الهيدريد بواسطة إلكترون الهيدروجين المحول الى الهيدريد.

وبدمجه مع مادة سبيكة التخزين لا يتطلب الهيدروجين أي حجم إضافي كما يفعل أي غاز أو سائل آخر. لهذا السبب يمكن لأي هيدريد نقل كمية طاقة أكثر من الهيدروجين بمعيار الحجم مما لا يستطيعه الهيدروجين السائل، ولكن هناك عبء الوزن الضخم. مثلاً خزان من مئة ليتر هيدريد حديد-التيتانيوم يشحن 1.2 الى 1.5 مرة من الطاقة أكثر من خزان الهيدروجين السائل بذات السعة (100 ليتر) ولكنه يزن 25 مرة أكثر.

إنَّ أهم الأبحاث الأولية على تخزين الهيدروجين في سبائك الهيدريد كانت قد أنجزت في الستينيات، في الولايات المتحدة، في مختبر بروكهاڤن القومي، وكذلك في مختبرات فيليبس في هولندة. لقد قدمت الدراسات الأولى في سنة 1966، وفي سنة 1969 قدم فريق من ستة علماء دراسة بعنوان "هيدريدات المعدن كمصدر وقود لدفع المركبات"، في المؤتمر الدولي لهندسة المحركات في ديترويت(9)؛ مذّاك يحاول الباحثون اكتشاف الهيدريدات الأفضل والأخف التي تستطيع تخزين كمية أكبر من وقود الهيدروجين، ولكن تبيّن أن هذا السعي هو وهم ليس إلّا. كذلك ما يدعى هيدريدات AB5 (المطور من قبل فيليبس والمرتكز

(9) K. Hoffman, W. Winsche, R. Wiswall, J. Reilly, T. Sheehan, and C. Waide, Metal Hydrides as a Source of Fuel for Vehicular Propulsion, technical paper 690232, Society of Automotive Engineers, 1969.

على سبائك النيكل وعناصره Lanthanide) تطور اليوم الى بطاريات معدن النيكل الذائعة ولم يطرأ أي تحسن رئيسي على مواد حديد- التيتانيوم في السبعينيات لتخزين غاز الهيدروجين في السيارات كما شرح غاري ساندروك Gary Sandrock وهو خبير دولي معروف في تكنولوجيا هيدريدات التخزين. فالسبيكة AB2 التي تحتوي في الأصل على التيتانيوم والزيركونيوم والمنغنيز والڤاناديوم والكروميوم لديها نوعاً ما مواصفات أفضل لجهة الوزن كما يحدث مع بعض سبائك الڤاناديوم؛ مع ذلك يقول ساندروك "كل هيدريدات المعدن في الحرارة العادية تبقى ثقيلة (بالوزن-المترجم) لغالبية المركبات. أما السبائك التي لديها مواصفات مقبولة لجهة الوزن المرتكزة في الأصل على المغنيزيوم فإنها تتطلب للأسف حرارات عالية لتسريح الهيدروجين"[10].

في أواخر التسعينيات بدأت "شركة أجهزة تحويل الطاقة" عرض هيدريد معدني ناجح كنظام لتخزين الهيدروجين، وكذلك كهيدريد معدن للبطاريات. وفي ملتقى الجمعية القومية للهيدروجين في شباط/ فبراير سنة 2000 عرضت روزا يونغ Rosa Young من وزارة الطاقة الجهود المبذولة لتطوير الهيدريد المرتكز على المغنيزيوم لأنظمة تخزين هيدروجين النقل في واحد من أعلى مواصفات تخزين الهيدروجين القابل للتحول- نظرياً 7.6 وزناً %- مع كلفة مواد متدنية على حرارة عالية نسبياً 300- 400° مئوية وضغط جوي أقل من 20 بار (20 مرة الضغط الجوي -المترجم).

---

(10) اتصال خاص.

بعيداً عن ذلك يشكو هذا النظام من فقر الدينامية والحياة القصيرة والحرارة العالية للتركيب، ولكن المجموعة المصنعة تربط هذه المشكلات بما تسميه "مقاربة الهندسة النووية"(11).

هكذا يبقى البنزين المقياس للمواصفات الفضلى في تخزين الوقود على متن السيارة. إنَّ متوسط الخزان، مملوءاً بالوقود يزن حوالى 110 پاوندات (بما في ذلك البنزين). الخزان المليء بالميتانول يزن تقريباً الشيء نفسه، ولكنه يخدم نصف مسافة السير.

إنَّ الاهتمام بالميتانول كوقود بديل عاود نشاطه في نهاية الستينيات للاستعمال في خلايا الوقود. لم يكن ذلك أول مرة يجذب هذا النوع من الكحول انتباه أنصار الطاقة النظيفة، فهناك عدد من الاستراتيجيين دافعوا، لعقود قبلها، عن فكرة أن الهيدروجين في العادة غاز قد لا يكون أفضل وقود بيئي لاستعمال المحركات في النهاية وربما يكون وقود سائل آخر هو الأفضل.

لقد ظهر الميتانول في أول مؤتمر دولي للهيدروجين في ميامي سنة 1974 حيث قال فريق بحثي من مؤسسة ستانفورد إنَّ استبدال البنزين كوقود صعب جداً لأن "شبكة التوزيع تظهر أنه مكون مسيطر على إجمالي نظام عربات النقل الخاص". ولاحظوا أنه، "ما إنْ يتأسس النظام فإن البنية التحتية لشبكة النظام تصبح مقاومة جداً للتغيير... التحول المؤسسي هو غالباً أقل قابلية للتحقق من التغير التقني". تبقى المجتمعات متمسكة بالنظام الموجود. تلخص الدراسة ذلك بالقول إنَّ "التحول إلى الهيدروجين سيبدو فوضى لا

---

(11) «High oil prices, Iceland plans, skepticism about small home PEMs mark annual NHA meeting,» *Hydrogen & Fuel Cell Letter,* April 2000.

لزوم لها مقارنة مع البدائل العديدة خاصة استعمال الميتانول في السيارات"(12).

الميتانول وهو نوع خاص من الكحول كان قد اعتبر الوقود السائل النظيف للسيارات بخاصة من قبل فولكسڤاكن في مطلع السبعينيات التي بدأت تعير الاهتمام للميتانول بجدية في سنة 1973. ولقد شيدت في سنة 1975 أسطولاً من 40 حراقاً للميتانول انتشرت في مدن ألمانية مختلفة. يشرح إرنست فيالا Ernest Fiala رئيس قسم البحوث لدى فولكسڤاكن في ذلك الوقت، بعد تحليل عناصر عديدة بالقول إنه "أصبح واضحاً أن الميتانول هو وقود جيد جداً... واعتماداً على معرفتنا اليوم فمن المحتمل أننا سنسير في الخمسين سنة القادمة على الميتانول أكثر من أي وقود آخر على الأرجح"(13).

فالميتانول كوقود سائل هو الأقرب للهيدروجين بمعيار النظافة البيئية. إنه يحتوي على ذرة كربون واحدة في تركيبته الجزيئية. لقد وصف بأنه "جزيئان من غاز الهيدروجين صنع منهما سائل بجزيء واحد من أول أكسيد الكربون"، هكذا إذن فإنه يشترك مع الهيدروجين في العديد من فضائله الصافية. والميتانول CH3OH أيضاً أطلق عليه اسم كحول المثيل وروح الخشب، وروح المثيل هو سائل شفاف من دون رائحة يتجمد على حرارة - 144° ف

---

(12) E. Dickson, T. Logothetti, J. Ryan, and L. Weisbecker, «The Use of Personal Vehicles Within the Hydrogen Energy Economy - An Assessment,» in proceedings of Hydrogen Economy Miami (THEME) Conference, 1974.

(13) E-mail communication from Volkswagen AG archives.

ويغلي على + 148° ف ويختلط بسهولة مع الماء. بالفعل إنه يجذب الماء الذي يتولد عند إحراقه في محرك الاحتراق الداخلي، ولكن خلايا الوقود المسقبلية العاملة على الميتانول مباشرة - وهي خلايا وقود ستفعِّل الميتانول فوراً من دون اللجوء الى مهذب لاستخراج الهيدروجين - ستعمل على خلائط من الماء والميتانول.

يمكن صنع الميتانول من مصادر متعددة من ضمنها الغاز الطبيعي والنفط والفحم والطفلّ الزيتي وحتى الخشب ونفايات المزارع والبلديات. وهناك اعتبار مهم: الميتانول المنتج من مادة النبات المتجددة سيكون وقوداً محايداً لجهة غاز طالما أنه لن يضيف شيئاً إلى إجمالي ثاني أكسيد الكربون في العالم.

إنَّ إحدى نقائص الميتانول التي منعت استعماله الواسع في محركات الاحتراق الداخلي هو احتواؤه على مستوى منخفض من الطاقة في كل وحدة حجم. إنه يمتلك أكثر قليلاً من نصف الطاقة الموجودة في البنزين- 64.200 و ح ب لغالون الميتالون مقابل 120.000 للبنزين. إنَّ ذلك يعني عملياً أن السيارة العاملة على الميتانول سوف تسير 55 الى 60% من تلك التي تقطعها سيارة تعمل على المحرك التقليدي. هناك مشكلة أخرى هي أن الميتانول يجعل الاقلاع صعباً في الجو البارد لأنه ينقصه بعض المكونات المتبخرة الموجودة في البنزين.

نقطة سلبية أخرى يخشاها العديدون من دخوله الواسع كوقود للنقل تتعلق بأن الميتانول هو سام في حالتيه السائلة والغازية. تقول "بطاقة المعلومات حول سلامة المادة" التي نشرتها شركة تصدير الميتان الكندية Methanex Corporation Canadas وهي موردة عالمية لهذه المادة الكيميائية "ابتلاع كمية ولو ضئيلة من الميتانول يمكن أن يؤدي الى فقد البصر أو الموت"، وإنَّ "الكميات

الصغيرة قد تؤدي الى لعيان النفس وأوجاع الرأس والبطن والتقيؤ".
وفي دراسة للحكومة الأمريكية محصورة "بسمّية الميتانول[14]" لسنة 1997 تحذر على صفحة الغلاف من أن "التحول الى الوقود البديل سيزيد بشكل ملحوظ التعرض للميتانول عند الجمهور في شكليه المزمن والحاد". يقول التقرير إنَّ حوالى 35.000 حالة ابتلاع للبنزين تحصى في الولايات المتحدة سنوياً، غالبيتها من سحب (شفط) الوقود و"حوادث السحب ستزيد عدد حالات بلع الميتانول إذا انتشر استعماله كوقود في خزانات السيارات".

حقاً إنَّ المشكلات والمصاعب هذه سوف تختفي تقريباً مع تطور نظام أفضل لتخزين الهيدروجين على متن السيارة. وابتداءً من سنة 1997 ظهر أن نظاماً كهذا أصبح تقريباً منجزاً. لقد تفاجأت جماعة أنصار الهيدروجين الدولية من تقرير اثنين من علماء جامعة نورإيسترن Northeastern وهما نيلّي رودريغيز Nelly Rodriguez وترّي بيكر Terry Baker وفيه أنهما طورا مادة تخزين من ألياف غرافيتية قزمة يمكنها تخزين حتى 65% (من وزنها) من الهيدروجين. إنَّ ذلك كان رقماً مثيراً؛ غالبية نظم التخزين التقليدية تخزن الهيدروجين بنسبة مئوية ذات رقم أحادي. لقد حسبت رودريغز وبيكر أن نظاميهما سيمتصان من الهيدروجين الغازي على ضغط معتدل وفي حرارة الغرفة ما يكفي لتشغيل خلية وقود على مسافة 5000 ميل أو ما شاكل. إنَّ خزاناً مليئاً بألياف غرافيتية قزمة سيكون حجمه نصف مثيله في السيارة العادية ووزنه حوالى 190

---

(14) US Department of Health and Human Services, Public Health Service, Agengy for Toxic Substances and Disease Registry, *Methanol Toxicity, TSDR Case Studies in Environmental Medicine, April 1997.*

باونداً. لقد ساندت وزارة الطاقة و ديملر كرايزلر جهود هذين العالمين لبرهة وتوقف هذا الدعم بعد الاستنتاج أن خزان الألياف القزمة لا يبدو خياراً تجارياً في حين أن إطلاق خلايا الوقود تجارياً سيكون في حوالى سنة 2004 أو 2005. (ثمة تواريخ مختلفة باختلاف الصناعيين). الظاهر أنه لا يوجد خبراء قادرون يشاطرون رودريغز وبيكر في مزاعمهما المذهلة. الشك هو السائد. إلا أنَّ رودريغز وبيكر لم يستسلما. لقد تابعا أبحاثهما مدعومين لاحقاً من قبل فورد وربما غيره. وفي مؤتمر الهيدروجين في كندا مطلع سنة 1999 قالت رودريغيز إنَّ اختراقات إضافية قد حدثت وإنَّ مفاتيح تكنولوجية متنوعة "تقدمت بشكل جوهري"، وأنجزت مع بيكر ما يساوي 50% من القدرة التخزينية و30% وزناً من انعتاق الهيدروجين في حرارة الغرفة، وأنه لا يتوقع أي مشكلات مهمة لإنجاز هيكلية تجارية لهذه التكنولوجيا خلال ثلاث سنوات.

في صيف سنة 1999، حققت الأبحاث في أنابيب قزمة لتخزين الهيدروجين قفزة بفعل أربعة باحثين من جامعة سنغافورة الوطنية. وفي عدد 2 تموز/يوليو من مجلة *Science* ادعى P.Chen وX.Wu وJ.Lin وK.Tan أنهم حققوا تخزيناً للهيدروجين بحوالى 14 الى 20% بالتتالي بواسطة أنابيب قزمة من الليتيوم- والبوتاسيوم- الكربون المعزز على حرارة معتدلة (200°-400° مئوية)، أو حتى على حرارة الغرفة وفي الضغط الجوي المحيط. ومع أنَّ هذه الأرقام ليست عالية بدرجة زعم رودريغز وبيكر إلا أنَّها تبقى أعلى بكثير من الأرقام المنسوبة عادة للهيدريدات ونظم التخزين الأخرى.

لم تكن رودريغز وبيكر مع علماء سنغافورة الوحيدين الذين توجهوا الى المواد القزمة لتخزين الهيدروجين. مع ذلك فإن كمية

كبيرة من العمل بدأت لسنوات عديدة، وإن يكن مع ضجة أقل وإدعاء قدرات تخزين متواضعة أكثر في المختبر القومي للطاقة المتجددة وغيره من المختبرات العديدة الأخرى في الولايات المتحدة والخارج. وفي اجتماع لمراجعة برنامج الهيدروجين في وزارة الطاقة قال ميكايل هبن Michael Heben رئيس المختبر المذكور إنَّ فريقه أحرز قدرات تخزينية أكثر من 7% وزناً على حرارة وضغط الغرفة في عينات صغيرة من واحد الى اثنين مليغرام ملاقياً بذلك معايير برنامج وزارة الطاقة أو متجاوزاً إياها. يقول هبن "في سنة 1995 كان هناك أقل من غرام واحد من الأنابيب القزمة على مستوى العالم كله. اليوم، كثير من المختبرات تنتج غراماً واحداً". لقد دخل فريق هبن في شراكة لمدة سنتين مع شركة هوندا في أمريكا للبحث وفي هذه التكنولوجيا وتطويرها.

يبقى هناك شك. عالمان من جنرال موتورز وهما غاري تيبّتس Gary Tibbetts وفريدريك پينكرتون Friedrick Pinkerton والباحث في معهد كاليفورنيا للتكنولوجيا تشانينغ آن Channing Ahn نقلوا في المؤتمر الكندي لجمعية الهيدروجين أن دراساتهم المتتالية لتخزين الأنابيب الكربونية القزمة أقنعتهم أن جميع الأرقام التي سبق تقديمها كانت مضخمة جداً. فكل مقاسات التخزين الثلاثة لواحد بالمئة وزناً أو أقل من الهيدروجين في حرارة الغرفة وتحت ضغط متغير ترمي شكوكاً جدية على مزاعم تيبّتس.

إنَّ الاهتمام المرتبط بتخزين الهيدروجين على متن السيارة كان الموضوع الرئيسي لدراسة أربعة من خبراء خلايا الوقود لفريق كاليفورنيا لموارد الجوّ، حيث تخلص الدراسة الى أنه حتى لو وصلت تكنولوجيا خلايا الوقود أواسط سنة 1998 الى النضوج لدرجة أنها ستصبح سريعاً خيارات واقعية فإن الهيدروجين لن يكون

الوقود الذي سيشغلها. "الهيدروجين...لا يعتبر من الناحية التقنية والاقتصادية وقوداً ذا جدوى للسيارات الخاصة اليوم والى مستقبل منظور بسبب صعوبات الكلفة والتخزين الهيدروجين على متن السيارة وأيضاً الاستثمارات الكبيرة جداً المطلوبة لجعل الهيدروجين متاحاً بشكل عام"، كما قال المؤلفون الأربعة(15). ولكن في مؤتمر شباط/فبراير سنة 1999 في ڤانكوڤر ينعت الاستشاريون الذين ينصحون شركة فورد للسيارات بتكنولوجيا خلايا الوقود فريق كاليفورنيا بأنه "متشائم بلا سبب"، ويخلصون الى أن الهيدروجين هو فعلاً مجدٍ تقنياً للتخزين على متن السيارة، "وقد يكون بشكل جيد جداً أرخص وقود لخلايا السيارات وبكلفة أقل من البنزين لكل ميل قيادة"(16). يقول مدير أبحاث شركة التكنولوجيات الموجهة Directed Technologies Inc. ساندي توماس إنَّ دراسة فريق كاليفورنيا كانت مغلوطة عندما قالت إنه لا يمكن تخزين الهيدروجين على متن السيارة من دون أن يكون ذلك على حساب المساحة المخصصة للركاب. لقد قال فورد ذلك في دراسة أظهرت أن تركيب خزان الهيدروجين في السيارات التجارية الحالية من دون تعديلات في التصميم هو الذي أدى فعلاً الى طرح المشكل هذا. ويتابع قائلاً إنَّ فورد أتى مذّاك بتصاميم جديدة حيث مكان قارورة

---

(15) Fritz Kalhammer, Paul Prokopius, Vernon Roan, and Gerald Voecks, Status and Prospects of Fuel Cells as Automobile Engines-A Report of the Fuel Cell Technical Advisory Panel, prepared for State of California Air Resources Board, 1998.

(16) «CARB Fuel Cell Study Is 'Unduly Pessimistic' about hydrogen for Cars, Conference Is Told,» *Hydrogen & Fuel Cell Letter,* March 1999.

الهيدروجين هو جزء من التركيب منذ البداية، وحيث يلائم الخزان تماماً داخل السيارة ولمسافة قيادة تصل حتى 380 ميلاً. على ما يظهر يقول توماس إنَّ خبراء فريق كاليفورنيا "لم يروا تصورات التصاميم هذه". وتستخلص الدراسة "إننا نوحي أن الهيدروجين هو من دون مشكلات". "فالبنية التحتية العريضة للهيدروجين يجب أن تشيد قبل بيع خلايا الوقود، وقد يأخذ الهيدروجين المضغوط حجماً أكبر من خزان البنزين أو الميتانول، ونظرة الجمهور للهيدروجين كوقود خطير قد تمنع قبوله. ولكن في رأينا أن الهيدروجين منافس أكبر بكثير من البنزين والميتانول كوقود للسيارات العاملة بخلايا الوقود مما... يريدنا التقرير أن نصدق".

ومع إطلالة تباشير الألفية الجديدة كانت خلايا الوقود تلقى اهتمام المجموعات البيئية والمستثمرين. وعبر تفحّص التقارير المتكاثرة والعروض ومواقع الإنترنت المتعلقة بخلايا الوقود والتكنولوجيا المتفرعة عنها والأعمال وعروضات الجمهور الأولية والأسعار المتقلبة بوحشية لأسهم بعض أشهر مطوري خلايا الوقود يشعر واحدنا أن موجة جديدة من حمى تجارة أسهم خلايا الوقود شبيهة بهستيريا "dot-com" التي عكرت أجواء الأسواق في هذه السنوات القريبة قد بدأت.

إنَّ ما يتبع هو نوع من تحطيم بعض المعالم المهمة في سيرة النقل المدفوع بوقود الهيدروجين خلال العقدين الماضيين كما يظهر ذلك حدثان في سنة 1996: الإعلان عن سيارات تعمل بخلايا الوقود عند ديملر كرايزلر وتويوتا، والإعلان عن أول سيارات الركاب التجارية من قبل أهم الصانعين.

في أيار/مايو سنة 1996- أي ثلاث سنوات قبل ربيع سنة 1999 المتألق بعرض ديملر كرايزلر لسيارة نيكار4 في واشنطن

وقبل اندماج ديملر-بنز مع كرايزلر-جاء حوالى 240 صحافياً بعضهم من كل أوروبا وبعضهم الآخر من الولايات المتحدة ينتظرون حدثاً إعلامياً في وسط ساحة بوستدامر Potsdamer في برلين حيث رفع الغطاء عن نيكار2 وهي حافلة صغيرة تعمل بخلايا الوقود. وبالرغم من غصة في تحويل الحركة ذات السرعتين بسبب اضطراب في مجسات وبرنامج الحاسوب خلال العرض التجريبي فإن الحدث كان نجاحاً كاسحاً. إنَّ مجلة الإكونومست التي نقلت خبر الخلل في محول الحركة قالت إنَّ محرك السيارة الجديدة "يعمل بنعومة"، و"هذا أهم نقطة تدّعيها نيكار2 وإنها أول سيارة في العالم تعمل بخلايا الوقود"(17).

إنَّ حافلة نيكار2 (الخليفة المقلصة إلى درجة مؤثرة للحافلة نيكار1 لعام 1994 وهي حافلة صغيرة (مينيڤيان) مجهزة بصندوق للخدمة في المدن وحيث خزان الوقود يحتل تقريباً مساحة الحمولة) كانت مثال مينيڤيان تعمل بخلايا الوقود متفرعةً عن طراز Daimler-Benz V-Class ذات الدفع الأمامي. لقد كانت مدفوعة بواسطة زوج من خلايا الوقود بقوة 25 كيلوواط لكل منهما من نوع بالارد المجهز بغشاء تبادل پروتوني، وهي واحدة من الدفعات بموجب اتفاق التعاون والتطوير بقيمة 35 مليون دولار الذي وقعته الشركتان في أواسط سنة 1993. المينيڤيان البيضاء مع زيادة علو السقف لتمويه خزانات الغاز المضغوط سارت على الهيدروجين الصافي. ولكن شركة ديملر-بنز تقول إنه خلال عشر سنوات، أو أقل، سيكون إنتاج السيارات المدفوعة بالهيدروجين على الأرجح من

(17) «Selling Fuel Cells,» *The Economist,* May 25, 1996.

الصنف الذي يعمل بالهيدروجين المستخرج من الميتانول بواسطة مهذّب على متنها.

فمجال القيادة هو في أقل تعديل 156 ميلاً لـ نيكار2. يقول مهندسو ديملر-بنز إنه في قيادة متمهلة على طريق خالية تستطيع قطع مسافة 250 ميلاً على سرعات تصل الى 69 ميلاً في الساعة بين وقفات التزود بالوقود.

في أيلول سنة 1997 خرجت نيكار3. إنها نسخة من سيارة A-Class الثمينة ذات فئة الخمسة أبواب التي كانت شركة ديملر-بنز تنوي الإعلان عنها مع محرك تقليدي يعمل بالبنزين أو الديزل في أوروبا. لقد زوّدت نيكار3 بخلية الوقود ذات غ ت پ بقوة 50 كيلوواط تعمل بالميتانول وأول ما دار من ثرثرة حولها أنها ستكون المرتكز لأول سيارة بخلية وقود تنتجها الشركة.

في تشرين الأول/أوكتوبر 1996 كشفت تويوتا النقاب عن مركبتها العاملة على طاقة خلية الوقود FCEV أول سيارة تنتجها وهي نسخة من راف4 الشعبية مجهزة بخلية ذات غ ت پ في الدورة الثالثة عشرة للندوة الدولية حول السيارة الكهربائية في أوساكا، فقط لتحويل الأنظار عن دزينتين من السيارات الكهربائية والهجينة المعروضة من قبل صانعين آخرين. لقد صنعت تويوتا نسختين بتكلفة مليون دولار تقريباً لكل واحدة. ومع خلية وقود تويوتا المتطورة بـ25 كيلوواط تتمتع FCEV بقوة دفع من 0.12 كيلوواط لكل كيلوغرام على مسافة 109 أميال. بالإضافة إلى القوة من خلية الوقود ذات غ ت پ فإنها تستخدم بطاريات هيدريدات النيكل لالتقاط الطاقة الضائعة هكذا عند الفرملة وتخفيف السرعة.

وبينما تعتمد نيكار2 على الهيدروجين المضغوط فإن FCEV استخدمت هيدريد معتمد على التيتانيوم. فخزانها المصنوع من

سبائك التيتانيوم سعته حوالى 2.4% هيدروجين وزناً (كان الهدف 3.2%).

مثل ديملر-بنز كانت تويوتا تطور نسخة موازية تعتمد على الميتانول. "إنه مبكر جداً لنعرف" ذلك كان جواب يوشيو كيمورا لأحد الصحافيين حين سئل عن أي نسخة سوف تخرج قابلة للحياة تجارياً. "ليس من شك بأننا نسير نحو حقبة الهيدروجين، في ذلك الزمن سوف نسير بسيارة الهيدروجين. ولكن يبقى أن نرى ما إذا كانت البنية التحتية الموجودة متطابقة مع خططنا التسويقية. لذلك نحن نطور الاثنتين". وظهر دليل إضافي على هذه الاستراتيجية في معرض سيارات فرانكفورت لسنة 1997 حين كشفت تويوتا وديملر-بنز النقاب عن نماذج لسيارات العرض لديها تعمل بالميتانول.

يتفق كيمورا أيضاً مع شركة ديملر-بنز على أن السيارات العاملة بالهيدروجين أو الميتانول تبقى بعيدة لسنين: "لن نكون مستعدين لادخالها في الجزء الأول من القرن القادم" كما قال.

لقد عرضت شركة أوپل، الفرع الأوروبي لجنرال موتورز نسختها العاملة بخلية الوقود ذات غ ت پ من مينيڤيان طراز زافيرا الجديد في حينه، في تشرين أول/ أكتوبر سنة 1998 أثناء معرض باريس للسيارات. وكان الدفع بواسطة زوج من خلايا الوقود بقوة 25 كيلوواط لكل منهما وبقوة 20 أمبير ساعة و500 واط للكيلوغرام وعلبة بطارية مصنوعة من هيدريد معدن Ovonic بـ 6.3 كيلوواط ساعة. إنَّ خلية وقود زافيرا كانت أول ناتج لمركز الدفع البديل العالمي لدى جنرال موتورز، وهي منشأة دولية مع مختبرات لتطوير خلايا الوقود في متشغان ونيويورك وألمانيا.

في معرض ديترويت للسيارات سنة 2000 كشفت شركة جنرال موتورز عن نموذج من خلية وقود لفكرة سيارة پريسپت التي

قدمت في ذلك الوقت كسيارة هجينة. لم تكن السيارة قد دخلت في الخدمة بعد وكان هاري پيرس Harry Pearce نائب مدير جنرال موتورز قد أعلن أنَّ ذلك سيأتي في نهاية العام. قيل عن سيارة پريسپت المجهزة بخلية وقود بقوة 75 كيلوواط مباشر مصنوعة من هيدريد خفيف الوزن مستتر وذات قوة 105 كيلوواط في الذروة بأنها تتمتع بمجال قيادة يصل إلى 500 ميل، وميزة اقتصاد في الوقود يعادل 108 أميال لكل غالون بنزين. لقد سمى بيرس ذلك "خطوة بسيطة في رحلة طويلة لمستقبل مختلف جداً نراه للسيارة".

لقد كشفت شركة فورد النقاب عن نموذج لخلية وقود مجهزة بتكنولوجيا غ ت پ بقوة 75 كيلوواط لسيارتها من طرازP 2000 الخفيفة التجريبية في معرض ديترويت للسيارات في كانون الثاني/ يناير سنة 1999. فالسيارة تقريباً بحجم وشكل طراز الشركة التجاري متوسط الحجم ولكنها تزن أقل بحوالى 40% من مثيلتها التي تزن 3400 پاوند كنتيجة للاستعمال الحكيم للألمنيوم والمواد الخفيفة الأخرى، وكان ينتظر أن يكون لها أداء مثل سيارة توروس Taurus تقريباً مع تسارع من صفر الى 60 ميلاً بالساعة خلال 12 ثانية أو ما شابه. السيارة لم تكن مهيأة حقاً للتجربة على الطريق: لقد كتب أحد الصحافيين ناقلاً قول المهندس رون سيمز Ron Sims المسؤول عن مشروع خلايا الوقود لدى شركة فورد، "إن معرض كانون الثاني/يناير أتى باكراً بعض الشيء بالنسبة إلينا". "كنا في آخر مراحل دمج كل المكونات التي جربناها منفصلة بنجاح". ثلاثة أشهر بعد ذلك أصبحت السيارة جاهزة وتسير على طرقات فورد التجريبية، وأعلن سيمز أنه سعيد تماماً بذلك؛ مدفوعة بالهيدروجين المضغوط فإنَّ مجالها فقط 60 ميلاً أو ما شابه -أكثر من المطلوب للتطوير الأولي والعمل التجريبي للشهور القادمة؛ وزيادة المجال

سوف تأتي لاحقاً. إنه لمن المحتمل أن شركة فورد تخطط لاستبدال خزان الهيدروجين المضغوط الخفيف بآخر للهيدروجين السائل (LH_2) الصالح للسير مسافة 300 ميل.

في معرض ديترويت لسنة 2000 كشفت شركة فورد النقاب عن نموذج خلية وقود يدعى Th!nk FC5 (خلية الوقود - الجيل الخامس). ارتكازاً على طراز فوكس Focus الذي كان مجهزاً بآخر نموذج بطارية لخلية وقود من صنع بالارد بقوة 75 كيلوواط ألا وهي بطارية مارك 900 .Mark 900 وعلى العكس من سيارة بريسپت لجنرال موتورز كانت خلية Think FC5 مصممة لتعمل على الميتانول. كان مخططاً لأن تعاد النسخ الأولى الى California Fuel Cell Partnership[(18)] لاحقاً تلك السنة. "هذا هو" قال نَيْل أوتو Neil Otto رئيس قسم المحركات لدى بالارد كاشفاً النقاب عن طفله أمام الصحافة في ديترويت - تصميم محفوظ للإنتاج التجاري.

---

(18) كان انطلاق الشراكة لخلايا الوقود في كاليفورنيا في شهر نيسان/أبريل 1999 اشارة مسار بارزة مهمة. لقد أخذت الشراكة (partnership) ومركز قيادتها في Sacramento ثمانية صانعي سيارات معاً (Daimler Chysler) و Ford و General Motors و Honda و Hyundai و Nissan و Toyota و V W) ووكالات الحكومة في الولاية والاتحاد (وزارة الطاقة والنقل ومجلس موارد الطيران في كاليفورنيا ومفوضية كاليفورنيا للطاقة وقطاع إدارة نوعية الهواء على الساحل الجنوبي) وصانع خلايا الوقود (بالارد پاور سيستمز وخلايا الوقود الدولية) وشركات الطاقة (BP و Shell و Texaco) وممونى الهيدروجين (Air product and Chemicols Inc و Germany's Linde AG. و Praxair وممون وقود الميتانول Methanex ووكالتي نقل في كاليفورنيا (قطاع النقل لساحل Almada-Contra في منطقة خليج سان فرنسيسكو و Sumline Transt في منطقة پالم سبرينغز.

كذلك في بداية سنة 2000 أعلنت الشركة الكورية هيونداي عن التعاون مع شركة الخلايا الدولية لتصنيع اثنين أو حتى أربعة نماذج من خلايا الوقود لمركبات الخدمة الرياضية، الأولى ربما لمعرض ديترويت للسيارات.

وفي أوروبا، يقوم جهد مشترك بين رينو وبيجو يركز على خلية وقود قيد التطوير لدى الشركة الإيطالية دي نورا De Nora. لقد بدأ برنامج رينو-بيجو-دي نورا كجهد فرنسي مموّل من الوكالة البيئية الفرنسية ADEME. لقد توسعت في الرؤية بداية سنة 1997 حين أصبحت حجر الزاوية للجنة أوروبية جديدة حملت اسم "HYDRO-GEN". واعتماداً على دراسة عن خلايا الوقود قدمت في مؤتمر شيكاغو لخلايا الوقود عقد في أيلول/سپتمبر سنة 1996، فإن هدف تلك اللجنة تطوير خلية وقود مجهزة بتكنولوجيا غ ت پ قدرتها 30 كيلوواط تستخدم إلكترودات رخيصة (12.5 دولاراً للكيلوواط)، وأغشية رخيصة (56 دولاراً للكيلوواط) مما يمكّنها من الاستمرار لمدة 2000 ساعة. الهدف النهائي هو خلية وقود (محشدة) على شكل بطارية تكلف حوالى 250 دولاراً للكيلوواط في البداية وحوالى 125 دولاراً للكيلوواط في نهاية المشروع.

لقد حظيت إنجازات السبق الذي حققته ديملر-بنز وتويوتا بتغطية إعلامية واسعة وذلك لأنها تعبّر إلى حد كبير عن اهتمام متزايد من قبل كبار صانعي السيارات الموصوفين عادة بالمحافظين جداً فيما يتعلق بقضية المحافظة على سلامة البيئة. على كل كانا قطعاً أولين. فإذا حذفنا لبرهة تجارب جنرال موتورز على إلكتروڤان Electrovan وسيارة أوستن كارل كوردش Karl Kordesch (أنظر

الفصل السابع) فإن هذا الامتياز يعود للشركات الصغيرة والناشئة التي رأت كفاءة خلايا الوقود أكثر بكثير من العمالقة.

قبل ثلاث سنوات من إنجازات سبق تويوتا وديملر-بنز كشفت إنرجي پارتنر Energy Partners وهي شركة صغيرة في وست پالم بيتش West Palm Beach في فلوريدا عن سيارة بخلية الوقود أدت الى عاصفة في الإعلام المتخصص. كان مؤسس الشركة ورئيسها جون پرّي John Perry (مليونير وفي أوقات مختلفة ناشر جريدة ومشغِّل نظام تلفزيون بالكابل وصانع غواصات صغيرة لاستكشاف النفط ولأفلام جيمس بوند) مهتماً ومسانداً للهيدروجين والميتانول وتطوير خلايا الوقود منذ الستينيات. لقد جربت إنرجي پارتنر تصوراً لسيارة هيكلها بلاستيكي خفيف الوزن بمقعدين من صنع كونسولير إندستريز Consulier Industries في وست پالم بيتش وعدّلتها إنرجي بارتنر لتعمل بواسطة خلية وقود مجهزة بتكنولوجيا غ ت پ. وضعت في السير في شهر أكتوبر/ تشرين الأول 1993. والسيارة التي زودت بثلاث خلايا وقود بقوة 15 كيلوواط للواحدة تتمتع بمجال 60 ميلاً داخل المدينة وسرعة قصوى تصل حتى 60 ميلاً في الساعة. إنَّ غالبية الأموال (التي جمعت 3.4 مليون دولار) جاءت من پرّي ولكن كانت هناك مساهمة بـ 450.000 دولار من قبل قطاع إدارة نوعية الهواء للساحل الجنوبي (وهي الوكالة التي تراقب الدخان لحوض لوس أنجلوس حيث يتنشق 15 مليون إنسان أوسخ هواء في الولايات المتحدة).

في صيف سنة 1991، بدأت بالعمل في هاريسبورغ في پنسلڤانيا سيارة فورد فييستا التي كانت تستعمل لتوزيع البريد، وهي محولة لتعمل على نظام هجين يجمع بين خلية الوقود والبطارية. لقد ضخَّمت كتب الطاقة لولاية پنسلڤانيا حوالى 60.000 دولار إضافة

إلى ما يقول راعي المشروع روجر بلّينغز Roger Billings إنها ملايين الدولارات من أمواله الخاصة. الدعم الآخر أتى من منشأة Air Products and Chemicals (وهو المنتج الأساسي لجميع أنواع الغاز في پنسلڤانيا) ومن إكسيد Exide (أكبر مصنع للبطاريات بالرصاص والحمض)، حيث ساهمت إكسيد بملحقات البطاريات. إنَّ خلايا وقود السيارات المجهزة بتكنولوجيا غ ت پ كانت معيّرة بأقل من 10 كيلوواط. لقد زعم بلّينغز أن مداها بواسطة حاوية هيدريد الحديد- التيتانيوم-المغنيزيوم التي تحبس 4 كلغ من الهيدروجين يصل الى حوالى 220 ميلاً.

في مستهل القرن الجديد بدأت تجربة أول نماذج حافلات النقل العاملة بخلايا الوقود في أمريكا الشمالية وأوروبا، وبدأ أيضاً تطوير محركات الاحتراق الداخلي للحافلات العاملة على الهيدروجين.

في سنة 1991 أعطت الحكومة البلجيكية موافقتها الرسمية على مشروع الحافلة "الخضراء" الذي وضع أولاً من قبل الشركة البلجيكية لنظم الهيدروجين. ولقد استدعى استعمال الهيدروجين المنتج كهربائياً لدفع حافلة ديزل محولة تعمل في المدن بسعة أسطوانية 7.4 ليتر وقوة 227 حصاناً ومصنوعة من قبل صانع الحافلات البلجيكي ڤان هول .Van Hool لقد كان على الهيدروجين أن يخزن على متن الحافلة في إناء هيدريد الحديد-تيتانيوم المتوافر تجارياً. وبعد تغيرات مختلفة أطلقت الحافلة عديمة الانبعاثات باسمها الجديد زيمباص ZEMBUS في سپتمبر/أيلول سنة 2000 في بلدة هاسلت Hasselt بحضور وزير النقل البلجيكي. من جهتها تخطط دي ليجن De Lijn، أكبر شركة حافلات بلجيكية، لشراء ثلاث نسخ ومحطة تزويد هيدروجينية.

في نيسان/أبريل سنة 1996 كُشف النقاب عن حافلة تعمل بالهيدروجين السائل في مدينة إرلنغن Erlangen في ألمانيا بشكل يومي منتظم. إنها بقوة 229 حصاناً مصممة أساساً لإحراق الغاز الطبيعي. هناك حافلة أخرى بمحرك احتراق داخلي يعمل بخليط من الغاز الطبيعي والهيدروجين يدعى هيتان Hythane وضعت في السير في شوارع مونتريال - كيبيك في نوفمبر/تشرين الثاني سنة 1995.

في البرازيل حيث تلوث الهواء يصيب الحياة في مراكز المدن مثل ساوباولو أعطيت حافلات الهيدروجين بعض الاعتبار في التسعينيات. فمصلحة المياه والكهرباء الوطنية في البرازيل (DNAEE) قالت في سنة 1995 إنها تريد تحويل حافلتين بمحرك احتراق داخلي الى الهيدروجين للاختبار. ومع اقتراب القرن من نهايته كان المشروع لا يزال قائماً.

تقدمت الصين بعرض طلب لتسيير حافلة بخلية وقود في بداية سنة 1998. ففي تطور موازٍ ساعدت مؤسسة دبل يو ألتون جونز W.Alton Jones Foundation في شارلوتڤيل في ڤرجينيا بتمويل مشروع على عدة سنوات بهدف إدخال حافلات تعمل بخلايا وقود الى مدينة شانغشون الصينية (مدينة متوسطة الحجم في الشمال الشرقي)، وفي شنغهاي وفي نينغبو Ningbo (على بعد 175 ميلاً جنوبي شنغهاي). هذا المشروع توقف بعد سنة، جزئياً بسبب الداعمين الصينيين (مثل معهد يونيرول Unirule Institute وهي وكالة غير حكومية تدعم التكنولوجيا الحميدة بيئياً) الذين رأوا أن تكنولوجيا خلايا الوقود مكلفة جداً لبلاد في طور النمو مثل الصين.

في 1987 ظهر أول مشروع حافلة بخلايا الوقود في الولايات المتحدة بتنافس بين وزارة الطاقة للتصميم الأولي وحافلة أخرى هجينة من جامعة جورجتاون. لقد أدى التنافس الى نظام خلية وقود

زائد نظام بطارية نجدة للمساعدة في الاسراع وتسلق المرتفعات، وأيضاً لتخزين الطاقة المستعادة عند الكبح. لقد وضع فريقان في مواجهة بعضهما بعضاً. فريق بقيادة شركة بوز-آلن هاملتون Booz-Allen Hamilton ومن ضمنه أيضاً مؤسسة إنغلهارد Engelhard Corporation (مورد خلايا الوقود) وشركة كرايزلر. والفريق الآخر بقيادة شركة بحوث الطاقة Energy Research Corp (مورد خلايا الوقود) متضمناً مختبر لوس ألاموس الوطني وشركة مؤسسة نظم تصنيع الحافلات Bus Manufacturing Systems. بعد مضي أربع سنوات وحين أعلنت وزارة الطاقة الفريق الأول رابحاً كانت شركة بوز-آلن هاملتون قد أصبحت خارج المنافسة؛ وسميت شركة إتش باور H Power الكائنة في نيو جرسي المقاول الأول. لقد كلفت وزارة الطاقة هذا الأخير تصنيع ثلاث حافلات بطول 27-30 قدماً في خلال ثلاثين شهراً. كان المطلوب أن تكون الحافلات مدفوعة بخلايا وقود حمض الفوسفور المزودة بالميتانول الذي يعطي الهيدروجين بواسطة محول على متن الحافلة (وهو نظام اعتبر وقتها أقل خطورة من الهيدروجين الصافي وخلايا الوقود بتكنولوجيا غ ت ب. قال المسؤولون في إتش باور وسام رومانو Sam Romano(19) رئيس البحث في المشروع في جامعة جورجتاون في ملتقى كانون الأول/ديسمبر سنة 1991 لجمعية مهندسي الآليات إنه "بالرغم من كون خلايا الوقود المتطورة مثل تلك المجهزة بتكنولوجيا من نوع غ ت پ هي أكثر إغراء لأول وهلة فإن خلايا الوقود بحمض الفوسفوريك (خ و ح ف) PAFCs لديها "الأفضلية، خاصة

(19) Romano helped manage and direct NASA's Lunar Roving Vehicle Project in the 1960s.

للسيارات الأكبر". مثلاً، الحرارة المهدورة بشكل خفيف يمكن استعمالها للتكييف داخل الحافلة. يضيف رومانو أيضاً أن خلايا الوقود بحمض الفوسفور هي الطراز الوحيد من خلايا الوقود في ذلك الوقت الذي برهن عن كفاءة مقبولة في استعمال الميتانول. يلاحظ رومانو أنه يمكن تهذيب الميتانول على حرارة منخفضة نسبياً (200° مئوية) بينما يتطلب الإيتانول (كحول الفواكه والسكر البسيط) والغاز الطبيعي والپروپان Propane حرارة (400° مئوية)[20]. إنَّ أول حافلة صنعت من ضمن مشروع جامعة جورجتاون وضعت في السير في واشنطن ربيع سنة 1994 كجزء من فعاليات يوم الأرض. في ذلك الوقت تراجع إنغلهارد كمورد لخلايا الوقود واستخدمت أخيراً خلية من صنع فوجي إلكتريك Fuji Electric. الحافلة نفسها كانت مصنوعة من قبل شركة تصنيع الحافلات Bus Manufacturing Corporation.

في ملتقى جمعية مهندسي الآليات المذكور سابقاً والمنعقد في سنة 1991 سلطت شركة بالارد پاور سيستمز ضوءاً مبكراً على عملها من أجل إنتاج خلايا الوقود المجهزة بتكنولوجيا غ ت پ واستعمالها كجهاز دفع للحافلات[21]. لقد قال أحد مؤسسي شركة

---

(20) Other researchers say that higher temperatures are needed: at least 260°C for methanol, and 700-1000°C for other fuels, depending on the type of catalyst used.

(21) اليوم تعتبر تكنولوجيا PEM غشاء تبادل البرونزي غ ت پ +H ـ ترجم) المعتمدة صراحة لاشكالات كهذه. وباستثناء جهود تويوتا وبيجو-رينو فإن غالبية الجهود تعتمد بطريقة أو بأخرى ـ أقله في الأبعد ـ على تكنولوجيا بالارد، وقد تعاقد ديلمر-بنز وهوندا ونيسان وفولكسپاغن وڤولڤو مع بالارد في أزمان مختلفة.

بالارد، نائب الرئيس كيث پراتر Keith Prater للحضور إنَّ شركة بالارد صنعت خلية وقود بالهيدروجين تزن أقل من 100 پاوند وتستطيع إنتاج ما يزيد عن 5 كيلوواط حين استعمال الهواء- أكسجين وأزوت- كمؤكسِد. وقال پراتر إن خلية الوقود ولّدت مرتين أكثر من القدرة باستعمال الأكسجين الصافي وهذا يجب أن يكون المرتكز للتطبيق في كلا الوقوف والنقل. لقد كان قد سبق أن اشتركت بالارد مع جنرال موتورز في برنامج لوزارة الطاقة لعرض خلية وقود تعمل بالميتانول بواسطة تكنولوجيا غ ت پ خلال خمس سنوات، وكان ذلك أيضاً موضوع اتفاقية وقعتها مع كولومبيا البريطانية، وهو مكان إقامتها، لصنع حافلة نقل تعمل بالهيدروجين. وعند عرض صورة حافلة نقل تعمل بالديزل بطول 32 قدماً على الشاشة قال پراتر إن الخطة هي "وضع نظام [خلية وقود] في أواسط السنة القادمة بحيث تستطيعون اعتماده حول ڤانكوڤر". وبخلاف حافلة جورجتاون لا تشتمل حافلة بالارد على بطارية: "أردنا أولاً حافلة ليس فيها أدنى شك أنها تُدفع بقوة خلية الوقود وثانياً أردنا معرفة نتيجة دفع سيارة بواسطة خلية الوقود بشكل تام. العربة النهائية قد تكون حقاً هجينة، ولكننا أردنا التحقق من النتيجة".

إنَّ أول تجربة لنموذج حافلة بالارد الاختباري كانت في كانون الثاني/يناير سنة 1993 حيث امتلأت المقاعد الـ 21 بالركاب من فريق العمل والمتشوقين حين انطلقت الحافلة في أول رحلة متمهلة على أرض الشركة. وهذه الحافلة الأولى يمكنها أن تنطلق عند منحدر بدرجة 20% وتواصل السير بسرعة 30 ميلاً بالساعة صعوداً على درجة 8%، والانطلاق من صفر الى 30 ميلاً في 20 ثانية حيث يصل مدى سيرها حتى 94 ميلاً. وفي آب/أغسطس سنة

1994 خرجت الحافلة عينها حاملة ركاباً فعليين خلال دورة ألعاب الكومنولث "الخضراء" في ڤانكوڤر.

لقد نقلت الحافلة مئات المشاهدين من نقطة التجمع الى مختلف ألعاب القوى، عاملة لستّ ساعات يومياً طيلة الأسبوع.

في شباط/فبراير سنة 1994، أعلنت بالارد عن مخططها لحافلة تجارية بطول 40 قدماً تتسع لـ 60 راكباً وبقوة 275 حصاناً ولمدى يصل الى 250 ميلاً (من دون الحاجة للتزود بالوقود). وكانت قد طلبت الحكومة الكندية وقطاع إدارة تحسين نوعية الهواء للساحل الجنوبي من قبل تطوير حافلة بطول 60 قدماً. وفي سنة 1995 خرجت الحافلة ذات الأرضية المنخفضة من مصانع نيو فليير New Fleyer في وينيپيغ Winnipeg.

في أيلول/سپتمبر سنة 1995 أعلنت سلطات شيكاغو للنقل أنها ستجرب ثلاث حافلات مدفوعة بالهيدروجين بواسطة خلايا وقود مزودة بتكنولوجيا غ ت پ. ولقد كانت شيكاغو قد جربت أولاً أنواع وقود أخرى. وكما قال هنري هندرسون Henry Henderson مفوض وزارة البيئة في مؤتمر صحفي: "لسنوات عديدة جربت وزارة البيئة بدائل وقود سريعة مثل البيوديزل والإيتانول والغاز الطبيعي". و"مع أنَّ ذلك أدى مباشرة إلى التخفيف من تلوث الهواء، فإن تكنولوجيا الهيدروجين سوف تغيّر كلياً النقل المديني في القرن القادم (الحالي). لذلك نريد أن نكون الأول لتجربته الآن". لقد باشرت الحافلات بنقل الركاب حول دائرة شيكاغو في خريف سنة 1997. في أذار/مارس سنة 1996 وقعت شركة بالارد اتفاقاً مع سلطات النقل في ڤانكوڤر لتجربة سرعة ثلاث حافلات. وحين انتهت فحوصات شيكاغو وڤانكوڤر في سنة 2000 أعلن جميع المعنيين رضاهم عن النتائج. هذه البرامج كانت متبوعة

بتجارب على حافلات تعمل بخلايا وقود من نوع جديد مركّبة من قبل صنلاين ترانزيت Sunline Transit في وادي كوتشيلا Coachella في كاليفورنيا.

لقد بدأت في أوروبا أول حافلة بخلايا وقود باسم أوريكا Eureka متأخرة كثيراً، في بروكسيل نهاية سنة 1994. وعندما أعلن عن الحافلة أوريكا لأول مرة في سنة 1988 كانت مركبة نقل بطول 59 قدماً وسعة 80 راكباً خلايا الوقود الخاصة بها والمحتويات الأخرى مجرورة على عربة بعجلتين طولها طول الحافلة ذاتها. إنها تعمل على نظام هجين قوامه خلية وقود قلوية بقوة 87 كيلوواط من صنع الشركة البلجيكية إلنكو Elenco وبطاريات نيكاد NiCad من صنع فرنسي لصانعتها شركة سافت SAFT، وكذلك زود بتجهيزات جرٍّ من صنع شركة أنسالدو الإيطالية Italy's Ansaldo وبنظام وقود الهيدروجين السائل الذي ساهمت به شركة إير پرودكتس Air Products في هولندا. الحافلة نفسها صناعة فان هول. في الاجمال، أنفق الأفرقاء والحكومات 8 ملايين دولار لوضع الحافلة قيد الاستعمال قبل عدة أشهر من فشلها لاحقاً. لقد أجبرت شركة إلنكو على إعلان إفلاسها حين رفض المساهمون تعويمها مالياً؛ بيعت مقتنياتها لاحقاً للشركة الأنكلو-بلجيكية زيفكو التي خططت لصناعة خلايا وقود صغيرة هجينة لجرارات شركة الطيران وأيضاً للسيارات والحافلات.

لقد أحدثت خلية وقود إلنكو القلوية عاصفة كبيرة في صيف سنة 1998 حين كشفت زيفكو النقاب عن سيارة تاكسي هجينة، ميلينيوم تاكسي، في لندن. إنَّ ميلينيوم تاكسي كانت عربة بطراز أسود تقليدي لندني مدفوع بتركيبة من خلية وقود بقوة 5 كيلوواط وبطاريات.

إنّ الدخول في غمار سباق الحافلات بخلايا الوقود الذي قد زاد على الأرجح التوقعات العظيمة في هذا الشأن قد تمثل في أطلاق ديملر-بنز لنموذج نيباص (NEBUSحافلة الكهرباء الجديدة) في صيف سنة 1997. وهناك منتج آخر من الشراكة بين بالارد وديملر-بنز تمثل في حافلة بطول 12 متراً ومنخفضة الأرضية للمدن ومدفوعة بعشر بطاريات خلايا وقود بقوة 250 كيلوواط مرصوفة في المؤخرة، منها 190 كيلوواط معدة للدفع ونظم الكهرباء والتكييف. فالهيدروجين الغاز محمول في سبع قوارير بسعة 150 ليتراً تحت ضغط 300 بار مركزة على سطح الحافلة وتحمل ما مجموعه 45.000 ليتر من الهيدروجين المضغوط، ما يكفي لمدى 156 ميلاً ويغطي المعدل اليومي المطلوب. في صيف سنة 2000 أعلنت شركة ديملر كرايزلر أن نسخة تجارية، السيتارو Citaro ستكون جاهزة للتسليم بعد سنيتن. وفي نموذج الإنتاج الأنيق فإنَّ نظام خلايا الوقود مخبأ على السطح لتحقيق توازن في توزيع الثقل وتوسيع الأرضية أكثر إلى الخلف.

أيضاً في ربيع سنة 2000 كشف الصناعيان الألمانيان مانْ MAN ونيوپلان Neoplan النقاب عن حافلتين تعملان بخلايا الوقود المجهزة بتكنولوجيا غ ت پ في معرض ميونيخ لـ "يوم خلايا الوقود". لقد بدئ بتسيير مركبة مانْ ذات الـ 12 متراً[22] المسماة

(22) الحكومة الباڤارية تحاول بشدة تشجيع تكنولوجيا الهيدروجين داخل حدودها كتكنولوجيا عالية المردود في المستقبل ملتزمة مسؤولية المؤازرة للمشروع لدى Ludwig-Boelkow-systemtechink، وهي فرع من مؤسسة لودڤيغ بولكوف في ميونيخ التي كانت نشيطة في تحفيز ودعم تكنولوجيات طاقة الهيدروجين منذ بداية الثمانينيات (1980).

بايرنباص I Bayernbus I منذ سنة 1996 وهي مدفوعة بقوة خلية وقود بتكنولوجيا غ ت پ من صناعة سيمنس بقوة 120 كيلوواط ومهيأة في الأساس للاستعمال في غواصة. كل واحد من البطاريات الأربع معيّر على 30-45 كيلوواط وبقوة إجمالية تبلغ 120-180 كيلوواط. لقد كانت مركبة Neoplan's Bayernbus II متطورةً أكثر من الناحية التكنولوجية، فهيكلها مكوّن من تداخل الفحم والبلاستيكيات، وكوابحها مسترجِعة للطاقة، وعلى متنها محركان كهربائيان مركزان في وسطها وخلية وقود بقوة 80 كيلوواط مصنعة في شركة ناشئة هي پروتون موتور Proton motor ومركزها جنوبي ميونيخ. وبخلاف المدة الطويلة التي استغرقتها صناعة حافلة مان فإن حافلة بايرنباص II فقد استغرقت أقل من سنة لتكتمل وكلفت حوالى 1.15 مليون دولار وهو جزء من المبلغ المنفق على حافلة بايرنباص I.

لقد بدأت فكرة استعمال خلايا الوقود في عربات (الغولف) واستعمالها في جولات التسوق في پالم دزرت Palm Desert في كاليفورنيا وهو منتجع لجماعة من أنصار البيئة[23]. والآن هناك مئات الشوارع المسموحة لعربات (الغولف) المجهزة بإشارات الانعطاف وإشارات التوقف الخ - معدة للتسوق والنقل هناك. في بداية سنة 1990 تصور پيتر ليمان Peter Lehman مدير مركز شاتز Schatz لبحوث الطاقة في جامعة هومبولد Humboldt الرسمية وغلنّ رامباك Glenn Rambach وهو مهندس في مختبر لورنس ليڤرمور Lawrence Livermore القومي، الفكرة حين كانت كلفة الكيلوواط

---

(23) لقد حظرت عربات الغولف العاملة على البنزين في كاليفورنيا سنة 1997.

في خلية الوقود المطلوبة للسيارات لا تزال تعتبر فوق الإمكانية من الناحية الاقتصادية. لقد اكتشف ليمان ورامباك أن هناك سوقاً كبيرة لعربات الخدمة الصغيرة من هذا الطراز- حوالى 300.000 عربة في السنة.

يتضمن مشروع پالم دزرت محطة لإنتاج الهيدروجين. كذلك شيِّد منتجع پالم دزرت معملاً للغاز الطبيعي المضغوط لأسطوله من حافلات النقل العاملة على الغاز الطبيعي المضغوط CNG وكان يتطور ليصبح نموذجاً وطنياً في استعمال الهيدروجين للنقل المشترك. ولكن بناء معمل لإنتاج الهيدروجين لم يكن أمراً سهلاً. وبحسب أحد المراسلين قال ليمان: "أصبح موقع المحطة لعبة كرة قدم سياسية". وكتب في صحيفة سنة 1997 "العملية كانت طويلة وصعبة ومحتقنة سياسياً"[24].

إنَّ أول عربة غولف (في البداية كانت سيارة صغيرة لنقل اللاعبين ولوازمهم على أرض الملعب-المترجم) تعمل بالهيدروجين صنعت من قبل المهندسين لدى ليمان لحساب المسؤولين في منتجع پالم دزرت في أب/أغسطس سنة 1996، وكانت بداية عربة نمطية للغولف في الأساس محتفظة بمحركها ذي قوة الحصانين، ولكنها مجهزة بخلايا غ ت پ بدل البطارية. إنها تستهلك ما قيمته 0.29

(24) المشكلات كانت أمارة على المخاوف والمفاهيم المغلوطة التي تنكد على تكنولوجيا طاقة الهيدروجين. لقد أورد ليمان حادثاً حصل خلال لقاء مدني في پالم ديزرت ديبر بعد أن عرض أحد المتكلمين صورة لخريج ينظر الى صورة معمل الكهرباء بالهيدروجين الشمسي (مولد من الطاقة الشمسية) المقترح حيث سأل أحد الحضور وكان متململاً بشكل واضح: «كيف يمكنكم حتى التفكير بتوريط الأطفال في الهيدروجين الشمسي على ضوء حادثة Hindenberg».

كيلوواط ساعة من الهيدروجين كأقصى حد لكل ميل واحد وذلك تقريباً ما يوازي 125 ميلاً لكل غالون من البنزين اعتماداً على نشرة جامعة هموبلد الحكومية. الأكثر حداثة هي عربة كِوتْ Kewet الدانماركية الصنع التي عدلها ليمان لتعمل على الهيدروجين المضغوط. تتمتع هذه العربة التي هي أقرب ما تكون الى السيارة الصغيرة منها الى عربة الغولف بقوة 9 كيلوواط (2.6 حصان). "السيارة الجوارية" هذه ذات المدى الذي يصل الى 30 ميلاً، والتي عدلتها شركة صنلاين ترانزيت في سنة 1999 لتكون عربة تجارب لهذه الوكالة ضمن مخططها الطموح لتحويل أسطول حافلاتها تعمل على الغاز الطبيعي المضغوط لطاقة الهيدروجين.

كذلك فإنَّ شركة إنرجي پارتنرز في فلوريدا رأت أيضاً في خلايا الوقود بالهيدروجين مجالاً ممكناً. لقد طورت عربتين واحدة تدعى جينيسيز Genesis والثانية فيول سل غِيْتور Fuel Cell Gator. ولقد كشف عن الأولى في شباط/فبراير سنة 1995 في پالم سپرينغز Palm Springs (قرب پالم دزرت) وهي مدفوعة بقوة 7.5 كيلوواط بخلية وقود ذات غ ت پ وقيل إنها تستطيع نقل ثمانية ركاب أو حمولة تزن حوالى الطن وربع الطن. إنها معبأة بالهيدروجين والأكسجين في حاويات مضغوطة. إنَّ خلية الوقود غِيتور Gator وهي نموذج تجريبي لسيارة خدمة خفيفة قد صنعت من قبل شركة الجرارات جون دير وقد عملت لفترة في مطار پالم سپرينغز.

بالتالي، يبدو أكثر ترجيحاً ومؤكداً أن خلايا الوقود سوف تربح مع كفاءتها الذاتية الأعلى، وأنَّ محرك الاحتراق الداخلي الهيدروجيني قد سبق ذلك بأشواط. ثمة دراسة أعدت سنة 1995 بيّنت أن عدد السيارات الكلي العاملة بالهيدروجين هو حوالى 50

سيارة كلها تقريباً تعمل بمحرك احتراق داخلي وعشرون منها يعتقد أنها لا تزال قيد الاستعمال[25].

ومن الجدير بالملاحظة أن شركة بي إم ڤي مثابرة في تمسكها بمحرك الاحتراق الداخلي ضمن برنامجها للبحث والتطوير الطويل المدى المتعلق بالـ LH_2 الهيدروجين السائل. هذه الشركة صنعت أربعة أجيال من سيارات الركاب العاملة بالـ LH_2 منذ سنة 1970. وفي صيف سنة 1996 خرجت سيارة بأربعة مقاعد بلون رمادي غامق ومدوّن على أحد جانبيها بأحرف سميكة BMW Wasserstoff Antrieb (بي إم ڤي بالدفع الهيدروجيني) كما صرحت أنجلا مركل Angela Merkel وزيرة البيئة وقتها لمؤتمر طاقة الهيدروجين العالمي في شتوتغارت في خطابها الافتتاحي. (مما أثار الاستياء العام قول مركل إنها أحبت الهيدروجين على المدى البعيد ولكنها غير متفائلة له كثيراً على المدى القصير لأسباب اقتصادية).

إنَّ خامس جيل من السيارات العاملة على الهيدروجين السائل LH2 لشركة بي إم ڤي ظهر في ربيع سنة 1999 عند افتتاح محطة تزويد بالهيدروجين بشكليه السائل والغازي (هذا الأخير للحافلات) في مطار ميونيخ. مضخة الـ LH2 الآلية هي تحفة من الناحية الكهربائية-الميكانيكية: يسحبها السائق ويدخل بطاقته الممغنط في جهاز قارئ؛ عندها يخرج ذراع وينغلق على فتحة خزان السيارة ويملئ الخزان بـ 120 ليتراً من الهيدروجين في حوالى 90 ثانية.

في سنة 2000 وكجزء من برنامج بي إم ڤي "للطاقة النظيفة"

---

(25) James Cannon, *Harnessing Hydrogen-the Key to Sustainable Transportation* (INFORM, 1995), p. 26. There have also been at least a few hydrogen-powered motorcycles and jet engines.

خرجت خمس عشرة سيارة بأربعة مقاعد طراز (750 hl) للانتشار في عدة مدن ألمانية. ثلاث من هذه السيارات تستعمل خلية وقود مجهزة بتكنولوجيا غ ت پ بقوة 5 كيلوواط بدل المولد والبطارية التقليديين لعملية الإشعال وللإلكترونيات والتكييف غير الملوث (لا حاجة لاستمرار تشغيل المحرك لابقاء السيارة مبردة).

ما تدافع عنه شركة بي إم ڤي أساساً (كما في المؤتمر الدولي للهيدروجين في بيونيس أيرس)(26) لسنة 1998 هو أنه لا معنى للتخلي عن محرك الاحتراق الداخلي الذي "يخلف" وراءه مئة سنة من التحسين والتطوير.

هنالك أسباب عديدة لا ترجح أن تحل خلايا الوقود كجهاز قوة (دفع وكهرباء) للسيارات في زمن قريب، كما قال كريستوف هوسّ Christoph Huss مهندس شركة بي إم ڤي في دراسته المقدمة إلى المؤتمر. السبب الأول لأن محرك الدفع الكهربائي للسيارة المجهزة بخلية وقود يكلف ذات كلفة محرك الاحتراق الداخلي. وأيضاً إنَّ خلية الوقود تكلف بين 3000 و5600 دولار لكل كيلوواط مما سيرفع كلفة إجمالي جهاز قوة الدفع بعامل المئة بالنسبة لمحرك الاحتراق الداخلي(27). زيادة على ذلك يقول هوسّ

---

(26) Christoph Huss and Ragna Nordheimer, «The BMW Hydrogen Research Vehicle-A Forerunner of the Hydrogen Society,» XII World Hydrogen Energy Conference, 1998, Buenos Aires.

(27) In contrast, and illustrative of the wide divergence of opinions among experts and of the rapid pace of change, a paper presented at a London fuel cell conference in late 1999 claimed that DaimlerChrysler estimated the cost of the fuel-cell system in NECAR 4 to be about $545 («Economics, fuels, catalysts highligh 'F-99' conference agenda,» *Hydrogen & Fuel Cell Letter,* November 1999).

إنَّ خلايا الوقود هي ثلاث مرات أثقل من محرك الاحتراق الداخلي أقله للمستقبل المنظور وليس لأحد ما تجربة في صناعتها على نطاق واسع؛ مع أنَّها أكثر فعالية من محرك الاحتراق الداخلي عندما تستعمل بالهيدروجين ولكنها أقل كفاءة منه عند استعمال الميتانول؛ وتبقى متطلبات محفز من البلاتين مرتفعة (أربعة غرامات للكيلوواط بحسب هوسّ)؛ وأن خلايا الوقود لا تتوافق مع الوقود المزدوج- وهي مقاربة مفضلة لدى بي إم ڤي)، وبذلك فليس بإمكانها أن تنتشر بشكل واسع قبل تجهيز البنيات التحتية البديلة[28]. إذن، يتابع هوسّ "لن تكون خلايا الوقود مرغوبة في تسيير السيارة في المستقبل المنظور".

ليست شركة بي إم ڤي هي الوحيدة في هذا المجال ففي اليابان تعتبر مؤسسة موساشي للتكنولوجيا، منذ وقت طويل، في مقدمة تطوير LH_2 دولياً كطاقة للسيارات والشاحنات. لقد صنعت عدة أجيال من السيارات المدفوعة بمحركات احتراق داخلي بواسطة LH_2 وكذلك الشاحنات بما فيها سيارة نيسان رياضية وشاحنة لتوصيل الحاجيات. وفي جناح من مؤتمر كيوتو حول تغير مناخ الأرض في كانون الأول/ديسمبر سنة 1997 عرضت موساشي سيارة نيسان من نوع عربة ستِيْشن Station سمّيت Musashi 10 تعمل بوقود LH_2، وقيل إنَّ مداها 300 كيلومتر. وأعلنت شركة فورد الشريكة في حلف ما وراء الأطلسي في شأن خلية الوقود مع ديملر

(28) تكنولوجيا تخزين الهيدروجين الخفيض الحرارة تقدم كفاءة مشابهة تقريباً لمحركات الغازولين التقليدية. واعتماداً على هوسّ فإن الجيل الأخير من الحاويات الكربوجينية مزدوجة الغلاف مع سبعين طبقة من أغشية الألمينيوم محجوزة بين جدائل Fiber glass وتزن حوالى 60 كيلوغراماً حيث يُملأ بـ 140 من الهيدروجين السائل LH_2 ويعطي مدى بـ 250 ميلاً.

كرايزلر وبالابرد پاور سيستمز في أواسط سنة 1999 أنها أصبحت تتطلع الى محركات احتراق داخلي بالهيدروجين من جديد، وأنها تخطط لتركيبها بكلا النوعين السائل والغازي، وذلك على عربة اختبارية خفيفة من طراز2000 .P علاوة على ذلك، فإنَّ وزارة الطاقة وغالبية صناع السيارات العالميين يعملون بجهد لتحسين محركات الاحتراق الداخلي التي تستعمل الوقود الكربوني بهدف تقليص انبعاثاتها الملوثة الى مستويات متدنية جداً وحمل كفاءتها وعدد الأميال بوحدة الوقود الى مستويات عالية لم يسبق لها مثيل. وتدفع زارة الطاقة من خلال مساهمتها في برنامج الشراكة من أجل جيل جديد من المركبات ش ج ج م في اتجاه تطوير محرك صغير يعمل بوقود الديزل والاشتعال بالضغط وبالبخ المباشر (وهي تقنية عالية للديزل، كما كانت، بالرغم من أن أبدان بعض مدراء البرنامج تقشعرّ عندما توصف تلك التقنية بذلك الوصف) باعتباره محركاً بديلاً بكلفة متدنية يعمل على الطاقة البديلة. ويقول مديرو برنامج ش ج ج م "إنهم يبرهنون على امكانية تصنيعه وتسويقه" حيث يفتح الطريق أمام خلايا الوقود. في نقطة ما يمكن أن يكون هناك التقاء وتلاؤم بين محركات الاحتراق الداخلي المتقدمة ذات التكنولوجيا العالية وفائقة الكفاءة مع التكنولوجيا الخاصة باحتراق وإنتاج وتخزين الهيدروجين.

لقد دارت سيارات ديملر-بنز العاملة بالاحتراق الداخلي للهيدروجين حتى نصف مليون ميل مبرهنة، كما تقول الشركة في دراسة مبكرة، إنَّ "الهيدروجين مرغوب كوقود"، وذلك "بعد أن تكون مستلزمات الأمان مقارنة بالسيارات التقليدية قد تحققت". وبدأت شركة ديملر-بنز استكشاف سيارات وقود الهيدروجين في وقت أبكر في نهاية سنة 1973 مبتدئة بالمينيڤان التي قدمت في

معرض فرانكفورت للسيارات سنة 1975 على وجه الاحتمال. ولتخزين الوقود استعملت هذه السيارة هيدريد من الحديد والتيتانيوم أساساً لأن الباحثين لدى ديملر-بنز كانوا في عجلة للبرهان على جدوى التخزين في الهيدريد والبرهان على أن الهيدروجين يصلح كوقود أمام الجمهور الواسع. "لقد أنجزنا المحرك في حوالى الأسبوعين" يذكر هلموت بوشنرHelmut Buchner الذي قاد برنامج هيدريد- الهيدروجين في ذلك الوقت. وباستثناء أجهزة القياسات المتنوعة على اللوحة المضيئة لم تكن هذه الحافلة الأولى لديملر- بنز العاملة بالهيدروجين تختلف عن الطراز الأساسي. وعلى المرء التمعن ملياً ليلاحظ أي فرق من الخارج. فبدلاً من الرأس المزود بالوقود (كربريتور) وضع صمام صغير للتزود بالهيدروجين على الجهة اليمني تحت الجسم تماماً خلف دواليب المقدمة. والعادم ينفث رطوبة دافئة تشبه كثيراً بخار ابريق الشاي في بدء تسخينه. كان ذلك بخار الماء الخارج من العادم والذي يدور جزئياً خلال المحرك للوقاية من الاشتعال الارتجاعي.

في بداية السبعينيات حين كنت مراسلاً لـ McGraw-Hill World News والبزنس ويك في بون دعاني ديملر-بنز الى الصعود في نزهة في ذلك الڤان في مكان التجارب في شتوتغارت. لم يظهر أي شيء خارج العادي. ضجة المحرك بدت عادية وصعد الڤان في دورة الصعود بسرعة 60 ميلاً/ساعة بثبات. في نقطة على منحدر قدره 10 درجات استمر السائق بالسير بكل هدوء على أول سرعة. أما حاوية التخزين ذات سعة 17 غالوناً بوزن 440 پاونداً من هيدريد التيتانيوم- حديد فكانت مخبأة تحت صف من المقاعد. ولانعتاق الهيدروجين كانت حرارة المحرك مدورة بواسطة مبادل حراري خلال حاوية الهدريد. بطريقة ما استبدل الكربريتور بخلاط

للغاز لمزج الهيدروجين بالهواء وسحب المزيج الى داخل المحرك (الانفجاري) للاحتراق الطبيعي.

إنَّ أول محاولة واسعة النطاق لتجربة قدرة تكنولوجيا محرك الهيدروجين طالت أربع سنوات من تجربة أسطول من عشر سيارات ديملر-بنز مدفوعة بالهيدروجين في ما كان يعرف ببرلين الغربية. خمس محطات مزدوجة للعربات (للهيدروجين والبنزين) وخمس أخرى فقط للهيدروجين لثانات بعد تدريب طويل للسائقين في سيارات الاسعاف الطبية وسيارات البلدية والصليب الأحمر الألماني اعتماداً على دراسة لفعالية استعمال الطاقة لفريق من شركة غاز برلين ومنظمة الطائفة اليهودية لسنة 1990[29]، فإن التجربة بدأت سنة 1984 في أيار/مايو وانتهت في أذار/مارس من سنة 1988 مع السير الى 160.000 ميل. وسجل 238.000 ميل أخرى في تجربة عربات شتوتغارت قبل ابتداء هذه التجربة الأخيرة.

إنَّ كل محركات السيارات هذه عملت "بتشكيلة الدمج الخارجي"[30] عبر دفع الهيدروجين الى ساحب الوقود. إنما طريقة

---

(29) «Alternative Enegry Sources for Road Transport-Hydrogen Drive Test,» published by Verlag TUV Rheinland for Federal Ministry for Research and Technology.

(30) يحقن الهيدروجين مباشرة في علبة الاحتراق في «تشكيلة الخليط الداخلي» الأكثر حذلقة خلال الاحتراق كما في محرك الديزل. ولأجل ذلك يجب تزويد الهيدروجين تحت الضغط المرتفع.. هذه المقاربة تبعد الاحتراق الارتجاعي والتفجر الذاتي (الصعق) في طور الانضغاط، وليس هناك من خسارة في الفعالية الحجمية. يتميز تشغيل المحرك بكثافة القوة وتدني الاستهلاك بالوقود اعتماداً على تقرير TUV، ولكن النظام معقد أكثر تقنياً ويمكن أن تحصل المشكلات مع تجانس الخليط على السرعات العالية للمحرك. إنها المقاربة

بسيطة من الناحية التقنية تتطلب انعتاق الهيدروجين بضغط خفيف انطلاقاً من الهيدريدات. ولكن أيضاً ينتج طاقة ضعيفة واحتراقاً غير منتظم مع احتراق ارتجاعي. الحل المستعمل حينها- ضخ الماء في أنبوب السحب في المدى البعيد- كان توفيقاً مقبولاً بين استهلاك الوقود والقوة المنتجة، وكان يبرد بعض المكونات الحساسة.

لقد كان الهيدروجين يستخرج من "غاز المدينة" (الذي يحتوي تقريباً على 50% من الهيدروجين) بطريقة الارتشاف بالضغط المتدرج حيث الاستخراج كان يجري في منشأة صغيرة شيدت خصيصاً للارتشاف بالضغط المتدرج، تكتمل بضغط يبلغ 200 بار في حاويات التخزين قرب محطة التزود بالوقود، وقد صممت ونفذت من قبل شركة Bergau-Forschung GmbH. فمحطة الوقود كانت تعمل بواسطة آرال ARAL، وهي أكبر سلسلة محطات توزيع الغاز بالتجزئة. أما معايير نوعية الوقود فكانت دقيقة حين بدا واضحاً أن صفاء متدنياً نسبياً (بداية 99.995%) أدى الى مشكلات التلوث وقلص قدرة التخزين في الهيدريد. من جهته تلوث الهيدريد أدى الى تقليص جدي في مدى السيارات مما تتطلب فك وحدات التخزين بعد سنتين وإعادة تنشيط مادة الهيدريد. إنَّ الشوائب في مياه الحقن قد زادت من تآكل المحرك وأدت الى عطل في عمل نظم تشكل المزيج. وفي أربعة من خمسة ثانات كان تآكل المحرك سيئاً لدرجة أن المحركات قد استبدلت. فالفولاذ المرن الذي لا يصدأ في أنابيب الهيدروجين هو أيضاً أصبح متآكلاً بفعل ملح إذابة الجليد في شوارع برلين. إنَّ الضرر الميكانيكي لمبادلات الحرارة

= المفضلة لدى بي إم في التي ابتداء من اهتمامها بالهيدروجين لمحرك الاحتراق الداخلي (الانفجاري) ركزت على الهيدروجين السائل.

ونظم العاوادم كان سببه عوائق الشارع والوزن الفائق لنظام الهيدريد بحسب التقرير النهائي.

بعد كل ذلك حكم على سنوات التجربة الأربع بأنها كانت نجاحاً: "بالاجمال، كانت التجربة ناجحة، وكان ذلك بقدر كبير عائداً لواقع أن العربات استقبلت بشكل جيد من العاملين وفريق الصيانة والخدمة. لقد كان من الممكن أن تعمل العربات عملياً على مدار السنة من دون تحديد وكانت موثوقة ومرضية بالاجمال... أما الاخفاقات التي حدثت كانت منتظرة باعتبار طبيعة التجربة لنظام مجدِّد ومعقد فوق كل شيء، وكذلك لم يبرز أي شك جوهري بخصوص المشروع في أي وقت من التجربة"[(31)].

لقد بدأت شركة بي إم ڤي وهي المنافسة الرئيسية لشركة ديملر-بنز الألمانية باستطلاع تكنولوجيا الهيدروجين في سنة 1979. وفي هذه السنة كانت أول سيارة هيدروجين من صنع بي إم ڤي قد جمعت بواسطة ولتر پيشكا Walter Peschka وهو باحث في الوكالة الألمانية للطيران والفضاء DFVLR في شتوتغارت[(32)] مع زميله كونستانتين كارپيتس Constantin Carpetis اللذين جهزا أول حاوية لوقود LH_2 مخصصة لسيارات الركاب. إنها كرة من الفولاذ الذي لا يصدأ مع قشرتين منفصلتين (الواحدة داخل الأخرى مع فراغ بينهما) وكانت تستطيع استيعاب حوالى 29 غالوناً من LH_2 تحت ضغط منخفض نسبياً يبلغ 4.5 بار. لقد طوّر پيشكا وكارپيتس أيضاً محطة تزويد LH_2 نصف آلية وقالا إنَّها بسيطة لدرجة أنها تعمل كما هو

---

(31) Source: «Alternative Energy Sources for Road Transport-Hydrogen Drive Test» (TUV report.)

(32) الـ DFVLR سمّيس لاحقاً الـ DLP.

مرغوب لدى محطات الخدمة الذاتية. وكما جرى وصف الجهاز في مؤتمر طاقة الهيدروجين العالمي في زوريخ سنة 1978 فإنه يستطيع ضخ بين 120 و150 ليتراً من الهيدروجين السائل في حوالى خمس دقائق.

في سنة 1989 أقامت بي إم ڤي أول كشك عرض لمحرك احتراق داخلي يعمل بالهيدروجين. لقد حولت بي إم ڤي أيضاً محركاً V12 من إنتاجها الى الهيدروجين السائل. ولقد تمعرض المحرك في ذلك الخريف ("للتفكهة" تقريباً قال أحد باحثي الهيدروجين لدى بي إم ڤي) في معرض فرانكفورت للسيارات. ومع ذلك يبقى "طريق طويل للإنتاج" والمحرك كان "مؤشراً جيداً لكيفية رؤية بي إم ڤي للمستقبل"، كما قالت مجلة *Road & Track*.

في حزيران/يونيو سنة 1994 عرضت شركة بي إم ڤي جميع أجيال محركاتها ذات الاحتراق الداخلي العاملة بالهيدروجين في يوم سامبوزيوم الهندسة حيث دعت إليه ثلاثماية مهندس من جميع أقطار أوروبا. أيضاً كان في العرض ثلاث سيارات بأربعة ركاب جديدة مزدوجة الوقود (غاز طبيعي مضغوط وبنزين). لقد نظرت بي إم ڤي الى الغاز الطبيعي المضغوط والسائل كخطوتين منطقيتين على طريق استعمال الهيدروجين السائل. وهكذا تعتقد شركة بي إم ڤي أن معايير المركبة عديمة الانبعاثات ZEV في كاليفورنيا يمكن تلبيتها إذا كان الوقود في محرك الاحتراق الداخلي هو الهيدروجين السائل. ولكن الهيدروجين الشمسي (المستخرج من الطاقة الشمسية) - هو الوحيد الذي يعتبره مهندسو بي إم ڤي مقبولاً من الناحية البيئية - تبلغ تكلفته 11.25 دولاراً لكل ما يعادل ليتر بنزين واحد.

يبقى أن المؤتمر فتح عيوناً كثيرة على عملانية وأمان تكنولوجيا LH_2 للسيارات. فالباحث الرئيسي لدى بي إم ڤي في الهيدروجين

ڤولفغانغ شتروبل Wolfgang Strobl عرض صوراً نافذة تدل على ضمانة الهيدروجين السائل: حاويات مزدوجة الغلاف مملوءة بالوقود السائل الفائق البرودة ومغلقة الصمامات ووضعت على حرارة عالية ثم تعرضت لارتجاجات قوية لفترة طويلة، بعدها تعرّضت لصدمة كتلة قوية محاكية تأثير حادث على الطريق السريع. وفي تجربة حريق يبدأ الهيدروجين بالخروج من صمامات الأمان بعد وضعه في نار مفتوحة لمدة عشر دقائق. يشتعل الهيدروجين من دون أي أثر ملحوظ على الحاوية حيث أنَّ تأثير الصدمة أدى الى تسرب الهيدروجين (من فتحة) ببطء، ولكن الحاوية لم تنفجر كما قال شتروبل. وفي وضعيات أخرى فإن بعض الحاويات المصممة لضغط استثنائي والتي تستجيب لمعايير السلامة العامة قد انفجرت مع ذلك، وهو شيء اعترف شتروبل بوجوب تفحصه.

إنَّ ثالث صانع كبير للسيارات قفز الى لائحة الهيدروجين تمثل في شركة مازدا التي بدأت استكشاف الهيدروجين كوقود للمحرك خلال سنة 1986. تتوج هذا الجهد في سيارة مستقبلية HR-X (سيارة تجريبية على الهيدروجين) وهو تصور لسيارة أعلن عنه في معرض طوكيو للسيارات سنة 1991- الأولى من ثماني سيارات مازدا مدفوعة بالهيدروجين (نسختان من أربع مجموعات مختلفة الطراز). مظهرياً وتقنياً كانت HR-X الأكثر تجذراً في المجموعة. وهجينة الهيدروجين هذه كانت مدفوعة بمحرك ذي سعة ليتر واحد من نوع وانكل Wankel دوار في وسط الشاسي. إنَّ المحرك ينتج مئة حصان بخاري ويعمل على الهيدروجين- ما يبرز كفاءته أمام أي محرك آخر بحجمه في ذلك الوقت. فشركة مازدا كانت من أواخر المتمسكين بتكنولوجيا وانكل؛ صانعو سيارات آخرون جربوا محركات وانكل ولكنهم تخلوا عنها بسبب مشكلات البراءة

وصعوبات تقنية أخرى. من دون تردد تقول مازدا إنَّ محرك وانكل مع غرفتي التلقيم والاحتراق المنفصلتين هو الأفضل بين محركات الاحتراق الداخلي للهيدروجين وقد أصبح منعتقاً من الاحتراق الارتجاعي ومشكلات التشغيل التي تشكل المأخذ على محركات الاحتراق الداخلي بالهيدروجين الأخرى في ذلك الوقت.

لقد أنجزت سيارة HR-X بدايتها في معرض نيويورك للسيارات في أبريل/نيسان سنة 1992. إنَّ رئيس قسم الأبحاث التقنية لدى مازدا في هيروشيما، تاكانوري مينامي Takanori Minami، والرجل المسؤول أساساً عن تطوير السيارات فيقول إنَّ مازدا اعتمدت على "اعتبارات مناسبة" عديدة لاعتماد HR-X وطاقة الهيدروجين كحل قابل للحياة "بما في ذلك بناء ودعم البنى التحتية الضرورية لتوزيع الهيدروجين". كما يقول "إننا فعلاً نريد أن نبيّن أنه يمكن استعمال الهيدروجين في السيارات الأصغر مثل HR-X ونحن نريد أن نحتكم للجمهور".

في سنة 1993 أدخلت شركة مازدا السيارة HR-X2 الى معرض طوكيو للسيارات. الـ HR-X2 مع محرك دائري يسير العجلات الأمامية وهي تشبه السيارة التقليدية أكثر من سابقتها HR-X وتتمتع بكفاءة أكبر. لديها مدى أوسع (143 ميلاً مقابل 120 لل HR-X) وسرعة قصوى أعلى (90 ميلاً بالساعة بدل 81). وفي وقت متزامن تقريباً طورت شركة مازدا نسخة تعمل بالهيدروجين لسيارة الرياضة مياتا Miata الشعبية مع فارق أساسي هو استبدال المحرك التقليدي ذي الأربع أسطوانات سعة 1.6 ليتر بمحرك دائري مزدوج بسعة 1.3 ليتر- السبب الرئيسي لهذا التحويل أنه يعطي أساساً للمقارنة مع ثلاث سيارات مياتا مدفوعة بالبطاريات من التي صنعت قبل ذلك وتعمل لصالح خدمات هيروشيما. ولعشاق

سيارات الرياضة كانت الإعاقة القاتلة وزن 770 پاونداً لنظام التخزين الهيدريدي والكفاءة المتدنية والمدى القصير (فقط نصف مسافة مياتا العادية).

في سنة 1994 حولت مازدا عربتَيْ ستَيْشن لتعمل على الهيدروجين، مستخدمة أيضاً محركاً دائرياً بغرفة مزدوجة سعة 1.3 ليتر. الهدف الرئيسي لهذا الجهد هو تقييم ديمومة وخصائص التزود بالوقود وطواعيتها العامة في ظروف عالم القيادة الفعلي على المدى البعيد. لقد كانت السيارات تستعمل كل يوم من ضمن آليات Nippon Steel's Hirohata Works التي تنتج الهيدروجين ثانوياً. فهاتان السيارتان قد قطعتا مجتمعتين مسافة 12.500 ميل في المدينة كما أكد كازوكيو أوكانو Kazukiyo Okano من جمعية التقدم الهندسي في اليابان سنة 1997، في ملتقى الجمعية الوطنية للهيدروجين في الكسندريا-ڤرجينيا، في الولايات المتحدة الأمريكية. يقول أوكانو: "هذه السيارات برهنت على أن سيارات الهيدروجين آمنة ويمكن استخدامها في المدن من دون أي مشكلة".

تحولت مازدا الى اعتماد خلايا الوقود للدفع في كانون الأول/ ديسمبر سنة 1997 حين كشفت عن خلية وقود هجينة لعربة ستَيْشن هي Demio FCEV على هامش أعمال خلوة كيوتو حول مناخ الأرض. هذه السيارة لديها خلية وقود بقوة منخفضة نسبياً 20 كيلوواط مجهزة بتكنولوجيا غ ت پ وزيد تجهيزها، في تحوير جديد، بمكثفات كهربائية فائقة بقوة 20 كيلوواط بدل البطاريات العادية.

التزام پيشكا مع بي إم ڤي(33) والهيدروجين شكل ثمرة

(33) بيشكا انفصل عن بي إم ڤي بعد إنجازهما لمركبتهما الأولى.

مشروع بدأ سنة 1979 حيث شكلت وكالة الطيران والفضاء الألمانية DFVLR فريقاً مع مختبر لوس ألاموس العلمي ومؤسسة نيومكسكو للطاقة من أجل تحويل سيارة بويك سنتشوري بأربعة مقاعد الى طاقة .LH2 وكما يعيد پيشكا حساباته في كتابه "الهيدروجين السائل- وقود المستقبل" *Liquid Hydrogene - Fuel of the Future* (Spring-Verlag, 1992) فإنَّ لوس ألاموس كانت تتحمل كل التنسيق بما فيها الإدارة والتجارب والمنهجية. زودت وكالة الطيران والفضاء الألمانية DFVLR خزان وقود LH2 المصنوع من الألمنيوم ومحطة تزويد بالوقود نصف أوتوماتيكية مجهزة بنظام تحكم إلكتروني. السيارة تندفع بمحرك توربو ذي ست اسطوانات سعة 3.9 ليترات كان قد حور من قبل Billings Energy Corporation of Independence في ولاية ميسوري. يصف پيشكا سرعة السيارة بأنها غير "مرضية تماماً" على ارتفاع لوس ألاموس (7300 قدم): "شاحن التوربو الذي يضغط عادة مزيج الهواء-الوقود في صيغة البنزين، والذي لم يكن مصمماً لمزيج الهيدروجين-الهواء يمكنه فقط جزئياً إلغاء خسارة القوة الخارجة بسبب ارتفاع المكان وتشكل الخليط خارجياً". لقد نزلت سيارة البويك المدفوعة بالهيدروجين السائل الى الأسواق في أيار/مايو سنة 1980، ولو أنَّها سارت إجمالاً حول لوس ألاموس فإنها عرضت في غير مكان في الولايات المتحدة.

منذ سنة 1973 حول علماء في لوس ألاموس شاحنة بيك آب قوية من طراز دودج الى طاقة LH_2. هذه الشاحنة كان لديها خزان ألمنيوم كروي بسعة 190 ليتراً (يشبه قارورة الترموس ذات الغلاف المزدوج)، صمم وصنع من قبل شركة وادي مينيسوتا للتعدين والهندسة ومثبت لصقاً على الطرف الأمامي. فالوقود يشغل محركاً

بسعة 5.2 ليترات بشكل V-8 بواسطة الخليط المشكل خارجياً، واستبدل الكاربيراتور بخلاط غاز IMPCO مصمم أساساً لغاز البترول المسيل والپروپان. إنَّ غاز العادم كان يعاد دورانه اتقاءً لاشتعال مسبق خارج عن السيطرة، وكذلك للصدم والاشتعال الارتجاعي. أما درجة التبخر في العربة فكانت أقل من 1% في اليوم، ولكن في الممارسة الحالية - خلال التعبئة وتفريغ الهيدروجين وخلال القياسات- بلغت الدرجة أكثر من 3%. ومنذ أن كانت العربة في الظاهر مشروعاً حماسياً من دون تمويل بحثي أو رعاية حقيقية، فقد خضعت لتجارب محدودة مراكمة فقط حوالى 300 ميل على الطريق في لوس ألاموس وحولها.

ومن بين ما يقارب الخمسين عربة التي صممت قبلاً فإنَّ قسماً مهماً منها كان مدفوعاً بالهيدروجين السائل. يوثق پيشكا في كتابه 15 منها التي صنعت بين سنتين 1970 و1988. ومن بينها هناك بيت وينيباغو Winnebago (متنقل وسيارة شڤروليه طراز مونتي كارلو حولت من قبل شركة بلّينغز للطاقة بداية السبعينيات، وسيارة بي إم ڤي المذكورة سابقاً؛ وفي بداية سنة 1975 أول سيارات ركاب صنعت من قبل معهد موساشي Musachi للتكنولوجيا؛ وشاحنة موساشي9، وهي شاحنة تبريد عرضت في يوكوهاما في مؤتمر الطاقة الجديدة في سنة 1993. إن تحويل شاحنة هينو Hino ذات الأربعة أطنان جعل من الاستعمال المبدع للهيدروجين السائل ليس فقط لدفع المحرك الديزلي ذي الـ 160 حصاناً قوة بسعة 6 ليترات ولكن أيضاً لحفظ المنتوج من السمك أو غيره من الطوازج الهالكة خلال النقل. لقد كان يمكن تفريقه عن قريبه التقليدي بحاوية الهيدروجين السائل الأسطوانية سعة 400 ليتر المثبتة عمودياً بين مقصورة القيادة وصندوق النقل. ويشرح كيميتيكا يامان Kimitika

Yamane استاذ مساعد لدى موساشي في مؤتمر يوكوهاما أن 400 ليتر من LH_2 يساوي تقريباً محتوى 100 ليتر من وقود الديزل من الطاقة ما يكفي في العادة للسفر من طوكيو الى أوساكا أي حوالى 375 ميلاً. ومن أجل وضع الخزان مكانه تم تقليص الصندوق بحوالى 47 إنشاً. ولقد تحدد مكانه لاعتبارات السلامة أولاً: خلف مقصورة القيادة وأول منطقة التخزين، ونظر إليه هكذا على أساس أنه أقل احتمالاً للتضرر في حالة الحوادث. فخزان الوقود (الهيدروجيني) كان متصلاً بخزان تبريد، وبالتالي علبة الثلج في الصندوق الذي يبقى على حرارة مستقرة بين زائد 5° أو ناقص 5°: يتطلب ذلك قوة 17 حصاناً بخارياً من طاقة المحرك المنتجة.

إن قسطاً كبيراً من المساعي المبذولة لتطوير عمل الهيدروجين تم من قبل أفراد متحمسين والمناصرين للهيدروجين في الستينيات والسبعينيات. ومن الهواة كما من المحترفين، مثل پيشكا، الذين لم يكونوا يفكرون فقط بالوقود النظيف ولكنهم بدأوا أيضاً بصناعة السيارات والبنى التحتية ملتقطين ما تركه رودولف إرّن ومعاصروه ثلاثة عقود قبل ذلك.

فالعودة الى سنة 1966 مثلاً - ثلاث سنوات قبل أن يشرح بوكمينستر فولّر للحضور في الكلية كيف نستهلك طاقة العالم على منوال "حساب جاري" بدلاً من نهب طاقة الكوكب "في حسابات توفير" - كان طالباً ثانوياً يقود شاحنة فورد طرازA عبر الشوارع السكنية لمدينة پروڤو في ولاية يوتا. وبمساعدة والده الأستاذ وبعض الأصدقاء أمضى روجر بلّينغز ذو الـ 16 عاماً ثلاثة أشهر وعمل 800 ساعة لترميم، ليس فقط شاحنة الفورد طراز A، ولكن ليصنع تاريخاً للتكنولوجيا. الشاحنة هذه التي أعطت القليل من القوة ولكن "سلّماً مدهشاً من الأصوات" بحسب بلّينغز كانت أول سيارة

بمحرك احتراق داخلي يعمل بالهيدروجين. لقد بدأ بلّينغز يلهج مع الهيدروجين كوقود سنتين قبل ذلك. فقد ذكّر لاحقاً قائلاً "كانت تلك أجرأ أيام حياتي، قيادة تلك الشاحنة بوقود لا يصلح كما قالوا". في سنة 1980 أصبح بلّينغز عضواً بارزاً في أخوية الهيدروجين الدولية الصغيرة.

ما بين جهود بلّينغز المبكرة ونموذج ديملر-بنز لسنة 1975 كان هناك جهد كبير من علماء الجامعة في البحوث. "ليس محركنا ذو الاحتراق الداخلي هو سبب تلوث الهواء ولكن الوقود الذي نستعمله" كما صرح كورت ڤايل الأستاذ الشهير في معهد ستيڤنز للتكنولوجيا Stevens Institute of Technology في مؤتمر سان دييغو المفصلي لتحول الطاقة. ڤايل ذو الأصل الألماني كانت له تجربة مع الهيدروجين تعود باكراً للثلاثينيات حيث اقترح مع إرّن خطة لاستعمال فائض الكهرباء في ألمانيا لإنتاج الهيدروجين بواسطة التحليل الكهربائي للماء. ومقترحاً مخططاً مشابهاً للولايات المتحدة يتوجه ڤايل الى زملائه الباحثين كالتالي:

العنصر المركزي في نظام كهذا هو احتراق الهيدروجين في المحرك (الانفجاري) الموجود سلفاً في نماذج عملية ومجربة. نماذج استعمال الوقود المتعددة وخلطاتها في محرك الاحتراق الداخلي (الموجود منه حوالى 150 مليوناً في الولايات المتحدة) تسمح بمرونة تامة.

- استبدال وقود الهيدروكربون بأي درجة، وبالسرعة المرغوبة والكيفية الجغرافية، بمختلف أنواع الوقود المتاحة أو خليطها.
- تقليص أو القضاء على تلوث الهواء بسبب محرك الاحتراق الداخلي، بما فيها ثاني أكسيد الكربون وأكسيد الأزوت وجزئيات المواد في أي درجة أو وقت من الخطر وفي أي منطقة.

ربما من بين غالبية ممثلي المتحمسين للهيدروجين من الذين تحفزوا من الحركة البيئية الصاعدة وأرادوا استغلال خواص الهيدروجين الفريدة كان أربعة أعضاء من جمعية پرّيس Perris من أجل سيارة من دون دخان، وهم من سكان برّيس، وهي مدينة صغيرة في كاليفورنيا جنوب ريڤرسايد. الأربعة وهم -مهندس مدني وناشر صحيفة ومهندسان فضائيان- لقد ساهموا مالياً في ما بينهم لطرد ما اعتقدوه عدو البيئة: التلوث الناجم عن السيارات. لقد عمل مهندس الفضاء پاتريك لي أندروود Patrick Lee Underwood لصالح شركة لوكهيد في مختلف برامج البحوث. وعندما فكر بالهيدروجين كوقود للطيران أواخر الستينيات عندما سمع عن قاذفة بي 57 تعمل بوقود الهيدروجين كانت اللجنة الاستشارية القومية قد أجرت تجارب على طيرانها في الولايات المتحدة. يقول أول تقرير سنوي لجمعية السيارات من دون دخان في پرّيس نشر سنة 1971 إن "فكرة استعمال الهيدروجين والأكسجين في محرك السيارة المعدل خطرت للسيد أندروود قبل عدة سنوات ولكنه لم يقم بأي جهد؛ واقعاً الفكرة لم تتطور جيداً على العموم بسبب الاعتقاد أنها قيد التطوير في السياق الطبيعي لصناعة الطيران والفضاء".

لقد برز المشروع الحالي في كانون الأول/ديسمبر سنة 1969 حين تحدى أندروود مقالة افتتاحية كتبها دوايت مينّيش Dwight Minnich لمجلته Perris Progress حيث يقول إنه ليس هنالك من حل لمشكلة الانبعاثات في محرك الاحتراق الداخلي. وبعد شهر من ذلك اجتمع مينّيش وأندروود وفردريك نارديتشيا Fredric Nardecchia في مكتب الأول لوضع الخطوط العريضة لبرنامج تجربة للهيدروجين ثم التحق بهم پول دييجس Paul Dieges بعد برهة.

إنَّ أول سيارة تجربة في پرّيس كانت من ستودبِيْكر Studebacker (اشتريت من الخردة بمبلغ عشرة دولارات). هناك محاولات عديدة بخلطات الهيدروجين والأكسجين أو الهواء قد فشلت، ولكن على الأرجح أن الرجال نجحوا بتشغيل المحرك بحقن غاز الهيدروجين المضغوط بالكاربيراتور. التجارب كانت تجري "بجهاز عن بعد من وراء صخرة ضخمة". بعد تعديل ضغط الغاز وإجراء تجارب أخرى توصل الفريق الى أنه يمكن جعل المحرك يعمل بشكل جيد والإقلاع بسهولة والاستجابة بسرعة للتغييرات المضبوطة، وهذا من دون أن يظهر "ضوضاء مزعجة"، ولكنه يستهلك كميات كبيرة غير متوقعة من الهيدروجين.

وفي مشروعهم اللاحق حور مجربو پرّيس سيارة فورد طراز A لسنة 1930 من نوع بيك آب لتجارب الطريق، وأيضاً بواسطة الهيدروجين المضغوط والأكسجين المضغوط الصافيين. كما تضمن الترتيب تبريد البخار من العادم واستعادة الهيدروجين (الفائض) مجدداً في عملية الاحتراق. لقد أجيزت الشاحنة كتحفة قديمة مما سمح لها بالسير في شباط/فبراير سنة 1970 حوالى ميل واحد، بعدها قامت ببعض الرحلات خلال وحوالى پرّيس وبعض عروض السير لمسؤولي هيئة كاليفورنيا للموارد الجوية California Air Resources Board. وفي دراسة مقدمة لمؤتمر جمعيات هندسة تحويل الطاقة يبرهن أندروود وديبجس أن الشاحنة تسير جيداً. إنَّ ماء بخار العادم يتجمع دائماً ويعاد تفريغه، لذلك "وجد أن الماء صالح للشرب ولكن بطعم الدهون والصدأ".

أيضاً سنة 1970 حوّل مجربو پرّيس بيك آب فورد أحدث وهو طرازF 250 بمحرك من ست أسطوانات للعمل بالهيدروجين

السائل والأكسجين السائل. "الفكرة الكاملة هي عدم التأثير على الجو"، كما قال لي دييجس في مناقشة على الهاتف سنة 1999.

جديد فريق پرّيس كان تحويل سيارة كاديلاك طراز 1952 مقدمة كهبة للهيدروجين، ولكن هذه الخطط أجهضت حين تم الإعلان عن تنظيم سباق الهواء النظيف لسيارات لا تلوث الهواء "من الساحل الشرقي إلى الساحل الغربي Clean-Air Car Race) (coast-to-coast. هذا الحدث برعاية كالتك Caltech ومعهد ماساشوستس للتكنولوجيا MIT كان مفتوح لكل أنواع السيارات غير الملوثة أو خفيفة التلويث. لقد حصلت جمعية پرّيس من أجل سيارة من دون دخان على وعد من جنرال موتورز للمساعدة في صنع شاحنة بيك آب تعمل بالهيدروجين السائل والأكسجين للمسابقة، ولكن لسوء الحظ توقف المشروع بسبب مشكلات متنوعة لوجستية وإدارية. مثلاً لم يستطيعوا خلق فراغ بسيط يكفي لحمل الهيدروجين السائل الضروي لدفع السيارة من نقطة "تزود بالوقود" الى التالية. (تبرع صانع الهيدروجين الأمريكي ليندِه بالهيدروجين السائل، بينما المشكلة كانت كيفية ردم الفجوات الواسعة بين مختلف نقاط التوزيع). وفي سبيل تحضير المسابقة طور فريق پرّيس "محقناً أكسجينياً" "Oxyburetor" مشابهاً لمحقن الوقود "Carburator" الذي ينفث كمية محددة من الأكسجين لخلطها مع الهيدروجين. لقد سارت الشاحنة في تجارب أولية مؤدية سرعة قصوى حوالى 40 ميلاً في الساعة ولكن قدرتها على صعود المرتفعات كانت "ضعيفة" بسبب معدل غير كاف لتدفق الأكسجين محدداً بإعاقة أسطوانات الأكسجين ومنظمات درجة الدفق (الشحن).

الأكثر تأثيراً ووضوحاً في "تقرير فريق پرّيس السنوي الأول"

(لم يكن له من تالٍ[34]) كانت بطاقة الموازنة كالتالي: إجمالي المصروفات بلغ 8038 دولاراً لعمل سنة كاملة مع مساهمات فردية بـ2465.68 من أندروود و1828.68 من مينّيش وانتهت بـ400 دولار من كل من دييجس ونادينشيا. تصدقت جنرال موتورز بـ 2180 دولار وجمعية كاليفورنيا للمهندسين المحترفين بـ 300 دولار. الانفاق الأكبر كان 1429.01 دولار لدفع رسوم الاشتراك في مسابقة سيارة الهواء النظيف بينها 1142.72 دولاراً مصروف و877.72 للأجزاء الدخيلة على سيارة فورد بيك آب اللاتنافسية. كلفة الهيدروجين بلغت 241.84 (ساهم ليند ببعض الهيدروجين مجاناً). ووصلت فاتورة الأكسجين الى 50.20 دولاراً.

إنَّ لهجة "التقرير السنوي الأول" أظهرت تواضعاً بالقدر نفسه الذي فيه رسالية وإثارة. يصف الأربعة الأساسيون أنفسهم في المقدمة بأنهم "رجال أعمال ومهنيون عاديون مع التزامات عائلية وشخصية عادية". ثم يتابعون "لقد تابعنا للضرورة حياتنا المنتظمة خلال مجرى هذا الجهد. هذه النتائج المهمة التي تخطت توقعاتنا بأشواط قد استحثت هكذا المجتمع المدني والكنيسة وأخذت أوقات التسلية وفرصنا التي وهبناها لهذا المشروع". إنّ إحساسهم بالأذى الذي نسببه للبيئة واضح في كلمات افتتاح التقرير:

مؤرخو المستقبل، إذا وجد أي منهم سيكتبون أن السيارة الفردية وليس القنبلة الذرية هي الاختراع الأكثر كارثية لمجتمع مهووس بالتكنولوجيا الذي لا

(34) توقف نشاط جمعية برّيس للسيارات عديمة الدخان في سنة 1973. وبقي پول ديجيش ملتزماً بالهيدروجين حتى نهاية التسعينيات فعمل مع فرع جنوب كاليفورنيا للجمعية الأميركية للهيدروجين.

يعترف بقصور الهندسة الزاحف إلّا متأخراً جداً بالنسبة لنظام السيارة الحر الأقل كفاءة والأكثر خطراً وكلفة وضرراً للبيئة كأداة للنقل لم يسبق تصورها. وبما يخص الحسنة الحقيقية الوحيدة فهي المرونة، ولكن انتشار الوسيلة كما يجري حالياً فيدعو للهلع ودق ناقوس الخطر... إن متطلبات البقاء التي يستحثها تلوث الهواء بالسيارات تجعل إلغاءها تقريباً حاجة مباشرة.

إنها كلمات كبيرة من ثلاثة مهندسين وناشر جريدة لمدينة صغيرة.

ومع مرور الوقت، أصبحت منظمات أخرى أكثر اهتماماً بفضائل الهيدروجين كوقود وأصبحوا متعطشين لنشر استخدامه. هناك مثال مبكر على مثل هذا التشجيع هو شريط كليب من إنتاج م د ن في أواسط السبعينيات. في البداية تركز الكاميرا على عادم السيارة ينفث بخاراً أبيض. بعدها يمسك رجل بكوب شراب أمام الأنبوب العادم، مبرداً بذلك البخار وتحوله الى ماء لا لون له. اللقطة الأخيرة المذهلة، يرفع الرجل كوب الماء الى شفتيه ويشرب ما هو ماء صافٍ- مشهد أصبح الآن تقريباً الصورة النموذجية الملائمة للبرهنة على نظافة الهيدروجين من الناحية البيئية. لقد كان على عمدة شيغاغو ريتشارد داليّ Richard Daley أن يبتلع الماء من عادم حافلة مجهزة بخلية وقود بـ غ ت پ من صنع بالارد، في أيلول/ سپتمبر سنة 1995 حين بدأت المدينة تجربة أسطولها؛ مراسل تلفزيون ABC، ند پوترNed Potter فعل الشيء ذاته في برنامج "أخبار العالم هذا المساء" *World News Tonight* بمعرض إظهار مستقبل خلايا الوقود في نيسان/ إبريل سنة1997.

من جهتها كسبت طاقة الهيدروجين أول مصداقية لدى الجمهور وكذلك اهتمامه في مسابقة تصميم السيارة المدينية سنة 1972. لقد

دخل روجر بلّينغز (الى المسابقة) وهو ما زال طالباً في الكيمياء في Brigham Young University وربح جائزة فئة موانع التلوث بسيارته فولكسفاغن المدفوعة بالهيدروجين السائل وذلك متجاوزاً إلى الأفضل معايير الهواء النظيف الاتحادية (الحكومة الأمريكية).

إنَّ رابح فئة موانع التلوث وفئة اجمالي التصميم كان فريقاً من طلاب جامعة كاليفورنيا في لوس أنجلوس الذين أدخلوا محرك احتراق أمريكياً من نوع غرملن Gremlin؛ كابتن فريق جامعة كاليفورنيا UCLA كان طالباً يدعى فرانك لينش. وبعد إعلان النتيجة مباشرة قرر بلّينغز ولينش تشكيل فريق. النتيجة كانت شركة بلّينغز للطاقة في پروڤو، في يوتاه، وقد تأسست للترويج للسيارة العاملة بالهيدروجين وإن لزم الأمر قطع الطريق عند الاقتضاء. لقد حصلت الشركة على الاعتراف خلال السبعينيات والثمانينيات من خلال تحويل عربات مختلفة - سيارات ركاب، بيت متنقل وحافلة الصغيرة- الى الهيدروجين.

حوالى سنة 1979 أسس فرانك لينش شركته الخاصة باسم هيدروجين كونسلتنتز Hydrogen Consultants, Inc. في ليتلتون في كولورادو، ثم أعيد تسميتها سنة 1997 بشركة هيدروجين كومپوننتس، وتعتبر الشركة عالمياً اليوم من أكثر الشركات أماناً في تجهيز العربات العاملة بدفع الهيدروجين. ويذكر أنَّه لعدة سنوات في بداية التسعينيات كان لينش عضواً في المجمع الاستشاري لتكنولوجيا طاقة الهيدروجين في وزارة الطاقة وهي لجنة من مهامها إرشاد وزارة الطاقة.

خلال الستينيات والسبعينيات كان يوجد على الأقل دزينة من جهود الباحثين الأكاديميين أو الشركات الخاصة لاستعمال

الهيدروجين أو وحده أو مضافاً إلى البنزين العادي بهدف تقليص الهيدروكربون غير المشتعل وانبعاثات أول أكسيد الكربون وأكسيدات الآزوت.

بعض الأمثلة:

● في سنة 1970 حوّر عالمان من جامعة أوكلاهوما وهما روجر شوپّل Roger Schoeppel وريتشارد موراي Richard Murray بموجب عقد مع وكالة حماية البيئة الأمريكية، محركاً بقوة 5، 3 أحصنة ذا أربع طلقات (4 stroke) للعمل بالهيدروجين المحقون. تضمنت التحويرات وضع نظام توزيع ثانٍ لبخ الهيدروجين من خلال الصمامات ووضع نظام تبريد جديد للماء لتحسين خصائص التبريد لاسطوانات الحديد. التجارب كانت مشجعة كما قال موراي وشوپّل في الدراسة. إنَّ تدفق الوقود كان ثلث مثيله من البنزين، والعزم كان مستقراً تماماً على مروحة سرعات واسعة والدفع يمكن تحفيزه أكثر من تقدير الصانعين عن طريق ضخ الهيدروجين أكثر.

● قام باحثان من جامعة ميامي هما ميكايل سوَيْن Michael Swain وروبرت آدت الإبن .Robert Adt Jr بتحويل تويوتا ستَيْشن معارة من وكيل تويوتا في ميامي للعمل بالهيدروجين. جهز سوين وآدت نظام وقود جديداً دعي تقنية تحفيز الهيدروجين HIT) (Hydrogen Induction Technique الذي يستفيد من سرعة احتراق الهيدروجين العالية وسعة مروحة نسبة الوقود للهواء. عادة ما يؤدي الضغط على دواسة التسريع الى زيادة كمية الوقود والهواء الى داخل المحرك، ولكن سوين وآدت حورا نظام الوقود بحيث أنَّه يغير نسبة الوقود على الهواء. ولمزيد من القوة، فالمزيد من الهيدروجين ولكن مع كمية الهواء نفسها - خليط أغنى- كانت تحقن في ما يشبه مبدأ الديزل. لقد حمل سوين وآدت استهلاك

الوقود الى مستوى 42 ميلاً لغالون البنزين (المعادل) - أي 50% زيادة عن استهلاك طراز تويوتا المساوي من البنزين.

• تهذيب البنزين الى هيدروجين كان قد شرح في سنة 1972 في مؤتمر تحويل الطاقة في سان دييغو من قبل هورولد سورنسن Harold Sorensen من شركة إنترناشنل متيريَلز International Materials Corporation. في مشروعه المسمى سيارة بوسطن ذات الوقود المعدل Boston Reformed Fuel Car يقترح سورنسن إحراق الهيدروجين وحده في المحرك مع خروج بخار الماء وثاني أكسيد الكربون من العادم كانبعاثات.

• في سنة 1973 أعلنت شركة سيمنس وهي صانعة تجهيزات كهربائية في ألمانيا عن "ملقم قاصم" "crack carburator" الذي يستخدم عملية تحفيز لصدع البنزين الى ميتان وهيدروجين وأول أكسيد الكربون. سقط المشروع بعد سنتين لأن سيمنس لم تتمكن من تسويقه.

• في سنة 1974 اقترح م د ن حرق الهيدروجين مختلطاً بالبنزين في شروط "فائقة الدقة". الهيدروجين المستولد من البنزين في ذات العربة عن طريق استخدام الهواء الساخن (1500-2000°ف). وبخلاف سيارة بوسطن المعدلة حيث كل البنزين يحول الى هيدروجين، فقط كمية صغيرة تخضع للتحويل. وهكذا سوف يزيد الهيدروجين من حدود التهابية (اشتعال) خليط الهواء-وقود مما يستدعي وقوداً أقل لكمية الهواء نفسها. لقد خرجت السيارة بكفاءة أكثر وانبعاث أكسيدات الآزوت أقل ولكن بخسارة من القوة والانبعاثات الأخرى التي بقيت عالية.

• في ديترويت وجد مهندسان من جنرال موتورز أنه بحقن الهيدروجين مع البنزين خالي الرصاص يمكن تقليص "الحد

الدقيق" أكثر وتخفيض انبعاثات أكسيدات الأزوت بشكل عنيف ولكن بكلفة أكبر. ولقد قال ر. ف. ستيبار R. F. Stebar وف. ب. پاركس F. B. Parks في ربيع سنة 1974 خلال المؤتمر للـ SAE إنه بزيادة 10% من الهيدروجين يمكن تخفيض الحد الدقيق حوالى الثلث وتقليص انبعاثات أكسيدات الأزوت الى 75/ 1. بقيت مستويات أول أكسيد الكربون كما هي، ولكن انبعاثات الهيدروكربون زادت بشكل مأساوي. حيث أعطى المحرك ثلثي طاقته العادية فقط.

إنَّ العمل على الهيدروجين كان قائماً في الاتحاد السوڤياتي السابق. وفي سنة 1976 قال العلماء السوڤيات خلال دردشات في ردهات مؤتمر ميامي بيتش عن الهيدروجين إنهم حولوا سيارتي فيات من صنعهم الى استعمال الهيدروجين. بعد ذلك بسنتين حولت سيارة أربعة مقاعد من نوع موسكوفيتش للعمل على غاز الهيدروجين اعتماداً على تقرير في آذار/مارس سنة 1978 صادر عن *East-West Market* وهي نشرة تجارية تصدر عن الكتلة الشيوعية. الرواية تقول "إن السيارة عملت جيداً على طريق التجربة ولم تنفث سوى بخار الماء".

في مقال عدد نوڤمبر/تشرين الثاني سنة 1978 في جريدة *Socialist Industry* يقول العلماء السوڤيات إنهم جربوا بنجاح سيارة ڤولغا بخليط البنزين والهيدروجين الخزين في الهيدريد.

في سنة 1988 عقد مؤتمر دولي لطاقة الهيدروجين في موسكو. وكان مناسبة لفتح عيون العديد من الزائرين الغربيين حيث قدم العلماء السوڤيات 75 دراسة ما يساوي نصف إجمالي الدراسات تقريباً. فالهيدروجين وتطوير استخداماته والأبحاث حوله "يبدو جهداً جدياً في الاتحاد السوڤياتي" هذا ما لاحظه ألكساندر

ستيوارت رئيس شركة التحليل الكهربائي الكندية والوجه الأبرز الرئيسي على مسرح طاقة الهيدروجين عالمياً. "يبدو أنَّه يتمتع بمستوى عالٍ من الاهتمام".

لقد لاحظ بعض الزائرين الغربيين لدى زيارة مؤسسات البحث كجزء من البرنامج أنه كان هناك حقاً أجزاء تجهيزات بالية الى جانب آلات حديثة. لقد عادوا متأثرين جداً بعمق واتساع العمل وجهود البحث المتقنة وعدد العمال على الأرض إذ يقدر أحد العلماء السوفيات أن هناك 500 عالم تقريباً ينشطون في أعمال تتعلق بطاقة الهيدروجين حيث أنَّ منسق المؤتمر صنف خمسة عشر معهداً منتشراً عبر (الاتحاد السوفياتي).

هناك نقطة مضيئة في المؤتمرتمثلت بكلمة مصمم الطائرات ألكسيّ توپوليڤ Alexei Tupolev المهمة حيث شرح بالتفصيل الجهود المبذولة لتحويل طائرة TU-155 النفاثة التجارية جزئياً للعمل على طاقة الهيدروجين. نقطة مضيئة أخرى كانت سيارة من طراز راف RAF Riga Automobile Factory (مصنع ريغا للسيارت) مدفوعة بالهيدروجين السائل LH2 وهي مينيڤان 2203 عرضت في مركز التجارة الدولي في موسكو آخر يوم في المؤتمر. وكان يوجد أيضاً دراسات وملصقات تشرح عن هذه المشاريع مثل تحويل سيارة لادا (فيات السبعينيات المجازة للاتحاد السوفياتي) للعمل على الهيدروجين ووضع خلية وقود في ڤان راف أخرى وتحويل عدد من ڤانات راف أخرى الى عملية (خليط) الهيدروجين والبنزين وخطط لتجهيز سيارة إيكاروس Ikarus الهنغارية بخلية وقود بقوة 40 كيلوواط تعمل بالهيدروجين.

إنَّ مؤتمر سنة 1988 شكل آخر صرخة لمجهود الهيدروجين الواسع قبل انهيار الاتحاد السوفياتي في روسيا. مع ذلك بقي

العلماء الروس يواصلون تقديم الدراسات في مختلف مشاريع الهيدروجين في المنتديات العالمية، من دون أي دليل بسيط أن هناك جهوداً حقيقية ما تزال قائمة. ولما تبقى من القرن العشرين تحولت نقطة الثقل الى الغرب في ما يخص تطوير استخدامات الهيدروجين والأبحاث حوله.

عربة قطار ذاتية الدفع حوّلها رودولف إرّن لتعمل على الهيدروجين.
(الصورة حصل عليها المؤلف من إرّن في بداية السبعينات)

بيل پاورز نائب رئيس الأبحاث في شرركة فورد للسيارات يتحدث عن السيارة P2000 المدفوعة بخلية الوقود أثناء مؤتمر صحفي عقد بمناسبة افتتاح محطة تزويد بالهيدروجين في مركز أبحاث شركة فورد في ديبورن ، آب/أغسطس 1999 .(بإذن من شركة فورد للسيارات)

أول محطة أوروبية للتزوّد بالهيدروجين، في هامبورغ، بُعيْد حفل قطع شريط الافتتاح في كانون الثاني/يناير 1999. حملت المحطة اسم رائد الدعوة من أجل طاقة الهيدروجين في ألمانيا لودڤيغ بولكوف. (بإذن من وكالة هامبرغ للهيدروجين)

صحافيون ينتظرون دورهم لتجربة قيادة سيارة ديملركرايزلر، نيكار 4 NECAR4 المدفوعة بخلية وقود، عند عرضها، واشنطن، آذار/ مارس 1999

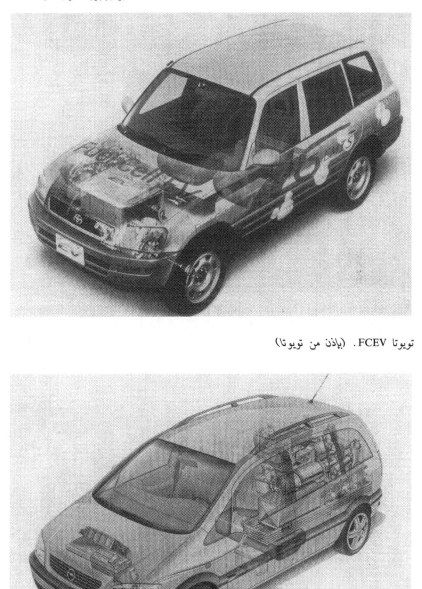

تويوتا FCEV. (بإذن من تويوتا)

جنرال موتورز/ أوپل موديل زافيرا مدفوعة بخلية وقود أطلقت في باريس في تشرين الأول/ أكتوبر 1998. (بإذن من أوپل)

نموذج سيارة فورد Think FC في معرض ديترويت للسيارات سنة 2000.

حافلة نيوپلان باڤاريا II بخلية وقود والمجهزة بمحرك من شركة پروتون موتور أثناء نهار عرض مخصص لخلايا الوقود في ميونيخ سنة 2000. (بإذن من *L-B-Systemtechnik*)

بيتر ليمان من جامعة هومبولت الحكومية في سيارة كِوِتْ Kewet
المدفوعة بخلية وقود على الهيدروجين في مركز پالم سپرينغ للمؤتمرات أثناء الحلقة الدراسية حول خلية الوقود، تشرين الثاني/نوڤمبر سنة 1998

محطة تزويد بالهيدروجين في مطار ميونيخ.
(بإذن من فرع شركة بي إم في لأميركا الشمالية)

أول مينيڤان لديملر-بنز تعمل على الهيدروجين، أطلقت في معرض سيارات فرانكفورت سنة 1975. (بإذن من ديملر-بنز)

نِدّ بيكر أحد أعضاء فريق مسابقة تصميم سيارة المدن في جامعة كاليفورنيا، يبيّن بالصور نظافة محرك يشغّل بالهيدروجين. معظم الماء الصافية التي يشربها متكثفة من البخار الخارج من الأنبوب الخلفي. (مطبوعة عن كليپ فيلم قياس 16 مم أنتجته جامعة كاليفورنيا UCLA

سيارة أوستين A-40 المدفوعة بخلية وقود على الهيدروجين من تجهيز كارل كوردش. (بإذن من الأستاذ كوردش)

عربة أليس شالمرز التجريبية للغولف المدفوعة بخلية وقود في بداية الستينيات.
(بإذن من جاي لاسكين)

جرار أليس المجهز بخلية وقود في بداية الستينيات، ربما أول عربة تعمل على خلايا الوقود. (بإذن من جاي لاسكين)

إلكتروڤان جنرال موتورز المجهز بخلية وقود (بإذن من أرشيف جنرال موتورز)

طائرة توپوليف 154 النفاثة مع محرك محول للعمل بالهيدروجين. (بإذن من ديملر كرايزلر أيروسپاس إيرباص)

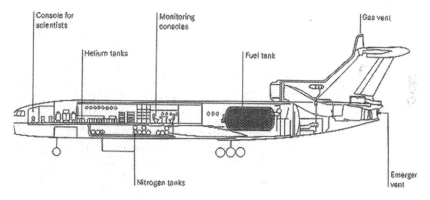

رسم تشريحي لطائرة TU-1544 توپوليف اختبارية تعمل على الهيدروجين. خزان الوقود في المؤخرة أضيف ليحمل الهيدروجين السائل. (بإذن من ديملر كرايزلر أيروسپاس إيرباص)

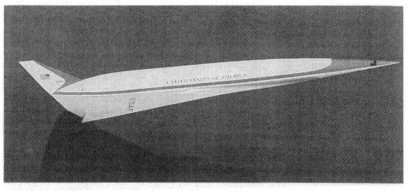

نموذج من الناشنال أيروسپاس. (بإذن من سلاح الجو الأمريكي)

رحلة للكريوپلان
(بإذن من ديملر كرايزلر أيروسپاس إيرباص)

منزل أولوف تيغرسروم المدفأ بالهيدروجين سيارة سا العاملة أيضاً على الهيدروجين (بإذن من أولوف تيغستروم)

بيت وولت پايل المجهز بالطاقة الشمسية (بإذن من وولت پايل)

البيت المجهز بالطاقة الشمسية الذي بناه معهد فراونهوفر لنظم الطاقة الشمسية في فرايبروغ، ألمانيا. خزان الهيدروجين على اليمين في مقدمة الصورة. (باذن من معهد فراونهوفر لنظم الطاقة الشمسية)

VII

خلايا الوقود: تكنولوجيا
السيد غروف Grove المحببة

من النظرة الأولى تبدو السيارة السوداء الصغيرة ذات المقاعد الأربعة، التي تطلق بوقها متجولة عبر ضاحية كليڤلاند Cleveland في لاكوود Lakewood بداية السبعينيات حقاً كسيارة أجنبية اقتصادية أخرى إذ تكفي نظرة واحدة عن قرب حتى تظهر علاماتها الفارقة. لقد وضعت على والسطح بشكل مكشوف ست قوارير غاز من نوع الغطس، وفي مقدمتها في الأعلى نقرأ: "غاز مضغوط – ملتهب". في الواقع السيارة هذه ذات البابين من طراز أوستن/ A- 40 كانت أول إشارة لثورة في تكنولوجيا السيارات ولن تظهر على المشهد الدولي قبل ربع قرن لاحقاً لقد صنعت سنة 1970 من قبل عالم من أصل نمساوي كان قد ترك وطنه لشغفه بالجيش الأمريكي. هكذا كانت أول سيارة تعمل بخلية وقود في العالم.

ترك كارل كوردش ڤيينا سنة 1953 كما يبدو لقضاء عطلة مع

عائلته وولديه الصغيرين. بعد مرور سريع عبر إقليم النمسا الأسفل الذي كان تحت سيطرة السوڤيات وصل هو وعائلته الى نيوجرسي. وبعد سنتين التحق بمختبر يونيون كربايد Union Carbide البحثي في پارما Parma أوهايو ككادر علمي يعمل في البطاريات، بعدها أصبح في ذلك المتختبر باحثاً متفرغاً. ذلك يعني كما ذكر "الحرية الكاملة بما فيها السفر عبر العالم وكسب المزيد من المال من دون الحاجة ليصبح مديراً". لقد أنجز كوردش براءات عديدة ونشر الكثير من الدراسات العلمية.

فخلية الوقود القلوية العاملة بالهواء والهيدروجين في سيارة كوردش الأوستن تعطي بالكاد قوة 6 كيلوواط بالاضافة الى صف من بطاريات الرصاص الحمضية ذات 12 ڤولت (للمساعدة في الاسراع وتسلّق الطرق في المرتفعات). إنَّ إلكترودات خلايا الوقود التي قدمت من قبل يونيون كربايد كانت قد استعملت سابقاً في خلايا وقود الإلكتروڤان من صنع جنرال موتورز ذات الستة ركاب وقد تمّ تحوّيلها بمساعدة كوردش سنة 1967.

أما الأوستن التي حصل عليها كوردش من جاره الذي عطل محركها بعد قيادتها لمدة أربعة أشهر من دون زيت كافٍ للمحرك فكانت باستثناء ذلك جديدة عملياً. إنَّ نظام خلايا الوقود والبطاريات وقوارير الهيدروجين ولوازم أخرى مختلفة جعلت السيارة أثقل بحوالى 25%، ولكن أداءها ومجالها كانا مناسبين. فقوارير السقف الخفيفة الوزن المضغوطة على 130-150 بار تحتوي أكثر من 25 متراً مكعباً من الهيدروجين تكفي لمسافة 190 ميلاً بينما التزود بالوقود من خزان الهيدروجين في إحدى المزارع يتطلب دقيقتين. المحرك الكهربائي بقوة قصوى 20 كيلوواط يعطي

سرعة قصوى بحوالى 50 ميلاً في الساعة وهي سرعة كافية لضاحية لاكوود الهادئة ومحيطها.

عادة، يسمم ثاني أكسيد الكربون الموجود في الجو الإلكترودات القلوية لخلايا الوقود - وهو سبب جعل مطوري خلايا الوقود للنقل يركزون على نموذج غ ت پ في التسعينيات، وهم منذ ذلك الوقت ممحصنون بشكل كبير تجاه هذه المشكلة. لقد حل كوردش هذه الصعوبة بتأنٍّ بوضعه طبقة صودا ترشف نصف ثاني أكسيد الكربون الهوائي الموجود بنسبة 0.03%. بالإضافة فإن الخلية القلوية (KOH) تمتص بعض ثاني أكسيد الكربون مقلصة التلوث بالتالي أكثر فأكثر (يقول كوردش إنه يمكن استبدال المحلول بسهولة بعد امتصاصه كمية عالية من ثاني أكسيد الكربون).

كان كوردش يستطيع قيادة سيارته مباشرة بعد إدارتها بدورة مفتاح، مستعملاً البطاريات للدفع حتى تصل خلايا الوقود الى أفضل حرارة للعمل 60-70 درجة مئوية خلال بضع دقائق. لقد زاد من ديمومة خلايا الوقود بإطفاء البطاريات بين دورات التشغيل وقطع التزود بالهيدروجين وتفريغ المحلول الكهربائي في خزان مما يعرض إلكترودات الهيدروجين للهواء واستعادة المحفز بفعالية وإقصاء التيارات (الكهربائية) التطفلية.

لقد قاد كوردش سيارة خلية الوقود لأكثر من 13.000 ميل خلال 4 سنوات. بعملانيتها وطواعيتها كانت سبّاقة في المقدمة ذلك الوقت. إنها لا تزال كذلك في بعض سماتها. لقد كانت ثورية بالفعل، غير أن القليلين لاحظوها أو عرفوها في ذلك الوقت. فمدير مركز نظم الكهرباء الكيميائية وبحوث الهيدروجين في جامعة تكساس للزراعة والميكانيك، جون أپلباي John Appleby وأحد

أشهر الثقات عالمياً في خلايا الوقود، خصّص لسيارة كوردش ثلاث صفحات في كراسه Fuel Cell Handbook[1]. يقول أپلباي وزميله ف. ر. فولكس F.R. Foulkes " السمة المعتبرة لهذه السيارة هي طواعيتها"، ويضيفان "إنها كانت في الأساس مشروعاً فردياً (مع أنَّه مشكور جداً) متحمس، مع الوصول الى المواد الصحيحة. لقد أنتج كوردش سيارة قليلة التلويث مع أداء صالح وكذلك مداه، مع نظام سهل للتشغيل وآمن من الأعطال. التكنولوجيا المستعملة كانت فعلاً قديمة حتى سنة 1970 وصناعة الإلكترودات اليوم قد حسنت بشكل ملحوظ أداء السيارة ومداها".

كذلك لعل ما هو أكثر غموضاً كان آلة كوردش السابقة، وهي تعمل بخلية وقود تتغذى بالهدرزين N_2H_4 وهو وقود مركب هيدروجيني-آزوتي خالٍ من الكربون، ومعروف أكثر كحشوة دافعة للصواريخ الصغيرة التي تستخدم في تموضع المركبة الفضائية أو تغيير موقعها عن طريق دفعات قصيرة. لقد صنعها كوردش كإيضاح للجيش الأمريكي، الذي كان ينظر الى خلايا الوقود للاستعمال في خدمة راديو المدفعية. وفي صورة أعيد نشرها في كتاب[2] كوردش التعليمي الجديد يظهر هذا الأخير معتمراً خوذة وبدلة سميكة (تغطي

---

(1) A. Appleby and F. Foulkss, *Fuel Cell Handbook* (Van Nostrand Reinhold, 1989; Krieger, 1993). This book, one of the standard reference texts on fuel-cell technology, provided much of the historical and technical information for this section. Another main source, especially for the early history of fuel-cell technology, is *Fuel Cell Systems,* ed. L. Blomen and M. Mugerwa (Plenum, 1993).

(2) Karl Kordesch and Guenter Simader, *Fuel Cells and Their Applications* (VCH, 1996).

كامل الجسد) جالساً وسط مانهاتن من جهة الممر المقابل لبناية مكاتب شركة يونيون كرbايد مع المشاهدين المبعدين على مسافة آمنة بواسطة حبل من المخمل.

لقد أصرت شركة يونيون كربايد أن الجهاز والسيّارة هما مشروعا كوردش الخاصان والشركة تقدم الدعم فقط. وسبب ذلك كان الخوف من التبعات. يقول كوردش إنه حين ذهب الى نيويورك لعرض تجربة الجهاز في منهاتن دفع تأميناً بحاصل مليوني دولار ليومين من أجل تغطية أي جروح محتملة أو حوادث. ولحسن الحظ لم يحدث أي شيء قطعاً.

بدت الماكينة عادية جداً ما عدا زوج من العلب المعدنية - وهي خلية الوقود وبطارية Ni- Cad - الموضوعة في مقدمة الهيكل تحت السائق. لقد حول كوردش سيارة الأوستن طراز 1966 (التي ابتاعها لدى سيرز Sears في ربوك Roebuck) وقادها في الطرقات العامة خلال سنواته لدى يونيون كربايد. لقد كانت هناك خليتا وقود قلوية بـ 16 ڤولت الواحدة وبقوة 400 واط تعمل بالهيدرزين والهواء مع بطارية نيكاد. كان يمكن وصل البطاريات بالتسلسل أو بالتوازي للسيطرة على السرعة. وكان المدى حوالى 60 ميلاً لكل ليترين من الهيدرزين المائي بنسبة 64% مع سرعة قصوى تبلغ بسهولة 25 ميلاً في الساعة.

لم يكن كوردش الشخص الوحيد أو حتى الأول الذي جرب قوة خلية الوقود العاملة بالهيدرزين. آخرون غيره كانت لديهم الفكرة ذاتها. في سنة 1960 صنعت شركة ألّيس شالمرز الصناعية المتوقفة حالياً ثلاث سيارات غولف بقوة 3 كيلوواط تسير بهذا الوقود الغريب. وقبل ذلك طورت شركة مونسانتو Monsanto للأبحاث خلايا وقود بالهيدرزين والهواء قلوية بقوة 20 كيلوواط لعربة للجيش

بحمولة 3/4 طن. في 1972 وضعت شلّ للبحوث في انكلترا نظاماً بقوة عشرة كيلوواط بالهيدرزين والهواء على سيارة داف 44 الهولندية. في سنة 1982 واعتماداً على كتاب كوردش استعملت شركة الآلات الكهربائية اليابانية شين-كوبي Shin-Kobe هذه التكنولوجيا لجهاز عسكري كمولد كهربائي بقوة 3 كيلوواط[3].

من الصعب اليوم معرفة من الذي له الفضل في اكتشاف أول مركبة عملية تعمل على خلية الوقود؛ على كلٍ ستبقى الأدبيات تذكر

---

(3) الهيدرَزين والأمونيا والميتانول محصت (جميعاً) «كحوامل» للهيدروجين للاستعمال في خلايا الوقود جزئياً لأنه يصعب تخزين الهيدروجين على المتن. (السيارة ـ الطائرة، م.). ومن بين الثلاثة اعتبر الهيدرَزين وهو السائل الأكثر وعداً للاستعمال في خلايا الوقود لأنه سهل الذوبان في المحاليل الكهربائية المائية ـ «القلب» الكهرو ـ كيميائي لخلية الوقود، وأيضاً بسبب سرعة أكسدته. في كل حال فإن استعماله للنقل البري العادي غير مرغوب بسبب تكلفة تصنيعه الباهظة. يقول أپلياي إنَّ السعر هو حوالى 15 ـ 20 ضعفاً ثمن الهيدروجين لذات كمية الطاقة. ولكن حتى لو لم تكن التكلفة تشكل عاملاً فإن ملاءمته للنقل العادي على الطريق مع أخطاره لكل يوم تلاشت حيث تبين أن المادة سامة جداً ـ تحمّل الانسان هو حوالى 1ppm في الهواء وهو معرّض الى أخطار الانفجار حين تعرضه للحرارة أو يتفاعل مع المواد المؤكسدة. إنَّ الميتانول وبالرغم من بعض المخاطر الصحية والبيئية فإنه الوقود المفضل. الأمونيا وهو الأخير من العناصر الثلاثة لديه أيضاً نقاط جيدة لصالحه. إنه متوافر عالمياً (كسماد للآن) والتكاليف أعلى بقليل من الميتانول على قاعدة الوحدة الحرارية البرطانية بي تي يو، وأنه أسهل للمعالجة تحت ضغط ضعيف. إن سميته منخفضة وهو سهل للمعالجة كوقود صافٍ في حاويات خفيفة الوزن ومن السهل كشف التسرب بسبب أن رائحته لاذعة. لم يحصل على الاهتمام الكثير كمصدر طاقة لخلايا الوقود غير التطبيق الضئيل أو المتخصص، وبعضهم يراهن أن ذلك سوف يتغير في التطبيقات على السيارات ـ جرافة تعمل على الأمونيا للمزارعين؟

جراراً بقوة 20 حصاناً من تصميم و. ميتشل W. Mitchell ومجرب من قبل هاري إيهريغ Harry Ihrig من ألّيس شالمرز سنة 1959، "كواحد من الأول. كانت هذه الآلة تدفع بواسطة خلية وقود قلوية تعمل بالهيدروجين والأكسجين وهي متفرعة من تكنولوجيا الفضاء التي تستعمل المحلول الكهربائي (KOH) بحسب كوردش. لقد كان لدى جرار ألّيس شالمرز تقريباً كل خواص تكنولوجيا خلية الوقود الحديثة وهي: ڤلطاج عالٍ على قطبين بحزم إلكترودات معدنية مخرمة محفزة بالبلاتين وتستخدم صقالة من الأميانت لتثبيت المحلول الكهربائي من سائل الـ .(KOH) ومن مشاريع خلايا الوقود الأخرى التي كانت في طريقها في السنوات الباكرة يمكن أن نشير إلى ما يلي:

- لقد أنجزت شركة يونيون كربايد تحديثاً ذا دلالة في أواسط الستينيات مع تطوير إلكترودات كربونية بالكامل لصالح سلاح البحرية للولايات المتحدة، وأيضاً محطة تجريبية بقوة 90 كيلوواط كأنموذج أولي لخلية وقود تعمل بالهيدروجين والأكسجين (بطارية حقيقية كما يقول كوردش) لمصلحة شركة فورد للمحركات.
- جهوزية الإلكترودات الرقيقة المركبة من الكربون والمعدن دفعت جنرال موتورز للتمحيص في استخدام خلايا الوقود للنقل. وهذا ما حققه كوردش واقعاً. ففي سنة 1967 قررت جنرال موتورز تحويل إحدى الحافلات الصغيرة هانديڤان Handivans ذات الستة مقاعد الى نظام خلية الوقود القلوية. ولقد وصل نظام الإلكتروڤان لخلية الوقود قياس 32 لتطوير قوة تصل في الذروة الى 160 كيلوواط أي ثلاث مرات أكثر من تلك التي عرضتها شركتا بالارد وإنترناشنل فيول سلز اللتان كانتا تطورانها في أواخر التسعينيات

لاستعمالها كمحرك وهي أثقل بكثير. ولقد بلغ وزن الإلكتروڤان 3400 كيلوغرام مقارنة بالنموذج العادي الذي يزن حوالى 1500 كلغ بالكامل. واعتماداً على أيلباي وفولكس فإن 1790 كلغ كانت بسبب خلية الوقود مباشرة ونظام التسيير الكهربائي، ولكن بمكان ما فإنه بين 450 و650 كلغ كانت بسبب التصميم وتجهيزات القياس. يبقى أن الڤان العامل بخلية الوقود توصل الى أنجاز يساوي تقريباً نسيبه العادي متسارعاً من صفر الى 60 ميلاً في الساعة في غضون ثلاثين ثانية وبسرعة قصوى بحدود 70 ميلاً في الساعة. لقد وصل مداه الى 100 ميل وحتى 150 ميلاً بواسطة الهيدروجين السائل، وبين 40 و60 ميلاً بالغاز المضغوط. لقد كان ذلك جهداً رائعاً بالرغم من حشد من المشكلات التي تتمثّل بزيادة الوزن والحجم وقصر حياة مكونات خلية الوقود الأساسية الثمينة -لقد عملت خلية الوقود حوالى ألف ساعة بعد بداية تشغيلها- وطريقة تشغيل طويلة ومعقدة في الانطلاق وصعوبة النظام ومسائل السيطرة على الحرارة، وربما الأكثر أهمية وهو الأمان: فإمكانية تسرب LH_2 ومحلول (KOH) الكهربائي، وكذلك استعمال الهيدروجين والأكسجين السائلين في شكل متجاور في العربة ذاتها يجعل ذلك مخاطرة حقيقية في حالة الاصطدام، والأخطار تتكون كذلك بفعل التوتر العالي (520ڤولت) للنظام. يبقى أن جنرال موتورز واعتماداً على أيلباي وفولكس تستخلص: "إن نسبة التقدم في هذا الحقل والميزات الكبيرة لخلايا الوقود هي حوافز كافية للإبقاء على هذا المجهود".

- في السويد صنعت شركة ASEA غواصة بقوة 200 كيلوواط في أواسط الثمانينيات ولكن على ما يبدو فإن مصادفة حزينة عطلت استكمال المشروع.

• في ألمانيا تضافرت جهود صانع البطاريات ڤارتا مع صانع التجهيزات الكهربائية سيمنس لصنع نموذج لمركب تجريبي يعمل بخلية وقود وبواسطة محرك كهربائي.

• في انكلترا شغّلت شركتا ثورنتون وشلّ Thornton-Shell بالتآزر شاحنة مزودة بمحول هيدروكربوني لاستخلاص الهيدروجين من الوقود الأحفوري وتنقيته بمهذب لاستعماله في خلية الوقود القلوية.

تاريخ خلايا الوقود

"أخيراً، خلية الوقود" كان عنوان مقال بارز من ثلاث صفحات في نشرة أوكتوبر من سنة 1997 من الأيكونومست. "إنه جهاز قد أهمل لمدة قرن ونصف وهو تقريباً يستعيد مكانته الحقيقية في الحضارة الصناعية" كما يقول العنوان الفرعي. نقرأ في جملة البداية "تكنولوجيا محببة وخزي لجهة الثمن: هذا هو التعليق على خلايا الوقود- وهي طريقة لتوليد التيار أقدم من المحرك النفطي بأربعين عاماً". وفي افتتاحية مرافقة، "العصر الثالث للوقود" تقول "تماماً كما فتح الفحم طريق النفط فإن النفط سيفتح طريق الهيدروجين". وبشكل عابر يذكر المقال بأن مبدأ خلية الوقود قد طور بواسطة رجل إنكليزي هو وليم غروف William Grove "وهو رجل أنهى سيرته كقاضٍ وقد بدأها كفيزيائي". لقد بدأ غروف (1811–1896) كأستاذ لمادة الفلسفة التجريبية في مؤسسة لندن الملكية المنحلّة حالياً وكصديق للفيزيائي والكيميائي الشهير ميكايل فاراداي (1791-1867) Michael Faraday الذي اكتشف الأثر الكهرومغنطيسي واخترع الدينامو وأجرى أبحاثاً على التحليل الكهربائي للماء.

بعد التجربة على التحليل الكهربائي للماء فكر غروف أنه من الممكن عكس هذه العملية وتوليد الكهرباء عن طريق تفاعل الهيدروجين والأكسجين. وفي تجربة أولى موثقة سنة 1839 صمم غروف ما يعتبر أول خلية وقود. ومع أنَّ الكهرباء الخارجة منها قليلة فإن غروف كان متحمساً. بعد ثلاث سنوات أنجز رصيفاً من 50 خلية كتلك مستعملاً حمض الكبريت كمحلول كهربائي لذلك. لقد نقل أيضاً تقريراً عن خلية وقود تعمل بالهيدروجين - الكلور، واكتشف أن السوائل حاملة الكربون "المذيبات مثل الكافور والزيوت الأساسية والأثير والكحول المرتبطة بالأكسجين "تعطي تياراً متواصلاً" - (مباشراً).

كان غروف سريعاً في اكتشافه التناظر الأنيق في عمليات التحليل الكهربائي للماء وإعادة دمج الهيدروجين والأكسجين (لإعادة إنتاج الكهرباء). ولكنه ترك باكراً هذا العمل على "بطارية فواطية غازية لأن هذا الجهاز كان غير قادر على إنتاج تيار كافٍ".

في أواسط الخمسينيات من القرن التاسع عشر قامت المحاولات لتطوير خلية وقود بالاحتراق الكربوني. لم يطرأ أي شيء حتى 1889 حيث، اعتماداً على أيلباي وفولكس، قام العالم البريطاني لودفيغ موند Ludwig Mond وشريكه شارلز لانجر Charles Langer باستعادة عمل غروف الأولي. وكانا الأولان اللذان سمّيا هذا الجهاز بخلية الوقود، وحاولا جعله أكثر مرونة بالاستعاضة عن الأكسجين بالهواء (المحتوي على الأكسجين) والاستعاضة عن الهيدروجين بغاز صناعي غير نقي مستخرجاً من الفحم بعملية تعرف باسم Mond-gas process، في كل الأحوال، وبعد الحصول على 1.5 واط بفعالية 50% أهملا المشروع بسبب الكلفة العالية للحفز البلاتيني، وبسبب تسمم البلاتين بآثار أول

أكسيد الكربون الموجود في الغاز وبسبب مشكلات أخرى. وفي 1896 شيّد المهندس الأمريكي ج. ج. جاك J.J. Jacques أكبر نظام حتى هذا التاريخ يعمل بالفحم والهواء وبفعالية تصل حتى 82% وينتج 1.5 كيلوواط، و(اعتماداً على حساب) يعمل طويلاً حتى ستة أشهر متواصلة. بعدها اكتشف أن الفعالية كانت واقعاً أقل بكثير، ووقع الخطأ بسبب قراءة خاطئة للعمليات الكيميائية المعنية. ويبقى أن أپلباي وفولكس ظلا يعترفان بجاك كأول من فكر بخلية وقود جهازاً ينتج الكهرباء للاستعمال المنزلي.

مساهمات فرنسيس بيكون

إنَّ تكنولوجيا خلية الوقود الحالية الحديثة التي تقودنا مباشرة إلى الماكينات المستعملة لتزويد المكوك الفضائي بالتيار الكهربائي قد بدأت في 1932 مع أعمال فرانسيس ت. بيكون (1904-1992) وهو مهندس مرتبط بجامعة كمبردج في انكلترا من سلالة فيلسوف القرن السابع عشر المجدد والعالم فرانسيس بيكون (الذي قال إنَّ المعرفة قوة وحض على الأخذ بالعلم الوضعي).

وكمهندس ذي توجه عملي، فكر بيكون أن السعر المرتفع للمحفز البلاتيني المستعمل في النظم التي طورها موند ولانجر سوف لن يسمح لخلايا الوقود بالدخول بنجاح الى السوق التجارية. وللالتفاف على ذلك قرر بيكون تطوير خلية هيدروجين-أكسجين مع محلول قلوي وإلكترودات غير غالية نسبياً من النيكل. يجب حمل الحرارة أكثر قليلاً من 200° مئوية لجعل النيكل يتفاعل كيميائياً. لقد عنى ذلك أنَّ تضغط الخلية لمنع المحلول القلوي الكهربائي من الغليان مما جعل بيكون يكتشف أن الضغط يجعل الخلية أكثر

فعالية (في البداية ضغط بيكون خلية وقوده حتى 220 بار ضغط جوي وأحياناً في ضغط أقل من ذلك كثيراً).

لقد عمل أولاً مع شركة هندسية C.A. Parsons & Co، وبعد ذلك مع جامعة كمبردج صنع بيكون وحدة خلية مفردة في سنة 1939. في سنة 1946 أنجز نسخة مطورة من هذه الخلية المفردة، ثم أتبع ذلك بصناعة جهاز بستّ خلايا سنة 1954. في سنة 1959 وبمساعدة الحكومة الانكليزية عن طريق الهيئة الوطنية لتطوير البحوث الحديثة التكوين صنع بيكون وحدة من أربعين خلية أنتجت 6 كيلوواط على درجة حرارة °200 مئوية وتحت 38 بار من الضغط. في سنة 1959 أعلن بيكون والعاملون معه أنه صنع وجرب وحدة عملية بخمسة كيلوواط وبتيار كافٍ لتشغيل شاحنة بطاقة طنَّين أو ماكينة للحام (الحديد) كذلك. شهران بعد ذلك عرض ألّيس شالمرز أول عربة مدفوعة بخلية وقود بقوة عشرين حصاناً (بخارياً) كما ذكر سابقاً. في سنة 1964 صنع ألّيس شالمرز نظام خلية وقود بقوة 750 واط لقسم كهرباء المراكب في جنرال داينميكس General Dynamics لتغذية مركبة غطس بالتيار تسع شخصاً واحداً تعمل في مجال البحوث.

في بداية الستينيات اكتشفت الناززا أن خلايا الوقود هي مصدر ملائم للتيار الكهربائي في الرحلات الفضائية التي تدوم أكثر من أسبوعين. فالبطاريات غير القابلة لإعادة الشحن لا تخدم كفاية وليس من مكان في الفضاء لإعادة شحن نيكاد ولأنَّ خلايا الوقود لا تتطلب أشعة الشمس مثل اللوحات الڤولتائية الضوئية. (بالإضافة إلى ذلك فإن اللوحات الڤولتائية الضوئية تتطلب بطاريات شحن على مدار منخفض حيث أنَّ مركبة الفضاء تكون أحياناً في ظل الأرض). وربما الأكثر أهمية أن نظام خلية الوقود العامل

بالهيدروجين والأكسجين السائلين ينتج ثماني مرات أكثر من التيار للوزن نفسه-1.6 كيلوواط ساعة للكيلوغرام مقارنة بـ0.2 كيلوواط ساعة للكيلوغرام- في أفضل بطارية (ڤولتائية ضوئية) متوافرة. لقد أصدرت النازا اكثر من 200 عقد للبحوث في فيزياء وديناميةوكهرو-كيميائية ومحفزات تفاعلات خلايا الوقود وكيفية تصنيع الإلكترودات، وكذلك الكثير من كل التفاصيل الأخرى.

إنَّ خلايا وقود جنرال إلكتريك General Electric مع الغشاء مبادل -الأيونات كانت الأولى التي استخدمت في رحلات سفينة الفضاء جيميني. من جهتها استخدمت سفينة الفضاء أپولو في رحلاتها الى القمر خلايا وقود تعود لتصميم بيكون ومطورة من قبل قطاع پراتّ أند ويتني Pratt & Whitney لشركة يونايتد إيركرافت (لاحقاً يونايتد تكنولوجيز) التي اشترت رُخَص تكنولوجيا بيكون لخلايا الوقود. وفي سنة 1970 حصلت شركة يونايتد تكنولوجيز على عقد تزويد خلايا الوقود لبرنامج المكوك الفضائي. في التسعينيات كانت شركة إنترناشنل فيول سلز وهي فرع من يونايتد تكنولوجيز لا تزال تقوم بتزويد خلايا الوقود وصيانتها لهذا البرنامج.

إنَّ التزام النازا الضخم حضّر الأرضية لتجدد الاهتمام بتطوير خلية الوقود الذي حصل في التسعينيات. "المجهود على خلية الوقود للفضاء في الولايات المتحدة شكل من دون شك أهم دفع وحيد لتطوير علم الهندسة الكهرو-كيميائية في مجال تحويل الطاقة". فكما كتب أپلباي وفولكس، وكما أضافا "كان هنالك الكثير من التوقعات أن (خلايا الوقود) ستكون حلاً لمشكلات الطاقة في العالم". لقد رافق ذلك حشد من البرامج في الولايات المتحدة وأوروبا (بما في ذلك ما كان يسمى الاتحاد السوڤياتي)

واليابان لتصميم وإنشاء نماذج متنوعة من خلايا الوقود- مثل سبك الكربونات والأكسيد الصلب وحمض الفوسفوريك والقلوي والبوليمار الصلب والميتانول مباشرة- كمصادر لإنتاج التيار الكهربائي للخدمات وللاستعمالات المتنقلة وبالأحجام الصغيرة(4).

الخدمات وجهاز توليد الكهرباء بخلايا الوقود

في أواخر الستينيات قام معهد إديسون للكهرباء ويونايتد تكنولوجيز ومجموعة للخدمات الكهربائية بالتمحيص على الميزات المتوقعة توليد الكهرباء بخلايا الوقود وذلك بمساعدة خدمات الغاز المتمثلة بالجمعية الأمريكية للغاز. وقد مولت هذه الأخيرة سنة 1967 برنامجاً لمدة تسع سنوات يدعى TARGET (فريق البحث المتقدم في تحويل طاقة الغاز)، وذلك مع يونايتد تكنولوجيز كمقاول أول ومعهد تكنولوجيا الغاز كمقاول ثانوي. لقد كان الهدف تطوير خلايا وقود صغيرة للاستعمال المنزلي مع نظم حمض الفوسفوريك كتقنية رئيسية وسبيكة الكربونات كرديف.

لكنَّ الآمال أخذت تتلاشى حين بدأت تظهر صعوبات تقنية لجماعة خلايا الوقود في نهاية الستينيات وبداية السبعينيات. ولقد رافقها بالتوازي هبوط في البرامج الفضائية حيث أدت هذه العقبات غالباً الى تحول تطوير خلايا الوقود نحو التطبيقات الأرضية. وفي هذا المجال يرصد أبلباي وفولكس أربع مشكلات رئيسة:

(4) Even a cursory description of the many programs that got underway in those years would require much too much space here; interested readers should see the books by Appleby and Foulkes, Blomen and Mugerwa, and Kordesch and Simader for details.

● كان الهيدروجين الوقود النافع وغير المستهجن، ولكن استعماله مع محفزات النيكل غير الثمينة في خلايا الوقود القلوية يتطلب حرارة عالية حيث أنَّ الضغط وأوعية الضغط مكلفة وكذلك التجهيزات التابعة.

● خلايا الوقود القلوية تتطلب الهيدروجين الصافي جداً، هذا إشكال حين يكون إنتاجه من الوقود الشائع كالغاز الطبيعي أو الفحم. إنَّ أية بقايا ثاني أكسيد الكربون في الهيدروجين تتفاعل مع المحلول الكهربائي القلوي مما يؤدي الى انسداد المسام المجهرية وإبطاء كامل التفاعلات الكيميائية.

● استعمال الوقود التجاري "الوسخ" وثاني أكسيد الكربون الموجود في الهواء -كنقيض للهيدروجين النقي والأكسجين النقي المستعملين في المركبة الفضائية- يجعل مدة استعمال نظم خلايا الوقود (التي تستخدم في صنعها المواد التجارية المتوافرة حينها) قصيرة جداً للعمل اقتصادياً.

● في يقظة ارتجاعية، أصبح واضحاً للجماعة المتراصة من مصممي خلايا الوقود والمهندسين والعلماء أنهم "حاولوا تسويق مزايا خلايا الوقود قبل أن يتوصلوا الى التخلص من المشكلات النابية لتقنية غير ناضجة". كما كتب أپلباي وفولكس. "كنتيجة للحماس الزائد لم تبلغ الاستحقاقات مواعيدها والتمويل الخاص انحدر كثيراً. ومع التقليص الكبير في ميزانية برنامج الفضاء في بداية السبعينيات هبط التمويل لخلايا الوقود أيضاً. وكنتيجة لذلك وصلت الأبحاث وتطوير خلايا الوقود حتى التوقف وذلك لأن القطاع الخاص كان متردداً لتأمين التكاليف التي كانت تدفعها حكومة الولايات المتحدة سابقاً.

لقد عاد الاهتمام بخلايا الوقود إلى الظهور من جانب العديد

من إدارات خدمات الكهرباء الأمريكيين إثر يقظة خطر النفط سنة 1973-1974 حيث استأنفت الحكومة تمويل أعمال تطوير مولدات التيار الكبيرة الثابتة العاملة بخلايا الوقود. بالاجمال يقدر أپلباي وفولكس أن الحكومة أنفقت 350 مليون دولار بين سنتي 1977 و1984 لتطوير المحطات العاملة بخلايا الوقود. لقد ساهمت إدارات الخدمات والصناع بمبلغ مساوٍ إجمالاً.

ومن بين دزينات أجهزة التجريب والنظم الثانوية وأماكن التجربة وغيرها من البنى التحتية المشيدة أو المخططة في الولايات المتحدة وأوروبا واليابان قامت ثلاثة نماذج. كان وجود مفاعل خلية وقود بفئة ميغاواط وهو PC-19 وهو جهاز يعمل بحمض الفوسفوريك، وشيد بواسطة يونايتد تكنولوجيز جنوب وندسور في كونكتكوت وجرب في النصف الأول من سنة 1977.

في فبراير- شباط 1977 بعد أن بدأ PC-19 بإنتاج التيار الكهربائي طلبت وزارة الطاقة في الولايات المتحدة وبالتعاون مع مؤسسة البحوث على التيار الكهربائي عروضاً لإنشاء مفاعل توليد بخلايا الوقود وبنظام حمض الفوسفوريك ضخم وتجريبي (بقوة 4.5 ميغاواط) في مدينة نيويورك، وقد أختيرت شركة إديسون المتحدة Consolidated Edison لاستضافة الجهاز.

الفكرة الأساس كانت البرهنة على جدوى تشييد وتشغيل جهاز توليد التيار بخلايا الوقود في الخدمة ضمن البيئة المدينية كما يقول أپلباي وفولكس. ومع ظهوره بانت المهمة ممنوعة في هذا الوقت و"من ناحية الحصول على إجازة تشغيل ظهر أن إجازة (تحديد) الموقع كانت من الأكثر صعوبة في الولايات المتحدة". وعلى العموم كتب أپلباي وفولكس أن قصة منشأة مانهاتن لخلايا الوقود تظهر "الحاجة للصبر المرافق لتطوير تكنولوجيا صاعدة في ظروف

العالم الواقعي". لقد كان يتوجب تشييد المنشأة في خلال سنة على موقع بمساحة 3 /4 أكر في منهاتن السفلي على الشارع 15 وجادة فرانكلين روزفلت. كان يتوجب بداية العمل في 1978 وأن ينتهي التجريب في 1979.

لقد شيدت المنشأة ولكنها لم تنتج أي كهرباء. فإلى جانب المناكفات الاعتيادية بين المقاولين والمقاولين الثانويين والتسليمات المتأخرة، كان على البنائين والإدارة أن يقاوموا الشك والخوف والجهل بالتكنولوجيا الجديدة من جانب بيروقراطية نيويورك. وكمثل واعتماداً على أيلباي وفولكس فإن قطاع الاطفائية في مدينة نيويورك وضع سلامة الجمهور بالاعتبار وقرر من البداية أن المنشأة هي نوع من مصفاة (للنفط)، وبالتالي لا يمكن السماح بوجودها في المدينة. بعدها وافقت اطفائية نيويورك بإنشاء المحطة فقط لتجريب إنتاج التيار الكهربائي. لقد أدى عدد من فحوص السلامة "الصارمة وغير المألوفة" لعطل لا يصلح في بعض مبادلات الحرارة المتطورة. ولجعل الأمر أسوأ ترك الماء في مبادلات الحرارة طيلة الشتاء مما تسبب بتصدع هذه المبادلات.

في بداية سنة 1982 (ثلاث سنوات بعد نهاية التجارب المفترضة) تعطل محول الوقود (المهذب) بسبب السِّخام، الذي عزي لإصرار قسم الاطفائية على إحراق الوقود عالي التركيز بهدف التحقق من سلامة الأجهزة بينما المنشأة مصممة للوقود متدني التركيز. في مارس/أذار سنة 1983 أنتج الجهاز أول هيدروجين من النفثا لأهداف تجريبية وفي مايو/أيار عمل الجهاز لثلاث دقائق بطريقة الغاز العادية. في إحدى المناسبات وبعد شهر عمل لحوالى الساعة، بعدها أكمل تدقيق الانتقال من الجهوزية الى العمل العملية الشاقة وقياس السيطرة.

في ربيع سنة 1984 كانت جميع رصائف خلايا الوقود قد وضعت. وقد اكتشف حينها أنها لم تكن تعمل كما يجب. إذ إنَّ رصائف البطاريات كانت قد وضعت في المخازن لمدة سبع سنوات حين تبين أن لها حياة رصف (تخزين) محدودة بسبب تفاعلات كيميائية بين كميات محلول حمض الفوسفوريك الكهربائي الضئيلة وصفيحات الكربون القطبية الفاصلة بين الخلايا. كان المطلوب تعديلات في التصميم للوقاية من حدوث ذلك مجدداً. (يقول كوردش إنها بكل بساطة قد جفت، كان يمكن تفادي ذلك بزيادة القليل من حمض الفوسفوريك). إنَّ طلب رصائف جديدة كان سيكلف أحد عشر مليون دولار إضافية على كلفة المنشأة، ومع سنة ونصف زيادة (التي كلفت أصلاً 35 مليون دولار أمريكي) مما كان سيضاعف كلفتها. عند هذه النقطة تخلى الأفرقاء عن الموضوع. واعتماداً على أپلباي وفولكس فإن "الخطوة المنطقية الوحيدة هي التخلص من المشروع وتنظيف الموقع الذي شيد في كانون الأول/ ديسمبر سنة 1985".

ومع ذلك فإن منشأة مانهاتن لم تنتج أي تيار، ويعلق أپلباي وفولكس أن الجهد لم يذهب سدىً، وأنه أعطى دروساً قيمة:

لقد تخطى (النظام) كل التجارب الأخرى المطلوبة ليؤكد فاعليته. وأكثر أهمية وبالرغم من المسؤوليات والتعقيدات بسبب القوانين على موقع مديني رئيسي فإن المنشأة أظهرت أنه يمكن لمحطة توليد كهربائية بخلايا الوقود الاستجابة لمتطلبات السلطات المحلية.

بعد تجارب واسعة في ظروف ليست من طبيعة التصميم مما أدى الى أعطال معتبرة وتأخير كبير حصل الجهاز على إجازة للعمل، وكنتيجة لذلك فإن نظام خلايا الوقود كان أول نموذج جديد من مولد كهربائي يحرق الوقود مجازاً للعمل في مهاناتن للمستقبل.

في سنة 1980 وقعت شركة طوكيو للكهرباء تيپكو TEPCO وهي أكبر قطاع خدمة كهربائية خاص في العالم عقداً مع يونايتد تكنولوجيز لإنشاء منشأة بقوة 4،5 ميغاواط من الطراز ذاته الذي أُقيم في نيويورك لتشييده في غويْ Goi في مقاطعة شيبا .Chiba في هذه المرة كانت إجراءات الاجازة والإنشاء بسيطة جداً، مع أنَّ احتياطات إضافية كانت ضرورية للوقاية من النشاطات الزلزالية المحتملة والأمواج العالية والتسربات النفطية لقد تضمنت نسخة تيپكو عدداً من التحسينات التقنية، جزئياً كنتيجة لتجربة نيويورك لقد بدأت التجارب الأولى على نصف القدرة (2 ميغاواط) في نيسان/ أبريل سنة 1983 وبدأ الجهاز يعمل بكامل قدرته في شباط/فبراير سنة 1984 منتجاً التيار بدرجات تتخطى مواصفات التصميم. لكي نكون واثقين كان هناك بعض "المشكلات النابية"، مثل مدة الانطلاق التي تأخذ ستّ الى ثماني ساعات ما هو أكثر من المدة المنتظرة في التصميم، وهي أربع ساعات وذلك بسبب بعض التمديدات غير ملائمة الحجم. لقد عمل الجهاز بنجاح لمدة سنتين بالميتان المهذَّب، والتشغيل التجريبي الأطول (خمسمائة ساعة) أظهر بشكل مثير كفاءته بحسب أپلباي وفولكس. كذلك لم تظهر أي نقيصة في الأداء خلال 2800 ساعة تشغيل لاحقة.

إنَّ أول منشأة في غويْ شيدت ضمن الميزانية بحوالى 25 مليون دولار-أي 60% أقل من كلفة منشأة نيويورك- وفقط بعد 38 شهراً من توقيع العقد. ولقد كتب أپلباي وفولكس أنه "باعتبار المشكلات التي برزت لنظم مشابهة في نيويورك" فإن "إتمام التجربة في غويْ يجب أن يرى كإنجاز معتبر مما لا يترك أي شك في إمكانية خلايا الوقود المصممة للعمل في مجال قطاع الخدمة".

بعد ذلك، سوف تبدأ شركة خلايا الوقود الدولية تطوير منشأة بقوة 11 ميغاواط لصالح تيبكو وبالتعاون مع طوشيبا في غويْ حيث بدأ تحضير الموقع في كانون الأول/يناير سنة 1989، مع وضع أول ثلاث بطاريات كل واحدة بست رصائف و469 خلية لكل رصيفة في حزيران/يونيو سنة 1990. إنَّ تشغيل المنشأة قد بدأ في آذار/مارس 1991 ووصل الى إنتاج 11 ميغاواط مع نهاية شهر نيسان/أبريل. وفي آب/أغسطس كان الجهاز قد أنتج 11 264 ميغاواط/ ساعة من التيار الكهربائي في فترة تشغيل خلال 1414 ساعة، ومن ضمنها فترة 875 ساعة من دون انقطاع. فالتقديرات الأولية أظهرت أن الفعالية المقاسة تخطت الكمية المرسومة، وأن الرصائف "كانت في حالة جيدة جداً". واعتماداً على تقرير انتقالي[5] فإنّ بعض خلايا الوقود أصبحت ترشح كنتيجة للتفاعل الكهروكيميائي بين غاز عادم جهاز تهذيب الغاز ومادة إلكترود الكربون وبعض الترشحات أصبحت "أكبر عدة دزينات من المرات" من المقاييس المسجلة في جداول التفتيش المقبولة، ولكن غيرها لم يظهر أي تسرب. عدة أعطاب أخرى حصلت في هذه المرحلة (ما هو طبيعي في حالة تطوير أي تقنية جديدة)، ولكن أيّاً منها لم يكن جدياً. المنشأة التي كانت معدة فقط لتجربة هذه التكنولوجيا عملت حتى أذار/مارس سنة 1997، وأنتجت أكثر من

(5) Tokyo Electric Power Company, Inc. (Principal Investigator K. Shibata), Demonstration Testing of 11 MW Phosphoric Acid Fuel Cell Power Plant-from Planning to Power Generation. Interim Report for Electric Power Research Institute, Palo Alto, 1992.

77.000 ميغاواط/ ساعة في مدة تشغيل تزيد عن 23.000 ساعة عمل(6).

حوالى سنة 1993 بدأت يونايتد بواسطة فرعيها شركة خلايا الوقود الدولية وONSI بتشييد منشأة خلايا وقود تعمل بحمض الفوسفوريك بقوة 200 كيلوواط. حوالى 200 من هذه الأجهزة توزعت حول العالم بمعدل دزينة كل سنة منذ انطلاق المشروع. إنها من بعيد منشآة خلايا الوقود الوحيدة المتوافرة تجارياً.

وكما يلاحظ أپلباي وفولكس، وكما يفترض أولاً في شكل واسع، فأولاً كانت الجهود متوجهة الى النشاط الفضائي، إذ إنَّ خلايا الوقود الصغيرة (التي تنتج بضع كيلوواط) للمركبات الكهربائية كانت الأولى، وبعد ذلك جاءت الوحدات الأكبر لمحطات توليد التيار؛ على كل في نهاية الثمانينيات ظهر أن نظم المحطات عديدة الميغاواط ستكون أولاً للاستخدام التجاري. "فقط السوق الواسعة المضمونة يمكنها تبرير التكاليف الباهظة في القطاع العام أو الخاص الضرورية لضمان تقدم الجهد الخاص" كما جاء في طرح أپلباي وفولكس. سبب آخر، كما يقولان، فإن محطات خلايا الوقود الكبيرة لا يمكنها مواجهة مقاومة مجموعات الضغط القوية (مثل صانعي السيارات الذين "ربما يفضلون البقاء على استعمال محرك الاحتراق الداخلي طالما بقي ذلك مربحاً").

إثنتان من محطات خلايا الوقود التجريبية تعملان بسبائك

---

(6) Source: email from Akifusa Hagiwara, Manager, Material Science Group, Energy and Environment R&D Center, Tokyo Electric Power Co., October 12, 1999.

الكربونات بدأتا في كاليفورنيا (واحدة في سانتا كلارا وأخرى قرب سان دييغو قرب محطة ميرامار البحرية) وبعض مطوري تقنيات أخرى (مثل محطة خلايا الوقود بالأكاسيد الصلبة لإنتاج التيار) يتكلمون سراً عن التسويق خلال بضع سنوات تلي سنة 2000 وفي أواسط سنة 1999 كانت شركتا سيمنس ووستينغهاوس منشغلتين في تشييد أربع محطات تجريبية لخلايا وقود تعمل بالأكاسيد الصلبة بطاقة 250 كيلوواط، اثنتان منها في أوروبا وإثنتان في الولايات المتحدة[7].

لقد تقلّصت الجهود لتسويق خلايا وقود بحجم منزلي- جزئياً كنتيجة لسوء انتظام توجه قطاع صناعة الكهرباء في أواسط التسعينيات- في النصف الثاني من التسعينيات حيث كانت هذه الوحدات قادرة للعمل بواسطة الغاز الطبيعي المتوافر حالاً وأيضاً بواسطة البروبان وغيره من الوقود الذي يمكن توفيره للجزر والمناطق البعيدة. هناك مجموعة صغيرة متمركزة في كاليفورنيا وهي نتاج قطاعات خدمات في الولايات المتحدة وكندا باسم مجموعة خلايا الوقود بالحجم الصغير، وكانت الأولى في نشر دراسة عن ملاءمة السوق لهكذا نوع من الأنظمة سنة 1997 مفتشة أساساً على طلبات ومبيعات أكيدة لدزينة من الوحدات التجريبية الهدف، وبالتالي احتمال الإنتاج الكثيف. من جهتها شكلت شركة أميركا

(7) Westinghouse's «tubular solid oxide» technology, generally regarded as the most advanced of this type, was acquired by Siemens in 1998 as part of Siemens's purchase of Westinghouse's power-generation subsidiary. Siemens subsequently stopped work on its own version, which was called «planar SOFC technology.»

للكهرباء ومركزها بوسطن(8) فريقاً مع مؤسسة البحوث في التيار الكهربائي لمتابعة أهداف مشابهة. هناك مطورون آخرون قفزوا للمنافسة بما فيهم Plug Power (شركة في ولاية نيويورك تأسست سنة 1997 بمساعدة فرع إديسون في ديترويت) وإتش پاور ودي نورا ميلانو. الشركة السويسرية سولتزر Sulzer والكندية غلوبل تيرموإلكتريك Global Thermoelectric أعلنتا تطوير مخططات لنظم خلايا وقود صغيرة تعمل بالأكسيد الصلب.

حتى أيضاً في أدنى السلم فإن مطوري خلايا الوقود يقولون إنها سوف تزود بالتيار الكهربائي الهواتف الخلوية والحاسوبات المحمولة والأدوات اليدوية. لقد قدمت خلية الوقود المطورة من قبل روبرت هوكداي Robert Hockaday الذي كان أصلاً أخصائي أسلحة على أنها قادرة على إعطاء خمسين مرة أكثر من الوقت للكلام حين استعمالها في الهاتف الخليوي بدلاً من بطارية Ni-Cad التقليدية والتي يأمل هوكداي أن تكون بنصف التكلفة لأنَّ تقنيات الليتوغرافي بالحفر كالتي تستعمل في صناعة رقيقات الكومبيوتر يمكن إعادة شحنها بحقنة ميتانول -بسعة أونصة ونصف. فالجهاز، المعلن عنه نهاية سنة 1997 تقريباً كان مصمماً في البداية لإنتاج ما يكفي من التيار (حوالى 4 واط) لهاتف خلوي من قبل هوكداي كان سيطور حتى إنتاج 30 واط تقريباً المطلوبة لتشغيل الحاسوب المحمول.

(8) The American Power Corporation was a commercial offshoot of Analytic Power, which has been developing fuel-cell systems for the US military and for civilian clients.

هناك مصدر تيار آخر كان في حيز التطوير من قبل عالم لدى موتورولا Motorolla وهو كريستوفر داير .Christopher Dyer فخلية وقود داير على شكل شريط (فيلم) رقيق كانت لتعطي التيار الكهربائي بواسطة خليط غازي من الهيدروجين والأكسجين (بينما تتطلب النظم العادية الغازين منفصلين). وهو ما كان سيؤدي بحسب داير في مقال[9] سنة 1999 الى نظام أبسط وأرخص. داير الذي كتب في البداية عن عمله سنة 1990 حين كان لا يزال في مركز بحوث شركة بلّ Bell للاتصالات[10] وصف مشروعه كشريط في منتهى الرقة (أقل من واحد على مليون المتر) مع محلول كهربائي نفيذ للغاز محصور بين طبقتين رقيقتين من البلاتين.

في سنة 1996 بلّغت شركة دايس DAIS في پالم هاربر Palm Harbor في فلوريدا أنها طورت غشاءً جديداً من مادة منخفضة الكلفة، وعملت من ذلك خلايا وقود مجهزة بتكنولوجيا غ ت پ (ضمن فئة 40 الى 125 واط). وضعت الشركة هدفاً لتطوير أجهزة أخرى في المستقبل تصل الى أكثر من كيلوواط حيث عرضت

---

(9) Christopher Dyer, «Replacing the battery in portable electronics,» *Scientific American,* July 1999, p. 88. Dyer's article was one of the three in a special report on fuel cells in that issue. The second (A. John Appleby, «The Electrochemical Engine for Vehicles») described the prospects of fuel cells as a power source for vehicles. The third (Aan Lloyd, «The Power Plant in Your Basement») described the outlook for small fuel cells powering homes and other samll-scale applications.

(10) «Bell Researcher Develops Thin-Film Fuel Cell,» *Hydrogen Letter,* February 1990.

أنموذجاً تجريبياً لخلية بقوة 5 واط خلال مؤتمر 1996 وكانت هذه الخلية صغيرة بحجم طابة غولف لقد كانت مادة الغشاء قد طورت بداية في Rensselaer Polytechnic Institute في برنامج بإدارة غاري وْنِك Gary Wnek رئيس قسم الكيمياء في المعهد ومدير برنامج علوم البوليميرات وبرامج الهندسة فيه. وفي سنة 1999 اندمجت شركة دايس مع شركة أناليتيك پاور Analytic Power لتشكيل شركة دايس-أناليتيك DAIS-Analytic Corporation.

خلايا الوقود: كيف تعمل

تنتسب خلايا الوقود تلقائياً الى البطاريات "الأولية" (التي تتفاعل فيها حجرة الزنك مع ديوكسيد المنغنيز لإنتاج الكهرباء) والى البطاريات القابلة لإعادة الشحن "الثانوية" (التي تستعمل الرصاص وثاني أكسيد الرصاص أو النيكل والكادميوم لتخزين الكهرباء". ولكن في حين أن البطارية الأولية تنفذ ببساطة بعد استنفاذ حجرة الزنك، وأن البطارية الثانوية يجب إعادة شحنها دورياً فإن خلية الوقود تظل تعمل طالما أنها تتغذى بالوقود (الهيدروجين)، تماماً مثل محرك الاحتراق الداخلي أو عنفة (توربين) الغاز التي تعمل ما دامت تغذى بالوقود.

فخلية الوقود المفردة هي أساساً "سندويش كهرو-كيميائي" بسماكة إنش واحد فقط مع قطب أنودي من جهة وآخر كاثودي من جهة أخرى، ومحلول كهربائي (وهو محلول مائي حمضي أو قلوي أو غشاء بلاستيكي في الوسط يسمح بانتقال الهيدروجين من الأنود الى الكاثود). العديد من الخلايا الفردية يمكن "رصفها" لإنتاج كمية من الكهرباء كافية للاستعمال.

تعمل خلايا الوقود تقريباً بشكل صامت[11]، منتجة تياراً كهربائياً مباشراً (متواصل) بتوتر ڤلطاج متدنٍ من التفاعل الكهرو-كيميائي المحفز بين الوقود (وهو الهيدروجين أو أي حامل غني بالهيدروجين مثل الغاز الطبيعي) ومؤكسد (وهو الأكسجين المأخوذ مباشرة من الهواء أو من وعاء تخزين خاص. المصاحبة لهذه العملية تأتي انطلاقاً من التجهيزات الثانوية: المضخات لنقل الوقود في النظام وتفريغ الماء المنتج في العملية ومروحة أو نفاخ لتبريد البطاريات أو ضخ الأكسجين في خلية الوقود وربما المرطب (الذي يلزم في بعض النماذج مثل الخلايا بـ غ ت پ).

إن نظم خلايا الوقود العملية هي شديدة التعقيد للتصميم والتنفيذ -خاصة تلك الصغيرة والنافرة للسيارات والشاحنات والحافلات التي يجب أن تصمد بوجه الصدمات وتغيرات الحرارة. (إنه سبب واحد للتأخر الكبير لوضع أول النماذج على الطريق). ولكن المبدأ الأساسي في عمل خلية الوقود يتقدم حقاً.

في خلية الوقود التي تعمل بالهيدروجين- أوكسجين وبمحلول كهربائي حمضي يحقن غاز الهيدروجين الجزيئي في جهة الأنود حينها يمسك الأنود بالإلكترونات فيفصم جزيئات الهيدروجين الى أيونات مشحونة ايجابياً (H^+). وهكذا تنتقل هذه الأخيرة خلال

---

(11) لأنها صامتة جداً ولأنها بتكوينها أكثر فاعلية من الديزل أو غيره من مفاعلات (الكهرباء) ذات الاحتراق الداخلي لذلك كانت خلايا الوقود مرصودة طويلاً من قبل بحرية الولايات المتحدة. (العسكرية، م) والمانيا وكندا واستراليا والسويد كوسيط جذاب لدفع الغواصات الصغيرة مثل العربات تحت الماء غير المأهولة المستعملة للبحوث البحرية وتصليح أنابيب النفط والانقاذ والتنقيب) وأيضاً الغواصات الكبرى.

طبقة المحلول الى الكاتود المشحون ايجابياً حيث تلتحم بالأكسجين لتهذيب الماء. وأثناء هذه العملية تتدفق الإلكترونات المحررة (التيار الكهربائي) من الأنود خلال سلك موصل عائدة الى الكاتود منجزة عملاً -مثل تشغيل محرك كهربائي أو إضاءة مصباح كهربائي أو تشغيل هاتف خليوي.

هناك مواد أخرى غير الهيدروجين يمكن أن تلعب دور حامل طاقة الأيونات -مثل الكربون (كأيون كربوني) والأكسيدات من جميع العناصر. "نظرياً، كل مادة قابلة للأكسدة الكيميائية والتي يمكن دسها بشكل متواصل (كسائل) يمكن إحراقها كوقود على أنود خلية الوقود كما يشرح أيلباي وفولكس. إنَّ "عملية التفاعل هذه يمكن اعتبارها إجمالاً كاحتراق بارد للهيدروجين مع الأكسجين" - احتراق بارد لأنها تحصل على حرارات أدنى بكثير من تلك في عمليات الاشتعال المفتوحة. في الاحتراق العادي تتحول كل الطاقة المحررة الى حرارة. وفي خلايا الوقود، بشكل ما، فإن جزءاً من الطاقة الحرة في هذه العملية الكهرو-كيميائية يتحرر مباشرة ككهرباء؛ والباقي كحرارة- وواضح أن هذه العملية هي أكثر فعالية لمد الأجهزة الكهربائية بالتيار وكذلك السيارات.

إنّه مظهر مهم، وقد اكتسب أهمية كبيرة في هذه العقود الأخيرة وذلك بسبب احترار الكوكب، وهو أن الآزوت وهو المكون الأكبر في محيطنا الجوي -حوالى 80% من الهواء الذي نتنشقه- لا يلعب أي دور في الاحتراق البارد. فقط الهيدروجين والأكسجين يتفاعلان في خلية الوقود. ففي التعريف أن هذه العملية تمنع إنتاج أكسيدات النتروجين، وهو مركب أساسي في تلوث الهواء. ومن ناحية مناقضة فإن كل عملية اشتعال مفتوحة (مثل

احتراق البنزين في السيارة العادية والحافلة والشاحنات والعنفات النفاثة) تنفث هذه الانبعاثات المؤذية.

هنالك العديد من نماذج خلايا الوقود تختلف بطبيعة محلولاتها الكهربائية ومروحات الحرارة التي تعمل خلالها[12].

القلوية: إنه النموذج المفضل لدى كوردش وغيره من الرواد الأوائل. إنَّ خلايا الوقود القلوية لا تزال هي المستخدمة في مكوك الفضاء اليوم (في تصاميم محسنة كثيراً وصلت الى مستويات لا تضاهى بالفعالية وخفة الوزن). إنها تعمل على حرارة 60-90 درجة مئوية. فعاليتها في تحويل الوقود الكيميائي الى كهرباء تصل الى 50-60%. المحلول الكهربائي هو (KOH) بنسبة 35-50%. إنَّ الاستخدام الأساسي هو في الفضاء ولكن بأقله فإن شركة واحدة (زيڤكو سميت زيتك ZeTek في 1999) تعتبر أنها لا تزال موجة المستقبل للنقل البري لأنها أرخص، وبسبب أنها لا تتطلب البلاتين كمحفز. أمّا عيب خلايا الوقود القلوية (AFC) الأساسي فهو أن غاز ثاني أكسيد الكربون الموجود في الجو يمكن أن تحط من

---

(12) إضافة يفرّق كوردش وسيمادار Simadar بين مختلف نظم خلايا الوقود: خلايا الوقود المباشرة (تلك التي تحول الوقود مثل الهيدروجين بطريقة كهرو ـ كيميائية ولكن أيضاً المركبات العضوية أو النتروجينية ـ آزوتية ـ أمونيا و[هيدرَزبن] وحتى فلذات وخليط هيدروجين ـ هالوجين على حرارات متدنية ومتوسطة وعالية). وخلايا الوقود غير المباشرة (الطراز الذي يتطلب محوراً لاستخراج الهيدروجين أو خلية الوقود التي تعمل بالوقود البو ـ كيميائي المتحللة بواسطة الأنزيمات لإنتاج الهيدرجين) وخلايا الوقود الاستيلادية (وهي أنظمة تعمل كمولدة للكهرباء وبالعكس تعمل كمحلل كهربائي للماء حيث يمكن تخزين الطاقة الكهربائية عن طريق فصم الماء الى مكوناته من أوكسجين وهيدروجين).

أدائها. وفي كل الأحوال كما برهن كوردش في عربة الأوستن خاصته فإن هنالك تقنيات صناعية رخيصة لتنقية ثاني أكسيد الكربون في النظم القلوية.

غشاء تبادل الروتونات غ ت پ[13]: إنَّ خلايا الوقود المجهزة بتكنولوجيا غ ت پ تعمل على حرارة 50-80 درجة مئوية وفعاليتها تتدرج بين 50 الى 60%. إنها تستخدم أغشية من پوليميرات من نوع) Nafionالتي أنتجت لأكثر من 20 سنة لدى ديپون وأخيراً تنتجها شركة بالارد وو. ل. غور W.L. Gore وأزاهي للكيميائيات Asahi Chemicals وغيرهم). هناك أغشية متطورة أكثر تعمل على حرارات أعلى وبأداء أعلى هي قيد الانجاز. أما صانعو السيارات العالميون فإنهم يعلقون أمالهم - وينفقون مبالغ هائلة- على ذلك في سباق لتطوير خلايا وقود لمحركات السيارات قابلة للحياة. خلايا الوقود من نموذج غ ت پ هي النظم المفضلة للنقل بسبب سرعة وضعها في العمل (فهي تستطيع إنتاج كمية من التيار المفيدة مباشرة إجمالاً وحتى على نقطة تجمد الماء) وكذلك كثافة التيار العالية وفظاظتها النسبية (المقبولة).

حمض الفوسفوريك: يصمم نموذجياً للتطبيقات في محطات توليد التيار؛ فخلايا الوقود بحمض الفوسفوريك خ و ح ف PAFC Phosphoric Acid Fuel Cell تعمل بفعالية 55% على حرارات 160-220° مئوية حيث المحلول الكهربائي يتكون من حمض الفوسفوريك المركز. وحتى آخر التسعينيات كانت خلية الوقد

(13) يعرف أيضاً كمركب (كيميائي) ومحلول كهربائي لخلايا الوقود Polymer Electrolyte Fuel Cell (PEFC). مصطلح آخر يستعمل ظرفياً كغشاء مبادل للأيونات (IEM).

بحمض الفوسفوريك هي الطراز الوحيد القابل للحياة تجارياً. ولعدة سنوات ظل مبيع الشركة الدولية لخلايا الوقود مدعوماً من حكومة الولايات المتحدة ببرنامج مساعدة ضئيل كمساهمة في كسر الجليد لتحفيز إدارة الخدمات (العامة) وغيرها من المستخدمين التجاريين لتسريع دخول خلايا الوقود للسنوات القادمة، لكنَّ الوقود المفضل هو الغاز الطبيعي.

الصهيرة الكربوناتية Molten Carbonate MC: إنَّ خلايا الوقود العاملة بالصهيرة تعمل على حرارة 620-660 مئوية وهي تعتبر واعدة لمستقبل حاجات توليد التيار مع أنَّ فعاليتها تنحصر في مروحة بين 60-65%. كما ينم الاسم فإن المحلول الكهربائي هو صهيرة (من خليط كربوناتي قلوي مزدوج). أما التشغيل التجريبي فقد تمَّ من قبل سانتا آنّا Santa Ana التابعة لإدارة خدمات كاليفورنيا لجهاز بقوة 2 ميغاواط الذي أنشأ من قبل Energy Research Corporation (أعيدت تسميتها طاقة خلايا الوقود في سنة 1999) وجهاز شيد من قبل شركة الصهيرة الكربوناتية للطاقة MC Power في محطة ميرامار البحرية وكانا في المقدمة خلال النصف الثاني من التسعينيات. فهاتان المنشأتان كانتا تزودان بالغاز الطبيعي كوقود ولكن البروپان وغيره من الوقود يمكن أن تكون مفيدة.

الأكسيد الصلب: إنَّ خلايا الوقود بالأكسيد الصلب مرشحة لتكون مولدات للتيار لقطاع الخدمات قبل سنة 2010 بقليل. إنها تعمل على أعلى درجات الحرارة 800-1000° مئوية حتى الآن، وفعاليتها في مروحة بين 55-65%. المحلول الكهربائي يتكون نموذجياً من سبيكة من مواد أرضية نادرة مثل: Yttrium-Stabilized Zircon Dioxide وهي مادة سيراميكية. إنَّ خلايا وقود بالأكسيد الصلب الصغيرة SOFC هي في طور التطوير للاستعمالات المتعددة

والاستعمال المنزلي والاستعمالات المختلفة في الأماكن النائية (مثل التيار اللازم لمضخات الغاز الطبيعي في الأنابيب)، ولكن أيضاً كمولدات للسيارات (بدل المولدات المعروفة والمناوبات).

إنها مثل خلايا صهيرة الكربونات تعمل أيضاً على الغاز الطبيعي.

وأيضاً على الطريق ومن بين الأكثر تطوراً من التصاميم الأكثر شهرة هناك خلية الوقود على الميتانول المباشر خ و م م DMFC Direct Methanol Fuel cell والأخرى وهي خلية وقود قلوية أو توليدية (قابلة للاستخدام على وجهين) (Reversible or Regenerative).

ربما كان الأكثر شهرة من ضمن جماعة خلية الوقود عالمياً في مجال تطوير خ و م م هو فريق من العلماء لدى مختبر الدفع النفاث وبالارد پاور سيستمز ومختبر لوس ألاموس الوطني وسيمنس وجامعة نيو كاستل حيث الفكرة الأساسية هي تطوير نموذج خلية وقود– بواسطة تقنية متفرعة عن تكنولوجيا غ ت پ – التي يمكن تغذيتها مباشرة بالميتانول أو محلول الميتانول بالماء. إنَّ ذلك سيشكل نماذج شائعة متطورة، حيث يستخرج الهيدروجين من الميتانول في جهاز كيميائي صغير ("يهذِب البخار" أو أكسدة جزئية) قبل أن يدخل خلية الوقود. إنَّ لهذه المقاربة مردوداً تقنياً مثل التلوث الخفيف للهيدروجين المنتج ("معاد التشكل" بلغة هندسية) مع آثار هيدروكربونية. وإن تطوير خلية وقود متينة كغاية لاستقبال الميتانول مباشرة سوف "يقلل حجم النظام بشكل معتبر ووزنه وتعقيداته والحرارة كما في نظم خلايا الوقود الموجودة"، كما يقول جيرالد هالپرت Gerald Halpert رائد الجهود العلمية م د ن في دراسة قدمها أمام مؤتمر في ألمانيا في خريف سنة 1996. وفي مؤتمر الميتانول في شباط/فبراير في واشنطن قال هالپرت

المتحمس إنَّ هذه "التكنولوجيا متأهبة للتسويق، متأهبة للانطلاق". وقال أيضاً إنَّ جهاز م د ن وصل الى 34% فعالية على حرارة 90° مئوية، وحيث أنَّه عمل لفترة 200 ساعة متواصلة من دون أي انحدار معتبر، وأنه عمل لفترة 4500 ساعة بشكل منقطع على 60° مئوية مع خسارة للقوة بالحد الأدنى. الآخرون كانوا أقل (حماسة). ومتكلماً في ذات المؤتمر قال فرديناند پانيك رئيس مشروع خلايا الوقود لدى ديملر كرايزلر إنَّ هذا الأخير كان يعمل "بشكل مكثف" على خلايا وقود الميتانول المباشر ولكنه لا يعتقد أنهم قريبون جداً من فعالية النظم المجهزة بتقنية التهذيب. ولا يعتقد پانيك أن خلايا الوقود بالميتانول المباشر كانت ستفوز في أي وقت قريب. ويقول: "إحساسي أن خلية الوقود العاملة بالميتانول المباشر هي متأخرة من 8 الى 12 سنة" عن النظم الشائعة.

أما نظم خلايا الوقود القلوبة - فهي نظم يمكن أن تقلب من إنتاج الكهرباء عن طريق الاحتراق البارد للهيدروجين بالأكسجين الى إعادة تحليل الماء الى عنصريه الهيدروجين والأكسجين بالتحليل الكهربائي. هذه النظم طورت أولاً بضع سنين قبل ذلك كنشاطات مختبرية لدى هاملتون ستاندارد وهو قسم في شركة يونايتد تكنولوجيز.

لقد بدأت شركة پروتون إينرجي سيستمز حيث أنَّ أربعة من مؤسسيها أتوا من هاملتون ستاندارد وعملوا لديه في هذه التكنولوجيا بحيث أنَّهم أمضوا غالب حياتهم المهنية في العمل على تطوير خلية وقود متحولة. وفي صيف 1999 أعلنت پروتون إينرجي سيستمز أنها توصلت الى تجربة "خلية وقود موحدة استرجاعية" وذلك بتهذيب الماء ببخاخ (والحصول على التيار وعكس هذه العملية لتهذيب غازَيْ الماء وهما الأكسجين والهيدروجين -

المترجم). وقالت الشركة في إعلانها "إنه أداء عالٍ لبطارية ضخمة عالية من دون أي تحديدات كما في البطارية التقليدية". لقد ولد هذا التصور بداية التسعينيات كجزء من مشروع النازا لصنع جناح عملاق من دون طيار يحلق بواسطة الطاقة الشمسية. هذا من أجل التحليق على ارتفاعات شاهقة لشهور حيث أنَّ الجناح الطائر عليه أن يخزِّن ويحول الطاقة الشمسية للطيران الليلي. لقد كان الهدف أن تبقى المركبة لشهور على ارتفاعات الستراتوسفير 70.000 قدم أو أكثر لغايات عسكرية أو مدنية كمرصد للمناخ على المدى البعيد. إنَّ الطاقة المطلوبة للصعود بسرعة 12 عقدة في الساعة يستلزم ست ساعات للوصول الى علو 70.000 قدم، وعندما سوف تجول بسرعة 27 الى 28 عقدة في الساعة، فإنَّ (الطاقة) ستأتي من الخلايا الشمسية التي ستغطي حوالى 75 قدماً من مئة قدم على مساحة الجناح العليا وسوف تعمل خلايا الوقود كمحلل كهربائي للماء أثناء النهار حيث ستقسم الماء الى الهيدروجين والأكسجين ثم تعكس العملية ليلاً لإنتاج التيار الكهربائي لتشغيل الدسائر ودفع الطائرة في الجو. لم يحلق النظام بعيداً: الطائرة "Pathfinder" الأصلية التي وصلت الى علو 71.000 قدم وأكثر في صيف سنة 1997 خلال تحليقها لمدة 14 ساعة اعتمدت على كهرباء البطارية لحاجات طاقة الإنارة في الطيران والهبوط. أما الكهرباء اللازمة لتشغيل دواسر الطائرة الست فقد جاءت فقط من الخلايا الشمسية. يذكر أنّ الأجيال اللاحقة مثل تصميم "Helios" الأكبر بـ 200 قدم فإنها صممت لتتضمن خلايا الوقود الاسترجاعية هذه وصهاريج التخزين لبلوغ الهدف بالبقاء عالياً لشهور متواصلة.

بالإجمال، فقد شعر مصممو خلايا الوقود القلوبة من البداية أنه يمكن أن يكون لها تطبيقات للنقل. يقول جيمس ماكالرويْ

James McElroy مدير برنامج نظم الكهروكيميائيات لدى هاملتون ستاندارد في مقابلة سنة 1993 إنَّ خلايا الوقود الاسترجاعية "ستكون كأي خلية وقود سوى أنك لن تكون في حاجة الى بنى تحتية (للوقود). سيكون عليك تعليقها على شبكة التيار الكهربائي كبنية تحتية". ويضيف أنه في السيارة يمكن استعمالها للفرملة التوليدية (للكهرباء- وهي تقنية معقدة) وتوليد الهيدروجين. وعلى كل يتحفظ ماكلرويْ ويقول إنَّ الاستعمال على الأرض للنقل متقدم أكثر من استعماله للطيران السري على ارتفاع شاهق اعتماداً على الطاقة الشمسية. ويقول في الوقت ذاته "إن ذلك ليس ناضجاً الآن"، لسبب واحد، فنظام النازا المبرمج يكون أبسط وأكثر فعالية طالما أنه سيستخدم طاقة الهيدروجين والأكسجين المنتجة على متن المركبة بالتحليل الكهربائي. إنَّ نظام النقل سوف يستعمل الهواء الذي سيكون أقل فعالية لما يضمنه من أكسجين بنسبة 20%. كذلك فإن استعمال المحفّزات كما اتفق سوف يجعلها باختصار أقل فعالية كما في المحللات الكهربائية أو خلايا الوقود الأحادية الوجه.

هل هنالك من تكنولوجيا مسيطرة محتملة لخلايا الوقود؟ إنه من الصعب القول، ولكن يبدو أنَّه من المشكوك فيه أن أي نظام معين سوف يبرز كفائز وحيد في كل التطبيقات (الاستعمالات). الأكثر احتمالا أنَّ خلايا وقود بطراز مختلف يجب صنعها لكل استعمال مختلف استناداً إلى معيار اقتصادي أدنى كعامل حاسم. ومع انتهاء القرن العشرين أصبحت خلايا الوقود بـ غ ت پ الأكثر استقطاباً للانتباه في السباق الدولي المحموم لتطوير مولدات التيار الجديدة في السيارات والحافلات - والتي استحوذت على أهم مصادر التمويل للبحوث في الإدارات العامة والخاصة. ولكن أقلية مثل كوردش ونِك أبسون Nick Abson (مؤسس ورئيس إدارة زيڤكو

وزيتك) وبعض الآخرين فإنهم ما زالوا غير مقتنعين. إنهم مستمرّون في إيمانهم بأن خلايا الوقود القلوية ستبرز أخيراً كالخيار الأفضل. فكوردش الذي استمر حتى نهاية سنة 1999 في إنجاز "تقدم جيد" مع خلية الوقود القلوية (مع واحدة تستعمل الأمونيا كوقود) وواحدة بواسطة الميتانول المباشر يقول مع كثير من الانتباه إنّ تكنولوجيا غ ت پ قد وصلت الى "الغلواء" (انتفاخ غير مبرر). ولقد في إحدى رسائله الإلكترونية إنَّ خلية الوقود القلوية "ليست حديثة كفاية في نظر جماعة الـ غ ت پ"؛ ومع ذلك فهي "مقبولة" لأنه يمكن "توقيفها تماماً من دون الخوف على سلامة المرآب والجوار" - ما يعيد إلى الأذهان إمكانية تسرب الهيدروجين الغاز أو السائل في الأمكنة المغلقة مع خطر الانفجار المتسبب بالحريق. يضيف كوردش الكلمة ستكون لل "الاقتصاد".

VIII

الهيدروجين في الفضاء: العوادم النظيفة وقطار الشرق السريع

في نسيان/أبريل سنة 1988، طرأ حدث ظل مع ذلك مهملاً من قبل وسائط الإعلام الأمريكية وقد شكل علامة فارقة في تاريخ الطيران وطاقة الهيدروجين. لقد تم تعديل طائرة من طراز توپوليف154[1] وأعيدت تسميتها TU-155 حيث أقلعت من أحد مطارات موسكو في طيران تجريبي مع عنفة الجانب الأيمن التي تعمل بالهيدروجين السائل. ولقد أعلن قسم اللغة الإنكليزية في وكالة تاس السوڤياتية وقتها أن المحرك يمكنه العمل بالهيدروجين السائل أو الغاز الطبيعي المسيّل. توحي القصة أن الهيدروجين

---

(1) طائرة TU-154 العادية لا تزال في الخدمة اليوم في الصين وغيرها وتزن 188 000 پاوندة وتحمل طاقماً من ثلاثة أفراد وسرعتها القصوى 584 ميلاً في الساعة ويمكنها نقل 164 مسافراً.

سوف يشكل الوقود المفضل على المدى البعيد للطيران الدولي. وفي المساء عرض التلفزيون السوفياتي في نشرة الأخبار مشاهد الطائرة وهي تقلع ثم تعود للهبوط. وفي الولايات المتحدة فقد أعلن ذلك باقتضاب على شبكة CBS لتوزيعه على وكلائها المحليين ولكن القليل من المحطات تكلفت عناء عرضه. فمن جهتها قناة كابل CNN عرضت بعض لقطات ثلاثة أيام بعد ذلك. أما صحيفة الدفاع *Defense Daily* الصادرة في واشنطن التي نقلت رواية قصيرة فقالت إنَّ التحليق دام واحداً وعشرين دقيقة. كذلك أشارت نيويورك تايمس إلى الحدث أربعة أسابيع لاحقاً.

ظهر المراقبون المهتمون أن الاتحاد السوفياتي (وقتها) قد تحضر لتطوير الطيران المدفوع بوقود الهيدروجين وأن له خطوة السبق في هذه التكنولوجيا الجديدة. ربما كان ذلك فقط الطريقة القديمة للدعاية الشيوعية، ولكن وكالة تاس وجريدة الحزب الأزفستيا أوحيتا أن الطائرة المدفوعة بالهيدروجين السائل والغاز الطبيعي السائل ستكون التقليعة للمستقبل الإشتراكي.

لقد كان ذلك أكثر من جرس إنذار بالنسبة إلى جماعة الهيدروجين الدولية، إذ لم يكن ذلك الحدث بالنسبة إليها عملية علاقات عامة بهدف الغلبة. لأنَّ السوفيات كانوا منكبين على ذلك منذ أمد بعيد. ألكسي توپوليف ابن مصمم الطائرات العالمي المشهور والذي ابتكر سلسلة طائرات توپوليف والذي هو حقاً مصمم طائرات لامع كان قد كتب عنه في الأزفستيا. إنَّ التحضيرات لهذا الطيران بدأ منذ تسع سنوات وأصبح ملكاً لأبحاث الاتحاد السوفياتي في الطيران.

لقد علق ج دانييل برِوِر G. Daniel Brewer وهو مهندس طيران، متقاعد اليوم، وكان مسؤول برنامج لوكهيد للهيدروجين

خلال سنوات 1972-1984 أن إنجاز فريق توپوليف جعله متقدماً على جهود الولايات المتحدة لتطوير "National Aerospace Plane" (وهي طائرة تفوق سرعة الصوت تجريبية ومدفوعة بالهيدروجين السائل كان قد أعلن عنها الرئيس ريغان قبل ذلك بسنتين، وهي التي كان يجب أن تطير بشكل عادي الى ما بعد المحيط الجوي والعودة إلى الأرض. لقد قال برِوِر لمراسل جريدة الدفاع "إنه يرجح أن يكون الروس متقدمين سنوات عنا في تكنولوجيا علينا تطويرها حكماً". ويقول في مقابلة أخرى: "منذ أن طير الروس طائرتهم فإن ذلك يعني احتمالاً أنَّهم صنعوا الصبابات (المبردة) ومبادلات الحرارة والمضخات". ومن ناحية أخرى "إذا استعملت الطائرة نظام الهيدروجين السائل المحقون بالضغط كما فعلنا في الخمسينيات فلن يكون كل ذلك عظيماً، كما أضاف. (إنه يلمح الى طائرة B-57 الأمريكية ذات المحركين التوأمين والتي حلقت سنة 1957 لعدة مهمات تجريبية كل واحد لمدة عشرين دقيقة، وأحد المحركين يعمل بالهيدروجين السائل). ثم يقول "إنه كان لديهم هذا النظام للانطلاق فالإقلاع والهبوط (بالهيدروجين المحقون بالمضخة) كل ذلك سوف يشكل خطوة الى الأمام". "سوف يلزمنا خمس سنوات على الأقل لكي نطوره، ونضعه في العمل لانجاز النقطة نفسها"[2].

(2) في السنوات اللاحقة تبين أن الروس كانوا قد طوروا فعلاً نظاماً لضخ الهيدروجين السائل. شركة Daimler-Benz Aerospcae التي انطلقت في أواسط التسعينات في مشروع تجريبي لطائرة تدفع بالهيدروجين السائل قالت في كتيب إنَّ مضخة حاوية الطائرة هي تلك التي في TU-155 ولكن يجب إعادة تصميمها لأن المضخة الروسية القديمة أدت الى الكثير من الحرارة ما أدى الى الكثير من غليان الوقود.

وفي المؤتمر الدولي لطاقة الهيدروجين المنعقد في شهر أيلول/ سبتمبر سنة 1988 في موسكو أعلن توپوليف أمام حضور عارم أن الهيدروجين استعمل لتشغيل المحرك الأيمن حصرياً في TU-155 خلال كامل دورة التحليق- الاقلاع والتجوال ثم الهبوط. قال توپوليف إن الهيدروجين السائل قد نقل بخزانات فولاذية لا تصدأ ومتحركة، وأنها أخذت اجمالي المقصورة الخلفية للطائرة، وأنه هناك ما يكفي للطيران لمدة تسعين دقيقة. أما مصادر الاحتراق المكونة -من أسلاك كهربائية وخطوط للضغط المائية وخطوط الوقود التقليدي- فقد أزيحت ووضعت في مكان آخر من الهيكل. لكنَّ الهواء المضغوط وضع في هذه المساحات وفي المساحة بين المقصورة الخلفية وباقي الطائرة مع حاجز بحائط مزدوج وذلك احتياطاً من خطر نشوء خليط هواء- هيدروجين (منفجر-المترجم).

لقد أدى هذا الإنجاز السوڤياتي الى قلق وصمت في واشنطن بين صناع القرار الذين دعموا تطور تكنولوجيا طاقة الهيدروجين- كان انتصار توپوليف "أيضاً حالة أخرى حيث تقف الولايات المتحدة مكتوفة الأيدي في حقل أبحاث وتترك أمماً أخرى تسير متقدمة بعيداً عنها"، فالنائب جورج براون الإبن George Brown Jr. (ممثل كاليفورنيا) عضو لجنة البرلمان للعلوم والفضاء والتكنولوجيا قال باختصار بعد الطيران (لطائرة TU-155): السوڤيات ليسوا وحيدين في تطوير الهيدروجين السائل كوقود للنقل. الآن مع البرنامج السوڤياتي الخاص بدرجات الحرارة الخفيضة فإننا نواجه تهديداً حقيقياً للأمن القومي. وبالحكم على نقص دعم الممثلين للهيدروجين في هذا البلد، فإن الولايات المتحدة سوف تدفع غرامة لأمم أخرى أكثر حصانة".

أسبوعان بعد ذلك ويستجيب السيناتور سپارك ماتسوناغا Spark

Matsunaga لبراون في مجلس الشيوخ وهو أيضاً "راعي" رديف لتشريع الهيدروجين فيصف الطيران السوفياتي "بالمَعلَم". وفي خطاب في شهر نيسان/أبريل في قاعة الشيوخ حض ماتسوناغا الكونغرس وإدارة الرئيس ريغان غير المهتمّين بنظافة البيئة أو الطاقة البديلة المتجددة على دعم التشريع الذي قدمه مع براون قبل ذلك وبقي يذوي في اللجنة. "ليس متأخراً كثيراً لتحريك المذكرة وتمريرها قبل نهاية دورة الكونغرس (التشريعية)" كما قال ماتسوناغا. "كما تشير الأنباء من موسكو، فإن مذكرتي سوف لن تأتي باكراً جداً في التنافس الدولي في الطيران والفضاء".

ثلاثون عاماً قبل ذلك، "صدمت، سبوتنك، وكهربت أمتنا" قال ماتسوناغا لزملائه. "من أحد عشر يوماً أعلن السوفيات، سبقاً، علمياً آخر مقيتاً بما يكفي ومن دون أن يلحظ في هذا البلد". كما قال. إنَّ طيران طائرة نفاثة "مدفوعة بالهيدروجين السائل في محرك معدل لاستقبال الوقود الخفيض درجة الحرارة ينبئ بقدوم الطيران خفيض الحرارة ويشكل معلماً على درب اقتصاد الهيدروجين". ونظراً للأهمية التي وضعتها الادارة الحالية لتطوير "طائرة عابرة للمحيط الجوي" و"الاعتراف أن الهيدروجين سيكون الوقود المفضل لهذا النوع من الطائرات" قال ماتسوناغا بحدة، "إنه لغز بالنسبة لي لماذا لم ترحب الادارة بتشريعي ولم تدعمه. ربما لأن السوفيات الآن ظهروا وكأنهم قد سرقوا لنا مجدداً خطوة تكنولوجية ضمن هذه النظرة، فعلى مسؤولي الادارة أن يتحركوا لإعادة تقييم موقفهم بخصوص مذكرتي".

بمفاجأة غير معروفة من السيناتور ماتسوناغا حين ألقى خطابه، أدعى رائد طيران أمريكي وطيّار قديم أنه هو من سلط الضوء (أقله في جزء يسير منه) على ضرورة استخدام الهيدروجين للطائرات في

الولايات المتحدة هو يعمل تقريباً بمفرده ، إنه وليم كونراد William Conrad وهو ثمانيني متقاعد من وكالة الطيران الفدرالية الأمريكية FAA ولديه شهادة فاحص في فئات النقل وقد بدأ الطيران سنة 1929، وكان أول مدير للتدريب على الطيران في شركة پان أميركان .PAN AM لقد كان في عنبر في [Fort lauderdale's Executive Airport] يعمل على تحضير نموذج غرومان شيتاه Grumman Cheetah ذي الأربعة مقاعد المستعملة للإقلاع والطيران والهبوط التي تعمل حصراً بالهيدروجين.

في يوم الأحد 19 حزيران/يونيو من سنة 1988 قاد كونراد وهو الحائز سابقاً على جائزة [Wright Brothers Memorial Award] وعضو Aviation Pioneers Hall of Fame الساعة الخامسة صباحاً لمسافة 60 ميلاً شمالاً نحو وست پالم بيتش، حيث ملأ صهريجه للحرارة الخفيضة المصنوع للزبائن ذوي الأربعين غالوناً من الهيدروجين السائل بسعر2.80 دولار للغالون من المزوِّد التجاري Tri-gas وعاد الى .Executive Airport هنالك، أنزل هو ومساعده الميكانيكي الخزان المصنوع خصيصاً الى المقصورة خلف مقعد الطيار وأوصل خطوط نظام وقود الهيدروجين المصنوع خصيصاً لذلك أيضاً. المفتشون من جمعية الطيران الوطنية كانوا هناك مع الاتحاد الدولي للطيران ليشهدوا الحدث، وقد أكدوا أن خزانات الوقود في الأجنحة قد سدت تماماً. أدار كونراد المحرك وتفحصه "ليتأكد أن كل شيء جيد" وقيد نفسه الى المقعد ثم أزلق الغطاء وأغلق المقصورة وأصبح حاضراً للاقلاع. بعدها تلقى إشارة من برج المراقبة عمّا يعتبر سرعة- عالية على المدرج. (وكما يعلق لاحقاً فإنه لم يألُ جهداً للحصول على رخصة الطيران التجريبي بسبب الجهل بالهيدروجين). الساعة الواحدة والنصف بعد الظهر

دفع كونراد علبة التحكم الى الأمام. محرك Lycoming E2G بقوة المئة والخمسين حصاناً بالبنزين أعطى حوالى 10% زيادة مع الهيدروجين[3]. بعد عشرين ثانية وبعد 600-700 قدم من الانطلاق على المدرج أصبحت طائرة شيتاه في الجو. صعدت الى ثلاثماية قدم عندها رجعت وهبطت بسلام. دام الطيران 39 ثانية من دون تخطي المجال الجوي للطيران وهو 8000 قدم. "لقد أتى الشيء اللعين معي في الجو" قالها الطويل والنحيف كونراد بملامح الموت بعد ذلك. حتى مع ذلك فإن الخطوة الكبيرة كانت من الناحية التقنية هي تجربة سرعة التدرج العالية، وكان ذلك كافياً لكي يشهد مفتشو جمعية الطيران الوطنية واتحاد الدولي للطيران "لأول سباق عالمي" من كونراد.

إنَّ كونراد الذي أنفق مائة ألف دولار أمريكي على المشروع (بما فيها 26.000 من جيبه الخاص ثمناً للطائرة) قال إنه "أراد أن يسجل واقعة أن الولايات المتحدة لديها أول طائرة تعمل بالهيدروجين". ويضيف إنَّ القصد كان "الحصول على القليل من الدعاية من أجل جعل الناس يدركون أن الهيدروجين متوافر وأنه شكل غير ملوث من الطاقة"[4].

---

(3) محرك طائرة Conrad كان معدلاً، فنظام حقن الوقود قد حوِّر (بمساعدة من دانيل برورِ) لمعالجة الهيدروجين. إنَّ توقيت وضبط النظم لتفعيل صبابات الحقن كان قد قسم من قبل روي پارسونز Roy Parsons وهو مهندس تصاميم الكترونية من Pompano Beach. الحاوية صنعت ووهبت من قبل Consalidated Precision Corporation of Riviera Beach. كان الطيران قد سبق بالتجربة الأرضية لعدة شهور.

(4) أجزاء من نظام طائرة Courad لا يزال في Phoenix في مخزن صغير محفوظة من قبل الجمعية الأميركية للهيدروجين الذي تحول الى متحف تجهيزات اقتصاد الهيدروجين.

بعد ذلك بعث الرئيس ريغان برسالة تهنئة الى كونراد لاحقاً في تلك السنة جاء فيها: "طيرانك المميز في شهر حزيران/يونيو كان معلماً في تاريخ الطيران، وسنواتك الأربع عشرة من التحضير لذلك هي برهان مرحب به لحيوية بحثنا لمصادر طاقة جديدة لتطوير فعالية النقل وتحسين البيئة".

لقد مات كونراد تماماً حوالى سنة بعد الطيران في 27 حزيران/يونيو سنة 1989 بعد جولة طويلة مع مرض السرطان. ولقد ذكرت وفاته من قبل ماتسوناغا الذي (نعاه) "بقلب ثقيل" في 19 أيلول/سپتمبر حيث حض زملاءه الشيوخ على دعم البحث باستعمال الهيدروجين كوقود للطيران. "علينا أن لا نخسر مبادرة الطيران المدفوع بالهيدروجين التي أسس لها بيل كونراد في بلدنا" قال السيناتور ماتسوناغا.

في سنة 1957 جابت القاذفة النفاثة الأمريكية B-57 ذات المحركين التوأمين على علو 50.000 قدم تقريباً فوق بحيرة إِيْريّ Lake Erie بسرعة 0.75 ماك (سرعة الصوت). كانت تبدو كأي B-57 أخرى ولكن ربما بفرق مكان خزانات الوقود: التي على اليسار كانت أدق وقليلاً أقل دائرية من التي على اليمين، وتبدو كأنها قد بدلت. فرق آخر، تقريباً غير ملحوظ، وهو هيكل صندوق قد تمّ تركيبه خارج محرك اليسار تحت الجناح. كان ذلك مبادل الحرارة هواء-هيدروجين.

رابطت طائرة B-57 هذه في مركز لِويسّ للبحوث Lewis Research Center التابع للنازا قرب كليڤلاند، وكانت أول طائرة حتى الآن تطير مدفوعة جزئياً بالهيدروجين السائل. بعد الإقلاع بالكيروسين يفتح الطيار محركاً لشفط الهيدروجين السائل من خزان

الجناح الأيسر. لذا فإنَّ الضغط الآتي من هليوم الجناح الأيمن يدفع الهيدروجين السائل من الجناح الأيسر الى مبادل الحرارة حيث حرارة الهواء الساخن (المدفوع من المحرك) ستحوله الى غاز. وهكذا فإنَّ غاز الهيدروجين سيمكنه الاحتراق تماماً بشكل عادي في المحرك الأيسر.

لقد طارت الطائرة لحوالى السنتين، مستعملة الهيدروجين لفترة تصل الى 17 دقيقة ودائماً على ارتفاعات عالية وسرعة قصوى من دون ضجة أو مشكلات.

أيضاً في الخمسينيات، أوصلت الدراسات التي أعدتها شركة لوكهيد بالتعاون مع صانع المحركات براتّ أند ويتنيْ وقسم أبحاث AiResearch الى حدث لافت في حوليات تكنولوجيا الهيدروجين: إنَّه المشروع السري لتطوير طائرة تجسس فوق الصوتية مدفوعة بالهيدروجين السائل. وهي CL-400 (الاسم السري Suntan). إنَّ قصة هذا المشروع ظلت محفوظة بدقة حتى سنة 1973 حين وصف المهندس السابق في المشروع بن ريتش Ben Rich الطائرة التي لم تصنع أبداً (وهي لم تصل أبداً الى مرحلة النموذج) أمام حضور من خبراء الطيران والهيدروجين في محاضرة عن طائرة الهيدروجين في مركز أبحاث النازا الكائن في لانغليْ Langley. لقد كان ذلك أول مرة يتم خلالها توصيف أي شيء حول هذا المشروع والذي أوصل الى طائرة "SR-71 "Blackbird المشهورة.

كما روى ريتش فإن طائرة CL-400 كانت مهيأة للطيران الى حدود ارتفاع 100.000 قدم وبسرعة قصوى تصل الى 2.5 ماك وعلى مدى 1100 ميل. ويجب تسليم أول نموذج من اثنين بعد سنة ونصف من بداية المشروع. كذلك كان من المفترض أن تحمل

طائرة CL-400 طاقماً من اثنين وحمولة (خاصة كاميرات جوية وتجهيزات مراقبة أخرى) بحوالى 1500 پاوند فقط. لقد بلغ طولها أكثر من 164 قدماً وعرض جناحيها 84 قدماً، بينما قطر متن الطائرة كان في حدود العشر أقدام أما محركا الطائرة اللذان بلغت قوة دفع كل واحد 9500 پاوند سيثبتان على طرفي الجناحين حيث تحمل طائرات أخرى خزانات وقود إضافية، بينما توجد مفاصل خارجية صغيرة على طرفي الجناحين تعمل على توازن الطائرة على الأرض. "الكثافة الخفيفة للوقود خفيض الحرارة استوجب حجماً كبيراً له" هذا ما أعاد ريتش التذكير به: 21 404 پاوندات من الهيدروجين السائل. كان سيبلغ وزن الطائرة عند الإقلاع 69.995 پاونداً.

قال ريتش في ندوة لانغلي "لقد كانت هناك معرفة قليلة جداً بالهيدروجين السائل أو المعالجة بالحرارة الخفيضة غير تلك العائدة الى القنبلة الهيدروجينية". "بالنتيجة كان ضرورياً لنا... لإنشاء حيز لنتعلم كيف نتعامل مع الهيدروجين السائل بطريقة لا تختلف عن وقود الهيدروكربون . كان شعورنا أنك إذا كنت لا تستطيع التعامل مع الهيدروجين السائل مثل البنزين فلن يكون لديك عربة عملية". فتحت قيادة جونسون مدير منظمة برامج لوكهيد المتقدمة توصل ريتش وفريقه بعملهم الدؤوب إلى صنع خزانات الهيدروجين صغيرة الحجم ونظم التغذية، وبالتالي للإمساك بطريقة معالجة المواد. لقد بذل جهد وفير لاكتشاف كيف يمكن دفع الهيدروجين السائل على درجة ناقص (425°ف) خلال الأجنحة المسخنة حتى بضع مئات الدرجات بالاحتكاك مع الهواء بسرعات ما فوق الصوتية.

لقد صُرف عمل كبير أيضاً لدراسة الخوف الكبير ولكن غير المعروف من مصادفات الهيدروجين بما في ذلك العدد الكبير من

محاولات تفجيره المقصودة. قال ريتش "الحريق كان لطيفاً إجمالاً بسبب سرعة اشتعال الهيدروجين الخاطفة. (المترجم)". "كتلة النار كانت أقل بكثير من حريق الكيروسين المشابه.... فقط إثنان من واحد وستين تجربة أعطت انفجارات حقيقية، وفي هاتين الحالتين خلط الأكسجين قصداً بالهيدروجين السائل". إنها تقريباً الوضعيات الأكثر خطورة والتي يمكن تخيلها والتي ليست محتملة في العمليات العادية. يقول ريتش "أظهرنا أن طائرة الهيدروجين ممكنة التحقق. ويمكن تداول الهيدروجين السائل، بذات الطرق والعناية بسهولة كما في وقود الهيدروكربون".

لقد وصلت طائرة LC-400 بعيداً حتى تجربة نفق الهواء وتطوير المكونات وامتلاك المواد الأساسية، ولكن المشروع ألغي في سنة 1957. ألغي المشروع. السبب التقني للإلغاء كان: بعد تحديد مجمل التصميم لم يعد هناك من فرصة كبيرة لتحسين مجال الطائرة أساساً بسبب صفات الهيدروجين السائل الغريبة. "كانت الطائرة قليلة المرونة وليس لديها أكثر من 5% من احتمال توسيع مجالها"، واعتماداً على ريتش -إنها نتيجة قانون تصميم طائرات فوق الصوتية في تناسب الصعود والسحب. وهذا ما يلاحظه ريتش في مقابلة مع مجلة Science Popular سنة 1994 "إنها تتضخم كثيراً من دون مدى". هناك سبب آخر للإلغاء هو لوجيستي لنقل الهيدروجين السائل الى أطراف الاتحاد السوفياتي والصين. "كيف يمكن تبرير سحب ما يكفي من الهيدروجين السائل حول العالم لاستغلال طائرة ذات مدى قصير؟" يسأل ريتش. كذلك، فإنَّ دراسات أخرى قد أظهرت أن تحويل الطائرة الى الهيدركربون يمكن أن تضاعف مجالها وفي النهاية فإن قرار عمل ذلك يعود الى SR-71.

وبحسب خبير الطيران جون پايك من اتحاد العلماء الأمريكيين فإن "Suntan" كانت فشلاً "فالجهد المبذول في نظام دفعها الهيدروجيني أوصل الى الجهد الأساسي التابع في تطبيق هذه التكنولوجيا لدفع صواريخ الفضاء". وإنَّ مشروع "Suntan" أدى الى ال"Centaur" (أول صاروخ فضائي يزود بوقود الهيدروجين السائل) ومشروع أپولو للقمر والمكوك الفضائي... ومن المحتمل أنه سوف يؤدي الى جيل جديد من طائرات الفضاء.

إنَّ پاوند لپاوند، يخزن الهيدروجين حوالى 2.8 ضعف طاقة ما تخزنه نفاثة بالكيروسين. وفي الوقت نفسه فإن پاونداً من الهيدروجين السائل يأخذ حجماً من ثلاث الى أربع مرات أكثر من حجم پاوند كيروسين على النفاثة. فكل پاوند من الهيدروجين السائل لديه قيمة تسخين بـ 51.000 و ح ب. الـJet-A وهو أكثر وقود شائع للطيران النفاث يعطي فقط 18.600 و ح ب بالپاوند الواحدة. ولكن قدماً مكعباً من الهيدروجين السائل يعطي 227.700 و ح ب بينما الحجم ذاته من الـJet-A لديه 906.000 و ح ب. إذن للوصول الى كمية الحرارة ذاتها الموجودة في كل قدم مكعب من Jet-A يتطلب ذلك 3.97 أقدام مكعبة من الهيدروجين السائل. لهذا السبب سيتوجب على الطائرة المدفوعة بالهيدروجين أن يكون لها متن سمين" ("Fat" Fuselage) ومع ذلك سوف تظل أقل وزناً من الطائرة المدفوعة بالكيروسين.

وتماماً الى جانب الميزات البيئية في إحراق الهيدروجين في محركات الطائرات النفاثة (والتي هي أساساً ذاتها في احتراق الهيدروجين في محركات السيارات من دون دخان وهيدروكربون غير محترقة ومن دون ثاني أكسيد الكربون أو أول أكسيد الكربون

وقليل من أكسيد النتروجين المنبعثة) وقد يكون لذلك ميزات اقتصادية.

في ندوة النازا ذاتها سنة 1973 عن الهيدروجين حيث كشف بن ريتش سر طائرة التجسس "Suntan" قدم اثنان من علماء النازا وهما كورنيليوس درايفر Cornelius Driver وتوم بونّر الإبن Bonner Jr. Tom أول تقديرات اجمالية لما يمكن أن يشكله استعمال الهيدروجين بهدف التصميم العملي: طائرة شحن نفاثة تستطيع حمل 265.000 باوند على أكثر من 5000 ميل بحرياً. لم تتضمن دراستهم أي ميزات في التصميم قد تأتي نتيجة استخدام الهيدروجين ولكنهما استبدلا ببساطة أرقام (كميات) الهيدروجين السائل بأرقام كميات الكيروسين على التصاميم العادية حاسوبياً. بالرغم من ذلك كانت الأرقام مذهلة. وباستخدام الصيغة العامة التي تعطينا قياس فعالية طيران طائرة إجمالاً وهي:

M(L/D) ،

SFC

حيث M (Machine) الآلة و L (Lift) الصعود و D (Drag) السحب و SFC (Specific fuel consummation) استهلاك الوقود النوعي ويقول درايفر وبونّر إنَّ استعمال الهيدروجين في الطائرات مثل 707 (بوينغ) و DC-8 والـ747 و DC-10 و L-1011 سوف يضاعف فعالية الوقود بالاجمال. (بتقدير أولي). "إذا لم نواجه مشكلات جدية في تأمين حجم الهيدروجين اللازم".

في سنة 1976 توصل ج دنييل برِوِر الى معطيات أكثر دقة بخصوص طائرات الهيدروجين ما تحت وما فوق الصوتية (سرعة الصوت). ومن 24 تصميماً قد درست ناقش برِوِر طائرة ركاب بعيدة المدى (تحمل 400 راكب على مسافة 5500 ميل بحرياً)

كنموذج تمثيلي[5]. كانت المعطيات مشجعة جداً. الوزن الاجمالي كان 177 طناً لطائرة الهيدروجين مقابل 237 طناً لطائرة Jet-A (نسخة كيروسين المماثلة). وزن الوقود الهيدروجيني كان أخف بما أنّها سوف تدفع بقوة أضعف بـ11%، ومساحة الأجنحة ستكون أقل بالربع بسبب الحمل الأخف مع أنّ طائرة الهيدروجين سوف تكون أطول بحوالى 10%. سوف تخزن الطائرة الهيدروجين في المقدمة والمؤخرة[6]، من دون ممر مباشر بين مقصورة القيادة والركاب. وبما أنّ خزان الهيدروجين الأمامي سيشكل حاجزاً فإنه لن يكون هناك إمكانية لخاطف طائرة محتمل الوصول الى مقصورة القيادة أثناء الطيران. سوف تكون طائرة الهيدروجين تحت الصوتية للنقل ألطف في الاقلاع والطواف ولكن ليس أثناء الهبوط كما تتنبأ التحاليل. وبما يخص نسبة الطيران على الضجة فإن طائرة الهيدروجين سوف تسجل 104.9 EPNdB (Effective Perceived Noise Level in decibels) (أي مستوى الضجة الفعلي المستشعر لكل ديسيبل م ض ف م د) وفي طائرة Jet-A سيكون هذا الرقم م

---

(5) A paper by Brewer describing the various designs was published in the first edition of the *International Journal of Hydrogen Energy* in early 1976.

(6) أسباب الاختلاف في ترتيب الحاوية هو نتيجة مواصفات الوقود. JP-4 مستقر في الحرارات المحيطة (العادية، م) وأن شكل الحاوية لا يشكل اختلافاً ممّا يمكّن من تخزين JP-4 في الأجنحة التي تثبت وتقوي بنية الأجنحة. من الجانب الآخر يؤدي الهيدروجين السائل فائق البرودة الى ضغط الغاز عند غليانه (تحوله الى غاز). لاحتواء هذا الضغط وتقليل «تصدعات الصفائح» ـ الزوايا الناتئة والمنحنيات حيث يمكن للضغط أن يؤسس لنقطة انفجار ـ بينما المستدير أو ما شابه ربما البيضاوي (Elleptic) هو الأفضل لضغط الحاوية.

ض ف م د107. وعند مقاربة الهبوط سوف تكون طائرة الهيدروجين أكثر ضجيجاً إذ إنها سوف تكون عند تخلصها من أكثر وقودها بذات وزن طائرة الـJet-A المشابهة لها، وبما أنَّ المحركات سوف تكون أصغر وأجنحتها أصغر فإن عليها أن تعمل بطاقة أكبر للحفاظ على زاوية الانزلاق ذاتها مما ينتج ضجة أكبر. سوف تؤثر طائرة الهيدروجين (سلباً) على مساحة أصغر بضجة أكبر -ما يسمى بمحيط م ض ف م د90 وهي المسجلة على المساحة المحيطة بالطائرة أثناء دوران المحركات في الاقلاع والهبوط، وذلك يعادل طائرة الكيروسين المعادلة لها. كذلك سوف لن تنفث طائرة الهيدروجين أكسيدات الكربون ولا الدخان ولكنها سوف تعطي بخار الماء مع بعض أكسيدات النتروجين. وفي ظروف الرحلة يقدر برِوِر أن محركات الهيدروجين سوف تعطي ضعف كمية بخار الماء التي تعطيها محركات الكيروسين- أي 82.4 باونداً بالميل البحري مقابل 41.9 باونداً لمحرك الكيروسين. فهل انبعاثات البخار هذه سوف تؤثر على المناخ؟ بغياب معطيات تجريبية حقة يصعب قول ذلك، ولكن برِوِر يشعر أن التأثيرات المناخية ستكون ضئيلة أو غير موجودة. فإذا كان بخار الماء الخارج من محركات النفاثة الأربعة تشاهد كشريط دقيق من الماء بعرض خرطوم عادم المحرك فإن سماكة شريط الماء هذا سيكون فقط 0.00008 إنشاً، وأن 82.4 باونداً من الماء المنثور على ميل بحري سوف لن يكون مزعجاً.

في سنة 1989 افترض ك-د شونفيزه C.-D. Schönwiese من مؤسسة جامعة فرانكفورت للمناخ أن الطيران العالي للنفاثات بدفع الهيدروجين سيفاقم من تأثير الدفيئة، ولكن من غير المحتمل أن يكون للهيدروجين مشكلات في الطيران في المحيط الجوي السفلي. شونفيزه الذي تكلم قبل لقاء سنة 1989 نظمته جمعية المهندسين

الألمان قال إنَّ توليد البخار وهو "مؤثر مناخي" فعلي يمكن أن يكون إشكالياً. على كل حال فهو يشرح أن البخار يوجد بشكل طبيعي قرب الأرض بكثافة تصل الى 6، 2% في الجو. إنَّ تحويل الطاقة نتيجة التبخر في محيطات العالم وحتى على الكتل الأرضية تفوق أي تحويل لإنتاج الطاقة على مستوى العالم بأي قياس أو حجم، إذن فإن إضافة المزيد من بخار الماء بسبب الهيدروجين داخل المحيط الجوي لن يشكل فرقاً كبيراً كما يعتبر شونڤيزه.

إن إنتاج البخار بجوار الأرض مستقبلاً عن طريق تكنولوجيا الهيدروجين سوف يكون "ضعيف المعنى" حتى لو وصل الهيدروجين للمساهمة بـ 10% من استهلاك الطاقة الأولي في العالم. فمع الطائرات التي تنفث البخار على ارتفاعات تحت خمسة أميال وعلى حرارة أعلى من 35 درجة مئوية يؤدي الى زيادة غيوم الماء وغيوم الماء الجليدية مما يؤدي فعلاً الى إضعاف تأثير الدفيئة كما يقول شونڤيزه. ومع ذلك فإن تشكيل غيوم الجليد فوق تلك الارتفاعات وعلى حرارات تحت 35 درجة مئوية الناتجة عن انبعاث البخار باحتراق الهيدروجين في الطائرات النفاثة سوف يزيد واقعاً تأثير الدفيئة اعتماداً على طرازات المناخ الرائجة، كما يزيد.

ولكن ماذا بخصوص أكسيدات النتروجين وهي ناتج زائد لكل احتراق في الفضاء؟ مع الهيدروجين الاحتمالات هي أن هذه المشكلة سوف تضعف إذا لم تحل. ففي ندوة للنازا سنة 1973 قال عالمان من جامعة نيويورك وهما أنطونيو فيرّي Antonio Ferri وأنطوني أغنوني Anthony Agnone إنَّ نماذج المحركات تيربو النفاثة التي تحرق الهيدروجين قد تنتج واقعاً أكسيدات النتروجين أكثر. ولكنهما يضيفان بأن الوضعية قد تتغير كلياً إذا اعتمدت ترتيبات احتراق مختلفة (مثل بخار الهيدروجين وخلطه بالهواء ودفعه

في الحراق قبل الاحتراق)[7]. يلخص فيرّي وأغنوني أن طائرات تحت الصوتية سوف تقلص انبعاث أكسيدات النتروجين كثيراً في المستقبل بواسطة تصاميم حراقات من هذا الطراز.

إذا كان الهيدروجين يجعل طائرات ما تحت الصوتية تبدو جيدة فإن استعماله مستقبلاً للنقل فوق الصوتي ن ف ص SST Super-Sonic-Transport– سيشتعل بالوعود الاقتصادية ومسألة الصحة البيئية وإن تكن الدراسات تبقى ضرورية لتحديد متى وكيف تؤثر زيادة بخار الماء (الذي بذاته من دون أي أذى) في تغيير ديناميات المناخ في المحيط الجوي العالي.

هناك طراز ن ف ص أمريكي مقترح، وقد خططت بوينغ لتصنيعه بعد أن ربحت مسابقة التصميم ضد لوكهيد، وقد تمّ إفشال هذا الطراز عليها من قبل أنصار البيئة في مجلس الشيوخ سنة 1971. ربما كان ذلك شيئاً جيداً، بعد استعادة الأمر، لكن الى جانب اهتمامات التلوث فربما دقت (قلة) المكاسب الاقتصادية ناقوس موتها بسرعة أكثر بعد أزمة حظر النفط العربي وأزمة الطاقة سنة 1973. فطائرة كونكورد فوق الصوتية الفرنسية–البريطانية لم تشكل يوماً نجاحاً تجارياً، وطائرة TU-144 (وهي فوق صوتية سوڤياتية للنقل اعتبرت كثيراً شبيهة كونكورد) وضعت في الحفظ خلال سنوات بسبب مشكلات تقنية.

وبالوصول الى الانبعاثات فإن طائرة ن ف ص العاملة بالهيدروجين لها ذاتها الميزات كطائرة تحت صوتية تعمل أيضاً بالهيدروجين. إنها لا تولد ثاني أكسيد الكربون أو أول أكسيد

(7) ذلك يعمل للهيدروكربون والهيدروجين كليهما، ولكن الهيدروجين هو المفضل لأنه يختلط بسهولة أكثر وهكذا فإن تصنيع حارق أبسط يمكن استعماله.

الكربون أو مخلفات هيدروكربون غير محترقة بالمرة، وهنالك إمكانية لتقليص مشكلة أكاسيد النتروجين بواسطة التكنولوجيات المتطورة . إنَّ الانفجارات الصوتية يمكن تقليصها بواسطة التصميم (شكل الهيكل-المترجم) وباعتبار أن الطيران فوق الصوتي للنقل سوف يطير احتمالاً أعلى بكثير من نفاثات اليوم (طائرة Mach 6 ستطوف على علو 000 100 قدم) مع انفجارات صوتية صادمة واصلة الى الأرض بمستويات أقلّ.

إن سرعة التجهيز والتحميل والسرعة العالية والطائرة الكبيرة أو فائقة الحجم يمكن أن تقلل الاحتقان في الجو وفي محيط المطارات. من جهتها تفترض الجمعية الدولية للنقل الجوي في تقريرها سنة 1997 أنه على المدى البعيد سوف يزيد حجم الركاب من 409 ملايين سنة 1996 الى 948 مليوناً حوالى 2011، أي من المفترض أن يزيد الشحن الجوي ورحلات الشارتر جوهرياً خلال هذه المدة.

في أواسط السبعينيات بسط ج دنييل برِوِر حالته مع الدراسات لطائرة ن ف ص مع النازا وهي تعمل بالدفع بواسطة الهيدروجين فكتب يقول: على العموم المواصفات ذاتها التي تجعل ما تحت الصوتية العاملة بالهيدروجين أفضل من العاملة بالكيروسين تطبق على الـ ن ف ص. ومستعملاً دراسات تظهير طائرة Mach 2,7 ذات 234 راكباً بمجال 4200 ميل بحري التي خسرتها لوكهيد أمام بوينغ في مسابقة سنة 1971 كشف برِوِر أن الطراز العامل بالهيدروجين كان أطول ولكن أنحف تقريباً بالثلث. (سوف تسهل النحافة السير على المدرج والدخول إلى المرآب في المطارات المزدحمة). فالاقتصاد في الوزن في طراز الهيدروجين السائل سيكون مذهلاً، إذ على 167 طناً إجمالياً سوف تزن الطائرة ما

يساوي نصف وزن قرينتها التي تعمل بـ Jet-A، وأنها ستحتاج الى ربع وزن الوقود من Jet-A لقطع ذات المسافة وأن على المحركات أن تعطي أكثر بقليل من نصف قوة الدفع. ولأجل شحنة مساوية في المدى والسرعة فإن طائرة الهيدروجين ستحمل 37 طناً من الوقود بمقابل 148 طناً لطائرة تعمل بـ Jet-A. وهكذا سوف تكون طائرة ن ف ص العاملة بالهيدروجين أكثر فعالية من ناحية الطاقة. واعتماداً على برور فإنها ستتطلب 4272 و ح ب لكل مقعد بالميل. أما النفاثة من نموذج Jet-A ستتطلب 6102 و ح ب أي 43% زيادة (أكثر).

إنَّ الصفات البيئية التي تجعل طائرة النقل ما تحت الصوتية مغرية تسري أيضاً على الطائرة فوق الصوتية. لكن من المنتظر أن الضجة في الطيران والركون ستكون أخف بسبب، أن الطائرة ستصبح أيضاً أخف بكثير. كذلك فإنَّ ضغوط انفجارات الصوت ستكون أخف احتمالاً لأن أجنحة طائرات الهيدروجين ستكون متقلصة الوزن ومساحتها أصغر؛ تقليصات إضافية في الضغط يعتقد أنها ممكنة مع التصاميم المتطورة.

هنالك صفة فريدة للهيدروجين السائل هو إمكانيته لامتصاص كميات كبيرة من الحرارة. فبالنسبة لطائرة تحلق على عدة سرعات للصوت، فإن قدرة الهيدروجين السائل الكبيرة للتبريد تصبح ميزة إضافية. وبالنسبة لطائرة تحلق بسرعة Mach 6 وعلى ارتفاع 90 000 قدم، يرفع تيار الهواء بظروف السرعات فوق الصوتية الحرارات الى 2500° ف في المقدمة (على المنقار) وحوافي المتن والأجنحة ومساحات الضبط. لهذا فإنَّ سائل الهيدروجين الفائق البرودة سوف يسال خلال أنابيب تبريد موزعة بعناية على كل المساحات الحرجة حيث ترتفع الحرارة، وسوف يبرد أيضاً المتن

(Flight Deck) ومقصورة الركاب. هناك سائل آخر سوف يدور بين هيكل الطائرة والأجنحة بهدف نقل الحرارة الى المبادل والتي ستنقل الى الهيدروجين السائل لإيصال مقدار إضافي من الطاقة قبل الاشتعال في المحركات.

في المحصلة إذن، فإن الحكم بخصوص استعمال الهيدروجين السائل للطائرات التجارية العادية وفوق سرعة الصوت هو بحسب كلمات برِوِر "نعم بحماسة".

لقد تعرضت هذه النظرة الى النقد الذي كان بعضه مباشراً وشديداً حقاً. بعض الانتقادات حاججت أنه بمفردات الكلفة الشاملة -بما فيها تكلفة الإنتاج والنقل والتخزين- فإن الميتان السائل (وهو الغاز الطبيعي) ربما سيكون باهظاً أقل، وبالتالي يفضل عن الهيدروجين السائل من الناحية الاقتصادية. لكن لأسباب السلامة والوفرة كما للأسباب البيئية فإن برِوِر صرف النظر عن الميتان السائل كخيار أدنى. لقد حاجج بأنه منذ أن كان الطيران المدني التجاري هو حقاً شغل دولي، لكن مع الطائرات التي تتزود بالوقود في نيويورك وروما وطوكيو وجدة وفرصوفيا وكاراتشي فإن وقوداً مركباً (صناعياً) للطيران في المستقبل يجب أن يكون بالتساوي دولياً - ويمكن إنتاجه محلياً مع مواصفات موحدة في أي مكان. ليس هنالك من مشكلة ما دام النفط رخيصاً، وفي هذا الوقت يتوافر الكيروسين وغيره من الوقود الهيدركربوني بكلفة متدنية في جميع أرجاء العالم. ولكن صناع الطائرات الذين عليهم التفكير لعقود قادمة حين يخططون المدة العملية لحياة الطائرات فإن عليهم مواجهة واقع أنه في مرحلة 2010-2020 فإن النفط سيكف عن كونه رخيصاً. ويجادل برِوِر بأن الآتي هو ضرورة تطوير جيل جديد

من وقود الطيران المركب (الصناعي) والذي سيكون متوافراً في أي مكان حول العالم.

سوف يكون الميتان السائل صالحاً لنيويورك وبكين وفرصوفيا منذ أن كانت الولايات المتحدة والصين وبولندة تملك الكثير من الفحم. ولكن ماذا بخصوص روما؟ وطوكيو؟ وكراتشي؟ وجدة؟ فإيطاليا واليابان وباكستان والعربية السعودية لا تملك الفحم. وفي كل الأحوال، تستطيع ايطاليا إنتاج الهيدروجين بالطاقة الشمسية وكذلك تستطيع الباكستان والعربية السعودية. أيضاً تتطلع اليابان الى فكرة احتمال استيراد الهيدروجين بحجم كبير من هؤلاء المنتجين المحتملين مثل كندا والصين وأمريكا اللاتينية بسعر متدنٍ. وكما لاحظ برِوِر في 1976:

إذا كان على النقل الجوي الدولي أن يستمر في الازدهار والتوسع كما هو مخطط لمواجهته التوقعات المحددة فإن عدداً من الدول قد تصبح غير قادرة على الحصول على التموين المناسب (الكافي) بالنفط في كل الأوقات، وسوف يصبح إلزامياً على كل الدول إما المشاركة في نفطها أو اعتماد وقود بديل يمكن إنتاجه عموماً من دون خطر السيطرة من كارتل (إحتكاري).

يقدم الهيدروجين ميزات ممكنة لهذا التطبيق بما في ذلك واقع أنه: (1) يمكن إنتاجه من الفحم والماء أو من الماء مباشرة، باستعمال واحدة من الطرائق المتعددة ومروحة واسعة من مصادر الطاقة الممكنة، وبالتالي فإنه يمكن اعتباره منفلتاً من خطر الاحتكار، (2) وإن استعماله كوقود للطائرة ظهر أنه يعطي تحسينات معتبرة في وزن المركبة وأدائها وكلفتها وبالنتيجة تقليص تلوث البيئة.

فخلال التسعينيات حصل تقدم صغير بالطيران المدفوع بالهيدروجين. وعلى كل، يجب أن نذكر أنه جرت محاولات كثيرة

لإيجاد أرخص بديلاً لوقود الهيدروجين مع الأكسجين السائلين لتشغيل المكوك الفضائي. وباعتباره شاحنة مفيدة بكلفة متدنية لعصر الفضاء فإن المكوك أصبح أقل إفادة وأكثر كلفة للعمل مما توقع مصمموه.

لقد شهدت الثمانينيات طلباً للبدء بطائرة فضائية، التي بدل انطلاق الانفجاري عمودياً من منصة الانطلاق كما في حالة المكوك فإنها سوف تقلع من مدرج تقليدي طويل وتذهب الى المدار وتعود الى المحيط الجوي للأرض، ثم الهبوط كطائرة عادية، ويعاد تزويدها بالهيدروجين السائل وتعود للإقلاع مجدداً مع إعادة تجهيز أقصر من المطلوب للمكوك وبكلفة أقل"[8]. لقد كانت إشارة السيناتور ماتسوناغا الى "طائرة عابرة للغلاف الجوي" سنة 1988 مرجعية لما أسماه ريغان "قطار الشرق السريع" في خطابه عن حال الاتحاد في شباط/فبراير. ("إننا نسير الى الأمام في البحث عن قطار الشرق السريع الذي يستطيع في نهاية العقد القادم الإقلاع من مطار دلاس والتسارع صعوداً حتى خمس وعشرين مرة سرعة الصوت فيصل الى مدار الأرض الأدنى أو الطيران الى طوكيو خلال ساعتين").

في سنة 1985 أو 1986 أخذت فكرة "قطار الشرق السريع" شكلاً ضمن المشروع العسكري لـ "طائرة الفضاء الجوي القومي ط ف ج ق (National Aerospace Plane NASP): وهي توليفة طائرة صاروخ مدفوعة بالهيدروجين تصل الى حافة المدار بمرحلة واحدة، كما تستطيع الوصول الى أي نقطة على الكرة الأرضية خلال بضع

---

(8) A good source of information on these early efforts in Russell Hannigan's *Spaceflight in the Era of Aero-Space Planes* (Krieger, 1994).

ساعات. لقد بدأ مشروع ط ف ج ق بعد شهرين من خطاب ريغان عن حالة الاتحاد سنة 1986. إنَّ له أفضلية رفيعة، وهو جهد مشترك واضح بين النازا وسلاح الجو، وهو أخيراً أضخم مشروع طائرة فضائية للانطلاق في النصف الثاني من الثمانينيات. (مجهودات أخرى مماثلة بدأت في بريطانيا وألمانيا والاتحاد السوڤياتي).

لقد كان على ط ف ج ق أن تستخدم كمركبة اختبارية للتكنولوجيات الخطرة جداً في مبادرة ريغان الاستراتيجية للدفاع، ولكن أيضاً لحمل الرجال والتجهيز الى المحطات الفضائية وذلك بطريقة أوفر من المكوك الفضائي. كان عليها أن تقلع كأي طائرة أخرى. مزودة بوقود الهيدروجين وتتنشق الهواء "Scramjet" (Supersonic Combustion ramjet) سوف تدفعها محركاتها الى سرعة تفوق Mach 25 الى أطراف الفضاء الخالي تقريباً حيث ستؤدي القوة الصاروخية الدفعة الأخيرة الضرورية للوصول الى محطة الفضاء.

ولبرهة كان مسؤولو ط ف ج ق قلقين من ايجاد مناصرين فتملقوا لجماعة الهيدروجين الدولية الصغيرة. مثلاً روبرت بارتلمي Robert Barthelemy مدير مكتب ط ف ج ق المشترك أخذ أكثر من اثني عشر (شخصاً) من النازا وعلماء سلاح الجو ومقاولين في ط ف ج ق الى مؤتمر طاقة الهيدروجين العالمية سنة 1990 في هاواي حيث قدموا الدراسات بخصوص أوجه تكنولوجيا طاقة الهيدروجين لـ ط ف ج ق.

إنَّ واحدة من التكنولوجيات المستقصاة من قبل فريق ط ف ج ق كانت استعمال "هيدروجين شحمي" وهو خليط من الهيدروجين المقرس حتى التجلد مع الهيدروجين السائل. إنَّ نسبة 50 الى 50

من الهيدروجين الجامد والهيدروجين السائل يمكّن من تقليص حجم الخزان بنسبة 15%، وهكذا يمكن تقليص كتلة الـ ط ف ج ق في الاقلاع. لقد استمر الاستقصاء في الهيدروجين الشحمي الى منتصف التسعينيات في أوروبا واليابان حيث كان الباحثون الفضائيون في أوروبا يستكشفون مزايا الوقود كجزء من جهود المشروع الأوروبي للنقل الفضائي في المستقبل. من جهتهم كان العلماء في اليابان يتطلعون الى الهيدروجين اللزج (الشحمي) الأكثر تواضعاً في التطبيق: النقل على مسافات بعيدة للهيدروجين في السفن(9).

في الخاتمة، فإنَّ مشروع ط ف ج ق قد توقّف من خلال التقليص في الميزانية منذ بداية التسعينيات بعد إنفاق حوالى ملياري دولار. ولكن بعيداً عما هو معروف رسمياً(10) فإنه لم ينجز ولم يتم تصنع أي شيء على الإطلاق.

---

(9) في المؤتمر الدولي لطاقة الهيدروجين سنة 1996 المقام في شتوتغارت ورد في دراسة لشركة Iwatani الدولية وهي رائدة في الصناعة اليابانية للغاز والتوزيع أن الانتاج الضخم المستدام بهذه الطريقة كان ممكناً ولكن دراسات إضافية على التخزين والدفق وتوصيل الحرارة وتكنولوجيات التسويق كانت لا تزال مطلوبة.

(10) ليس من المحتمل أن الطائرة العابرة للمحيط الجوي NASP قد صنعت أبداً. مع ذلك، فإن إمكانية الوجود السري للطائرة السريعة جداً (4,5 ـ 6 ماك) التي تطير على علو مرتفع جداً المدفوعة بالهيدروجين السائل والميتان السائل. أو غيرها من الوقود غير التقليدي قد ألهب مخيلة المتحمسين والمحللين المحترفين. لقد كانت هناك مراهنة أن هذه الطائرة التي تذكّر عامة بـ«Aurora» خليفة طائرة الاستطلاع ما فوق الصوتية SR-71 حيث تنفي حكومة الولايات المتحدة وجودها بشكل صارم. الخبير الفضائي في اتحاد العلماء الأميركيين John Pike كرس ست عشرة صفحة لـ «Auroralsenior citizen» على الـ «Mystery Aircraft» لموقع البرنامج المتعلق بالمعلومات عن الموارد التابع لاتحاد العلماء الأميركيين FAS Intelligence Resource program على موقع

في أواسط الثمانينيات طورت شركة بريتش أيروسپاس British Aerospace تصوراً لطائرة عالية السرعة تقلع وتهبط أفقياً سميت هوتول (HOTOL Horizontal take off and landing) وكانت مقدرة لاستبدال الصواريخ المستعملة لمرة واحدة من أجل ايصال الحمولة الى الفضاء. فعلى غرار الـ ط ف ج ق كانت "ستتنشق" الهواء جزئياً، وفي كل حال ما كانت لتحقق السرعات القصوى والارتفاعات التي تصل إليها ط ف ج ق وعلى مرحلتين في نهاية الثمانينيات طورت ألمانيا تصوراً لآلة سينغر Sänger لكن بخلاف الـ هوتول و ط ف ج ق كان تصور سينغر على مرحلتين ومن خلال مركبتين. في مرحلة أولى كبيرة مسيرة بشرياً وبواسطة الهواء ومدفوعة بالهيدروجين كوقود في محرك توربو Ramjet تقلع المركبة من المدرج العادي وتسرع حتى Mach 7 حيث تنطلق مركبة أصغر (مأهولة أم لا) للوصول الى الفضاء مدفوعة بصاروخ يعمل بالهيدروجين والأكسجين السائلين. يذكر أنَّ هذين النموذجين لم تتمّ صناعتهما أبداً.

لكن في الولايات المتحدة فقد تواصل العزم القوي من أجل طائرة فضائية أبسط وأرخص تعمل بالهيدروجين السائل. ففي 1991 تماماً ومع بداية انزلاق ط ف ج ق الى النسيان بدأ مكتب مبادرة الدفاع الاستراتيجي م م د س Strategic Defense initiative Office

= الشبكة حيث ينص بتحفظ أنه «حتى ولو كان هناك جسم يكبر بداهة الذي يمكن تأويله للايحاء بوجود طائرة واحدة متطورة أو أكثر وراء التكتم على سرية الحكومة فالبداهة تبقى موحية أكثر منها حاسمة». لم يكن هناك أي تصويبات منشورة أو أي تطورات لعدة سنوات كما كتب Pike في رسالة الكترونية مضيفاً أنه «أصبح الدخان بارداً».

SDIO مشروعاً آخر من أجل النقل الفضائي الفعال العامل بالهيدروجين السائل. هذا المشروع لقب من جديد -مرحلة واحدة للفضاء- (Single Stage to Orbit) وأعيدت تسميته: تكنولوجيا صاروخ المرحلة الواحدة ت ص م و Single Stage Rocket technology SSRT ومن دون إطالة استبعدت محركات "متنشقة" الهواء (scramjet) التي سبق وصممت لطائرة ط ف ج ق للوصول قريباً الى المدار واستدعيت قوة الصاروخ القديم الموثوق مع التحوير. لكن بدلاً من استعمال الصاروخ لمرة واحدة كان الهدف تطوير طائرة مدفوعة صاروخياً وتستطيع الهبوط ويعاد تزويدها بالوقود سريعاً والإقلاع من جديد. وأثناء دورة مسابقة أولى انتقى م م د س فريقاً بقيادة شركة ماكدونل-دوغلاس للنظم الفضائية McDonnel-Douglas space systems لتطوير قاذف بمرحلة واحدة الى المدار ويمكن إعادة استعماله بالكامل. في آب/أغسطس سنة 1993 طيرت شركة ماكدونل-دوغلاس أول مركبة من هذه للأجيال الجديدة وهي Delta Clipper Experimental (DC-X).

في طيرانها المبكر، ومدفوعة بأربعة صواريخ صعدت DC-X ببطء من منصة الانطلاق في صحراء نيو مكسيكو الى حوالى 100 قدم فانصلت وانزاحت حوالى 100 قدم جانباً ثم نزلت ببطء مجدداً لتستلقي على أربعة سيقان خارجة من ذيلها. وفي حزيران/يونيو سنة 1994 وصلت DC-X الى ارتفاع 2600 قدم في طيران اختباري حيث تعرّض لحادث جدّي. والذي تأذى بحادث جدي. فخلال الإطلاق أرجع الهواء الهيدروجين المتسرب في قناة الدعم حيث لامس مشعل المحرك فأدى التفجير اللاحق الى ثقب في غلاف المركبة أثناء صعودها. وبحسب مجلة Aviation Week & Space Technology لشهر (آب/أغسطس 18) فإن قطع الغلاف بدأت

تتساقط بعد عدة ثوان من الإطلاق حين وصلت المركبة الى حوالى ارتفاع 1000 قدم. ولكن بالرغم من ذلك هبطت الـ DC-X كما هو مخطط معيدةً (ريش) صاروخها سالماً الى الأرض.

لقد طارت الـ DC-X ثماني مرات، وطارت خليفتها DC-XA أربع مرات. وخلال طيرانها الأخير لم تتمكن أذرع الهبوط الأربعة من الانفتاح بشكل سليم، فسقطت الآلة العجائبية بوزنها على جانبها وتدمرت، وكانت نهاية ذلك المشروع.

لقد أطلقت النازا بشكل منفصل مسابقتين لمركبة إطلاق يمكن إعادة استخدامها (Reusable Launch Vehicle RLV)، وقد انحصر ذلك بالتالي في سباق لصنع مركبة أكبر وطموحة أكثر من المركبتين الممحوصتين: في البداية: ربحت X-33 من صنع لوكهيد مارتن سنة 1996، وهي تصميم لمركبة ذات جسم صاعد عمودياً مدفوعة "بمحرك بخط استقامي مع حربة هوائية (أمامية) وتعمل بالهيدروجين والأكسجين. الى ذلك الوقت لم تطر أي مركبة من هذا الطراز ما عدا الـDC-X والـ DC-XA الـX-33 هي الآن تحت التطوير. وفي مقال لشهر تشرين الأول/ أكتوبر سنة 1996 وصفت مجلة *Popular Sciences* هذه التكنولوجيا العالية للطيران بأنها تشبه "بطاطا... مع مؤخرة كاديلاك طراز 61". إنَّها مثل المكوك الفضائي سوف تنطلق الـX-33 عمودياً ولكن سوف تنزلق في العودة للهبوط مثل طائرة عادية على المدرج. وكنموذج للتجربة سوف يصل الى 60% من السرعة المدارية، ولكن توأمه الأضخم Venture Star يفترض به أن يصل المدار بحسب ما يدّعي مطوروه بكلفة تساوي عشر كلفة أجهزة الإطلاق الحاليه.

وبمقابل الجهود الحثيثة التي ناقشناها للتو، فإن تطوير تكنولوجيا الدفع بالهيدروجين السائل للطائرات النفاثة لا يفضي الى

أي اتجاه. لذلك فإنَّ اهتمام لوكهيد بالهيدروجين كوقود للطيران النفاث قد تلاشى مع تقاعد ج دانييل برِوِر سنة 1985 ومعلمه ولّيس هوكينز Willis Hawkins سنة 1993.

لقد كان للوكهيد وبرِوِر وهوكينز أن يهزموا طائرة الهيدروجين توپوليف بعشرة أعوام بدعم من الصناعة والحكومة. ففي بداية سنة 1978 بدأ لوكهيد بحذر تعويم فكرة خط شحن صغير تجريبي يربط الولايات المتحدة وأوروبا والشرق الأوسط، مستعملاً أربع نفاثات ذات جسم ضخم من طائرات تريستارز محولة الى الهيدروجين السائل. لقد شعر لوكهيد أن مشروع خط الطيران التجريبي بالهيدروجين السائل م خ ط ت هـ س (Liquid-Hydrogene Experimental Airline Project LEAP) سوف يظهر بشكل مقنع الميزات التقنية والبيئية والاقتصادية للهيدروجين السائل كوقود للطيران النفاث. وكما برز في مؤتمر طاقة الهيدروجين العالمي سنة 1978 في زوريخ[11] فإن لوكهيد كان يخطط لنشر الطائرات على حلقة تربط پيتسبرغ فرانكفورت بالرياض وببرمنغهام في انكلترا. إنَّ هذه المراكز الصناعية والتجارية الاربعة الكبرى قد جذبت حركة شحن دولي كافية لكي تزود بعوامل عالية الثقل لطائرات تريستارز Tri-Stars الأربع كما ذهب التحليل. بالإضافة فإن المطارات الأربعة هذه قريبة ما يكفي لمصادر الطاقة (الفحم في حالة پيتسبرغ وفرانكفورت وبرمنغهام، النفط والغاز الطبيعي في حالة الرياض) مما يسمح بتجهيز إنتاج صغير للهيدروجين وتشييد منشآت التسييل في هذه المطارات.

---

(11) *International Journal of Hydrogen Energy* 4 (1979), no. 3.

لقد نظم لقاء أيلول/سبتمبر الدولي عن الهيدروجين في النقل الجوي من أجل الإتيان بأفكار عملية لـ م خ ط ت هـ س حيث تم تطوير مشروع رحب ولكن م خ ط ت هـ س فشلت في كسب قبول واسع، وقد نقلت مجلة بزنس ويك حقاً أن الدعم للمشروع كان "من السلبية الى الفاتر"[12]. لقد تشكلت لجنة تنفيذية على الموقع من ممثلين من الولايات المتحدة وكندا وفرنسا وألمانيا وبلجيكا واليابان والعربية السعودية، وقد واصلت الالتقاء والتخطيط لأكثر من سنة لاحقة، ولكن المشروع تراجع ببساطة.

لقد كانت القصة في أوروبا أكثر حماسة، ولكن في النهاية كانت النتيجة ذاتها. ففي آذار سنة 1989، وفي أقل من سنة بعد طيران التوپوليف نقلت الصحيفة الألمانية *Welt am Sonntag* أن صانع الطيران الفضائي الألماني إم بي بي Messerschmitt- (MBB) Boelkow-Blohm قرر تحويل طائرة إيرباص للعمل على الهيدروجين السائل، وأن الطائرة ستصبح عملانية في غضون سبعة أعوام. حتى أنَّ الصحيفة نشرت صورة لذلك. أما مدى الطائرة فكان سيصل سيصل الى 1000 ميل بحري. كان المشروع سينفذ في هامبورغ- وهي مكان منطقي بما أنَّ هذه المدينة كانت ستصبح نقطة نقل الهيدروجين السائل في المشروع الأورو-كيبيكي للهيدروجين الألماني.

لم ترد شركة إم بي بي تأكيد التقرير في البداية، وقد نعتت التفاصيل بأنها مجرد ايحاءات بيتية. ولكن في شهر حزيران/يونيو سنة 1989 وفي معرض باريس للطيران أكدت إم بي بي أن ذلك

---

(12) نقلت القصة باعتباري مراسلاً لـMcGraw-Hill World News وللبزنس ويك في آن.

كان "جدياً" معتبرة أن تحويل طائرة إيرباص للهيدروجين السائل كانت تعمل على دراسة جدواه دزينة من الشركات، وأن الآمال كانت معقودة على أول طيران في أواسط التسعينيات. "نريد الذهاب الى آخر النزلة" كما قال مسؤول إم بي بي في مقابلة. "سوف نتوقف فقط عند الوقائع التي تتكلم ضده".

وفي أيار/مايو سنة 1990 في معرض هانوڤر للطيران وقع الاتحاد السوڤياتي (السابق) وألمانيا (الغربية وقتها)- وهما بلدان في طور تحولات سياسية دراماتيكية وقتها- اتفاقاً مبدئياً للتطوير المشترك لطائرة كريوپلين Cryoplane (الصقيعية) للاستعمالات المدنية. الطائرة الروسية العاملة بالهيدروجين الـTU-155 الأصلية كانت معروضة- وعلى ما يبدو كانت هي المرة الأولى التي تعرض فيها في الغرب. لقد سجلت طيراناً إجمالياً لمدة خمس عشرة ساعة بالهيدروجين السائل وأربعين ساعة بالميتان السائل اعتماداً على رواية مجلة *Aviation Week & Space Technology* في عدد أيار/مايو. "ليس هنالك من حواجز تقنية لاستعمال الهيدروجين السائل أو الميتان السائل للنقل". قال ڤلاديمير أندرييف رئيس مكتب التصميم لدى توپوليف. "اختباراتنا الأولى كانت على الهيدروجين السائل والآن تستعمل الغاز الطبيعي- ولكن إذا أردنا العودة الى الهيدروجين الطبيعي فإننا نستطيع فعل ذلك من دون أي مشكلة".

إنَّ مشروع طائرة كريوپلين قد جمع أكثر من دزينة شركات سوية، بما في ذلك توپوليف وصانع المحرك كوزنتسوف في سمارا. أما الفكرة الأولية فكانت تحويل إما طائرة توپوليف أو إيرباص لأن ذلك سوف يكون أسهل للبيع في أسواق الغرب.

لكنّ التغير الأكثر ظهوراً في التصميم هو اضافة انتفاخ لتثبيت خزانات الهيدروجين السائل. إنَّ ذلك سوف يزيد من السحب

وينقص الأداء، ولكن مهندسي إيرباص يقولون إنه سيكون أفضل بكثير إعادة تصميم الأجنحة (المكان التقليدي لخزانات الوقود) أو حمل الوقود في خزانين، واحد في المقدمة والثاني في مؤخرة جسم الطائرة كما كان ذلك مقترحاً قبلاً من المصممين الأمريكيين. لقد أكد مهندسو إيرباص أن استعمال الهيدروجين السائل الفائق الخفة كوقود سوف يزيد وفراً قيماً في سعة الحمولة والركاب.

لقد أمل أفرقاء مشروع طائرة كريوپلين في سنة 1990 أن طائرة إيرباص المدفوعة بالهيدروجين أو توپوليف TU-154 سوف تطير بعد حوالى خمسة أعوام. لكن ذلك لم يحصل. بعد ذلك بسنتين، استخلصت إيرباص أنه لا يوجد أي تعليل لتصنيع نموذج تجريبي غالي الكلفة بهذا الحجم. وعوضاً عن ذلك قرر الأفرقاء التركيز على تطوير حجرات الاحتراق والمضخات والصبابات وغيرها من المكونات، إذ يعتقد هاينز كلوغ Heinz Klug مدير المشروع في إيرباص (ألماني) أنه يلزم ثلاث سنوات على الأقل من البحث الأساسي المتين قبل أن يستطيع الأفرقاء التفكير بتصنيع طائرة فعلية. "إذا عملنا جيداً فإنها قد تطير حوالى سنة 2000"، كما قال.

في سنة 1994 أخذ المشروع حبكة جديدة مع أخبار ديملر إيروسپيْس إيرباص د أ أ Daimler-Benz Aerospace Airbus DASA وهو هوية الشركة الجديدة التي امتصت إم بي بي وفرع إيرباص الألماني وأصبحت الآن تهتم بتحويل طائرة نقل أصغر الى الهيدروجين السائل بدل طائرة إيرباص. هذه الطائرة ستكون DO-328؛ إنها طائرة بمحركين توربو من صنع دورنييه وهي شركة محترمة كانت قد ضمت الى ديملر-بنز قبل ذلك. ولقد شرح مسؤول مشروع د أ أ المهندس هانس پوهل Hans Pohl التصور الجديد في مؤتمر مونتريال للهيدروجين سنة 1995 مؤكداً أنَّ السبب الرئيسي

للتحول كان أن تحويل طائرة أصغر سيكلف أقل من تحويل نفاثة ضخمة.

لقد قدرت كلفة الشغل على الطائرة بـ 60 مليون مارك ألماني (38.7 مليون دولار أمريكي في ذلك الوقت) وكان مبرمجاً للبدء في كانون الثاني/يناير من سنة 1997 بالرغم من بعض الشكوك بالتمويل وغياب الإبرام النهائي من جانب إدارة د أ أ العليا لأنَّ المال كان الهم الأكبر. لقد قال پوهل في مؤتمر شتوتغارت العالمي لطاقة الهيدروجين سنة 1996 إنَّ القاعدة الأساسية هي "إبقاء التكاليف أدنى ما يمكن". لقد عنى ذلك أخذ العناصر عن الرف بدل تحسين التجهيزات إذا كان ذلك ممكناً -وكمثل على ذلك استخدام خزان الوقود من الألمنيوم التقليدي والعازل التقليدي وهيدروجين سائل وخرطوم تزويد من صناعة مسّر غريشَيْم لعربات الطريق ومناسب بعد التعديل للاستعمال في الطيران.

لقد أصبح المشروع أكثر قبولاً بمفردات التجارة عن طريق تغير المحركات. ففي صيف سنة 1996 بيعت 80% من أسهم دورنييه الى ديملر -بنز للطيران الفضائي من قبل شركة فيرتشايلد Fairchild. ولجعل الطائرة أكثر أهمية لخطوط النقل الجوية اختارت فيرتشايلد التحول من الدفع التربيني الأساسي الى النفاثات. أما شركة د أ أ التي أخذت طائرة واحدة لمشروع الهيدروجين السائل قررت أنه من المفيد التحول الى الهيدروجين في الطيران النفاث ولكن مع إبقاء المواصفات الأخرى للطائرة- الأجنحة ومساحات الضبط، الخ- من دون تغيير جوهري. صانعا المحركات پراتّ أند ويتنيْ في كندا وألايد سيغنل Allied Signal أعربا بداية عن اهتمامهما بتقديم مفاعل توليد التيار.

كذلك بدأت شركة د أ أ أيضاً الالتفات الى حل مشكلة

أكاسيد النتروجين المتربطة حتى باحتراق الهيدروجين فائق النقاوة. ففي المؤتمر العالمي لطاقة الهيدروجين سنة 1996 شرحت د أ أ و براتّ أند ويتنيْ كندا وهيدرو كيبيك Hydro-Quebec والمؤسسة الألمانية لأبحاث الفضاء DLR في دراسة مشتركة نتيجة مشروع تجارب لمدة أربع سنوات لمعرفة مدى الإمكانية المتوافرة لتقليص أكاسيد النتروجين وتقديم الخطوط الرئيسة لتصميم الحراقات متدنية انبعاث أكسيد النتروجين. لقد محّص الباحث في إمكانية تصوّرين يعتبران الأكثر وعداً: "لوحة الخليط المثقوبة" وبخاخات "الزوابع عالية الجزّ" "High Shear Swirl" (مصطلح تقني) (Injectors) الموثوقين في الخلط السريع للوقود والهواء والاحتراق السريع وطرد الغازات لتقليص أكسيد النيتروجين. و"اعتماداً على نتائج هذا المشروع فإن مستوى متدنياً عملياً لأكسيد النيتروجين يمكن بلوغه بواسطة حراقات غاز الهيدروجين التوربينية"، كما استخلص الكتاب. وفي مقالة أخرى وصف عالمان من جامعة آخن التقنية مجهوديهما المنفصلين لتصميم توربينات طائرة تعمل بغاز الهيدروجين لطائرة كريوپليْن مع انبعاثات منخفضة من أكسيد النيتروجين. لقد نقل غونتر داهل Günther Dahl وفريدمان سوتروپ Friedemann Suttrop أنهما طورا نظام "Micro-mix diffusive combustion" "الاحتراق المبثوث للخليط فائق الصغر" الذي أدى الى "احتراق الهيدروجين المبثوث diffusive مع تقليصات جوهرية في مستوى أكسيد النيتروجين".

في النهاية لم تصل هذه الجهود والمخططات كلها الى أيّ نتيجة. وفي بداية 1989 قررت الادارة وضع المشروع جانباً بشكل نهائي وذلك بسبب مشكلات التمويل: عدم إمكانية الحصول الى 10-15 مليون مارك (5.3 - 8.8 مليون دولار).

في التسعينيات كانت شركتا ديملر إيروسپيْس إيرباص د أ أ وتوپوليڤ الوحيدتين تقريباً من صناع الطائرات اللتين لديهما اهتمام ما بالهيدروجين كوقود للطيران. بينما الآخرون لم يظهروا أي اهتمام، بما في ذلك شركة بوينغ عملاق صناعة الطيران عالمياً. ففي مساهمة بوينغ سنة 1993 بمؤلف النقل وتغير المناخ على الكوكب *Transportation and Global Climate Change* الذي نشره المجلس الأمريكي لاقتصاد فعالية الطاقة جددت الشركة موقفها الدائم من أن الهيدروجين هو شيء قابل للاهتمام فقط في المستقبل البعيد. وفي مقال عن "مواصفات وقود الطيران في المستقبل" الذي كتبه أو ج هادالر O.J. Hadallerوأ م مومنثي A.M. Momenthy يعترف الكاتبان أن "هناك كمية من الاهتمامات تتزايد بخصوص البيئة، مثل احترار الكوكب مما يحث البحث عن بديل للوقود ذي المصدر النفطي". مع ذلك"، يتابعان، "تشير الدراسات أن وقود الطيران المستعمل راهناً (داعماً)، يستجيب لهذه الهموم بقدر ما هي قليلة أنواع الوقود البديلة والتي هي مرجوة للاستعمال في (الطائرات. الهيدروجين... سوف يصبح مقبولاً من الناحية الاقتصادية فقط عندما يستنفذ العالم مصادر الوقود الأحفوري أو عندما يتاح مصدر وفير للتيار الكهربائي من الطاقة النووية الانصهارية إذا طورت... تحسين الفعالية سيشكل الطريقة الأساسية لتخفيض أثر الطيران على البيئة إلى أن يتم اكتشاف وقود غير أحفوري يكون اقتصادياً من الناحية العملية). وثيقة مرافقة للمقال تشير الى أن الفعالية في الطيران لكل راكب عالمياً قد تضاعفت بمردود الأميال للراكب لكل غالون واحد بشكل تقريبي بين بداية السبعينيات ومنتصف التسعينيات من أقل من عشرين ميلاً الى حوالى أربعين ميلاً تقريباً.

من ناحية أخرى هناك اهتمام في النازا بالهيدروجين من قبل بعض المسؤولين (الرسميين). تساهم النازا في الجهود العالمية لتحديد أثر الانبعاثات من الطائرات في الغلاف الجوي وهي تحاول الوصول الى أفكار لتقليصها حيث يقف الهيدروجين في عيون هؤلاء المسؤولين يقف الهيدروجين كمرشح أوّل.

في أواسط التسعينيات ترأس ريتشارد نيدجڤيشكي Richard Niedzwiecki من مركز بحوث لويس للبحوث التابع للنازا قطاعاً في المؤسسة يشتغل فقط على التوربينات الغازية حيث محّص علماء المركز تصميم الاحتراق والوقود وانبعاثاتها كجزء من البحث على الغلاف الجوي. ممثلاً اللجنة الاستشارية لتقنية الهيدروجين يقول نيدجڤيشكي إنّ الدول الأوروبية هي السباقة في تحديد أثر الطيران على الغلاف الجوي. كذلك أشار نيدجڤيشكي الى أن الانبعاثات في الطيران مسؤولة عن 3% من انبعاثات ثاني أكسيد الكربون في العالم. وبعض التوقعات "يتحدث عن 10% في العام 2050". ولكنه قرأ بعض التوقعات "بـ10% بحوالى 2015". لقد شرح نيدجڤيشكي "أن حركة الطيران ستزيد 5% خلال 2010 ما يساوي امكانية زيادة سوق النقل بقيمة 800 مليار دولار. إنَّ جزءاً من المعادلة هو سوق 3200 محرك نفاث، وأن هذه المحركات ستكون أقل تلويثاً بكثير. الاتجاه واضح وكئيب: فمع ميلون وظيفة عمل عالية النوعية والأجر ومبيعات بمئة مليار دولار (سنة 1991) فإن صناعة الطيران تلعب دوراً كبيراً في اقتصاد الولايات المتحدة، قال نيدجڤيشكي. المشكلة أن آخرين يريدون أن يتحركوا في أسواق التكنولوجيا العالية هذه: "ربما كنا منذ جيل اللاعب الوحيد في الساحة الذي توصل الى بيع الطائرات المتطورة للعالم" لاحظ نيدجڤيشكي. "الآن لدينا مجمعات شركات في أوروبا" -صناعات

إيرباص- "التي أصبحت حصتها 30% من السوق العالمية لطائرات النقل المدني الكبيرة، والتي تستخدم ملاءمتها للبيئة سلفاً كأداة تسويق. كذلك هناك اقتراحات فورية لفرض ميزانية تتعلق بثاني أكسيد الكربون على كل نظم النقل قبل نهاية القرن بما فيها الطيران. ربما سيعني ذلك جدياً أن يجمد ثاني أكسيد الكربون الخاص بالطيران على مستوى معين- لنقُل مستوى سنة 1995". ويتابع قائلاً "يمكنكم تجميل بعض ذلك بمفردات فعالية أكثر لأجهزة الطاقة". "ولكنْ هنالك سؤال عن أي مدى يمكنكم ذلك. في الجوهر ستجمدون نمو الصناعة المسؤولة عن ذلك، وأن ذلك يشكل قلقاً خطيراً ومهولاً لصناعة الطيران وكذلك النقل البري".

ويقول نيدجڤيشكي بَعد النظر الى كل بدائل الوقود الممكنة التي لا تنفث ثاني أكسيد الكربون "الشيء الوحيد الذي أراه قابلاً للعيش كوقود هو الهيدروجين... الهيدروجين هو وقود ممتاز لتطبيقات عديدة بما فيها الطيران". وعلى السؤال إذا كان سيؤخذ (الهيدروجين) من الأحفوري انتقالياً أو أن ذلك سيكون مباشرة بفصم الماء كمصدر للهيدروجين لم يترك نيدجڤيشكي أي شك عن مكانه: "التصنيع المقبول بيئياً... أهو أهم من كل شيء. لقد سمعت هنا اليوم أننا نستطيع صنع الهيدروجين من مختلف أنواع الوقود (الهيدروكربوني)، وبالتالي أخذ الهيدروجين واستعماله... سوف أستطيع الايحاء لعالم الغلاف الجوي (البيئي -المترجم) بالارتعاد من ذلك. النتيجة الإجمالية أن ثاني أكسيد الكربون هو ثاني أكسيد الكربون... ليس الأمر أن تنتجه على الأرض في تمبوكتو أو تنتجه على ارتفاع 90.000 قدم فوق البيت الأبيض". وبطريقة أخرى سوف ينفث ثاني أكسيد الكربون في الغلاف الجوي. تابع نيدجڤيشكي "سوف أقترح بقوة لهذه البرامج في حقل إنتاج

الهيدروجين من الوقود غير الهيدروكربوني أنه سيكون أفضلية لي من دون شك".

إن احتراق الهيدروجين في طائرة نفاثة سوف ينتج تقريباً ثلاث مرات كمية الماء الذي يعطيه المحرك العامل بالكيروسين في الجو لإعطاء ذات الدفع كما يقول سيسيل مارِك Cecil Marek وهو مستشار تقني في فريق النازا في مركز غْلِنّ Glenn للبحوث الذي عاود الابتداء في التطلع الى وقود الهيدروجين للطائرات. ولكن الكيروسين ينفث 25% أكثر من انبعاثات أخرى، وأن "الماء يخرج من الجو بسرعة أكبر بكثير من ثاني أكسيد الكربون الذي يبقى لسنوات" كما يشرح مارِك. يبقى أنه يحقن الماء أكثر في الغلاف الجوي ما يؤدي الى شكوك أكثر بخصوص تشكل غيوم على ارتفاعات عالية وتأثيراتها، وكل ذلك يتطلب دراسة إضافية، بحسب نيدجفيشكي. ولكن "أي عالم في الغلاف الجوي تكلمه سوف يقول لك إنَّ ذلك صفقة مقبولة تماماً في الوقت الراهن".

يعترف نيدجفيشكي أن نتيجة كلفة الهيدروجين المرتفعة (حالياً) مقابل كلفة الوقود الشائع المتدنية تصبح صعبة بشكل شيطاني للتعامل معها. ويشرح أن كلفة كل غالون من وقود النفاثة يكلف بين 8.9 و 12.5 سنتاً؛ الباقي هو كسب لمختلف الوظائف الأخرى مثل النقل والتخزين والتوزيع. أقله للآن، العديد من الناس في الصناعة سوف يقاومون التحول الى وقود ثوري جديد مثل الهيدروجين بسبب الخوف من تصاعد الكلفات وبسبب أنهم يريدون البقاء في الأعمال كما قال. ولكن "إذا كانت النتيجة بيئية، وإذا كان ذلك سيؤدي الى تباطؤ أو إلغاء نمو تطور صناعة الطيران فإن الكلفة لن تكوّن الفرق للناس الذين يعملون في تلك المجالات وأعتقد [أنها] ستكون احتمالاً مقبولة بسرور".

أما المحنك لدى لوكهيد ج دانييل برِوِر فقد حضر الى الملتقى، وقد لخص لائحة اكتشافاته في السبعينيات. استقرأ الإحصائيات من وكالة الطيران الفدرالية الأمريكية ومعطيات وكالة حماية البيئة EPA Energy Information Administration، مستنتجاً برِوِر أن أكثر من ألفي إقلاع وهبوط في أربعة مطارات من منطقة لوس أنجلوس الرئيسية تنتج 95.000 پاوند من أكسيد النتروجين وأكثر من 5000 پاوند من جزيئات وقود الـ Jet-A كل يوم في حوض لوس أنجلوس، كما وينبعث بالزخم ذاته أول أكسيد الكربون وثاني أكسيد الكربون وأكسيدات الكبريت والهدروكربونات غير المحترقة.

إنَّ برِوِر الذي أنتج خلال اثنتي عشرة سنة كمدير للهيدروجين لدى لوكهيد "عدة ملايين من الدولارات" من قيمة الدراسات على الطائرات ما تحت وما فوق وبسرعة الصوت كما قال لأن تطوير برنامج تكنولوجيا وإطلاقه يجب أن يرسم في مخطط العمل لدى لوكهيد او أي مكان آخر. ولكنه يعترف أن التوقعات لا تبدو جيدة: "من الظاهر أن الوكالات الحكومية ذات العلاقة بتطوير الطيران تتطلب حتماً مصلحة الصناعة ودعمها. إنَّ ذلك غير متوافر لأن صناعة الطيران وصناعة النقل الجوي ليستا مقتنعتين أنه سيكون هناك وقود متوافر في الوقت الذي ستصبح فيه الطائرات متوافرة- إذن من الواضح أنهم لن يبدأوا بانفاق المال لتطوير نموذج جديد من الطيران". يقول برِوِر النقطة هي "أنه بالرغم من هذه الميزات فالدعم الحكومي لاستعمال الهيدروجين فوق كل شيء ممثلاً بالنازا ووكالة الطيران الفدرالية الأمريكية وغيرها من الوكالات الحكومية المرتبطة في هذا الخيار- هو لاشيء".

في صيف سنة 1999، ظل برِوِر متشائماً - ربما أكثر بعد أن أهملت د أ أ مشروع طائرتها المتواضعة للنقل، ومنذ ذلك ليس

هناك من تغير في النظرة. إنَّ مشروع النازا لطائرة النقل المدني عالية السرعة HSCT High Speed Civil Transport يركز على طائرة باحتراق الكيروسين التي سوف تطير أواسط القرن الواحد والعشرين كما يتصور برور. "ومع أنَّ المسؤولين في النازا يعلنون أنهم لم يغلقوا باب الهيدروجين مما يدهش أحدهم. فهل هذا مشروع بعيد النظر؟".

سنة بعد ذلك، بدأت الأمور تظهر من جديد بطريقة متواضعة. وفي صيف سنة 2000 أطلق النشطاء لدى د أ أ نظم تحليل لطائرة تعمل بالهيدروجين السائل ضمن ظروف المجال الأوروبي. ومن خلال دعم المفوضية الأوروبية وبالتعاون مع 33 من الفرقاء في الصناعة ومؤسسات الأبحاث في أحد عشر بلداً أوروبياً بدأت الدراسة الجديدة تنظر مرة أخرى الى الهيدروجين في كل مواصفاته كوقود للطيران بما فيها الجدوى والسلامة والملاءمة البيئية والديمومة الاقتصادية. الدراسة الجديدة أعيدت جزئياً كتمرين للتعليم لمختلف اللاعبين، وجزئياً لإقامة الدعم على مستوى الحكومات، وفي الصناعة والجامعات والهدف النهائي الواضح أصبح التصنيع الفعلي لطائرة تعمل بالهيدروجين[13].

مرة أخرى بدأت النازا أيضاً في الولايات المتحدة التطلع الى الهيدروجين كوقود للطائرات وفي خريف سنة 1999 أطلق فريق من سبعة علماء في مركز غلِنّ للبحوث في كليڤلاند برنامجاً لثلاث سنوات بميزانية تقريبية بسبعة ملايين دولار لاستكشاف التوقعات عن الطيران المدني بصفر انبعاثات الذي يستعمل الهيدروجين بدل

---

(13) «DaimlerChrysler Aerospace Launches Europe-Wide LH2 Airplane Systems Study,» *Hydrogen & Fuel Cell Letter,* August 2000.

الكيروسين أو بنزين الطيران. إنَّ "مشروع تكنولوجيا صفر انبعاث ثاني أكسيد الكربون" يستكشف استعمال الهيدروجين كوقود لمحركات النفاث وطيران التوربينات الغازية، ولكن أيضاً كوقود لنظم أجهزة فائقة الخفة التي ستستعمل كطاقة لدفع الطائرات الصغيرة (أربعة الى ستة ركاب) أو أيضاً أكبر من ذلك. لقد أخذ المشروع أسسه الفلسفية من هدف النازا المعلن لتقليص انبعاثات أكسيدات النتروجين في الطيران المستقبلي الى الثلث خلال عشر سنوات و تقليص انبعاثات ثاني أكسيد الكربون بحوالى 25% خلال عشر سنوات و50% خلال خمسين سنة(14).

لقد كان فريق النازا يعتبر أن خلايا الوقود المجهزة بتكنولوجيا غ ت پ وتلك بالأكسيد الصلب كمصدر طاقة ممكن للطائرات بشرط أن تصنع بحجم صغير وقوية كفاية: "نريد أن نعرف إذا كانت طائرة سيسنا 172 ...Cessna172 تتطلب خلية وقود بكثافة طاقة مرتين أو خمس مرات من تلك الشائعة في التقنية" (كما هي اليوم - المترجم) كما قال قائد الفريق ديڤِد إرسيغوڤيتش Ercegovic David في إحدى المقابلات(15). كذلك يجب تحديد إذا كانت البوليميرات الخفيفة لخزانات الوقود لحمل الهيدروجين السائل ممكنة التطوير. ويقول إرسيغوڤيتش، يبقى أنني "أريد أن أقول إنَّ طائرة سيسنا

---

(14) According to a report issued in August 2000 by Britain's Institute for Public Policy Research (Chris Hewett and Julie Foley, Plane Trading: Policies for Reducing the Climate Change Effects of International Aviation), "aviation is the fastest growing source of transportation greenhouse gases, although it is still small in proportion to others".

(15) «NASA Launches Hydrogen Airplanes Study, Includes Fuel Cells for Propfan Planes,» *Hydrogen & Fuel Cell Letter,* September 2000.

172 التجريبية [العاملة] على الهيدروجين وخلية وقود لن تكون خارج المسألة في السنوات الخمس أو العشر القادمة".

إنَّ شركة التقنيات المتقدمة .Advanced Technologies Inc في ورسستر في ماساشوسيتس وهي شركة صغيرة متخصصة في البطاريات فائقة الطاقة العالية، وقد باشرت ثانوياً في نظم الطيران تقول إنه في سنة 2000 كانت تعمل على طائرات تجريبية مدفوعة ببطاريات وأجهزة (كهربائية) فائقة السعة، وإنها على مشارف تحويل طائرتين خفيفتي الوزن وذات محركي سحب ضعيفين (وهما طراز Diamond Katana النمساوية والفرنسية BanBi العاملة بالكامل على الكربون) الى طاقة خلايا الوقود مع هدف أولي لتصنيع طائرة يمكنها الاقلاع والطيران لمائة ميل على الأقل والهبوط بأمان. إنَّ الأهداف المستقبلية تتضمن طائرة بخلية وقود مع مجال يصل الى 300 ميل أو أكثر(16).

ربما أنَّها سوف تكون صامتة، وكذلك الطائرات الكهربائية عديمة الانبعاثات في مستقبلنا.

---

(16) «Fast Forward» column, *Hydrogen & Fuel Cell Letter,* September 2000.

IX

الهيدروجين كغاز للخدمة: الشعلة غير المرئية

في نهاية الستينيات عرض معهد تكنولوجيا الغاز م ت غ Institute of Gas Technology IGT "منزلاً للغد" وقال إنه يغذى بطاقة "الغاز الطبيعي المهذَّب"، وهو "شكل فائق الفعالية للغاز الطبيعي". إنَّ نشرة من أربع صفحات ملونة تصف الطراز الجديد في الإنارة والأجهزة المحمولة ولوحات التدفئة الجدارية من دون نار والتكييف كامل السيطرة والكهرباء المتولدة في المنزل بواسطة خلايا الوقود. هذا "الشكل الفائق الفعالية من الغاز الطبيعي" "كان بكل بساطة خليطاً غنياً بالهيدروجين شبيهاً بغاز المدينة المصنوع أو غاز الفحم في نهاية القرن التاسع عشر وبداية القرن العشرين. ومع أنَّ غاز المدينة يحتوى نموذجياً على أكثر من 50% من الهيدروجين، فإن "الغاز الطبيعي المهذَّب" يحتوي على حوالى 80% هيدروجين و20% ثاني أكسيد الكربون وأقل من 0.5 أول أكسيد الكربون.

تترقب نشرة معهد تكنولوجيا الغاز أن الغاز الطبيعي سوف ينقل

مباشرة بالأنابيب الى المنزل. وباستثناء القسم الذي سوف يحرق مباشرة (مثلاً لتدفئة المكان) فإن الغاز سوف يحقن في مجسم "المهذَب" الذي يستخدم الحرارة والبخار مع مساعدة المحفزات، وسوف يحول الغاز الطبيعي "الى غاز طبيعي المهذَّب"- وأغلبه من الهيدروجين. واعتماداً على مقال سنة 1970 في المجلة الصناعية *Appliance Engineer* فإن استعمال الهيدروجين بهذه الطريقة سوف يسمح باستعمال الحراقات المحفزة في أفران المطابخ. لكن بخلاف الحراقات التقليدية حيث الاحتراق يعطي شعلة زرقاوية فإن نار هذه الحراقات سوف تكون غير مرئية. وسوف تحول أكثر حرارة للخدمة. إنَّ مراوح الحرارة سوف تكون أوسع بكثير، ويمكن تكييفها بدقة أكثر، وأن السخونة سوف تتوزع بالتساوي أكثر على مساحة الحراق. يقول المقال إنَّ الحراق المحفز "ذاتي الانطلاق وليس بحاجة لناظم أو لولب ملتهب أو شرارة تفجير". فالاشتعال يبدأ حين يلامس الهيدروجين المحفز (نموذجياً طبقة بلاتين دقيقة جداً) ويبدأ عندها الحراق إعطاء السخونة. الناتج من ذلك هو بخار الماء. ويقول مقال *Appliance Engineer* : "وبسبب التعيير (مقاس الحرارة) الدقيق والمروحة الواسعة من السخونة المتاحة "فإنه يمكن غلي الماء بسرعة أو إبقاء المرق الرهيف بالكاد دافئاً". ويمكن صنع صينية التسخين من الخشب لأنه يمكن إبقاء الحرارة على 250° ف كحد أقصى، أي تحت درجة احتراق الخشب أو تلويحه بالحرارة. كذلك يمكن لأجهزة التدفئة في الغرف أن تعمل على حرارات منخفضة وتعليقها على الجدران وتغطيتها بمواد مركبة صناعياً. إنَّ "تهذيب الغاز الطبيعي" يمكن أن يكون مصدر طاقة للإضاءة Candoluminescence، وهي طريقة جديدة في الإنارة حيث الضوء الصادر عن طريق الجزئيات والأيونات والذرات المثارة بالشعلة.

يقول المقال إنَّ "الأسباب الفيزيائية للـ Candoluminescence تبقى غير معروفة، ولكننا نعلم أن هذه الظاهرة تؤدي الى إمكانات إنتاجية جديدة".

حقاً لم يأت أي شيء تجاري قابل للرواج في "بيت غد" أنبوب الأحلام هذا، إذ إنَّ البحوث خلفه تعطي نظرة أولى مهمة للعديد من المشكلات التقنية التي يجب حلها إذا كان الهيدروجين سيأتي كوقود للاستعمال الواسع في المنزل. يذكر أنَّ الكثير من هذه الاستنتاجات تبقى مفيدة اليوم.

لقد بدأ معهد تكنولوجيا الغاز أيضاً تطوير محفزات حراقات الغاز عالية الحرارة. وفي المؤتمر العالمي لطاقة الهيدروجين سنة 1976 المنعقد في ميامي بيتش قدم ثلاثة باحثين من م ت غ وهم جون پانغبورن Jon Pangborn وموريس سكوتّ Maurice Scott وجون شيْرر John Sharer بحثاً عن المشكلات التقنية لحرق الهيدروجين في الحراقات التقليدية المعدلة (المحورة) وفي الحراقات ذات المحفزات المتقدمة (المتطورة). يقول پانغبورن وسكوتّ وشيْرر إنه لا يمكن جعل الهيدروجين مباشرة بديلاً للغاز الطبيعي في الأجهزة المنزلية والتجارية وأنه يجب تحوير هذه الحراقات وهو توقع لا يرونه مخيفاً. "تغييرات مشابهة كانت ضرورية عندما استبدل الغاز الطبيعي بالغاز المصنع قبل بضعة عقود في الولايات المتحدة" كما شرحوا.

تعاني الحراقات التقليدية من الشعلة الارتجاعية عند احتراق الهيدروجين. ومع أنَّ الشعلة سوف لن تعود داخل الأنبوب (لأنه ليس هناك من أكسجين خلف فتحة العداد لإمداد النار) ولكن الشعلة الارتجاعية الى الخلف نحو الفتحة تؤدي الى الإضرار برأس الحراق. لكن يمكن محاصرة المشكل إما بزيادة ضغط الغاز

واستعمال حراق بثقب أضيق أو تقليص كمية ما يدعى الهواء الأولي أو إقصائه - وهو هواء مختلط بتيار الغاز قرب فتحة عداد الغاز (صمام ادخال الغاز).

ومع أنَّ الهيدروجين لا يصدر أول أكسيد الكربون أو الهيدروكربونات غير المحترقة فإن نار حراق الهيدروجين المفتوحة ستنتج حوالى 30% من انبعاثات أكسيد النتروجين أكثر (نتيجة تفاعل الشعلة مع نيتروجين الهواء المحيط) مما ينفثه حراق الغاز الطبيعي المعادل. إنَّ پانغبورن وسكوتّ وشيْرر يشعرون أن غالبية أجهزة الغاز يمكن جعلها ملائمة للهيدروجين بزيادة ضغط الحقن وسرعة الدفق عند المستخدم في النهاية وبإعادة تصميم الحرّاق.

فبعض المنازل المجهزة بطاقة الهيدروجين بنيت من قبل بعض الأفراد الخاصين والمؤسسات المحددة حيث أنَّ واحدة من أولى التحويلات المنزلية للهيدروجين أنجزت بواسطة أولوف تيغستروم Olof Tegstr?m أواسط الثمانينيات. الطاقة الأولية لمنزل تيغستروم بمساحة 1334 قدماً مربعاً في هارنوزاند Haernoesand في السويد في ساحل الوسط الشرقي كانت تأتي من مروحة بثلاثة أذرع بارتفاع 72 قدماً وبقطر 49 قدماً. ومع مولدين (واحد لسرعات الهواء العالية وآخر للسرعات المنخفضة) ولدت الهوائية حوالى 40.000 كيلوواط ساعة سنوياً. وفي المتوسط كان كيلوواط واحد يستعمل للأجهزة المنزلية وأربعة لإنتاج الهيدروجين. أما الماء الساخن فكان يخزن في خزان من خمسة أمتار مكعبة للتدفئة. كذلك أعاد تيغستروم بيع بعض الكهرباء للشبكة. إنَّ فرن المطبخ المحور مع شبكة الفولاذ غير القابل للصدأ جعل نار الهيدروجين مرئية وتقريباً من دون انبعاث أكسيدات النتروجين المشبعة بالرطوبة. بالإجمال يتطلب منزل تيغستروم المعزول حوالى 20.000 كيلوواط ساعة في

السنة. لقد كان الهيدروجين ينتج في محلل كهربائي پ م ك ص بقوة 84 ڤولت الذي بكثافة تيار 50 أمبير ينتج متراً مكعباً معيارياً واحداً من الهيدروجين في الساعة من أربعة ليترات من ماء الصنوبر. وبعد التنشيف كان الهيدروجين يخزن في خزانات هيدريدية مصنوعة على ما يبدو من سبيكة معيرة بدقة من الحديد والتيتانيوم.

كذلك حول تيغستروم أيضاً سيارته طراز ساب900 900 Saab للعمل بطاقة الهيدروجين. تقديراته فإنَّ تحويل المنزل والسيارة قد كلف مبلغاً يعادل 000 139 دولار أمريكي (حسب تداول 1998). ويقول أيضاً "لكن هذه المصاريف يجب رؤيتها كدفعة نقدية لكلفة عشرين عاماً من الطاقة".

في أواخر الثمانينيات بدأ ولت پايل Walt Pyle تحويل منزله ذي الطبقتين في ريشموند في كاليفورنيا بمساحة 1800 قدم (في شمال خليج سان فرنسيسكو) إلى طاقة الخلايا الڤولتائية الضوئية والهيدروجين. لقد بدأ پايل بحثه عن الطاقة النظيفة لمنزله أواسط السبعينيات باستكشاف الخلايا الڤولتائية الضوئية ومضيفاً تحسينات في فعالية الطاقة. فپايل كان أول مهندس في شركة نفطية كبيرة ثم عمل مقاولاً في الطاقة الشمسية. لقد بقي على ذلك، ووثق العملية الجارية من سلسلة مقالات في *Home Power Magazine*[(1)].

وكطاقة أولية، اعتمد پايل أساساً على 52 لوحة ڤولتائية ضوئية

---

(1) Pyle has collected these plus a few related articles from *Home Power* in a 126-page booklet titled *Solar Hydrogen Chronicles-A Hands-On Guide to Solar Hydrogen Fuel*. It is available from his company, H-Ion Solar Inc. (6095 Monterey Avenue, Richmond, CA 94805; phone (510) 237-7877).

تنتج حوالى 1500 واط في الذروة. (لتخزين الكهرباء على المدى القصير استعمل پايل خطين من ست بطاريات من النوع الصناعي بقدرة 1600 أمپير ساعة). "أكبر مشكل هو صيانة البطاريات" كما يقول. "إذا كثفت دورتها فإنها لن تدوم كثيراً". لقد قام بتركيب محلل كهربائي صغير بقوة كيلوواط واحد من إنتاج وتسويق شركة ريح الهيدروجين Hydrogen Wind في لينڤيل في ولاية أيوا. إنه يخزن الهيدروجين والأكسجين في ثلاثة خزانات بضغط معتدل يجري تعييره على 250 باونداً في الإنش المربع لغاز الپروپان المسيل ولكنها مخفضة الى 60-125 باونداً في الإنش المربع للهيدروجين. لقد بنى أيضاً نظام تخزين تجريبياً من هيدريد المعدن مستعملاً غالباً الحديد والتيتانيوم مع سبيكة AB2 (Zirconium وVanadium وNickel وChromiuim وManganese) من صنع شركة GfE في نورنبرغ. إنّ كل واحد من الخزانات يتسع لحوالى 0.45 متر مكعب من الهيدروجين.

وبغرض الطبخ حوّل پايل فرناً تقليدياً على الغاز للعمل بالهيدروجين مغيراً الحراقات لتجنب أي امتزاج للهيدروجين مع الهواء قبل الوصول الى مثقاب الحراق، وبالتالي منع الشعلة الارتجاعية. كذلك حول پايل موقداً تقليدياً في الخارج (في الحديقة) يحوّل الپروپان للعمل بالهيدروجين وتطلع الى الاحتراق التحفيزي بمساعدة شبكة من الفولاذ غير القابل للصدأ. سوقت شركت H-Ion Solar مشواة طبخ تعمل بالهيدروجين تحت الاسم التجاري هيدرو كيو .Hydro-que

وللتدفئة المنزلية حوّل پايل أربع مساحات تدفئة جدارية تحفزية تعمل بوقود متعدد مصممة أساساً لإحراق الغاز الطبيعي لاستخدامها في المخيمات وسيارات الفرص للعمل بالهيدروجين والغاز الطبيعي.

هذه المسخنات تعطي أشعة ما تحت الحمراء التي تحمي غرضاً أو شخصاً من دون تسخين الهواء المحيط. (حالياً حوالى ثلاثة أرباع المنازل معزولة بما يقارب ستة إنشات من الألياف الزجاجية).

يوقف پايل الغاز وشبكة الكهرباء لحوالى تسعة أشهر في السنة. وهو يعترف أنه من منتصف شهر نوڤمبر/تشرين الثاني الى شباط/فبراير "نحتاج للمساعدة" من شبكة الغاز لتدفئة المنزل. إنه لا يملك نظاماً موسمياً لتخزين الهيدروجين مع سعة تخزين كافية. وهو أيضاً "يسحب" من شبكة الكهرباء "لكي تستعيد البطاريات صحتها". يقدر پايل أنه أنفق حوالى 30.000 دولار أمريكي لإعادة تجهيز المنزل.

في سنة 1990 حول المهندس المعماري ماركوس فريدلي Markus Freidli منزله بمساحة 2367 قدماً مربعاً في المدينة السويسرية الصغيرة زولبروك Zollbrueck الى الطاقة الشمسية والهيدروجين وأخرجه من شبكة الكهرباء[2]. لقد استخدم برنامج التحويل خلال أربع سنوات من قبل فريدلي المدعوم مالياً من كانتون برن المكونات المتوافرة تجارياً بما فيها اللوحات الڤولتائية الضوئية من صناعة سيمنس والمحلل الكهربائي القلوي من صناعة VCST Hydrogen Systems في بلجيكا بالإضافة إلى وعاء هيدريدي من صناعة Japan Metals & Chemicals. كذلك ركب منقّياً للهيدروجين بالإضافة إلى ماكينة ضغط. ينقل فريدلي أنه كان يستعمل الهيدروجين للطبخ ولتشغيل ماكينة الغسيل. إنَّ أنابيب الهيدروجين بالتحديد كانت ملتحمة أو ملتصقة ببراغي معايير الغاز

---

(2) «Swiss architect converts home to hydrogen,» *Hydrogen Letter,* July 1990.

المجربة، وكانت مصنوعة من الفولاذ عالي الجودة المضاد للكسر. أما الغرف الحاوية لآلات هيدروجينية فكانت مجهزة بمجسات يمكنها كشف أي تسرب للهيدروجين ولو انخفض من دون 0.14%، وكذلك لوحة إنذار وقفل لإنبوب الهيدروجين الرئيسي. إنَّ الكلفة النهائية لهذا التحويل بلغت كما قيل ما يساوي حوالى 216.000 دولار أمريكي.

إنَّ المنزل الهيدروجيني الأكثر طموحاً كان في فريبورج في ألمانيا. ولقد صمم وأنشئ من قبل معهد فراونهوفر لنظم الطاقة الشمسية بمبلغ مليون ونصف المليون دولار. ومنذ سنة 1987 بدأ المنزل التجريبي ذات الطابقين بمساحة 1566 قدماً مربعاً (مليون دولار لهيكلية فعالية الطاقة الحاذقة والباقي لتكنولوجيا الطاقة الشمسية وطاقة الهيدروجين). لقد كان الهيدروجين يستخدم للتخزين الطويل الأمد. مع استعمال زجاج متطور ومواد شفافة غير الموصلة للحرارة وعزل مشغول بورق مصنوع من نفايات الورق تمّ تدويرها. لقد انخفضت خسارة الحرارة بنسبة 70% بالنسبة للبناء التقليدي في ألمانيا. وخرج المنزل الى "الشمس" في سنة 1990.

ولقد كان ظاهراً للعيان أن هذا المنزل المستقل عن الشبكة (الكهربائية) والخاوي من الموقدة يتميز بزجاج الواجهة المنحني الذي يواجه الجنوب ومع غياب للمدخنة. لقد وُضعت على السطح لوحات من أربعين متراً مربعاً من الخلايا الفوتوڤولطائية ولواقط الحرارة الشمسية. كذلك فإنَّ وجود محلل كهربائي بقوة 2 كيلوواط في الطابق السفلي ينتج الهيدروجين للتخزين على المدى البعيد للشتاء. (صفيفة من بطاريات الرصاص الحمضية تخزن حوالى عشرين كيلوواط ساعة كانت تستخدم لتخزين الكهرباء من الشمس على المدى القصير). الهيدروجين كان يعاد تحويله الى كهرباء

بواسطة خلية وقود والحراقات الأربعة المصممة خصيصاً مع محفزات طبخت بواسطة الهيدروجين[3]. كان الهيدروجين يخزن على شكل غاز في خزان فوق الأرض إلى جانب المنزل، وكان يتسع لما يعادل 1400 كيلوواط ساعة. أما الأكسجين فكان يخزن في خزان تحت الأرض.

وكما قال أدولف غوتسبرغر Adolf Goetzberger مدير معهد فراونهوفر ورئيس شركة الطاقة الشمسية الدولية عند التدشين نهاية سنة 1990 فـ "إن هذا ليس نموذجاً يمكن لأي كان أن يشيده غداً". ولكنه أضاف: "لقد صمم ليظهر أن الوصول إلى هدف الاستقلالية في الطاقة يمكن تحقيقه في الأساس". (في نهاية سنة 1995 أوقف المشروع. و بعدها بستة أشهر أعيد وصل المنزل بالشبكة وحوّل إلى مبنى لمكاتب).

إنَّ استعمال الهيدروجين في التطبيقات الخِدماتية أتى الى الصورة من طريق ضيق تجريبي مع تزايد الأجهزة الجديدة من أجل المساعدة في تدبر تقلبات التيار على الشبكة الكهربائية. واحد من هذه الأجهزة طورته وكالة الفضاء الألمانية أواخر الثمانينيات ودعي مولد البخار الاحتياطي العامل بالهيدروجين والأكسجين، والحاضر لتوليد البخار تلقائياً للاستعمال في المولدات التقليدية في فترات

---

(3) اعتماداً على تقرير أعطي في المؤتمر العالمي لطاقة الهيدروجين سنة 1996 تبين أن علماء مؤسسة Fraunchofer العاملين على هذا المشروع الذي طور عدة نماذج من حراقات الهيدروجين مع انبعاثات متدنية من أكسيدات النتروجين متضمنة نموذج حراق بخاخ من أجل إعادة تأهيل نماذج حراقات الغاز الطبيعي التقليدية. لقد صنعوا وجربوا أيضاً براداً يمتصّ الغاز بقوة 33 كيلوواط، وكذلك مسخّناً فضائياً بقوة 21 كيلوواط.

الطلب الحاد على الكهرباء. يشتمل الجهاز أساساً على أكثر من غرفة احتراق صاروخية معدلة (محورة) حيث يحترق الهيدروجين بالأكسجين ويولد البخار بفعالية بحوالى 99% في ميدان القوة والحرارة والضغط مع أوقات انطلاق قصيرة جداً تصل الى ذروة الدفع في أقل من ثانية. إنَّ الدراسة المشتركة مقدمة من قبل وكالة الفضاء الألمانية ود أ أ في مؤتمر طاقة الهيدروجين في شتوتغارد سنة 1996 تقول إنَّ العمل بالجهاز كان لا يزال مستمراً، وإنَّ تمويلاً إضافياً كان ضرورياً، ولكن كان واضحاً جداً أن ذلك هو نهاية الطريق حقاً.

فإنتاج الهيدروجين وتدبّر عبء الشبكة هي القدرات المتكاملة للمحلل الكهربائي (للماء) المتطور على ضغط العالي الذي طورته شركة GHW الألمانية. لقد بدأت الشركة تجربة النموذج الأولى بقوة 100 كيلوواط، وهو قلوي بماكينة فلاتر كبس وذلك سنة 1992. وفي نهاية سنة 1997 أعلنت الشركة أنها تساهم بجهاز قدره 500 كيلوواط يعمل تحت 300 بار ضغط كجهاز عرض في مطار ميونيخ حيث سيشتمل على إنتاج الهيدروجين وعلى أنماط مختلفة من تخزين الهيدروجين ومحطة تزويد بوقود الهيدروجين آلية (Robotic) لخدمة عربات المدرج العاملة بالهيدروجين. دشنت التجهيزات بعد ذلك بسنتين[(4)].

وفي مخطط المحطة هناك محلل كهربائي آخر بقوة 500 كيلوواط لتزويد حافلة بالوقود يعمل بالهيدروجين في المدينة الألمانية كارلسروهه. وبخلاف المحللات الكهربائية التقليدية التي

---

(4) «Five years in the making, $18 milion hydrogen production/fueling station opens in Munich,» *Hydrogen & Fuel Cell Letter,* June 1999.

تعمل على سرعة ثابتة تماماً فإن آلة GHW تتكيف بسرعة وآلياً لتغيرات كبيرة -في تيار التغذية- من 15% الى 120% من قدرة الاستيعاب المحددة. إنها تسمح لمشغلي جهاز توليد التيار للعمل بمحاذاة 100% من القدرة المعيرة (المحددة) من دون الخوف من التنافر (حالة عدم تناسق التيار) والتقلبات في الترددات (مما يجعل الساعات الكهربائية تعطي الوقت الخطأ ومسجّلات الدوران على السرعة الخطأ) فإن المحلل الكهربائي سوف يمتص التيار الزائد منتجاً الهيدروجين بفعالية تصل الى 80-87% وبسبب سرعة استجابتها ومرونتها فإن الجهاز يعتبر قريباً جداً للمثالي في إنتاج الهيدروجين من المصادر المتقلبة كالريح والشمس.

وبمقابل تحديد قياس الحمل (كمية العمل) فإن العاملين على المحلل الكهربائي سيكون لديهم إمكانية الطلب -والحصول- على ادنى أسعار التيار من إدارة الخدمات الألمانية التي ستمكنهم من إنتاج الهيدروجين غير المكلف. لكن وفقاً لشركة GHW فإن معدل أسعار المفرق في ألمانيا يتراوح بين 14.7-18.3 KWh/¢ (100/ 1 مارك) بداية سنة 1994، ويصل عالياً الى 51 KWh/¢؟ في بعض المحلات. في ذلك الوقت اعتقدت GHW أن المستويات المتدنية الى 2 KWh/¢ لإنتاج الهيدروجين ستكون ممكنة ويمكن تسويقها.

التكنولوجيا الأخرى الوحيدة التي فاقت "منزل الغد" طموحاً هي خلية الوقود التي أدى تطويرها للانتقال الى المعدات العالية -للنقل وتوليد التيار وأيضاً للمنزل- في أواسط التسعينيات. وبما أنَّها تزود عادة بالغاز الطبيعي الذي يحول أولاً الى هيدروجين فإن

خلايا الوقود بقوة 200 كيلوواط مرغوبة للخدمة ومكاتب الأبنية والمستشفيات والأجهزة المشابهة متوافرة تجارياً لدى شركة خلايا الوقود الدولية في ساوث وندسور في كونّكْتِكَت. هناك شركات أخرى مثل شركة طاقة خلايا الوقود (ولدت شركة البحث الطاقوي) في دانبورغ Danburg في كونّكْتِكَت تعمل بحجم الميغاواط بوحدات خلايا وقود بواسطة سبيكة كربوناتية تستطيع استعمال الغاز الطبيعي مباشرة من دون لزوم لتهذيبه أولاً. فبالارد پاور سيستمز الشركة الكندية المعروفة عموماً بأنها الرائدة دولياً في خلايا الوقود للنقل تبدو على عجلة من أمرها لتوسيع مهارتها الى تكنولوجيا خلايا الوقود غ ت پ للاستعمالات الثابتة ومرافق الخدمة. أيضاً شركة سيمنس-وستينغهاوس Siemens-Westinghouse الكهربائية في أورلندو لديها مشاريع خلايا وقود عديدة تعمل بالأكسيدات الصلبة قيد الإنشاء من ضمنها وحدة بقوة 300 كيلوواط ومدمجة الدائرة بالاشتراك مع RWE (مرفق خِدماتي ألماني كبير)، وجهاز مركب بقوة ميغاواط مع المرفق الخِدماتي الألماني EnBW ووحدة بقوة 250 كيلوواط مدمجة الدائرة في المركز الوطني لبحوث خلايا الوقود في جامعة كاليفورنيا في إيرڤين Irvine وبالإضافة أخرى قرب برغن Bergen في النروج حيث تستخدم تكنولوجيا احتجاز ثاني أكسيد الكربون المطورة من قبل شلّ هيدروجين Shell Hydrogen[(5)].

في نهاية التسعينيات ومن خلال مراقبتها لتقلبات السوق

---

(5) «Three SOFC power plants under way in Europe as US, guessing game about fourth 1 MW unit,» *Hydrogen & Fuel Cell Letter*, August 1999.

الاستهلاكية واحتمال تدهور مرافق الكهرباء المركزية بدأ العديد من الشركات[6] في شمال أمريكا وأوروبا واليابان التنافس لتطوير نظم خلايا وقود صغيرة مفردة ومجمعات تعمل عادة بالغاز الطبيعي. تتضمن لائحة جزئية Avista Labs وH Power Corp وPlug Power وManhattan Scientifics وNuvera وDelphi NorthWest Power وElectroChem وDAIS-Analytic وDCH Technology و-Thermo Electric وZeTek وDenora وSulzer وFuji Elect وMatshushita. هنا بعض اللمحات الخاطفة عن بعض اللاعبين الكبار في هذا الحقل الدائم التغير.

شركة خلايا الوقود الدولية خ و د أعلنت شركة خلايا الوقود الدولية خ و د أواسط سنة 1997 أنها كسبت 185 طلباً لجهاز خلية الوقود بقوة 200 كيلوواط المصنوع لدى فرعها ONSI وذلك بقيمة 111 مليون دولار وتلك طلبية محفزة جزئياً وليس بالكامل، تكرمت بها حكومة الولايات المتحدة التي ساعدت عن طريق إضافة توقيعها على حوالى 75 من هذه الطلبات دعماً لها. ومن أجل المحظوظين فإن ذلك سيخفض الكلفة من متوسط بحوالى 600.000 دولار الى 400.000 دولار أمريكي. في قمة ذلك قالت خ و د إنها تلقت رسائل إعلان نيّة ورسائل أخرى تبدي اهتماماً

(6) By one count, some 60 companies-DaimlerChrysler's chief of fuel cell development, Ferdinand Panik, cited that figure in his presentation at the company's «Innovation Symposium» in November 1999 in Stuttgart («Daimler Chrysler to Roll Out Next-Generation Necar 5, Shows Miniaturized Stack, Reformer,» *Hydrogen & Fuel Cell Letter,* December 1999).

تجارياً لشراء 235 جهازاً إضافياً. في نهاية سنة 1999 كانت أجهزة توليد التيار بخلايا الوقود من ONSI قد جمعت لها أكثر من ثلاثة ملايين ساعة في جميع أنحاء العالم منذ أن شيدت أول وحدة سنة 1992، وأن إجمالي عدد الأجهزة المصنعة حول العالم توقف عند المئتين.

لقد بدأت تجربة جهاز خلية الوقود PC 25 من صناعة ONSI للعمل على ميتان مكب النفايات أواسط سنة 1996 في غروتون Groton في كونِكْتِكَت بالاشتراك مع مرفق Northeast للتزويد بالتيار المشترك ووكالة حماية البيئة وشركة خ و د كمراقب لأول ستة أشهر تجريبية على مكب نفايات لوس أنجلوس. ولقد كان حاصل إنتاج خلية الوقود أدنى من العادي لأن محتوى الطاقة في المكب المنتج للميتان هو نصف ما يحمله الغاز الطبيعي. هناك خزانان تجاريان ثبتا في كاليفورنيا نهاية سنة 1998 بالإضافة إلى آخر تمّ تثبيته من قبل المرفق الألماني في كولن.

لقد شيد جهاز متفرع من PC 25 ويعمل بالهيدروجين السائل المتوقد - وهو من بعيد الوحيد عالمياً - للتجربة من قبل مرفقي HEW وGEW في هامبورغ. لقد بدأت العمليات أواسط سنة 1997. وتمّ تمويله من طرف أوروبي بإجازة من ONSI و CLC Ansaldo في جنوى. وإذا سارت الأمور بصورة حسنة مع CLC وONSI فإنه قد يكون هناك المزيد في المستقبل: في دراسة مبكرة لـ CLC فإن الهيدروجين المنتج ثانوياً والمتوافر في أوروبا من مختلف التفاعلات الكيميائية ينتج ما يساوي 60 ميغاواط من التيار في إيطاليا وألمانيا وسويسرا وهولندا.

شركة فيول سل إينرجي Fuel Cell Energy Corporation شركة خلايا الوقود للطاقة، هي أكبر منشأة خلية وقود للصهيرة

الكربوناتية، وهي وحدة بطاقة 2 ميغاواط صممت وصنعت من قبل الشركة تحت اسمها السابق، Energy Research Corporation، وقد بدأت إعطاء الكهرباء لسانتا كلارا في مرفق كاليفورنيا ربيع سنة 1996 ضمن مشروع مشترك مع العديد من إدارات المرافق الأخرى ووزارة الطاقة الأمريكية ومعهد بحوث التيار الكهربائي. لقد انتهى الاختبار متأخراً قرابة السنة أو أقلّ، وإلى حد ما خارج الجدول الزمني المرسوم، بسبب الاختناق بالتمويل الناتج عن المتطلبات غير المنتظرة للتجربة، والمشكلات غير المتوقعة لبعض المواد المستعملة في تصنيع الجهاز. عملت المنشأة لحوالى 3600 ساعة، أي أقل بقليل من نصف ما كان مخططاً. لقد كانت Energy Research Corporation تتطلع الى تجربة أخرى مع جهاز أكبر ربما بقوة 3 ميغاواط.

لقد بدأت تجربة صيغة متقدمة متفرعة من تكنولوجيا الصهيرة الكربوناتية ببراءة من Energy Research Corporation نهاية صيف سنة 1997 في ألمانيا، ولقبت "Hot Module". ثمّ تم تطويرها من قبل المجموعة الألمانية الدانماركية المسماة DFC-ARGE، وكان هدف المشروع تبسيط ودمج ما يدعى توازن تجهيز المنشأة لنظم خلايا وقود كهذه في وحدة مشتركة. لقد كان ذلك مهماً كما صرح منفذ المجموعة في اجتماع خلايا الوقود في أورلندو سنة 1996: بينما تركز التجديد في الماضي غالباً على رصائف خلايا الوقود فإن المكونات الأخرى لم تتقدم كثيراً، وبقيت نسبياً تقليدية. أما أول منشأة للعرض فإنها خرجت في بيلِفِلد Bielefeld في ألمانيا خريف سنة 1999.

نظم بالارد للتوليد في أواخر سنة 1996 اشترك هذا الفرع من بالارد پاور سيستمز مع شركة دولية كبيرة للتوليد والتوزيع وهي

GPU International في پارسيپاني Parsipanny في نيوجرسي لتصنيع أجهزة محطات خلايا وقود بقوة 250 كيلوواط مجهزة بتكنولوجيا غ ت پ والتي بدأت الشركة بتطويرها قبل ذلك بسنتين. ووظفت شركة GPU 23.25 مليون دولار أمريكي في هذه المغامرة وكانت تهدف لأول تسويق تجاري سنة 2000. في أواخر 1997 التحقت الشركة الفرنسية GEC ALSTHOM بالمجموعة لتصنيع وبيع خلايا وقود غ ت پ ثابتة (محطات) في أوروبا. ولقد أعلن عن مخطط أول نموذج لمنشأة توليد التيار بخلايا الوقود غ ت پ من طراز بالارد للتشييد في برلين من قبل خمسة مرافق خِدماتية (أربعة ألمانية وواحد فرنسي) في آب/أغسطس سنة 1998.

شركة الصهيرة الكربوناتية للطاقة إنَّ أكبر منشأة خلية وقود في العالم تعمل بالصهيرة الكربوناتية بقوة 250 كيلوواط صنعت من قبل شركة الصهيرة الكربوناتية للطاقة، وقد بدأت بإنتاج التيار في محطة الطيران في ميرامار التابعة للبحرية الأمريكية في ربيع سنة 1997. الجهاز يعمل بتشغيل موازٍ. وبحساب فعاليته تقول الشركة إنها بلغت إجمالاً 80%. لسوء الحظ هوت الشركة باكراً في سنة 2000 بعد عام من الشكوك؛ وفي السباق المتسارع نحو التسويق والمنافسة الشديدة لم تستطع شركة الصهيرة الكربوناتية للطاقة الحصول على تمويل جديد للبحث والتطوير(7).

هناك شركات أخرى تعمل على أجهزة توليد تيار بخلايا وقود مسطحة وبالأكسيدات الصلبة من ضمنها دورنييه ومجموعة ديملر-بنز

---

(7) «Unable to raise new R&D funding, MC Power is forced to shut down,» *Hydrogen & Fuel Cell Letter,* March 2000.

وفي اليابان تونن Tonen وسانيو إلكتريك Sanyo Electric وموراتا Murata وميتسوبيشي Mitsubishi.

ففي الدول الغربية المتطورة نلاحظ القليل من التفكير الذي يعار لفكرة إعادة إدخال الهيدروجين كمكون لغاز المدينة (خليط أول أكسيد الكربون والهيدروجين المصنوعين من الفحم الذي زود الكثير من التوسع المدني حول العالم في النصف الأول من القرن العشرين). لقد برهن بعض استراتيجيي الطاقة أن الغاز الطبيعي النظيف سيكون حتى أنظف إذا تم خلط الهيدروجين بإمدادات غاز المدن الطبيعي. فالشركة الألمانية الاستشارية لودڤيغ بولكوف سيستم تكنيك Ludwig-Boelkow SystemTechnik عملت على تعويم هذه الفكرة أواسط التسعينيات، مقترحة إمداد الغاز الطبيعي في بعض أقسام شبكة ميونيخ بالهيدروجين ولكن اكتشفت أنه ليس هناك من شارٍ.

آخر الأمكنة التي استبدل فيها غاز المدن بالغاز الطبيعي كانت برلين حيث تم التبديل في أيام الحرب الباردة الأخيرة، أي بعد حوالى 15 الى 20 سنة من التبديل الذي حصل في ألمانيا وحتى ألمانيا الشرقية سابقاً. لقد كان من المستحيل قبل ذلك مد الأنابيب الى برلين من خلال أراضي ألمانيا الشرقية آنذاك لأسباب سياسية: حتى 1980 أو ما يقارب كان غاز المدن يصنع من الفحم المأخوذ بالقطارات، أو سفن قنوات المياه من مناجم الفحم في الغرب. بعد ذلك أصبح غاز المدن ينتج من البنزين المحمول بالسكة أو سفن الأقنية. إنَّ توفير غاز المدن لبرلين سهل اختيار هذه المدينة كحالة عرض لتجربة عشر عربات ديملر-بنز تعمل بالهيدروجين على مدار أربع سنوات بين سنتي 1984 و1988.

بالنسبة للصين، إنَّ تنظيف الفحم بواسطة التغويز قد يكون

استراتيجية مقبولة من الناحية الاقتصادية والبيئية. فالصين تعتبر هي أكبر منتج ومستهلك للفحم وهي تنتج أكثر من مليار طن متري من الفحم سنوياً، مما يغطي حوالى 75% من الحاجات بالطاقة لديها. وهذه الطاقة القائمة على الفحم تستخدم بشكلين أساسيين: كهرباء أو غاز مدني. إنَّ مقدار ناتج الكهرباء الذي بلغ 199 جيغاواط ك (1996) كان مرشحاً للنمو الى 320 جيغاواط ك سنة 2000 و640 جيغاواط ك سنة 2020 و1800 جيغاواط ك سنة 2050 وفقاً لدراسة قدمت في شهر تشرين الأول/أوكتوبر سنة 1996 في لقاء بكين عن الطاقة الأحفورية النظيفة، وقد قدم الدراسة فرانسيس لاو Francis Lau مدير طرائق التطوير والهندسة في معهد تكنولوجيا الغاز. يذكر أنَّ حصة الفحم في قدرة الصين لتوليد الكهرباء تصل الى 80% سنة 2050.

الى الآن لعب غاز المدن دوراً ضئيلاً في الصين، ولكن أهميته مرسومة للزيادة الكبيرة. فوفقاً للمهندس لاو، فإنَّ الصين مع نهاية سنة 1993 أنتجت الصين ما يكفي من غاز المدن ليخدم حوالى 95 مليون إنسان -حوالى 10% من السكان. ولقد ساهم الفحم بإنتاج 13 مليار متر مكعب سنوياً من الغاز المصنع، ولكن فقط حوالى 3.5 مليار متر مكعب كانت للاستخدام المنزلي (أي لحوالى 25 مليون إنسان). في المحصلة فإن مصادر أخرى لغاز المدن كانت أكثر أهمية. إنَّ غاز المدن المصنوع من غاز النفط المسيل- حوالى 2.3 مليون طن سنوياً- كان يستهلك من قبل 57.7 مليون صيني والغاز الطبيعي ساهم بحوالى 1.4 متر مكعب من غاز المدن لحوالى 11.8 مليون إنسان.

في الخطة الخمسية للتنمية بين سنتي 1996 و2000 وضع المخططون المركزيون في الصين خططاً لزيادة حجم نمو الغاز

للمدن صغيرة ووسيطة الحجم آملين الوصول الى تغطية 60% من الاستعمال سنة 2010. ولكن لاو يؤكد مع أنَّه مع نقص غاز النفط المسيل غ ن م LPG والغاز الطبيعي فإن التركيز سوف يكون على الفحم كمصدر للطاقة الأولية للوصول الى هذه الأهداف الطموحة. وهكذا فإن التغويز مع الكميات الضخمة المنتجة من الهيدروجين أثناء العملية تبدو أنها طريق السير لمخططي الطاقة في الصين.

فبدءاً من أول الثمانينيات، بدأت الصين التطلع الى تكنولوجيا تغويز الفحم المختلفة في الغرب من أجل فعالية أكثر في استخدام احتياطيات فحمها، والمساعدة في تنقية البيئة تحت التصور"ثلاثي التوليد" .Trigeneration فالفكرة الأساس كانت إنتاج عدة أصناف من الفحم منها غاز المدن والمكونات الكيميائية والكهرباء. ومع تسارع النمو الاقتصادي بدرجة رقمين، وبالتالي الحاجة الصاعدة صاروخياً للطاقة فإن الحكومة الصينية ترى ذلك كمسألتين متكاملتين وتتطلبان اهتماماً طارئاً.

بعد خيار كهذا عملية فإن طريقة معهد تكنولوجيا الغاز U-GAS قد اختيرت حين حصلت الصين على إجازة لتشييد أكبر منشأة تجارية عالمياً في ووجين Wujin. ووفقاً للاو فإن العمل الأساسي كان الوصول الى طريقة تكلفة منافسة لإنتاج 000 700 1 متر مكعب عادي (Nm^3) من غاز المدن، يومياً، و000 200 طن من الميتانول وسبعة ميغاواط من الكهرباء. لقد أقرت الحكومة المشروع في سنة 1991، وسويت الأرضية في أذار/مارس سنة 1992، وأول مرحلة من المشروع تم استكمالها في كانون الأول/ديسمبر سنة 1994. لقد بدأ إنتاج الغاز في ربيع سنة 1995، إذ يحول المصنع حوالى 800 طن يومياً من الرماد الخفيف والفحم (الحجري) القاري الكبريتي الخفيف الى ثلاثة ملايين متر مكعب

عادي من وقود غاز التدفئة الصناعي الخفيف الذي يحتوي على 15% من الهيدروجين.

عادة ما يوزع وقود الغاز مثل الهيدروجين بواسطة الأنابيب. والسؤال الأساسي الذي لم تتوافر الإجابة عليه بعد هو إذا كان من الممكن نقل الهيدروجين في شبكة أنابيب الغاز الطبيعي الحالية- وهو شيء يبدو أنَّ العديد من الباحثين اعتبروه مضموناً في وقت ما. على كلٍ فإن سْكوتّ وپانغبورن وشارِر قالوا في تقرير لسنة 1976 (سبق ذكره) إنه قبل التوسع الكبير في تحويل الأنابيب الى نقل الهيدروجين فإن هناك حاجة للكثير من البحث. وقالوا إنَّ "أي تصريح بأن الهيدروجين أو الغازات الغنية بالهيدروجين يمكن نقلها بكفاية وبسلامة الى المستهلك باستخدام نظام توزيع الغاز الموجود في مكانه هو ادعاء". في الأساس لم يكن هنالك نظام غاز طبيعي وحيد بل "تنوع كبير من الأنابيب والتجهيزات". لقد كانت نظم الغاز بالضغط المتدني المصنوعة باكراً تصنع من سبائك الحديد غالباً. ومنذ ذاك أضيفت أنابيب الحديد اللينة المطروقة متبوعة بالأنابيب الفولاذية والخطوط للزبون الفرد مع قدوم الغاز الطبيعي بضغط أكبر. ويقول الكتاب: تستخدم مرافق الخِدمات المستنفدة أنابيب البلاستيك لمواسير وخطوط الخِدمة الجديدة أو التي تغيرها. كذلك يوجد مواد مثل (صفائح) النحاس (المستعملة للصمامات) والمطاط الطبيعي أو الاصطناعي (المستعمل في سدادات الوصلات الميكانيكية وأغشية العدادات) والرصاص والجوت (ألياف القنب) (للإغلاق المحكم). والألمنيوم المغلف (يستعمل في العداد المنزلي وناظم للأقسام). يبقى أن يتم التحقق من أن هذه المواد يمكن استخدامها بأمان مع الهيدروجين.

وكما صرح پانغبورن فإنَّ التسرب، الذي يعتبره بعض الباحثين

تحدياً كبيراً لم يكن معضلة. وبمفردات الحجم فإن تسرب الهيدروجين هو حوالى مرتين ونصف معدل تسرب الغاز الطبيعي. ربما تكون الأنابيب البلاستيكية معرضة أكثر فأكثر لأن ترشح ولكن الباحثين ما زالوا يشعرون أن كمية الهيدروجين التي قد ترشح من البلاستيك سوف تكون "غير ذات معنى".

أمّا التشقق المعدني، وهو مشكلة اعتبرت جدية بالنسبة لآخرين، فإنها لم تسقط تماماً لدى پانغبورن وشركاه؛ وعلى كل حال فإنهم لم ينظروا إليها كمانع: "طرائق فتك الهيدروجين هذه شوهدت تحصل تحت ظروف الضغط والحرارة الأقوى بكثير من شروط نظام توزيع الغاز... التأثيرات المعدنية هذه لا يتوقع حدوثها في تجهيزات توزيع تستعمل لخدمة الهيدروجين نتيجة الضغوط المطبقة والحرارات المحيطة" (العادية).

فپانغبورن وأقرانه لم يرجعوا الى الضغوط العالية، المعتبرة أساسية من الباحثين الآخرين لنقل الطاقة الفعال لمجرد أنهم افترضوا أن على غاز الهيدروجين أن يسيل أسرع، وإلى حدٍ ما تحت ضغط عالٍ. فإذا تكشف أن مواد الأنابيب الموجودة حالياً مضمونة للهيدروجين كما يتساءلون، وإذا كانت درجة انسياب الهيدروجين تزيد بحوالى 2.8 مرتين عن الغاز الطبيعي، ولكن تحت الضغط المعياري المضمون للأنابيب فإن الخطوط الموجودة ستتمكن من تسليم كميات بمقدار يساوي الـ85% من الطاقة المنقولة حاضراً بالغاز الطبيعي الى النهاية عند المستهلك.

لم يكن ذلك يعني أن الهيدروجين سهل الاستعمال بكل اعتبار، بل إنه يخلق الهيدروجين مشكلات أكبر من الغاز الطبيعي حين يجب مد أنابيب جديدة، أو أنه يجب تصليح الأنابيب القديمة -خلال التلحيم مثلاً. أيضاً وبسبب أن الهيدروجين يشتعل ضمن

مروحة واسعة من نسب الخليط مع الهواء (من 4 الى 74%
هيدروجين) فإن الأنابيب الجديدة يجب أن تحقن بغاز هامد (لا
يتفاعل -المترجم) -"نطاق ذات اهتمام جدي".

فإذا كان للهيدروجين أن يحل مكان الغاز الطبيعي كوقود
للخدمة فإن كميات كبيرة منه يجب تخزينها بمكان ما؛ التخزين لسد
التقلبات في الطلب موسمياً ويومياً وكل ساعة بساعتها، وذلك
أساسي لكل نظام نقل للغاز. وإنَّ تجهيزات التخزين، حتى خارج
صعود وهبوط الطلب بما فيها الانقطاعات الوقتية والأعطال تبقى
تؤدي دورها بفعالية متناهية وثابتة على صعيد الإنتاج.

لقد اقترح أن تخزن الكميات الكبيرة من الهيدروجين في حقول
الغاز الطبيعي المستنفدة وفي المغاور الطبيعية أو التي هي من صنع
الإنسان أو في طبقة الصخور المسامية (تحتوي على الماء). لقد
استخدمت صناعة الغاز الطبيعي لمدة طويلة حقول الغاز والنفط
المستنفدة لتخزين الكميات الضخمة من الغاز الطبيعي لأنَّ طبقات
الصخور المحتوية على ماء تشبه حقول النفط والغاز الطبيعي
كتشكيلات جيولوجية ولكن من دون أن تحتوي على الوقود
الأحفوري أو الغاز الطبيعي. فالعديد منها يشبه تشكيلات "صخر
طافح" "Caprock"، وهي طبقة في أعلى التشكيلة مشبعة بالماء.
هذه الطبقة كسدادة تمنع الغاز من التسرب خارجاً، وهي تعمل لكلٍ
من الغاز الطبيعي والهيدروجين.

ومع أنَّ الهيدروجين هو أكثر تسرباً من الغاز الطبيعي فإن
الكثير من الخبراء يشعرون أن ذلك لا صلة له بالتخزين حتى لو أنَّ
بعض المواد المستعملة في تجهيزات الحقن والسحب يمكن أن
تطرح بعض المسائل.

وأيضاً لأن درجة تسخين الهيدروجين الغازي هي أدنى منها في الغاز الطبيعي فإن التجهيزات لتخزينها سوف تكون أكبر وأكثر كلفة من تلك المستخدمة في تخزين الغاز الطبيعي، لأنَّ تخزين الهيدروجين تحت الضغط فإنه يتطلب حجماً أكبر عن الغاز الطبيعي المضغوط الى كثافات مماثلة[8].

ولعقد من الزمن كان الغاز المُدني الغني بالهيدروجين يخزن في جوف الأرض تحت طبقات ضابطة (طبقات مسامية محشوة بالماء ما يجعلها لا ترشح الغاز) على بعد 20 كيلومتراً قرب باريس في مدينة بيْنز Beynes الصغيرة. لقد كسبت هذه المدينة بين جماعة الهيدروجين المصدومة بأزمة النفط في السبعينيات قدراً من الاعتراف باسمها لبرهة كمثال ناجح لتخزين الهيدروجين. وللسخرية لفت هذا الموقع انتباه جماعة الهيدروجين فقط بعد أن كانت السلطات الفرنسية قد خططت لاخراج غاز المدن وتحويل الموقع الى تخزين الغاز الطبيعي في أواسط الستينيات وأواخرها. مسألة واحدة في طريقة التخزين هذه هي أن كمية كبيرة حقاً من الغاز إذا كان طبيعياً أو من الهيدروجين فإنه يجب أن "يستثمر" أولاً، ثم (لا يسترجع) بهدف التأسيس للضغط السفلي بطريقة تسمح "بعصر" الجزء الممكن استعادته للخارج لاحقاً. إنَّ "وسادة الغاز" هذه لا يمكن استرجاعها بسهولة حيث أنَّ التقارير أكّدت في ذلك الوقت

---

(8) دليل غير مباشر على أن «تسرباً» خفيفاً جداً للغازات يمكن أن يكون نجاحاً تاماً مخزناً في تشكيلات تحت الأرض ظهر بعد عدة سنوات من العمل مع الهيليوم من قبل وزارة الداخلية. لقد حقن الهيليوم في حقول الغاز الطبيعي الناضبة قرب Amarillo. المدافعون عن الهيدروجين يعتقدون أن البيانات عن هذه التجارب تظهر أنه يمكن تخزين الهيدروجين أيضاً بكثرة بالطريقة نفسها.

أن حقل بيْنز يمتلك قدرة تخزين بسعة سبعة مليارات قدم مكعب بالإضافة الى ستة مليارات كوسادة غاز.

إنَّ التخزين خفيض الحرارة هو مقاربة عصر الفضاء لتخزين كميات كبيرة من الهيدروجين. وكما أسلفنا ذكره فإن مرفقاً في هامبورغ يختبر التخزين لسائل الهيدروجين بالاقتران مع تشغيل محطة خلية وقود. وفي السنوات الأخيرة، كان التخزين خفيض الحرارة متفوقاً في أجندة برنامج شبكة الطاقة العالمية، وهو المخطط الياباني الطموح لعدة عقود بهدف تطوير هذا البرنامج مع الهيدروجين كخيار في تداول الطاقة.

فالريش البيضاء التي تندفع من خزانات وقود المكوك الفضائي قبل الاطلاق هي في الأغلب من بخار الماء المتجمد بسبب الأكسجين البارد الموجود في الخزانات البرتقالية الخارجية والذي أصبح مرئياً في حرارة ورطوبة الهواء المحيط. بالإضافة الى قرب المحركات الثلاثة الرئيسية فإن كميات قليلة من الهيدروجين تبدأ بالخروج من خلال علبة عادم المجمع، وبالتالي يخرج ليبقي الخرطوم بارداً كفاية ليجنب المعدن من الانصهار حين يبدأ محرك الصاروخ بالدوران. إنَّ التخزين خفيض الحرارة تحت 423° ف هو فعال والهيدروجين السائل هو وقود ذو طاقة عالية. لهذا الحد، مع ذلك، يبدو التخزين خفيض الحرارة لمرافق الخدمات بعيداً.

لقد أظهر تقرير الجمعية الأمريكية للغاز لسنة 1972، وتحت عنوان "نظام طاقة الهيدروجين" أن سائل الهيدروجين، على الضغط العادي يأخذ حجماً فقط بنسبة 1/850 من الهيدروجين الغاز. (هذا العامل هو أكثر من 600 بالنسبة للغاز العليبيعي)، ومع ذلك يبقى تسييل الهيدروجين مكلفاً. إنَّ طرائق تسييل الهيدروجين التجارية تستهلك حوالى ثلث محتوى الهيدروجين من الطاقة، وهنالك

تقنيات تبريد واعدة وأقل كلفة مع الـ "adiabatic demagnetization" (بالعربية: إزالة التمغنط من دون تبادل حراري-المترجم) وهو خط بحثي يتواصل كذلك بالاستمرار في العمل على الممغنطات فائقة التوصيل. لقد استعمل الهيدروجين السائل وخزن في كميات كبيرة حقاً (نموذجياً بين 15.000 و 26.000 غالون) للاستخدام الصناعي ولكن ليس كوقود. يذكر أنَّ الخزانات في مركز كنيدي الفضائي هي أكبر بكثير 85.000 غالون و90.000 غالون بالتوالي للهيدروجين السائل والأكسجين السائل. وبسبب أن للهيدروجين السائل مواصفات فريدة (غير معهودة) فإن هذه الحاويات غالية وتكلف بين دولارين وأربعة دولارات أمريكية لكل سعة غالون تخزين وفقاً لتقدير م ت غ لسنة 1975. (لم تتغير الأرقام كثيراً منذ تلك السنوات وفقاً لرأي خبير سنة 1999). إنها مزدوجة الجدار (طبقتين-المترجم) -وهي هيكلية معقدة، شبيهة بقنينة الترموس (قارورة تحفظ حرارة السوائل للاستعمال الشخصي مثل القهوة والشاي-المترجم). ولكن يجدر أنها من الفولاذ غير الصدئ أو الألمنيوم المبطنين مع فراغ (خواء من الهواء) بين القشرتين، ومع تغليف فولاذي خارجي. إنَّ شكلها كروي لأنه مع هذه الهيئة تكون المساحة أصغر بالنسبة لحجم السائل المخزون جاعلاً خسارات التبخر في حدها الأدنى. إنَّ نسب الخسارة تحت 0،5% يومياً للحاويات الكبيرة قد أنجزت، ومع الخواء (الفراغ الكامل-من الهواء) في الداخل فإن مقاطع الفولاذ المنحنية تتحمل الضغط الجوي (من الخارج-المترجم) أفضل من الجدران المستقيمة. مثل التخزين الجوفي في باطن الأرض فإن بعض الهيدروجين السائل يترك في هذه الحاويات، ليس للتأسيس للضغط ولكن للإبقاء عليها باردة دائماً. وحين يسمح "بتسخينها" الى الحرارة المحيطة فإنها

تستحوذ على كميات معتبرة من LH_2 لتخفيض الحرارة الى مستويات التخزين من جديد حيث تضغط الحاويات بخفة لمنع دخول الهواء المحيط الذي سوف يتجمد مباشرة ساداً هكذا الصمامات والممرات الأخرى وسوف يشكل أكسجين الهواء المتجمد خطراً إذا وصل إلى تماس مع الهيدروجين.

الى جانب الاستعمالات في الفضاء فإن الهيدروجين السائل لم يستعمل بشكل واسع كوقود. فالأسطرة (الأنابيب) المزدوجة والتجهيزات المستخدمة التابعة في الاستخدامات الفضائية هي مكلفة كثيراً لاستعمالها للطاقة تحت الأرض. لكن ذلك قد يتغير إذا اتخذ مشروع شبكة الطاقة العالمية الياباني الطموح لجعل الهيدروجين متداولاً في العالم زخماً تصاعدياً. إنَّ أجندة شبكة الطاقة العالمية هي تطوير نظم التخزين العملاق والنقل للهيدروجين السائل. وأحد مكونات هذا الجهد هو تطوير حاوية تخزين تحت الأرض بسعة 50 000 متر مكعب (تقريباً خمس عشرة مرة سعة خزان مركز كيندي الفضائي)، والآخر تطوير ناقلات ضخمة للهيدروجين السائل. أيضاً تحت التطوير في برنامج شبكة الطاقة العالمية هناك توربين يعمل باحتراق غاز الهيدروجين السائل بقوة 500 ميغاواط.

إنَّ التخزين الهيدريدي للهيدروجين، يعني أن يخزن الهيدروجين داخل هيكل معدني مشبكي (ألياف سبائك معدنية مشبكة) مصنوع من بعض السبائك مثل الحديد والتيتانيوم. ولقد استحوذ على الاهتمام أكثر من غيره في الاستخدام للنقل. ولكن في سنواته الباكرة كان موضوع اهتمام شديد بالنسبة إلى التخزين بالحجم الكبير. فالشركات والمؤسسات التي درست التخزين الهيدريدي للصناعة والاستهلاك الصغير للهيدروجين في السبعينيات شملت ألايد كميكال Allied Chemical ونيكل إنترناشنل International Nickel وفليبس للأبحاث Philips Research والمختبر الوطني

السعودي ومعهد باتّل ميموريال Battelle Memorial Institute ومختبر بروكهاڤن الوطني ومرفق الكهرباء والغاز الحكومي في نيوارك ونيوجرسي. إنَّ تصور التخزين الواسع الهيدريدي للهيدروجين حالياً قد أسقط تقريباً لأنه مربك، وعلى وعلى الكلفة من الناحية المادية. لذلك فإن طرائق تخزين أخرى مثل الهيدروجين السائل تبدو واعدة أكثر. ولكن في السبعينيات عاودت بعض البحوث ظهورها. مثلاً طور مختبر بروكهاڤن الوطني حقاً تصورات هندسية تفصيلية لمولد كهربائي بقوة 26 ميغاواط ك يعمل بالهيدروجين المخزن في أسرة واسعة من هيدريدات الحديد-التيتانيوم. لقد كان المولد سيستخدم محللاً كهربائياً قلوياً يعمل تحت الضغط وعشرة أسرّة حديد-تيتانيوم للتخزين وأربع وعشرين خلية وقود معيّرة تعمل بالهيدروجين -هواء (خليط - هيدروجين هواء).

الى جانب تخزين الطاقة فإن نظم الهيدريد اقترحت ومحصت لتنقية الهيدروجين والتحقين من دون آلات ضغط عادية وفصل نظائر الهيدروجين لإنتاج الدوتريوم في الماء الثقيل والتدفئة وتكييف الهواء والتبريد وتخزين الحرارة واستعادة الحرارة الضائعة. إنَّ تخزين الهيدروجين الهيدريدي سوف يقصي تجهيزات الضواغط التقليدية ببساطة عن طريق تسخين حاوية الهيدريد المشبعة. ووفقاً لدراسة مبكرة لفرانك لينش و إدوارد سناپ Edward Snape في مؤتمر زوريخ العالمي لطاقة الهيدروجين سنة 1978 فإن تركيبات الهيدريد المختلفة والعمليات المتعددة المراحل والضغط فوق مائة مرة الضغط الجوي، وعلى سخونة بدرجة متدنية فإنها تصبح مصدراً ممكناً للطاقة.

إنّ فصل النظائر، الذي شكل موضوع تمحيص من قبل ديملر-بنز وبروكهاڤن وجنرال إلكتريك، في أوقات مختلفة، يستثمر ظاهرة امتصاص بعض الهيدريدات مثل التيتانيوم-النيكل بشكل

مفضل الدوتيريوم (الهيدروجين الثقيل). وفي دراسة واحدة يقترح ديملر-بنز عمليات فصل على نطاق واسع حيث سيستخرج الدوتيريوم قبل بيع الهيدروجين كوقود للسيارة: إنَّ سعر بيع الدوتريوم سوف يخلق رصيداً يساعد في خفض سعر الهيدروجين الوقود.

في النهاية، فإن المفعول التسخيني للهيدريدات -خروج الحرارة خلال امتصاص الهيدروجين وامتصاص الحرارة عند خروج الهيدروجين ولكن على مستويات مختلفة من الضغط لمختلف السبائك تفتح على التوقعات لتخزين الحرارة والضخ وتكييف الهواء والتبريد وتوليد التيار الكهربائي. وكما نقل لينش وسناپ. فإنَّ واحداً من أول نماذج نظام كهذا كان HYCSOS لتحويل الهيدروجين ونظام التخزين، وقد استخدم مادتي هيدريد وهما: lanthanum-nickel (LaNi) وcalcium-nickel (CaNi) وقد طورتا تجريبياً بواسطة مختبر آرغونّ الوطني في أواسط السبعينيات. بالاستعادة الانتقائية للهيدروجين ودفعه على أربع حاويات مع الإفادة من اختلاف درجات الحرارة والضغط لمواد الهيدريد زائد حرارة الشمس فإن التأثير المرجو في تدفئة أو تبريد الغرفة ستصبح محققة.

هناك تصورات جديدة لتطوير مكيفات هوائية تستخدم في الحافلات والسيارات كانت قد ظهرت في العقود التي تلت. ولكن لم يصل أي منها الى مرحلة التسويق. ففي نهاية الثمانينيات مثلاً، صمم فريق من معهد كارنيجي في ميلّون Carnegie Mellon Institute بقيادة دبل يو إدوارد والاس W. Edward Wallace مكيف هواء هيدريدياً للسيارات، وادعى والاس أن جنرال موتورز وصانعي السيارات في اليابان مهتمون به[9]. بعد ذلك بسنتين، كان عالمان

(9) «Team develops hydride car A/C system,» *Hydrogen Letter,* June 1988.

من تكنيون Technion، وهي المؤسسة الاسرائيلية للتكنولوجيا، يتطلعون الى تمويل إنشاء وتشييد طراز مكيِّف هوائي هيدريدي في حافلة[10]. موشيه رون Moshe Ron و يال جوزيفي Yale Josephy اللذان اشتغلا على الفكرة منذ بداية الثمانينيات قالا إنَّ الجهاز حين يعمل على غازات العادم سوف يقلص استهلاك الوقود في الحافلة بالثلث وذلك عن طريق إزاحة ضاغط مكيف الهواء (محركه) الجشع للتيار (الكهربائي- وبالتالي للوقود-المترجم).

في أواسط التسعينيات حاولت شركة الأجهزة الكهربائية الحرارية Thermal Electric Devices وهي شركة صغيرة موقعها في ألبوكرك Albuquerque تطوير نظام تدفئة وتبريد يعمل بالهيدريد بالمشاركة مع شركة وستينغهاوس ساڤانا ريڤر Westinghouse Savannah River في آيكن Aiken في كارولينا الشمالية[11]، وهي واحدة من أهم المنشآت في الولايات المتحدة لصناعة الأسلحة النووية. وكجزء من شغلها في الأسلحة راكمت ساڤانا ريڤر مستودعاً واسعاً من المعلومات عن صناعة واستعمال الهيدريدات. سوف تكون العملية ودودة من الناحية البيئية، لأنه لن يكون هنالك CFC أو HCFC المستعملة في دوران التسخين-التبريد (انبعاثاتها تؤدي الى الضرر بطبقة الأوزون-المترجم). وفي النهاية لم يخرج المشروع إلى النور. "المشكل الأساسي كان كلفة رأس المال" كما كتب أحد المشتركين الأساسيين في المشروع سنة 1999 في البريد الإلكتروني. لكن يمكن إعادة إنعاش التصور مستقبلاً، كما أضاف، ولكن ليس هناك أي شيء ملموس في الأفق.

---

(10) «Scientists seek funds for hydride bus AC,» *Hydrogen Letter,* May 1990.

(11) «Savannah River, Thermal Electric Devices sign CRADA for hydride refrigeration system,» *Hydrogen & Fuel Cell Letter,* December 1995.

إنَّ الامتزاز الصقيعي Cryo - Adsorption هو فكرة تخزين لم تجرب غالباً. وهي طريقة تسوية بين التخزين التقريسي والهيدريدي. أما اللزوب فهي طريقة في تخزين غاز ما أو سائل بالالتصاق على مساحة المادة الماصة مثل الفحم المفعل أو سيليكايت النيكل بدل تخزينه بالغرز (حقن) داخل وسيط التخزين (مثل التخزين الهيدريدي). إنَّ مبدأ اللزوب التقريسي على حرارة منخفضة بحوالى 3200- فهرنايت - هي بأي حال ليست بانخفاض درجة تسييل النتروجين ولا حتى تلك المستخدمة بالتخزين التقريسي الصافي. لقد قدم هذا التصور في مؤتمر ميامي بيتش عن الهيدروجين سنة 1976. وبخلاف التخزين التقريسي الذي يحصل تحت الضغط العادي فإن الامتصاص التقريسي يتطلب ضغطاً من 60 باراً (بار= ضغط جوي واحد تقريباً -المترجم) وهو منخفض مقارنة بالضغوط على 2000 بار التي اقترحت كضرورة للتوصيل الفعال بالأنابيب.

ومقارنة بالتخزين الهيدريدي مع مشكلات الوزن بدا الامتصاص التقريسي صالحاً، أقله على الورق؛ فالمدافعون عنه يدعون أنه يمكن تقليص ثلث الوزن بالمقارنة مع هيدريد التيتانيوم- الحديد ولكن متطلبات الحجم كانت أكبر بثلاث مرات. في كل حال لم يسمع الكثير عن ذلك في السنوات الأخيرة، ويبدو أنَّه سقط على الرصيف.

لمعظم القرن العشرين، كانت منطقة الرور الألمانية مرادفاً للصناعة الوطنية، أي معامل الفولاذ الكبرى ومناجم الفحم والآلات الضخمة والمدافع. وفي أواخر الثمانينيات أخذت هذه الثريا ألواناً شاحبة. أما المقاطعة التي بدت أولاً قوية مثل أنساق صناعات الفولاذ والفحم الهرمة فقد سقطت الى عارض "حزام الصدأ".

في هذه الأراضي الصناعية على ضفتي نهر الراين هنالك عدد من مصانع الكيمياء الضخمة التي تنتج المواد الكيميائية الأولية التي تتدرج من الأسبرين الى الإضافات الغذائية والأصباغ والمخصبات (الأسمدة) والبلاستيكيات والألياف. إثنا عشر معملاً منها تميزت بأنها أصبحت مرتبطة بشبكة أنابيب الهيدروجين الأقدم عالمياً وواحدة من الأكثر اتساعاً: نظام من 130 ميلاً من أنابيب الفولاذ المدفونة والمغلفة بالزفت والبلاستيك التي تجتاز المدن وتجتاز الراين في مكانين، وتنقل أكثر من 10.6 مليارات قدم مكعب من الهيدروجين سنوياً (تقريباً ثلث إجمالي إنتاج الهيدروجين الصناعي على كل الشبكة).

إنَّ بداية النظام كانت في نهايات الثلاثينيات مع نظام متواضع بطول 14.3 ميلاً لثلاث نقاط حيث بدأت الشركة الكيميائية حديثة التكوين Werke Huels تزويد الهيدروجين لمصنعين قرب غلسنكيرشن Gelsenkirchen. مذ ذاك توسعت الشبكة لتربط أربعة منتجين للغاز بتسعة مصانع. لكن بصورة لافتة، وفي خلال خمسين عاماً من العمل لم يحصل أي حادث بالغ من تسرب الهيدروجين أو خليط الهيدروجين -هواء القابل للانفجار. حتى أنَّه إنجاز (قياسي) أكثر روعة على ضوء واقع أن الخط (الأنبوب) يجتاز مناطق تنجيم حيث تحدث تصدعات أرضية. لقد ناسبت الوصلات المفصلية على خط الأنبوب انتشار الصدمات التي تسببها تقلبات التربة المنقولة نتيجة أشغال الاستخراج في مناجم الفحم.

لقد قدمت اقتراحات في أواسط السبعينيات لتوسيع شبكة الأنابيب للاستجابة للزيادة المتوقعة للصلب على الهيدروجين خاصة القاصمات الهيدرية في الصناعة البترو- كيميائية ولكن لم يحدث

أي شيء من ذلك. وفي سنة 1993 أبتيع كامل نظام الأنابيب من قبل شركة Britain's BOC لصناعة الغاز.

وخلال الانبلاج الأول للاهتمام الذي تلا صدمة النفط العربي تمتعت الشبكة بشيء يقارب درجة النجومية بين المدافعين عن طاقة الهيدروجين. لقد أشاروا الى خط أنابيب Huels كبرهان على أنه يمكن نقل الهيدروجين على نحو آمن واقتصادي على غرار الغاز الطبيعي، وإيصال الطاقة النظيفة الى مسافات بعيدة بجزء من تكلفة الامداد بالطاقة بواسطة الكهرباء و"بتلويث بصري" أقل. (التمديدات الهوائية لأعمدة وأشرطة الكهرباء- المترجم).

وفي دراسة أعدت سنة 1993 لشركة لودڤيغ بولكوف سيستم تكنيك التي تتطلع الى الهيدروجين الدولي وأنابيب الهيدروجين من زاوية صناعة الفولاذ لمشروع هيدرو هيدروجين الأوروبي الكيبكي الرائد وجدت هذه الشركة أن هناك 469 ميلاً من خطوط أنابيب الهيدروجين تعمل في نصف دزينة من الدول. وحتى أكبر من النظام الألماني كان نظام Air Liquide في فرنسا مع 212 ميلاً. أما في الولايات المتحدة فإنه يشغل Air-Products and Chemical 62 ميلاً في منطقة هيوستن منذ سنة 1969. إنَّ قطر الأنابيب يتدرج من ثلاثين مليمتراً (لوش ألاموس) الى 273 ميليمتراً (Alberta-Canada) والضغوط من 3400 (Air products Louisiana) kPa الى أكثر من 100 000 kPa (روكْوِل إنترناشنل قرب لوس أنجلوس).

في الستينيات والسبعينيات حين كانت الطاقة النووية لا تزال من دون تلطيخ وفي ازدهار كامل، برهن سيزار مارتشيتّي وغيره من استراتيجيي الطاقة أن المفاعلات النووية الضخمة كان ينظر إليها حينها بأنها ودودة ويجب أن توضع بعيداً عن المراكز السكنية. ولكن بعد 1000 ميل، يقولون، إنَّ نقل الطاقة بواسطة الكهرباء

سوف يصبح مكلفاً بشكل غير مناسب؛ كلفة نقل الطاقة بواسطة الهيدروجين ستزيد أقل بشكل شديد الوطأة.

مع ذلك فالجدوى الأولية والإغراء الاقتصادي لأنابيب الهيدروجين ليسا موضع نقاش ولكن التفاصيل هي التي تناقش بسبب مروحة المتغيرات التي تدخل في اللعبة، وضمنها قطر الأنابيب والضغوط وتوزيع محطات الضغط والمواد والتصدعات وكلفة الوقود لمحطات الضخ وكابسات الضغط المتوافرة وبالإضافة إلى جغرافية أمكنة مصادر الهيدروجين.

لا تزال التصدعات (التشققات) تشكل اهتماماً قائماً للهيدروجين الغازي أو السائل، إذ يتصدع الفولاذ حين تعرضه للهيدروجين؛ وكلما زادت الحرارة وزاد الضغط، كلما أصبح المشكل أكثر تنوعاً. لقد أظهرت دراسة المشروع الأوروبي الكيبيكي للهيدرو-هيدروجين أنَّ هذا الأخير عموماً "يمكن أن يكون له تأثير حاسم على صلابة ومرونة وتحمل الضغط وإعياء المدة"، وأيضاً أن "فولاذ الأنبوب معرض للتصدع قبلاً على حرارات عادية". وفي المؤتمر الدولي لطاقة الهيدروجين المنعقد سنة 1996 تكلم عدد من التقارير عن المواد والسلامة، وقد قدم العلماء اليابانيون والألمان دراسات اهتمت بالتشقق الهيدروجيني للفولاذ عالي الجودة غير القابل للصدأ. من جهتها استنتجت الدراسة الألمانية أن المحتوى العالي من النيكل يجعل فولاذاً كهذا أكثر عرضة للتشقق الهيدروجيني. أما الدراسة اليابانية فقد أظهرت أن مرونة بعض معادن التلحيم تنقص بشكل بارز في الضغط خفيض الحرارة، ولكن أنواع فولاذ أخرى تبقى صلبة في هذه الشروط الميكانيكية والتي يمكن استخدامها في هذا المحيط القاسي.

طريقة واحدة للوقاية من التصدعات التفتيتية في أنابيب

الهيدروجين مستقبلاً هي إضافة قدر صغير من مكونات كيميائية أخرى مثل الأكسجين أو أول أكسيد الكربون، ولكن يظهر أن دراسات أخرى تبقى ضرورية.

لقد اقترحت أيضاً إضافات أخرى يجب خلطها داخلاً كإجراء للسلامة التي يمكن أن تعطي رائحة خاصة للهيدروجين الذي عادة هو من دون رائحة، أو زيادة صبغة مميزة لنار الهيدروجين عديمة اللون عادة، ويعتبر هذا تحذيراً للمستخدم أن الهيدروجين موجود حوله. إنَّ ذلك سوف يظل رائعاً ما دام الهيدروجين يستعمل كناقل للطاقة فقط؛ فالشوائب عموماً لا تدخل في عملية الاحتراق، ولكن العديد من العمليات الكيميائية تتعلق بالهيدروجين فائق النقاء. يمكن افتراضاً أن يدفع صناع الكيميائيات أكثر للهيدروجين المستعمل كمكون ضمن إنتاج المركبات الكيميائية عالية الثمن كما سلف وقيل. هكذا ومن خلال وجود سوق أكبر سوف يساعد ذلك ارتجاعاً في تخفيض الكلفات، وهو ما دفع إلى دخول الهيدروجين بسرعة أكثر كوقود. ولكن إذا كان الهيدروجين "الفاسد" من دون فائدة للصناعة فإن هذا التضافر الخاص سوف يضيع.

في السبعينيات تحولت شركة تكساس لنقل الغاز للبحث الأساسي في إنتاج الهيدروجين من الماء لأنه في ذلك الوقت كما قالت، كانت تريد الحفاظ على استثماراتها الضخمة في خطوط أنابيب الغاز الطبيعي عن طريق تحويلها الى نقل الميتان المصنع بالهيدروجين . وفي تقدير أولي باكر فإنَّ القيمة الاجمالية لكل خطوط الأنابيب في الولايات المتحدة تصل الى حوالى أربعين مليار دولار في تلك السنوات. مع ذلك، وفي دراسة لمعهد أبحاث ستانفورد ظهرت مشكلات مع هذا التقدير: الجغرافيا كانت خاطئة بالكامل. لقد لاحظت الدراسة أن أساس شبكة أنابيب الغاز الطبيعي

توزعت من مناطق إنتاج الغاز الرئيسية والتي كانت تتركز في منطقة غولف كوست Gulf Coast. لذلك كان من غير المحتمل أن يؤدي التحوّل الى الهيدروجين الى حفظ هذه الاستثمارات، من حيث أنَّ شبكة خطوط الأنابيب الموجودة لا تربط في العموم الأمكنة الصالحة، ومن حيث أنَّها تتوسع في اتجاهات غير ملائمة.

في أواخر الثمانينيات، توافر لنا الإشعار عن حجم الاستثمارات المطلوبة لنقل الطاقة على مسافات بعيدة -مثل الهيدروجين والكهرباء أو الاثنين معاً- وذلك من خلال تحليلات نظرية مفصلة لنقل الطاقة الشمسية من شمال أفريقيا الى ألمانيا[12]. (طبعاً على شكل منتوج قابل للنقل. مثل الهيدروجين أو الكهرباء - المترجم). وتفترض الدراسة تحويل التيار المباشر ونقله بتوتر عالٍ (800 كيلوڤلط على الأرض و500 كيلوڤلط تحت الماء) بالكابلات مجتازة مضائق مسّينا وكذلك نقل الهيدروجين الغاز بالأنابيب أو توليفة من الاثنين. لقد كانت الفكرة هي تخمين الكلفة لنقل الطاقة من الجزائر الى شمال وستفاليا، وهي ولاية موطن الرور الصناعي. لذلك افترضت الدراسة أن الحقل الشمسي يوجد في مكان ما وسط الجزائر، أي حوالى 1500 كلم من مضيق مسّينا و2500 كلم أخرى من المصب الألماني. لقد كان هناك افتراض آخر بأنَّ نظام النقل سيجري تحسينه ليربط شمال وستفاليا حيث الطلب نموذجي بشكل خاص، وحيث أنَّ 53% من الإجمالي يلبى بواسطة الفحم.

---

(12) G. Kaske, P. Schmidt, and K.-W. Kannengiesser, «Vergleich zwischen Hochspannungsgleichstromubertragung und Wasserstofftransport» (Comparison between high-voltage DC transmission and hydrogen transport), VDI Energy Technology Society Meeting, Stuttgart, 1989.

والافتراض الثالث كان أن ما يعادل 34 مليون طن من الفحم -أي
ثلثي استهلاك المنطقة من الطاقة يلبى عن طريق النفط المستورد
والغاز الطبيعي- وهذا ما يمكن استبداله بالطاقة الشمسية من
الجزائر. الخلاصة كانت أن توليفة من الهيدروجين المنقول بالأنابيب
مع الكهرباء المنقولة على توتر عالٍ تؤمن النقل الأقل كلفة لأنها
تعطي الهدر الأقل في النقل والتحويل: 18% (خسارة) مقابل 24%
للنقل الكهربائي الصافي و27% للنقل الهيدروجيني. إنَّ النقل
الصافي على توتر عالٍ يأتي في المكانة الثانية، إذ قدر المؤلفون أن
جزء الكهرباء من اجمالي الطاقة المطلوبة للمنطقة يساوي حوالى
20%. فإذا كان جزء الكهرباء أصغر فإن نقل الهيدروجين سوف
يعتبر أرخص. وبطريقة ما فإن تكاليف الاستثمارات المحسوبة لنظام
كهذا سوف تكون ضخمة وهي غير ممكنة: فإجمالي نظام التوليفة
وصل الى 245 مليار مارك ألماني (حوالى 144 مليار دولار
أمريكي بسعر الصرف سنة 1997). أما خطوط أنابيب الهيدروجين
"الصافي" لنقل كامل الشحنة فكانت تتطلب استثمارات تصل الى
275 مليار مارك ألماني (8، 161 مليار دولار أمريكي). إنَّ نظام
التوتر العالي وحده كان الأكثر كلفة وهي 343 مليار مارك ألماني
المذهلة (813، 201 دولار أمريكي).

إنَّ نظم خطوط الأنابيب الضخمة على مسافات بعيدة لنقل
الهيدروجين لم تكن مطلوبة كما يبدو وعلى الأقل خلال العقود
الأولى من التحول مستقبلاً الى طاقة الهيدروجين، وكذلك في
الولايات المتحدة أيضاً. لكن من المؤكد، فإن تشييد خطوط أنابيب
هيدروجين جديدة للخدمة وتغذية مفاعلات الكهرباء كان يبدو غير
محتمل بشدة في المستقبل المنظور. لقد ظهرت المسألة في سياق
تزويد السيارات والحافلات واقامة بنية تحتية لتزويد عربات النقل

عديمة الانبعاثات في كاليفورنيا، حيث أنَّ قانون الانبعاثات صفر سوف يصبح نافذاً في القريب.

في التسعينيات استنتج أحد الخبراء الموثوقين بشكل واسع أن خطوط أنابيب الهيدروجين لن تكون ضرورية للاستجابة لحاجات الجيل الأول من الوقود لعربات الخدمة الخفيفة بصفر انبعاثات، والعاملة بخلايا الوقود في السنوات الأولى من القرن الواحد والعشرين. ولقد لاحظت جوان أوغدن من مركز الطاقة في جامعة برنستون في دراسة لها سنة 1993 أن هناك مصادر متاحة من "جيدة الى ممتازة" لإنتاج الهيدروجين المتجدد "عالمياً، وفي وعلى أغلب المناطق في الولايات المتحدة"[13]. لقد وجدت أوغدن التي تدرس اقتصاديات ومقتضيات نظم الهيدروجين الشمسي أنه مع المحللات الكهربائية العاملة فقط بالخلايا الڤولتائية الضوئية يمكن أن نزوِّد بالوقود تزويد الوقد كل عربات الخدمة الخفيفة - مثل السيارات والشاحنات الصغيرة وأيضاً عربات الخدمة الرياضية- العاملة في الولايات المتحدة وذلك في حدود سنة 2010، إذا ما تمّ تشغيل جميع العربات بواسطة خلايا الوقود عالية الفعالية. إنَّ إنتاج هذا الهيدروجين سوف يتطلب 0.1% من مساحة الولايات المتحدة ما يساوي 1% من مساحة الأراضي القاحلة. وإذا وجب استخدام طاقة الريح كمصدر للهيدروجين فإن هذه النسبة سوف تزيد الى 2%. وحتى مع استخدام الكتلة الحيوية (المواد العضوية) الأقل فعالية كمصدر للهيدروجين فإنَّ هذه النسبة ستزيد الى 3% من

(13) Joan Ogden, *Renewable Hydgrogen Energy System Studies* (Center for Energy and Environmental Studies, Princeton, 1993).

مساحة البلاد (ما يساوي 70% من أراضي المحصولات المتروكة عادة كما لاحظت أوغدن). "بما أنَّ مصادر الهيدروجين المتجددة متوافرة على أغلب المناطق الأمريكية فإنه لن يكون من الضروري تشييد خطوط أنابيب الهيدروجين على مسافات طويلة" كما كتبت أوغدن. لقد اعتقد أنه في مكان آخر، قد تكون الصورة مختلفة: "قد يكون من الضروري في مناطق مثل أوروبا الشمالية نقل الهيدروجين على مسافات بعيدة". وبحسب أوغدن فإنه لنقل ما يساوي 0.5 جيغاجول سنوياً على مسافة 1000 ميل من الأنابيب فإن كلفة نقل هذا الهيدروجين سوف تكون تقريباً ذاتها لنقل المؤونة نفسها محلياً في المدينة -حوالى 19.6 دولاراً للجيغاجول الى 27.3 دولاراً لكل جيغاجول أو حوالى 2.55 - 3.56 دولاراً لما يعادله من غالون البنزين - لأن زيادة كلفة النقل والتوزيع سوف تعوض من التوفير في التخزين بكميات كبيرة وكلفة الضغط. ولكن حيث أنَّ خلايا قود العربات هي عدة مرات أفعل من محركات العربات ذات الاحتراق الداخلي فإن ارتفاع فرق السعر بغالون البنزين الى معادله من الهيدروجين لن يهم كثيراً. وبالاستناد إلى حسابات أوغدن فإن سعر البنزين بالتمام بما فيها الرسوم سوف تكون بين 1.29 دولار و 1.60، دولار وهذا ما كان يدفعه السائقون الأمريكيون خلال غالبية التسعينيات. على العموم كتبت أوغدن "حتى ولو أنَّ الهيدروجين المتجمد سوف يكون أغلى عدة مرات من البنزين، وأن عربات خلايا الوقود بالهيدروجين سوف تكون أغلى بكثير من سيارات البنزين فإن تحليلاتنا تشير الى أن سيارات خلايا الوقود بالهيدروجين سوف تنافس على أساس الكلفة على مدى دورة حياة"، إذ إنه بالاضافة الى الفعالية الأعلى فإن مدة حياتها سوف تكون أطول وتكلفة صيانتها أدنى.

اعتماداً على القراءات الواسعة والتجارب على أنابيب الهيدروجين فإن أوغدن مقتنعة أنه يمكن ضخ الهيدروجين بالأنابيب بأمان وبالنظر الى التصدعات قالت أوغدن في مقابلة في نهاية 1999: "لا يمكنك اقصاء التصدع إذا ضخَّيت الهيدروجين الصافي على 1000 پاوند بالإنش المربع لأنَّ التلحيم وغيره من المكونات عرضة للتأثر به. إنَّ المشكلة هي تمدد الشقوق تحت دورة الضغط - ما يجعل التواءات الأنابيب تنشر التصدعات . لذلك تبدو إضافة كميات قليلة من الغازات - مثل الأكسجين وثاني أكسيد الكربون وأول أكسيد الكربون أنها تكبح ذلك. "إذا شيّدت خط أنابيب (والهيدروجين في ذهنك) من البداية فمن الممكن أن تشيده صحيحاً" كما أضافت.

واعتماداً على أوغدن فإن درجة تدفق الطاقة في النظم الحالية تبقى أدنى بكثير من كمية تدفقها بواسطة الغاز الطبيعي، "ولكن هناك ما يكفي من الهيدروجين ينقل حولنا سلفاً في خطوط الأنابيب لتزويد ملايين سيارات خلايا الوقود".

X

استخدامات الهيدروجين لغير الطاقة: H_2 المعدني، والبلاستيكيات المتحللة بيولوجياً وملبن الـ H_2

للهندسة غير الخرقاء، كل كلام عن "اقتصاد الهيدروجين" يبدو كثيراً كالهواء الدافئ... هذا ما قالته جملة بالحبر السميك لشهر أيار/مايو سنة 1992 في قصة روتها مجلة *Chemical Engineering* تدفع باتجاه زيادة استعمال الهيدروجين من زاوية الاهتمام بسخونة البيئة. الفقرة الافتتاحية تبدأ قائلة: "قوانين الأخضر تطلق تكنولوجيا الهيدروجين". بهذه العبارة بدأ ميكايل هيلتون Michael Hilton وهو مدير منتوجات طيران وكيمياويات، قائلاً إنه "من الناحية التشريعية فإن هموم السلامة والبيئة تواصل توثقها، وإنها تدفع خطوط الهيدروجين كمصدر للطاقة وأيضاً، أكثر مباشرة ما يؤمل منه كمادة كيميائية أولية". لكن من المحتمل في العقود القادمة، كما يشرح المقال، فإنَّ تغيرات البيئة الصعبة والمتزايدة سوف تترجم الى

الحاجة المتزايدة للهيدروجين كبديل عن الوقود الأحفوري عندما تبدأ ينابيع إنتاج الهيدروجين التقليدية بالتجفاف، وعندما ستبدأ مصافي النفط بالخسارة" (إشارة هنا الى الهيدروجين كمنتج جانبي). "سابقاً كان البنزين يتكون من البنزين العطري ما يعني أن "الهيدروجين كان يقصى" كما قالت المجلة. "ولكن القوانين تسمح الآن بدرجة عطرية أقل وبمستويات أكسدة أعلى في البنزين حيث أصبح أقل من الهيدروجين كمنتج جانبي. في الوقت ذاته تتزايد الحاجة للهيدروجين في وحدات اقصاء الكبريت، ومنذ أن ألزمت هذه القوانين ذاتها مصافي النفط أن تقلل من مستويات الكبريت في الوقود". وتضيف المجلة قائلة إنَّ ما هو أسوأ هو أنَّ "المصادر الاضافية للغاز (الهيدروجين) تتقلص". وفي حالة بينة فإنَّ الهيدروجين كمنتوج جانبي لصناعة Chloralkali يتقلص "بما أنَّ الطلب على منتجه المرافق الكلورين يضعف". وعلاوة على ذلك هناك تحول آخر "فالطلب على الهيدروجين لإنتاج فوق أكسيد الهيدروجين يزداد لكونه أسلم بيئياً كمنظف يتفوق في حصة سوق الكلورين".

فالهيدروجين هو عنصر كيميائي مبسط (مزيل لأكسجين المؤكسدات -المترجم). وهذه العملية من الناحية الكيميائية هي عكس الأكسدة، وهي العملية التي تتفاعل فيها المواد مع أكسجين الهواء لتكوين مكون آخر. أما الصدأ (أكسيد الحديد) فهو منتوج تفاعل الحديد مع أكسجين الهواء، ويمكن إعادته إلى حالة الحديد إذا تم تعريضه للهيدروجين (في الإنتاج الصناعي للحديد تبسط الخامات في المصاهر الى الحديد المعدن).

لقد شكل الهيدروجين في الصناعة الكيميائية العالمية، ولعقود عدة، المادة الكيميائية الخام الأكثر أهمية لإنتاج العديد من المواد

العضوية كونه يلعب الهيدروجين دوراً في صناعة الأسمدة من الأمونيا وفي تكرير النفط الخام في المصافي وفي صناعة الميتانول (الذي اكتشف أخيراً كمكون محتمل حامل للهيدروجين في خلايا وقود السيارات وهو في أساس مكونات الصمغيات والبرنيقيات والبلاستيكيات والمذيبات وكذلك مضادات الجليد).

وفي صناعة النفط، تنتج المصافي والمعامل الأخرى الهيدروجين وتستهلكه بشكل روتيني. ويتمّ الطلب على الهيدروجين وتزداد أهميته أثناء عمليات "المعالجة الهيدرية" حيث يتم إقصاء الكبريت وشوائب أخرى خلال عمليات التكرير للنفط الخام. ولقد أظهرت دراسة شاملة عن استخدامات الهيدروجين في الصناعة قدمت خلال المؤتمر العالمي لطاقة الهيدروجين سنة 1996 "أن زيادة استعمال الزيت الثقيل الخام المحتوي على كميات أكبر من الكبريت والنتروجين والتي يلزمها الاستجابة لمعايير الانبعاثات الصارمة تتطلب الهيدروجين والذي يشهد نمواً وتزايداً سريعين في صناعة تكرير النفط". ويقول أصحاب هذه الدراسة وهم رام راماشاندران Ram Ramachandran وراغو مِنون Raghu Menon وريمون مورتون Raymond Morton وتوماس بَيْلي Thomas Bailey مـن شـركـة BOC Gases البريطانية إنَّ الاستـخدام الصـناعي للهيدروجين يمكن تقسيمه بشكل واسع الى أربع فئات:

كعامل تفاعل في عمليات الهدرجة - هنا يكون دور الهيدروجين لإنتاج مكونات ذات وزن جزيئي أدنى أو لإشباع المكونات أو لتكسير الهيدروكربونات أو لإقصاء كبريت ونتروجين المكونات.

كمنظف من الأكسجين - ما يسمح بحذف الكميات الطفيفة من الأكسجين بحيث يحمي من الأكسدة والتآكل.

كوقود لمحركات الصواريخ واحتمالاً للسيارات.

كمبرد لمولدات الكهرباء للإفادة من ميزته الفيزيائية الفريدة هذه.

علاوة على ذلك فإن الهيدروجين من خلال "الفصم المحفز" للنفط الخام يخرج كمنتج جانبي. وفي "القصم الهيدري" تتكسر الجزئيات النفطية الى مستوى أدنى مع الهيدروجين: تصبح مكرورات الوقود التي تمزج لإعطاء البنزين.

إضافة إلى ذلك هنالك الاستخدامات الصناعية العديدة للهيدروجين. إن الهدرجة للزيوت العضوية الغذائية مثل زيت الصويا والسمك وبذور القطن والفستق السوداني والذرة وجوز الهند تخفف من نزوعها الطبيعي الى الأكسدة وأن تصبح زنخة. وإن إضافة الهيدروجين تحول الزيت السائل الى دهون صلبة مثل المرغرين والسمن. أما الشحوم والدهون (الحيوانية) غير الصالحة للأكل والمعالجة بالهيدروجين فيمكن استخدامها لصناعة الصابون أو العلف الحيواني. ولكن اعتماداً على راماشاندران ورفاقه فإن هذه العمليات تجرى نموذجياً بوجود النيكل كمحفز.

في صناعة البوليپروپيلين (نوع من البلاستيك) يستعمل الهيدروجين للسيطرة على الوزن الجزيئي للپوليمير وفقاً لراماشاندران. وفي تطبيق حديث أكثر يستعمل الهيدروجين في اعادة تدوير مواد البلاستيك التي تصهر ويصار الى هدرجة صهيرتها لقصمها (تكسير جزيئاتها) لإنتاج جزئيات أصغر والتي يمكن استعمالها من جديد لإنتاج البوليميرات. ويلاحظ راماشاندران ورفاقه "أن تصويب البيئة ووعي الجمهور يتصاعدان، ويمكن لذلك أن يصبح أكثر شعبية".

إنَّ استخدام الهيدروجين الأكثر اتساعاً هو لصنع أسمدة الأمونيا، وذلك بواسطة التفاعل تحت الضغط العالي بين الهيدروجين والنتروجين. وتستهلك الأمونيا حالياً حوالى 59% من الهيدروجين المنتج عالمياً بحسب راماشاندران ورفاقه.

واعتماداً على راماشاندران ورفاقه فإن الهيدروجين يستعمل في التعدين في مرحلة التبسيط (Reduction: المعنى الحرفي هو اختزال. ولكن اللفظ لا يصف العملية الكيميائية التي تبقى تبسيطية) لإنتاج النيكل من خلال عملية تعرف باسم شريتّ غوردون Sheritt Gordon. كذلك يستعمل الهيدروجين في الإلكترونيات لزيادة الـEpitaxiaL من البوليسيليكون من قبل صناع الرقاقات والدوائر الكهربائية.

وفي شكليه الصافي والممزوج بالنتروجين يستعمل الهيدروجين كمنظف طارد للأكسجين في أشغال المعادن. إنَّ غلاف الهيدروجين يستعمل تحت المعالجة الحرارية لمعادن الحديد من أجل تغيير بعض صفاتها - مثلاً من أجل تحسين الاستطراق ductility ونوعية التصنيع وحذف التوعر والتمتين والمرونة على الشد وتغيير المواصفات المغنيطيسية والكهربائية. كما أنَّ خليط الهيدروجين ونتروجين الجو يستعمل لجعل الفولاذ أكثر مرونة وقابلية لتصنيعه على الآلات وجعله قابلاً للتشكل البارد وتقليص تلفه حين إعطائه شكلاً أو عند التلحيم؛ فالتمليس اللامع يعمل من أجل سطوح ملساء ولامعة مثل الفولاذ غير القابل للصدأ. كذلك فإنَّ الهيدروجين - نتروجين المغلف يستعمل لاقصاء أو منع الأكسدة وتمليس (تنعيم) المعادن غير الحديدية. يستخدم جو الهيدروجين الصافي تقريباً كعامل انصهار لمعالجة الطانغستين ولانتاج الموليبدينوم molybdenum وإنتاج الماغنيسيوم بواسطة التحليل الكهربائي إنطلاقاً من كلوريد الماغنيسيوم.

إنَّ احتراق الهيدروجين مع الأكسجين يعطي حرارة عالية جداً من أجل قطع الزجاج وقطع وصهر الكوارتز Quartz على حرارة عالية؛ وفي "معمل الزجاج العائم" (حيث يعوم الزجاج خصوصاً

378

في حمام من القصدير) فإن خليطاً من 4% هيدروجين مع النتروجين يستعمل لمنع أكسدة قصدير الصهر.

وفي صناعة المكونات الكهربائية مثل الأنابيب الفارغة وأمبولات الإضاءة، تتم عملية الوصل (عن طريق الحرارة) إما في جو الهيدروجين أو في الغازات غير التفاعلية (مثل الأرغون والنتروجين) فإنَّ العملية تتم للوقاية من الأكسدة.

للهيدروجين ذي المواصفات الفيزيائية الفريدة تطبيقات في صناعة التيار الكهربائي، وهو يتمتع بأدنى درجة لزوجة بين السوائل. وينقل راماشاندران ورفاقه أن ذلك يشكل أفضل ما يرجى لتقليص الاحتكاك لدى تشغيل تجهيزات الكهرباء الدوارة. يستخدم غاز الهيدروجين لتبريد المولدات الضخمة والمحركات ومحولات الترددات هرتس (Hz) كونه يتمتع بتوصيل حراري أفضل من الهواء العادي، وبالتالي يؤمن تبريداً أفضل. إنَّ نظام التبريد الهيدروجيني هو دورة مغلقة حيث يسير الغاز في مبادلات الحرارة من خلال جسم المولد والتعرجات الثابتة (هناك بعض التسرب).

وفي البحث الذري يستعمل الهيدروجين السائل لإملاء الغرف الفقاعية مما يجعل آثار الجزيئات تحت الذرية مرئية وقابلة للتصوير. بينما في صناعة التيار من الذرة فإنَّ الهيدروجين يستعمل في بعض مراحل عملية التوقيد الذري.

إنَّ قابلية الهيدروجين لتبسيط الخامات الى حالتها كمعادن وكطريقة بديلة للطرائق التقليدية قد استرعت اهتمام الباحثين لأكثر من عقدين. ومن أول المدافعين عن هذه الطريقة كان توكياكي تاناكا Tokiaki Tanaka من جامعة هوكايدو أخصائي المعادن من غير الحديد، حيث قدم مراجعة مفصلة عن امكانات الهيدروجين لتبسيط

الخامات في عدد كانون الأول- ديسمبر سنة 1975 من مجلة Journal of Metals. لقد استنتج رأيه من العمل على حلقات الإنتاج الحراري-الكيميائي للهيدروجين الذي كان رائجاً في ذلك الوقت في الوكالة الأوروبية للطاقة الذرية (أوراتوم) Euratom في إيسپرا في ايطاليا وأيضاً في غير مكان. لقد قال تاناكا إنَّ التفاعلات الكيميائية في هذه الحلقات (الدوران) تتشابك بدقة مع معالجة الخامات الحاوية للكبريتات (لشفطها- المترجم). وكما لاحظ تاناكا فإن انتشار هذه الطرائق غير الملوثة لإنتاج المعادن هي أكثر أهمية من إنتاج الهيدروجين بذاته. لقد وجد تاناكا أن هناك امكانية لفائدة كبيرة باستعمال الهيدروجين لاستخراج النحاس الذي يتطلب حالياً من ثلاث الى أربع مراحل بطاقة عالية. كذلك استنتج تاناكا أن التطور في المستقبل "لتكنولوجيا الهيدروجين سيشكل... ما يساوي ثورة في حقل استخراج المعدن وكما نعرف ذلك حالياً".

إنَّ استعمال الهيدروجين المحتمل في صناعة الفولاذ و(بشكل تضافري غير متوقع) يساعد في حماية الغابات المطرية في البرازيل. هذا ما أظهره لوتيرو كارمو دي ليما Lutero Carmo de Lima الباحث في قسم الهندسة الميكانيكية في جامعة أوبرلنديا الاتحادية البرازيلية. بالإضافة إلى ذلك فإنه يقترح إمكانية أن يستبدل كثير من الفحم المصنوع من خشب الغابات المطرية بالهيدروجين المنتج بواسطة التحليل الكهربائي لاستعماله في صناعة الحديد والفولاذ في البرازيل حيث يقدر إنتاج الحديد والفولاذ المعتمد أساساً على الفحم (الخشبي) بحوالى 26 مليون طن من إجمالي ناتج يبلغ حوالى 40 مليون طن. وبحسب دي ليما فإن استهلاك الطاقة في البرازيل يعتمد بنسبة 20% على حرق الخشب. (أكبر مساهمات استهلاك الطاقة في البرازيل تأتي من السدود المائية والنفط

المستورد بنسبة 30% لكل من المصدرين). ولقد ظهر دي ليما الذي كان يعمل باحثاً في مؤسسة البحث في الطاقة النظيفة في جامعة ميامي في دراسة له أن تشييد عدد من السدود لإنتاج التيار الكهربائي في الأمازون سيوفر الكهرباء متدنية الكلفة التي يمكن استعمالها بالتالي لإنتاج الهيدروجين، ولكن من الناحية الواقعية لا يتوقع أن يصبح الهيدروجين منافساً للوقود الأحفوري قبل سنة 2010 أما استبدال الفحم الخشبي بالهيدروجين، وكما يلاحظ، فلن يحصل ذلك قبل سنة 2020.

في أول التسعينيات دخل المشروع النموذجي الأوروبي الكيبيكي للهيدرو-هيدروجين في مشروع لإطلاق معمل تجريبي صغير لصناعة الفولاذ يعمل بالهيدروجين في ايرلندة. أما محركو المشروع الأساسيون فهم يواكيم غريتس Joachim Gretz (الذي كان حينها إدارياً في مركز التواصل البحثي الأوروبي في إيسپرا) وويلي كورف Willy Korf (وهو صانع فولاذ مع شهرته في هذه الصناعة أنه من دون مثيل) وتوم دويْل Tom Doyle (إداري سابق في المجموعة الأوروبية) وريمون ليونز Raymond Lyons (مدير شركة الاستشاريين الصناعيين الدولية Industrial Consultants International ومدير شركة كنت للفولاذ Kent Steel الايرلندية). لقد خطط كورف على ما يبدو لإدخال صهر الفولاذ بتكنولوجيا الهيدروجين في مصانعه، ولكنه توفي في حادث طائرة قبل أن ينال حظه من انجاز هذا المخطط.

وفي مقال في مجلة الطاقة الشمسية الألمانية *Das Solarzeitalter* يلاحظ ليونز و كورف وغريتس أن "صناعة الفولاذ التقليدية تطرد في الجو 2.2 كيلوغرام ثاني أكسيد الكربون التي يسببها الانسان بإحراق الوقود الأحفوري لكل كلغ من الفولاذ

المصهور". ويشيرون الى أن "الهيدروجين، هو وسيط ممتاز ونظيف للصهر، والذي يعطي البخار عوض غاز الكربون، وأنه لايخلق أي شوائب كما يفعل الفحم (خصوصاً اطلاق الكبريت)".

إنَّ هدف المشروع النموذجي الأوروبي الكيبيكي للهيدرو-هيدروجين اجمالاً كان تشييد مصانع فولاذ في بعض مناطق الاتحاد السوڤياتي السابق بما فيها سيبيريا تعمل بطاقة الهيدروجين، وفي البرازيل (مع إمكاناتها الكهرو-مائية الهائلة) وفي ايرلندة أيضاً. وفي أواخر 1991 بدأ مصنع كنت للفولاذ رسم خطط لمعمل تجريبي صغير في كورك Cork مع مساعدة إدارية من شركة لودڤيغ بولكوف سيستم تكنيك وهي مجموعة استشارية لا تبغي الربح، وكانت قد أدارت لسنوات أقساماً مختلفة من المشروع النموذجي الأوروبي الكيبيكي للهيدرو-هيدروجين وكذلك مع شركة Planit Associates. وكذلك اقترحت شركة كنت للفولاذ معملاً أكبر في آرينيا Arigna في إيرلندة حيث كان سيعمل على معالجة ثلاثة أطنان من خام الحديد في الساعة؛ لكن لم يخرج أي مشروع من هذه المشاريع من مرحلة التصور الذهني.

في مكان آخر وفي سياق تكنولوجي مختلف فإن استعمال الغاز الغني بالهيدروجين في الصهر المباشر لخامات الحديد الناعمة قد أصبح سلفاً واقعاً صناعياً. ووفقاً لمقال في نشرة *Stahl und Eisen* الصناعية الألمانية في عددها الصادر بتاريخ 7 نيسان/أبريل سنة 1997 فإن العديد من المصانع التي تستعمل الهيدروجين كعامل انصهار دخلت سلفاً في العمل، وأن الصهر المباشر على مرحلتين - بطريقة القوس الكهربائي (electric arc) لإنتاج الفولاذ لديها توقعات جيدة. وينقل الكاتبان هاينريش ڤيلهلم غودينو Heinrich Wilhelm Gudenau (رئيس مؤسسة تكنولوجيا الصهر في جامعة آخن

للتكنولوجيا) ومارتن هيرش Martin Hirsch (مدير عام تطوير العمليات لدى شركة Lurgi Metallurgie في فرانكفورت) أن طريقة صهر خام الحديد مباشرة على مرحلتين، والتي سبق ذكرها تؤدي الى "الحديد الاسفنجي" "Sponge Iron" وذلك بمساعدة غاز التبسيط الغني بالهيدروجين المنتج من الغاز الطبيعي. وبذلك تتجاوز هذه العملية مرحلة صهر (تسييل) الخام. في الخطوة الثانية يتم صهر الحديد الاسفنجي مع حديد الخردة في القوس الكهربائي (electric arc). هاتان العمليتان المعروفتان باسم عمليتيْ Midrex وHYL III أصبحتا ناضجتين تقنياً وهما تنتجان سلفاً حوالى مليون طن من الحديد الاسفنجي سنوياً. العديد من مصانع الإنتاج كانت قد بدأت تعمل، كذلك هناك مصانع قيد الإنشاء في فنزويلا وأستراليا أو مخططة مع قدرات بين 000 400 ومليوني طن سنوياً. وهناك، أيضاً، صيغة متقدمة وهي طريقة "السرير المائع" "Fluidized Bed" تعرف بعملية صهر خام الحديد الناعم FIOR Fine Iron Reduction كانت أثناء نشر المقال العملية الوحيدة من نوعها العاملة والتي تنتج 400.000 طن من كتل الحديد بواسطة الحرارة. لقد طورتها إكسون Exxon وكانت في الخدمة في فنزويلا، وهناك صيغ أخرى على لوح التخطيط.

ومن الجدير ذكره أنَّ الأبحاث تجري منذ الستينيات على الهيدروجين الذري والصلب المعدني في الولايات المتحدة وروسيا وأوروبا واليابان "كحشرية مختبرية" حالياً، كما كانت تجري في الثلاثينيات والأربعينيات والخمسينيات على الهيدروجين السائل. لقد راهن الباحثون على مواصفات هذه المواد الافتراضية البعيدة. (يعتقد أن الهيدروجين في شكله المعدني يشكل جسم كوكب المشتري). وبالطبع لم ينتج أي كمية مقيدة صناعية للآن، ولكن إذا كان لها أن

تنتج بشكل مفيد لاستعمالها كوقود فائق القوة للصواريخ أو كعلبة (غرفة) فائقة التوصيل للحرارة.

فالهيدروجين الذري (H) يوجد فقط بنسبة مئوية ضئيلة جداً في غاز الهيدروجين العادي، وهو يوجد تقريباً على شكل جزئيات (H2) لأن الرباط بين ذرات الهيدروجين قوي جداً -وهو أقوى من أي رباط كيميائي آخر. فإذا تم فصل ذريتي الهيدروجين بطريقة ما فإن توجهها الطبيعي هو أن تستعيد ارتباطها مباشرة في جزيء H_2. هذا التجاذب القوي والطاقة المتضمنة بهذا الرباط أقنعت سلاح الجو الأمريكي لتجربة فصم جزيء الهيدروجين كوسيط لتخزين الطاقة. وحين استعادة مركب جزيء الهيدروجين يعطي الهيدروجين الذري من الطاقة حوالى أربعة أضعاف أي مركب كيميائي آخر كوقود للصواريخ (مثل الهيدروجين السائل حين اشتعاله بالأكسجين).

ومنذ أوائل السبعينيات بدأ مركز لويس للنازا في كليڤلاند العمل على تحويل نسبة مئوية من الغاز الهيدروجيني الجزيئي الى الهيدروجين الذري. لقد كان هذا الجهد يعتمد بداية على أبحاث العالم الألماني روديغر هسّ Rudiger Hess الذي شرح في أطروحة للدكتوراة سنة 1971 هذه الجهود بالتفصيل، حيث يعمل فيها على فصم جزيء الهيدروجين الى ذريتين اثنتين عن طريق تسيير الغاز من خلال زوج من الإلكترودات. واعتماداً على مقالة في *Aviation Week and Space Technology* سنة 1974 فإن الباحثين في مركز لِويسّ قد برّدوا خليطاً من الهيدروجين الذري والجزيئي الى درجة 4° كلڤين kelvin (على حافة الصفر المطلق) (أي حتى 1800 مئوية تحت الصفر-المترجم) وقد تكثف الخليط على جدران جهاز التجربة. فالجهاز بكامله عمل في داخل حقل مغناطيسي فائق

التوصيل، الذي أقله نظرياً، "يرصف" إلكترونات ذرات الهيدروجين بطريقة ما لا تسمح باستعادة توليفها كجزيئات. لقد اعتقد البحاثة أن طريقة محتملة كهذه وكي يكون الخليط بين الهيدروجين الذري والجزيئي مستقراً فإن حرارات شديدة الانخفاض هي مسألة ضرورية.

إنَّ ولتر پيشكا العالم الذي حول سيارة بي إم ڤي بأربعة مقاعد للعمل بالهيدروجين السائل كان بين أول من محص هذه الظواهر. (روديغر هسّ كان أحد تلاميذه). وفي كانون الأول/ ديسمبر سنة 1978 توصل پيشكا الى تخزين غرامين من الهيدروجين المفصول الذري المرصوف لعدة ساعات. ولقد قدر، أي پيشكا أن الطاقة التي يمكن تخزينها ثم إطلاقها من جديد حين عودة الهيدروجين الى شكله الجزيئي تزيد من عشر الى عشرين مرة من الكمية المتوافرة في أي وقود كيميائي شائع.

هناك شكل آخر غريب هو الهيدروجين الصلب. وأول من بشر به كان يوجين ويغنر Eugene Wigner وهيلار هونتينغتون Hillard Huntington في أوائل الأربعينيات، وقد أنتج فعلاً بكميات صغيرة جداً ميكروسكوبية سنة 1989 من قبل عالمين في مختبر الجيوفيزياء في مؤسسة كارنيجي وهما هو-كوانغ (ديڤِد) ماو Mao Ho-Kwang (David)وراسل هيمليّ Hemley Russel عن طريق ضغط عينات من غاز الهيدروجين تحت الظروف العادية. (عشر سنوات قبل ذلك أنتج ماو و پيتر بلّ بلورات الهيدروجين الصلبة من الهيدروجين السائل على حرارة الغرفة وتحت ضغط يصل الى 650 000 بار). وفي نشرة *Science* لحزيران/ يونيو سنة 1989، نقل ماو وهيمليّ أنهما وضعا الهيدروجين تحت ضغط هائل -أكثر من 2.5 ميغابار (2.5 مليون ضغط جوي). وعلى أساس قياسات بصرية

لانتقال الضوء والانعكاس ادعيا أنهما أنتجا "نصف-معدن"، وهي مادة توصل الكهرباء ولكن ليس بشكل جيد مثل المعدن "الحقيقي".

إنَّ الهيدروجين المعدني هو شكل مغاير من الهيدروجين الصلب أنتج بالضغط الأعلى حتى من المطلوب للصلب "المجرد"، كبلور هيدروجيني. وأثناء تعريض الهيدروجين الصلب للضغط فإن جزئيات الهيدروجين المتباعدة عادة عشر مرات عن بعضها أكثر من تباعد ذريتي الهيدروجين المكونة للجزيء فتصبح متلاصقة أكثر مع بعضها بعضاً. واحتمالاً، فإن الجزيئات الملاصقة لبعضها تصبح قريبة على مسافة مساوية لتلك التي تفصل ذرات الهيدروجين في كل جزيء. الى هنا تصبح ذرات الجزيئات المختلفة على تماس مع بعضها بعضاً، وإذا صعد الضغط أكثر فمن المحتمل أن يتشكل المعدن.

أما الهيدروجين الصلب "المعدني" فإنه يظهر تحت ضغط فائق الارتفاع -ربما مليون ضغط جوي أو أكثر. على ما يبدو فليس من المؤكد بدقة معرفة على أي ضغط يتحول الشكل من صلب ببساطة الى الهيدروجين المعدني. ربما أنَّه ليس فقط الهيدروجين وحده يتحول الى معدن، ولذلك ينظر بعض البحاثة أن أي مادة. "رمل الشاطئ وملعقة البلاستيك وكأس الجعة وحتى الهواء الذي تتنفسه" يمكن أن "يصبح معدناً صلباً مثل الألمنيوم والنحاس تحت ضغط مرتفع" كما كتب روبرت هازن Robert Hazen وهو عالم بحثي في مؤسسة كارنيغي وأستاذ علوم الأرض في جامعة جورج ماسون George Mason[1].

(1) Robert Hazen, *The Alchemists: Breaking Through the Barriers of High Pressure* (Times Books, 1993).

تفترض النظرية أن الهيدروجين المعدني يمكن أن يحتوي كمية الطاقة التي في الهيدروجين الذري المرصوف المنفصم -حوالى 000 50 كالوري (سعرة حرارية) لكل غرام واحد. (000 400 1 سعرة حرارية في الأونصة) ولكن لأنه يفترض أنه 14 الى 15 مرة أكثف فإنه سيحشر شحنة أكبر في حجم أصغر.

لقد أدت شروحات ماو وهيمليّ الى بعض الاعتراضات وذلك بسبب الفهم الخاطئ ظاهرياً بأنهما ادعيا إنتاج الهيدروجين المعدني. وفي كتابه The Alchemists يلاحظ هازن أن هذا الجدال احتدم لسنوات بين الخبراء في فيزياء الضغط المرتفع. إنه يسأل "هل الظلمة الملحوظة فوق 2.5 ميغابار تتوافق مع عملية التمعدن المنتظرة طويلاً من العلماء أم أنها إشارة لمادة غريبة أخرى؟ وعندما تتأكد عملية التمعدن فهل سيقدر العلماء على تثبيت (هذا) المعدن في حرارة الغرفة (العادية-المترجم). ويتابع هازن، إنَّ ذلك يبدو مؤكداً "هل الهيدروجين المضغوط الى ضغط لا يمكن تصوره، بين وجهي الماستين المسطحين، بأنه يشكل مادة لا تشبه تماماً أي مادة أخرى لم يرها أحد من قبل". يمكن أن يكون الهيدروجين المعدني "فائق التوصيل في حرارة الغرفة" كما كتب هازن، مرجعاً صدى النظريات التي شاعت لعقود. قد يكون ذلك "المادة الإلكترونية القصوى". كذلك يخمن الباحثون أيضاً بأنها قد تكون أقصى شكل مركز للطاقة الكيميائية. يكتب هازن: "كوقود للصواريخ، يمكنها تخزين مئات المرات زيادة للدفع في الليبرة أكثر من أي مادة أخرى؛ وكمفرقع (متفجر) فإنها تزيد بخمس وثلاثين مرة قوة تدميرية عن الديناميت "TNT".

من الظاهر أن المؤسسة العسكرية الأمريكية تابعت -وقد لا تزال تتابع- إنتاج الهيدروجين المعدني. ويلاحظ هازن "قد لايكون

هناك طريقة أفضل من حشر ذرات الهيدروجين داخل القنبلة الهيدروجينية أفضل من شكله المعدني الكثيف". "واعون بشكل دقيق لهكذا قدرة تدميرية سارع بعض العلماء لإنتاج الهيدروجين المعدني بعجلة جديدة كئيبة. لم يكونوا سائرين كثيراً وبحشرية حول مجهول بقدر الخوف من أن يستثمر غيرهم هذه المادة أولاً". ولكن العديد من الأسئلة تبقى في العادة من دون جواب:

"حالاً بعد الصنع، هل سيبقى المعدن بعد تراجع الضغط؟ هل تستطيعون حمل قطعة هيدروجين معدني باليد، أم أنها ستكون غير مستقرة وتستعيد شكلها الغازي مباشرة؟ فقط العلماء في مختبرات الضغط المرتفع لديهم الأجوبة".

في مخابرة هاتفية سنة 1989 أخبرني ماو أن الهيدروجين الصلب الذي أنتجه مع هيمليّ عاد الى طبيعته الغازية بعد زوال الضغط. منظرون آخرون افترضوا أن (هذه) المادة سوف تبقى مستقرة أو أقله في استقرار تحولي. مساعد ماو السابق بيتر بلّ افترض من جهته أن الهيدروجين المعدن يمكن أن يكون مستقراً عن طريق "الهدردة" بزيادة كمية من معدن آخر مثل البلاديوم، لتحويله الى سبيكة. لقد قال ماو في المحاورة إنَّ ذلك ممكناً وهو يرتبط بقابلية المادة للكبح، وهي المفردة التقنية التي تعني ضبط المادة في حالتها المحوّلة.

المقاربة المختلفة جذرياً لصنع الهيدروجين المعدني استمرت تقريباً عشرين عاماً من قبل علماء مختبر لورنس ليڤرمور Lawrence Livermore الوطني في كاليفورنيا: وهي إطلاق مقذوفات من مدافع ضخمة في الحاويات المليئة بالهيدروجين السائل من أجل تعريض الهيدروجين بشكل مقتضب لضغوطات قصوى. وكما نقل في البداية

سنة 1996[2] فإن وليم نيلّيس William Nellis وزملاءه استخدموا مدفعاً بطول 60 قدماً ومن طبقتين. وبحسب نيويورك تايمز "بجزء من الثانية...التأثير حول الهيدروجين الجزيئي السائل" الى "موصل ممتاز، (للكهرباء) ما يفترض أنه معدن".

بشكل ملائم، استعمل الهيدروجين الغاز في نظام المدفع الداسر. وفي أول طبقة من 30 قدماً، تدفع غازات اشتعال بارود المدفع كباساً الى الأمام والتي بدورها تدفع الهيدروجين أمامها. يصل الهيدروجين الغازي تحت ضغط عالٍ جداً قبل اختراق صمام بشكل اسطواني في نهاية هذه السبطانة الأولى. هذا الغاز تحت الضغط المرتفع ينقذف داخل سبطانة أخرى أضيق تمسك مقذوفة البلاستيك والمعدن التي تنطلق الى الهدف حامل الهيدروجين السائل وقد وصلت الى سرعة تسعة أميال في الثانية (أي أكثر من 32 000 ميل بالساعة) ومولدة ضغطاً من 1.4 مليون ميغابار، لذلك يتوجب قياس هبوط المقاومة (للتيار الكهربائي - المترجم) في عينة الهيدروجين السائل في حوالى واحد من مليون من الثانية قبل أن يعود الضغط إلى الهبوط من جديد.

هناك مظهر واحد من الاكتشافات هو أن التحول الى حالة المعدن حصل على درجات ضغط أدنى مما يتوقع - ما قد يساعد في شرح لماذا يتمتع كوكب المشتري بحقل مغناطيسي هائل. لقد أبرزت تايمس أن ما قاله نيلّيس يعني أن الهيدروجين المكون لجسم

---

(2) «Big gun makes hydrogen into a metal,» *New York Times,* March 26, 1996. A recent, more detailed account by Nellis is the May 2000 cover story of *Scientific American,* «Metallic Hydrogen-The Stuff of Jupiter's Core Might Fuel Fusion Reactors.»

الكوكب يصبح معدناً وهو أكثر قرباً الى السطح مما كان يعتقد سابقاً، وأن العشرة% العلوية هي موصلة أكثر بكثير للكهرباء مما كان يعتقده الفلكيون والعلماء. واعتماداً على نيلّيس فإن "الهيدروجين السائل المعدني على عمق ضحل نسبياً في كوكب المشتري سيساعد في فهم حقل المغناطيس الهائل حول المشتري والذي يساوي عشرة أضعاف مثيله للأرض".

هذه الجهود للوصول الى ضغط عالٍ (ضغوطات مرتفعة) بدأت قبل عقود في جامعة كورنيلّ وجامعة ماريلاند وأوساكا ومؤسسة فيزياء الضغط العالي في موسكو. وفي شرح مقتضب لفريق موسكو سنة 1975 قال ل ف ڤيريشتشاغين L.F.Vereschchagin إنَّ الروس قد ابتكروا ما يعتقدون أنه الهيدروجين المعدني على حرارات تصل الى 4.2° كلڤين وعلى ضغط بحوالى مليون ضغط جوي. إشارتهم الى أن الهيدروجين المعدني قد أنتج كان أيضاً التغير في المقاومة للكهرباء: فالهيدروجين عادة ثنائي الكهربة -وعازل كهربائي- ولكن المادة المضغوطة "تقفز" مقدار ست مرتبات في مفردات المقاومة، وهذه إشارة الى أن المادة عملت مثل معدن حقيقي. "سجلنا كاستنتاج أن عودة الهيدروجين الى حالته الكهربائية بعد زوال الضغط لا يمكن اعتباره كدليل على أن الهيدروجين المعدني لا يمكنه أن يوجد تحت ضغط عادي" كما كتب ڤيريشتشاغين مستعملاً ثنائي نفيين غريبين.

لقد استقبل عمل السوڤيات وجهد اليابانيين اللذين نشرا بشكل متلازم تقريباً، بالشك حيث لقب ڤيريشتشاغين كلا الإدعاءين "بالزائف". وكتب، أنه كان يظن أن تدني المقاومة العائد الى عملية التمعدن كان ببساطة تماساً (اتصالاً مباشر بين موصلين) في دورة التيار الكهربائي الذي تدفق بشدة وحرف بشكل عنيف

بالضغط". من ناحية أخرى، يمكن إنتاج الهيدروجين الذري من دون الضغط بواسطة تقنيات خفية، مثل التفريغ المتوقد بالاقتران مع حقل مغناطيسي قوي على حرارات شديدة الانخفاض (طريقة استعملها پيشكا) أو التريتيوم الذاوي (Tritium Decay) ("الطريقة المفضلة لمعظم التجارب الأكثر جدة" في مختبر لورنس ليڤرمور الوطني اعتماداً على مقال جامع لصاحبه برايان پالاجيڤسكي Bryan Palaszewski من مركز أبحاث لِويسّ). كذلك تقنيات أخرى تستعمل الإلكترونات أو غير ذلك من الحزم عالية الطاقة والنانو-تكنولوجيا أو الميكرولايزر.

فالهيدروجين الذري هو غاز وليس صلباً. في كل حال، بسبب انفصامه المرصوف فإن الهيدروجين الذري لا يلتئم من جديد كجزئيات بمقتضى القوى الكهربائية المتنافرة. إنَّ حالة الهيدروجين هذه تظهر مواصفات مثل بعض التأثيرات المغناطيسية التي ينتظر حصولها في الهيدروجين المعدني. لقد دامت التجارب، في صنع وتخزين ومعالجة كميات ضئيلة من الهيدروجين الذري الممولة من النازا وسلاح الجو عدة عقود. أما المختبرات في الاتحاد السوڤياتي السابق فهي لا تزال تجرب على هذه المادة.

يصف برايان پالاجيڤسكي التحديات الصعبة بشكل شيطاني لصناعة هذه المواد من عالم آخر بكميات مفيدة، ولكن أيضاً بعض الآمال من الهيدروجين الذري قائلاً: "التجارب الحديثة تستعمل عينات من النانوغرام من الهيدروجين الذري بينما يلزم حتى مئات الأطنان لكل انطلاق من الأرض الى المدار" كما كتب.

إنَّ الطاقة المخزونة في الهيدروجين الذري سوف تكون أعلى بكثير مما هو متاح حالياً في وقود الصواريخ التقليدية. نظرياً إنَّ

النبضة النوعية(3) المتولدة من التئام الهيدروجن الذري الى شكله الجزيئي، من دون أي احتراق كيميائي بالأكسجين قد يتراوح من ستمئة الى ألف وخمسماية ثانية من النبض النوعي. (النبض النوعي للمكوك الفضائي المدفوع بالهيدروجين والأكسجين السائلين هو 453 ثانية). ومن خلال طريق آخر، فإن الصاروخ المدفوع بالهيدروجين أحادي الذرة يمكنه حمل ما بين أربعة عشر الى 600% زيادة في الحمولة أو أن الثقل الكلي لإقلاع الصاروخ يمكن تقليصه بنسبة 82.7% اعتماداً على مقالة پالاجيڤسكي.

لكن برغم الصعوبات المنتظرة والمرتبطة بتخزين الهيدروجين الذري (مثلاً، من المحتمل أن يتطلب ممغنطات هائلة تعمل على حرارات "تقريسية" باردة جداً للوقاية من استعادة الالتئام الفوري) فإن طاقة الهيدروجين الذري قد تكون أفضل ما يناسب للطيران بين الأرض والفضاء مثل المكوك اليوم، ولكن بعد أن تظل الممغنطات على الأرض بعد الاطلاق. أما الرحلات التي تتطلب طوراً أعلى فإنها قد لا تكون ممكنة.

إنَّ واحدة من آخر ما نشر وآخر ما محص (درس) هي إمكانية التطبيقات غير الطاقوية للهيدروجين في الكفاح ضد السرطان والرائد في هذا الحقل كان وليم فايف William Fife أستاذ الطب زائد- الضغط (Hyperbaric Medicine- الطبابة تحت ضغط غازي زائد) في جامعة A&M في تكساس. فايف هذا هو الذي درس

(3) «The thrust produced per unit rate of consumption of the propellant usu/ specified in pounds of thrust per pound of propellant used per second and forming a measure of the efficiency of performance of a roket engine.» *(Webster's Third New International Dictionary)*.

الهيدروجين ما فوق الضغط العادي (الهيدروجين على ضغط مرتفع على شكل "Hydrox" وهو خليط تنفسي من الهيدروجين بنسبة مدروسة غير انفجارية مثل 95% هيدروجين و5% من الأكسجين) لمدة تفوق عشرين عاماً قال في خلاصة اجمالية في منتصف التسعينيات إنَّ تأثير هيدروكس ($O_2 + H_2$) على المتعضيات الحيّة كان لا يزال في طفولته، مع ما لا يزيد عن خمسة وعشرين باحثاً نشطاً في فرنسا والسويد وكندا والولايات المتحدة. "يجب إبراز أن حقل هيدروكس بضغط عالٍ للتطبيقات الطبية هو كمثل حقل بكر ليس فيه أي عمل منجز بشكل نهائي". كما تابع "هكذا إذن، ومع أنَّ مختبرنا أخرج عدة دراسات أولية وبعض الباحثين لكن لم تقم أي منظمة صناعية بالتحقق من إمكانية التطبيق الطبي لهذا المزيج".

يتابع فايف فيقول إنَّه الى جانب التطبيقات الطبية هنالك القليل من الاهتمام لاستخدام مزيج الهيدروجين والأكسجين، وليس هنالك من بحث آخر في الولايات المتحدة، بشكل واسع بسبب وعي الخطر. والاستثناء هو صناعة الغطس التي تعتبر خلائط الهيدروجين والأكسجين صالحة للغطاسين. هنا البرنامج الأكثر نشاطاً والأكثر تمويلاً على ما يبدو ويوجد في مرسيليا، حيث تجري شركة كومكس Comex تجارب واسعة وبعضها في المياه المفتوحة للعمليات التجارية المحتملة[4]. وفي مثال نادر لاهتمام الإعلام بجهود فايف نقلت نشرة Medical World News لعدد أيلول/ سبتمبر

---

(4) اعتماداً على وليم فايف فإنّ لافوازييه أحد مكتشفي الهيدروجين ناقش إمكانية استخدام هيدروكسيت (خليط الهيدروجين مع الأكسجين) في أحد فصول الدراسة كما نشر في الأكاديمية العلمية الفرنسية في (1789).

سنة 1975 نبذة واحدة من مقطع بعنوان "الهيدروجين يقتل الأورام" في فصلها "وجهة نظر":

هناك علاج تجريبي يستخدم الهيدروجين على ضغط مرتفع قد أدى الى تراجع الخلايا القشرية السرطانية لدى الفئران. لقد وضع الباحثون من بَيلور كولدج Baylor College وهم مالكولم دول Malcom Dole وف رَيْ وِلسون F.Ray Wilson مع وليم فايف من جامعة A&M في تكساس ثلاثة فئران في غرفة الضغط (بمحاذاة الطعام والشراب) والتي دفع لها بمزيج من 5،97% من الهيدروجين مع 5.2% من الأكسجين وتحت ضغط 8.28 ضغط جوي (الغلاف الجوي). وبعد بداية التعرض لمدة عشرة أيام تحولت الأورام الى اللون الأسود وبعضها سقط وأخذ بعضها ينكمش في قاعدته وبدا في طريقه الى "الشحوب". لم يلاحظ أي تأثير على الأورام من ذلك على الفئران التي بقيت في الغرفة على حرارة عادية. (من دون الهيدروجين المضغوط- المترجم). الشفاء المستمر للسرطانيات المتعددة ظهر على الفئران بعد عودتها الى الغرفة خلال ستة أيام أخرى. أبحاث إضافية سوف تدرس ديمومة هذه النتائج.

لقد كان دول ووِلسون وفايف الذين نشروا اكتشافاتهم الأساسية في نشرة تشرين الأول-أكتوبر سنة 1975 من مجلة *Science* غير متأكدين تماماً من الذي حصل. وفي رسالة في آذار/مارس سنة 1976 قال فايف "إنَّ هذا العمل هو بدائي جداً، وإننا لا نفهم الآلية الى الآن، أو، والحق يقال المجال الكلي لامكانياته". أحد الاحتمالات كما شرح فايف، كان أن جزيء الهيدروجين H_2 تحت الضغط ينظف "الجذريات الحرة Free Radicals المعروفة جيداً في حدوث بعض أشكال السرطان". إنَّ الجذريات الحرة هي ذرات وجزئيات من عدة ذرات التي "تحمل إلكتروناً واحداً على الأقل غير مرتبط": الذرة أو الجزيء غير مستقر بمعنى نسبة الإلكترونات على الپروتونات وأن لديه زيادة في طاقة الربط الكهربائية. وقال

فايف: "إحدى الفرضيات هي أن تدمير هذه الجذريات الحرة يمكِّن نظام المناعة الطبيعي في الجسم، ولكن الضعيف من كبح السرطان الخبيث".

في سنة 1978 قال فايف إنَّ العمل الأولي قد يكون "الى حد ما غير حاسم". يشير إلى أن ما رآه فريقه يختفي يمكن أن يكون نوعاً من "الأثاليل" "papilloma" (تألل ما قبل سرطاني) وقد لا يكون سرطاناً". بيد أن العمل استمر وإن يكن على وتيرة بطيئة تماماً. متجهاً الى مسار آخر، تابع فايف وزملاؤه عمله في البحث على استعمال الهيدروجين المضغوط مقترناً مع غيره من عوامل العلاجات الكيميائية المستخدمة في بحث السرطان مثل نيغروماسين Negromycin (الذي كان وقتها فعالاً جداً وعنصراً نادراً). لقد حصل فايف على حوالى أربعة غرامات من هذه المادة سنة 1978 من مؤسسة السرطان الوطنية، وقد أعلم حينها أن ذلك يمثل نصف مخزون العالم تقريباً. لقد أوضح:

بدا هنالك أنه يوجد بعض أنواع من التضافر باستعمال الاثنين معاً الذي يطيل أعمار الفئران المصابة باللوكيميا (سرطان خلايا الدم البيضاء- المترجم)... عادة يؤدي النيغرومايسين الى موت الحيوان. إنه قد يشفي من الورم الخبيث ولكنه يؤدي إلى الموت بسبب أعراض مشابهة لأذى التعرض للأشعة (العلاجية-المترجم) مثل تدمير نخاع العظم خلال مدة ثلاثين يوماً. الحيوانات القليلة التي درست من ناحية علم الأنسجة والتي أخذت الهيدروجين المضغوط لم تظهر تدميراً في نخاع العظم، ومع ذلك ماتت الحيوانات لأسباب أخرى. هذا لم يكن حقاً ضمن التمرين.

أما عن إدراك الخطر عند خلط الهيدروجين بالأكسجين فيصرح فايف "بشكل قاطع" أنَّ خلط الهيدروجين بالأكسجين ضمن دراسة شاملة عن الهيدروكس مضمون السلامة على صعيد

الاستخدام. فمختبر الضغط المرتفع في جامعة A&M- تكساس قد راكم أكثر من 6000 ساعة من تعريض الحيوانات والبشر الى الهيدروكس وتحت ضغوط تتراوح بين سبع مرات الضغط الجوي الصرف آتا ata atmosphere absolute وواحد وثلاثين آتا والى فترات تصل الى 125 ساعة من التعرض المتواصل، "ومن دون أي مشكل جدي، ومن دون أي حادث مرتبط بالهيدروكس". إنَّ التجهيزات المطلوبة لخلط ومعالجة واستعمال هذا الخليط الغازي هو إما عن الرف أو (جاهزة) مصنعة من دون صعوبة كبيرة". لكن البحث وتطوير التجهيزات التجارية لاستعمال الهيدروكس قد تطلب "بعض الانتباه ولكن يبدو أن ليس هنالك من مشكلات عويصة خاصة من التي يجب حلها". وفي تجربة على خليط غير متفجر من الهيدروكس في السبعينيات كان فايف هو عاشها بنفسه على عمق 200 قدم بالمحاكاة لمدة ثلاث ساعات وعلى عمق 300 قدم بالمحاكاة أيضاً لمدة ساعتين. وكتب يقول "لا أستطيع قول ما الفرق بين استنشاق الهيدروجين والهيليوم، وأستطيع ملاحظة أنه من دون تأثير مرضي" (مضر).

على العموم، يوصي فايف أن تستعاد التجارب الأولية في السنوات الأولى وتشذّب. وفي نظره، سيكون ذلك مقيداً عند إعادة فحص قدرة الهيدروكس على تنظيف جذريات الهيدروكسيل الحرة (الفالتة-المترجم)، أو تغيير وظائف الخميرة. "هنالك العديد من الاحتمالات التي يجب أخذها بالاعتبار"، بما فيها دراسات جديدة لإعادة تجربة إن كان الهيدروجين الجزيئي يمكنه الوقاية من تشكل الآفات السرطانية المتكونة اصطناعياً في مختبر الفئران بواسطة

بعض الخلائط المسرطنة التي تستطيع أن تؤدي الى تحويرات جينية في الخلية. من جهة أخرى يعتقد فايف أنه من المفيد توسيع هذه المقاربة وفحص إذا كان التعرض للهيدروجين يمكنه تنظيف "جذريات حرة أخرى مكتشفة في بيئات صناعية عديدة"، وربما تقود الى طريق تقليص زيادة المشاغل المرتبطة بالأورام الخبيثة. وسوف يكون هناك حقل آخر للبحث العلمي إذا كان الهيدروجين يستطيع أن يلعب دوراً مفيداً في تقليص الآثار الجانبية المؤذية للعلاج الكيميائي والعلاج الشعاعي. يلاحظ فايف "يجب التحقق إن كان الهيدروجين الجزيئي (H_2) مقترناً مع بعض العقاقير يمكنه ايقاف بعض الأورام الخبيثة، سوف يزيد ذلك الكثير الى ترسانة طبيب السرطانات".

مظهر مدهش من اقتصاد الهيدروجين المستقبلي الذي شد انتباه العلماء في بدايات السبعينيات هو مفهوم إنتاج الغذاء -بروتين الخلية الواحدة- من الهيدروجين مع مساعدة بعض البكتيريا والطاقة الشمسية أو النووية. لقد بدأت الفكرة انطلاقها جزئياً بسبب اهتمام النازا بطرائق الإنتاج في حلقة مقفلة لغذاء رواد الفضاء مستقبلاً من خلال المواد الأولية المعاد تدويرها خلال المهمات الموغلة بعيداً في الفضاء. إنَّ إنتاج هذا النوع من بدائل اللحم بطريقة التكرير قد يكون مقززاً للذواقة المدافعين عن الأكل الطبيعي وللكثير من الناس العاديين، ولكنه يقدم تبصراً لتقليص الهموم حول كيفية تزويد الانفجار السكاني في العالم بالبروتينات الدولية -وهو هدف أساسي للسياسة الدولية منذ قبل عقدين أو ثلاثة.

لقد بدأت أبحاث النازا بالتقدم منذ بداية الستينيات. والفكرة الأساسية أصبحت استخدام الهيدروجين وثاني أكسيد الكربون

والأملاح المعدنية الناتجة عن رواد الفضاء. فالكهرباء المولدة من جهاز فضائي بخلايا شمسية سوف تنتج الهيدروجين والأكسجين من مخزون الماء على متن المركب في دورة مستمرة. لقد قدم باحثان من معهد باتّلّ ميموريال وهما جون فوستر John Foster وجون ليتشفيلد John Litchfield بداية تصورهما لآلة "زراعة" مستديمة تستعمل الهيدروجين لإنتاج الپروتين على متن سفينة الفضاء للرحلات الموغلة بعيداً في الفضاء سنة 1964، ذلك خلال اجتماع المؤسسة الامريكية للهندسة الكيميائية في پيتسبورغ. لقد قالوا في استنتاجاتهم إنَّ "مادة غلال البكتيريا غنية جداً بالپروتين الذي يحتوي على كل الحوامض الأمينية". لقد تخلت النازا عن المشروع سنة 1970 كما قال ليتشفيلد في اتصال هاتفي. وكما قال فإنَّ "الحيوانات الدنيا لم تتأثر سلبياً ولكن الفصائل الرئيسة والبشر تأثروا بكل تأكيد". لقد أظهرت الدراسات المنجزة من قبل إختصاصي التغذية في جامعة كاليفورنيا في باركلي "بشكل جد واضح" أن (هذه) المادة غير صالحة للبشر.

باكراً، ومنذ أن بدأت سنة 1970، رسم مارتشيتّي مخططاً (في محاضرة في جامعة كورنيل) كيف يمكن للهيدروجين وبعض البكتيريا أن يكونوا ارتباطاً بين الطاقة الأولية وآلية تركيب الأغذية:

اليخضور هو حجر العقد في العملية. والطاقة الآتية من ضوء الفوتونات تتراكم بواسطة هذا المركب الفوسفوري وتتحول الى أدينوزين تريفوسفات ATP Adenosine triphosphate وهو الشكل الذي تحمل فيه الطاقة المخزنة في جميع النسق الحية (البيولوجية). ولكن حين يقوم متعضٍ ما بأكسدة مادة طاقوية مثل الهيدروجين أو السكريات تكون النتيجة عينها. مع الأدينوزين تريفوسفات تنجز وظيفة اليخضور بواسطة...الخمائر. إنَّ امتياز اليخضور في الواقع هو أن وظيفته تقترن مع أول مصادر الطاقة، وهي الشمس.

يلاحظ مارتشيتّي أنه يمكن استبدال الانشطار النووي بالطاقة الشمسية. (غالبية المدافعين عن بدائل للطاقة حالياً يلتصقون حصرياً بالطاقة الشمسية)، ويضيف مارتشيتّي:

إن وجدنا رابطاً بين المحيط الحيوي، للجزء الحيوي من الغلاف الجوي) وهذا المصدر الجديد فإن اليخضور والزراعة سوف يفقدان امتيازهما، ومن المحتمل أن يسقط قصورهما المرتبط بهما. فالهيدروجين يمكن أن يكون الرابط. هنالك بعض المتعضيات الصغيرة (Micro-organisms) القادرة على استعمال الهيدروجين عن طريق الأكسدة كمصدر للطاقة وهي تتكاثر بالتالي ضمن مادة غير عضوية البتة... تستعمل الطاقة بطريقة جد فعالة لتركيب كل أنواع الأشياء الضرورية لبناء وتفعيل آلية البروتينات البيولوجية والفيتامينات والكربوهيدرات وهكذا دواليك. إنَّ عامل فعالية التحول الطاقوي... هو مرتفع بحق، من 60 الى 70% في أفضل الحالات و50% في الروتين السهل.

يقول مارتشيتّي إنَّ سرعة التكاثر العالية لهذه المتعضيات الصغيرة هي علاوة: "إن قطيع الماشية يتضاعف وزنه كل سنتين أو ثلاث" بينما "تتضاعف الكتلة العضوية الهيدروجينية كل ساعتين أو ثلاث ساعات". يلاحظ مارتشيتّي في مكان آخر "إذن يمكن هنا أن نصبح قادرين لخلق مصدر غذاء مستقل عن الزراعة (وأيضاً عن وديعة النفط) ومرتبط فقط بالمفاعلات النووية بطريقة تشبه عملية تخمير البيرة أكثر". لقد حقق مارتشيتّي الوثبة ذهنياً للربط بين ناتج الطاقة من مصدر أولي -نووي أو شمسي أو أي مصدر آخر وحاجات الغذاء البشري:

...إن حاجات الإنسان للتغذية من سعرات الحرارة هي بين 2500 و 3000 كيلوكالوري يومياً وهو ما يتوافق مع متوسط قوة يساوي 150 واط. آخذين بالاعتبار كل الخسارات (الهدر) من الطاقة النووية الى الهيدروجين ومنه

الى تركيب الأغذية بواسطة المتعضيات الصغيرة لتحصيل 150 واط "في الفم" فيجب عندها احتساب 500 واط عند مستوى المفاعل. ذلك يعني أن مفاعلاً معداً لتشغيل محطة تيار (كهربائي) بحجم تجاري عادي (شائع) أي حوالى 1000 ميغاواط (كهرباء)... ومفترضين فعالية للمعمل بنسبة 40% (فذلك) سوف يكون مصدر الطاقة الأولية لتغذية حوالى خمسة ملايين إنسان -كما يقول.

يمكن توضيب معمل الغذاء هذا المفترض على عدة أكرات من الأرض البور، ويمكن إذن لأي كان رؤية نتائج هذه الحسابات الخام.

قام فريق في ألمانيا برئاسة هانس-ديتر شليغل Hans-Dieter Schlegel من مؤسسة الميكروبيولوجيا في جامعة غوتينغن بالتحري عن خصائص الكتلة الهيدروجينية البكتيرية Hydrogenomonas منذ الخمسينيات. كذلك تفحص فريق شليغل أيضاً فكرة النظام الدائري المغلق للمهمات الفضائية بعيدة المدى. ولكن حين بدأ طيف نقص مصادرالغذاء يظهر في شؤون السياسات الدولية في الستينيات والسبعينيات بدأ شليغل البحث على هذه البكتيريا بكثافة أكبر انطلاقاً من هذه الرؤية. فبدءاً من "الزراعة" بأوانٍ صغيرة أنتج فريق غوتينغن البروتين في "حاويات تخمير" تصل الى 200 ليتر بالحجم. لقد كان اهتمام بعض الباحثين غالباً بإنتاج البروتين؛ بينما تطلع آخرون الى المعالجة الجينية لنمط ابتلاع الهيدروجين في جهد للوصول إليه عن طريق طفرات بكتيرية أكثر فعالية. يشرح شليغل ذلك في مقال سنة 1971:

في الأساس، لا يشكل جزيء الهيدروجين مصدراً للطاقة غير عادي للكائنات الحية. فكل المتعضيات الهوائية (التي تستعمل الأكسجين مباشرة من الهواء -المترجم) تأخذ الطاقة الضرورية لبناء مادة خلاياها والإبقاء على وظائفها الحياتية من التفاعل بين الهيدروجين والأكسجين. والإنسان كذلك يأخذ طاقة الأيض من الاحتراق البطيء للهيدروجين أو في كلمات أخرى ما يدعى

تفاعل Knallgas[5]، مع أنَّه لا يعطَي الهيدروجين في حالته الغازية كغذاء ولكن بالأحرى كجزء من مادة غذائية، المرتبطة بالكربون بشكل ضعيف. إنَّ طاقة الأيض لا تنعتق من احتراق الكربون ولكن أولياً من تأكسد الهيدروجين الموجودة في مادة الغذاء. أما ناتج احتراق الهيدروجين فهو الماء.

لقد "حصد" شليغل الخلايا البكتيرية كخليط سميك. هذا "الحساء" سخن الى 65° مئوية لمدة عشر دقائق مما ينشط بعض الخمائر لتدمير حوامض النواة (الحوامض النووية). لقد عولج "الحساء" بواسطة جهاز فرز لطرد الحوامض النواتية المتحللة وغير قابلة الهضم مما أدى الى خفضها من نسبة 20-23% الى 5%. أما بقية الخلايا الغنية بالپروتين فيمكن معالجتها بشكل جد تقليدي ويمكن تجفيف العجينة وتحويلها الى مسحوق (بودرة). مثل الحليب البودرة (المجفف) يمكن تجليدها ناشفة أو ضغطها الى مكعبات رطبة مثل خميرة الخبز. يقول شليغل إنه "من وجهة النظر البيولوجية، فإننا في مرحلة نستطيع إنجاز ذلك". ولكن هنالك مجازفات مثل عدم الجدوى الاقتصادية وخطر الإنفجار: "إننا نعمل مع خمائر ومع مزيج من الغاز المتفجر بما يزيد على عشرة ليترات، ولكنني لا أتجرأ أن أذهب أبعد من ذلك". إنَّ الإنتاج على نطاق صناعي سوف يعني احتمالاً استخدام مخمرات تصل الى 000 400 ليتر، وهكذا سوف يصبح حجم مزيج الهيدروجين -الأكسجين المنفجر كبيراً جداً.

---

(5) Knallgas بالألمانية قول على غاز متفجر، وهو تخصيصاً خليط من الهيدروجين والأكسجين. ويستخدم الاسم أيضاً في بعض الأحيان بالأدبيات التقنية الإنكليزية.

ماذا عن الفكرة الحقيقية بأكل الغذاء "المركب" بواسطة عمل البكتيريا؟. في الواقع، فإن البكتيريا استخدمت لقرون لتحضير العديد من المواد الغذائية والأدوية، وقد استهلكت هذه المواد دائماً كجبنة أو لبن مختر. يقول شليغل إنه بعد فصل العناصر غير القابلة للهضم أو حتى المكونات السامة - مثل بعض الدهون المكدسة في الخلية أو الحمض الريبى النواتي[6]، فإن نوعية البروتين عالية، والقيمة الغذائية تساوي تلك لمادة الكازيين الموجودة في الحليب. ويمكن استخراج البروتين من خلايا البكتيريا ومعالجته بطريقة مشابهة لتلك التي يعالج بها بروتين فستق الصويا لتحويله الى لحم اصطناعي وبيعه تجارياً في محلات التغذية الصحية أو أي مكان آخر كبروتين "نسجي نباتي" "Texture Vegetable Protein" (TVP).

بمعنى ما، فإن فكرة إنتاج البروتين في المختبر أو المعمل هي توسيع لممارسات صناعية موجودة. لقد بدأت شركة بريتش بتروليوم بي بي منذ عقود بتشييد مصانع لإنتاج البروتين من النفط الخام؛ شركات أخرى أيضاً طورت طرائق في استخدام الغاز الطبيعي كأساس "لصناعة" البروتين حيث أنّ بعض سلالات المتعضيات الصغيرة شبيهة الخميرة تتكاثر بسرعة في بيئة النفط. هذا الاكتشاف الذي يرجع الى بداية الخمسينيات قد استثمر صناعياً لإنتاج البروتين من خلية واحدة كغذاء حيواني. كذلك حصلت تقلبات مشابهة تم تطويرها لصناعة البلاستيكيات المتحللة بيولوجياً. أما تقنيات صناعة

---

(6) مع أنه بعض الحيوانات تستوعب. ومن أجل إقصاء الكتلة البكتيرية من الاستهلاك البشري تشحن سريعاً إلى 60° مئوية مما يفعل بعض الأنزيمات التي تكسر الـRNA. ويمكن إقصاء هذه المكونات عن المواد بطريقة الطرد المركزي.

البلاستيك المنتج والمتحلل بيولوجياً فقد اكتشفت في معهد پاستور في باريس في العشرينيات.

في الثمانينيات طورت شركة الكيمياء الانكليزية العملاقة ICI بلاستيك منتجاً وقابلاً للتحلل بيولوجياً باسمه التجاري بايوپول Biopol والذي صنع أساساً عبر عملية تخمير مستخدمة عناصر من الكتل الهيدروجينية (سميت لاحقاً .Alcaligenes Eutrophus) هذه البكتيريا مهيأة لتحويل مزيج غازي من الهيدروجين وثاني أكسيد الكربون والأكسجين للاستعمال في إنتاج مواد الكبسولات بطيئة التحلل في الصناعة الصيدلانية من بين أشياء أخرى.

لم يعط منتج البايوپول رجع صدى لأي نجاح تجاري. لقد تخلت ICI عنه لفرع Marlborough Biopolymers والذي بدوره سلمه لفرع آخر Zeneca، وقد بيع أخيراً الى مونسانتو. في الوقت الراهن تدعم مونسانتو الأبحاث في جامعة مونستر Münster حيث يعمل فريق برئاسة ألكساندر شتاينبوشل Alexander Steinbüchel (طالب سابق لدى شليغل) على دراسة التركيب الجرثومي والإنتاج البيوتقني للپوليسترات منذ أواسط الثمانينيات بطريقة جديدة تتضمن تحويل عملية التخمير البيولوجية الى الإنتاج داخل المختبر للنباتات المعدلة جينياً، مع توقع "الحصاد" المحتمل في المزرعة لهذه البلاستيكيات المتحللة بيولوجياً. وفي نشرة لسنة 1998[7]، كتب شتاينبوشل وبرند فوشتنبوش Bernd Füchtenbusch أن تكنولوجيا الإنتاج هذه "سوف تكون ممكنة على الأغلب في المستقبل"، وأن

---

(7) Alexander Steinbuchel and Bernd Fuchtenbusch, «Bacterial and other biological systems for polyester production,» *TiBtech* 16, October 1988.

تنويعات هذه البوليسترات "يجب أن تنتج كسلعة كيميائية للتطبيقات العامة وغيرها ككيمياويات دقيقة للتطبيقات الخاصة".

في النهاية لم تشارك مونسانتو في هذا التفاؤل. لقد قررت أن تهمل البرنامج أواخر 1998. إنَّ المدير في مونسانتو، ميشيل بريزو Michel Berezo الذي أدار برنامج بايوپول قبل الإقفال قد أخبرني في بداية سنة 1999 أن هذه المواد تكلف حوالى عشر مرات أكثر بالمقارنة مع مثيلتها المصنعة من النفط أساساً (وغير المتحللة بيولوجياً) من السلع البلاستيكية مثل البوليستيرات وبعض البوليولفين Polyolefin والبوليسترين. إنَّ بريزو لا يعتبر أن قابلية التحلل بيولوجياً "صفة إيجابية كبيرة للتسويق".

لا يزال عدد من العلماء ومؤسساتهم مأخوذين بإمكانية استعمال الجراثيم لإنتاج البروتين من المواد غير العضوية -خصوصاً إذا كانت العملية تجرى بواسطة الشمس. وسوف تستعمل المتعضيات الهيدروجين كمصدر للطاقة وثاني أكسيد الكربون كمصدر للكربون والهواء كمصدر للأوكسجين والمعادن البسيطة من الاسمدة لإنتاج مادة مائلة للبياض وغنية بالبروتين اسفنجية وخلوية. البيوكيميائي والميكروبيولوجي پول ويڤر العامل لدى المختبر الوطني للطاقة المتجددة في غولدن في ولاية كولورادو بحث في ذلك كجانب فرعي من مهمة بحثه الرئيسية لصناعة الهيدروجين الوقود في قسم مشروع طاقة الهيدروجين لقد يتطلع ويڤر الى إنتاج الهيدروجين اقتصادياً من أي مادة "عضوية قديمة" : الكتلة الحيوية أو الفحم الحجري في هذا الظرف، ولكن أيضاً من نفايات المدن الصلبة (من بعيد آخر مادة خام تتوسع) أو نشارة الشجر. فالنفايات البلدية الصلبة جاذبة لأنه "يمكن الحصول على اعتماد" نقل المواد بعيداً وأخذها لاستخدامها من جديد كما قال ويڤر. لقد تصور أن إنتاج

وقود الهيدروجين يمكن أن يكون أرخص مع اقترانه بإنتاج مادة ذات قيمة أعلى مثل البلاستيكيات القابلة للتحلل البيولوجي أو الغذاء الحيواني الغني بالپروتين.

في الأساس غوَّز ويفر الكتلة الحيوية لاستخراج وقود الغاز المكون أولاً من الهيدروجين وأول أكسيد الكربون. ثم بعد ذلك ينظف الغاز بواسطة عمل البكتيريا مبدلة مكون أول أكسيد الكربون بالهيدروجين الإضافي بما يعرف بالتفاعل المائي - الغازي المحول ناتج البخار الغازي، وهذا مطلوب كوقود هيدروجيني نظيف. أما البكتيريا المستخدمة لهذه الخطوة تعرف بمجموعتها كبكتيريا التمثيل الضوئي مع أجناس فردية وأسماء أنواع مثل Rhodospirillum rubrum وRhodocyclus gelatinosus و.Rhodobacter sulfidophilus ومع أنَّ البكتيريا هي ضوء- تمثيلية (أي أنها تتغذى في ضوء الشمس) فإنها تستمر في التفاعل المحول بكفاءة في الضوء والظلمة لفترات تطول أكثر من سنة.

لكن منذ أن كانت بكتيريا التمثيل الضوئي تنجز التحول في الظلمة فإن العملية يمكنها الاستمرار أربعاً وعشرين ساعة في اليوم. ففي اليوم المشمس تتكاثر البكتيريا بالتمثيل الضوئي جزئياً على الهيدروجين محولة إياه الى مواد خلوية جديدة: خلية پروتينية وحيدة وفيتامينات وعناصر مساعدة وحوامض أمينية أساسية أو غيرها من المغذيات. وفي حالة إقصاء النتروجين عن العملية فإن البكتيريا لا تستطيع بناء الپروتين وحوالى 80% من مواد الخلية الجديدة تأتي على شكل حبيبات دقيقة تحتوي على البلاستيك. "حين تستخرج هذه الحبيبات من رسوب الخلايا فإنها تتشكل من حوالى 98% من الپوليستير" يقول ويفر. أي پوليستير قابل للتحلل البيولوجي، وأي منتج من هذه المنتوجات الثانوية يمكن تعريضه للتمثيل الضوئي

المتزامن مع الهيدروجين وذلك بأخذ الظروف بالاعتبار، فلن يكون هنالك من نفايات يقول ويفر، ومن المحتمل أن ينتج پروتين الخلية الواحدة بكلفة ستين سنتاً للپاوند.

إنَّ پروتين البكتيريا أقرب الى الملبن يقول ويفر. "إنه يشبه زلال البيض أيضاً بأن لا طعم له. إنَّ براعم الذوق لدينا لا تستجيب للپروتين". يعين ويفر المادة كالآتي: "إنها غالباً تذوب على اللسان. وإذا كانت مطبوخة فإنها قد تكون اسفنجية مثلما هو أح البيض أو الجبنة حتى تغير طبيعتها". البكتيريا فعالة جداً - حوالى 100% بتحويل مكونات وقود الغاز الى مواد خلايا جديدة.

إنَّ إستخراج الپوليستير من البكتيريا معقد وهو تحد هندسي فعلي، يعترف ويفر. ولكن البكتيريا المزروعة تتكاثر بسرعة. يقول ويفر إنه يمكنها أن تتضاعف في أقل من تسعين دقيقة ولكن في شروط الزراعة العادية فإن كتلتها تتضاعف تقريباً كل أربع ساعات. ومع نشارة الخشب، يتوقع ويفر، أن تنتج طريقته البلاستيكيات المتحللة بيولوجياً بكلفة دولارين للپاوند وليس تماماً العشرة أضعاف المطلوب اختزالها لما اعتقد بريزو أنه ضروري لجعلها منافسة، ولكن في الطريق الطويل لبلوغ ذلك الهدف.

يعتقد ويفر أن پروتين الخلية الجرثومية الواحدة يمكن أن يكون ذا تأثير كبير على صحة العالم إن أنتج بشكل اقتصادي وهو يقول: "الهدف الاجمالي للصناعات المهتمة بهذا المنتج هو إنتاج غذاء حيواني غني بالپروتين، الذي هو المكون الأكثر كلفة في إنتاج الپروتين الحيواني الذي يشكل حاجات الاستهلاك البشري في العالم النامي. لا تنتج الجراثيم فقط حوالى 65% من كتلتها الخلوية كپروتين عالي الجودة (يقول ويفر إنَّ تركيب الحوامض الأمينية

يساوي ما تتطلبه منظمة الصحة العالمية "كپروتين مثالي" معياري) ولكنها تحتوي أيضاً ما يقارب كل الفيتامينات الأساسية والإضافات الغذائية. يضيف ويفر إنَّ شركات الألمان والانكليز واليابانيين كانت الأكثر اهتماماً وإنَّ الشركات الداخلة في الزراعة المائية (تربية الأسماك) هي الأكثر نشاطاً. هنالك المساحات حيث ستجد البكتيريا المستهلكة والمحولة للهيدروجين مكاناً ملائماً في السوق، ولا يعتقد ويفر أن ذلك سيشكل إنتاج الپروتين على نطاق واسع لمواجهة المجاعة في العالم النامي كما كان يعتقد منذ ثلاثين سنة. يضيف أيضاً: "تذكروا أن حاجة الإنسان للپروتين هي حوالى 20% من حصة السعرات الحرارية والباقي هو من الكربوهيدرات والدهون. فمنذ أن كانت خلية الپروتين الوحيدة SCP single cell protein تحتوي على 65% من الپروتين فإن إضافة كميات بسيطة منها للغذاء البشري سوف يحسّن (نوعية-المترجم) الغذاء بشكل معتبر. وبالطريقة عينها، فإن كتلة الغذاء الحيواني لا تزال تتكون من الأعشاب والحبوب ولكن يجب إضافة الحاجات من الپروتين. فعالم الإنسان لا ينقصه السعرات الحرارية، هنالك نقص عالمي بالپروتين بحيث أنَّ هنالك أكثر من مليار إنسان يظهرون أعراض التغذية الناقصة مثل مرضkwashiorkor [وهو شكل من سوء التغذية بسبب النقص الپروتيني، خاصة عند الأطفال الصغار في المناطق الاستوائية].

يلعب الهيدروجين دوراً كمؤشر على وجود الماء في البحث عن وجود الحياة خارج الأرض. وفي مقالة إخبارية عن البحث الحاسوبي لدى النازا عن وجود الحياة الذكية خارج الأرض في عدد نيوزويك لشهر تشرين الأول/أكتوبر 1992 يظهر أن البحث

الجاري من قبل الباحث الفضائي پول هورويتس Paul Horowitz يركز على ذبذبات الهيدروجين ذات الـ1420 ميغاهرتز. وكما تشرح نيوزيك فإن "هذه الذرة الأبسط والأكثر شيوعاً في الكون لها ذبذبات على تردد 1.420.405.751 في الثانية وهي ترددات يقول هورويتس إنها قد يكون لها معنى كمكان التقاء على أوسع مروحة راديو"[8].

لقد أوقفت الناز تمويل البحث بالراديو (اللاسلكي) كإجراء اقتصادي في بداية سنة 1990 ولكن هورويتس وفريقه ما زالوا مستمرين في سبر السماوات بواسطة التمويل الخاص وفي زمن ظهور مقال نيوزويك المشار له سابقاً (1992) كانت قناة Megachannel Extra Terrestrial Assay (META) التي تتلقى تمولاً قوياً من قبل مخرج الأفلام ستيڤن شپيلبرغ Steven Spielberg، تمحص لفترة على عدد هائل من الترددات اللصيقة حقاً بقرب ترددات الهيدروجين. وبعد التدقيق في 60 ألف مليار قناة على فترة خمسة أعوام وجدت META سبعة وثلاثين "مرشحاً محتملاً" كما ذكر أحد المواقع على الإنترنت مع تحفظ معتدل. للأسف ولا واحد منها التقط لاحقاً.

في سنة 1995، META، أصبحت BETA (Billion-channel Extra Terrestrial Assay) تمسح آلياً، بصورة أسرع وأكثر تمييزاً، ملايين الأقنية في الوقت عينه مغطية كامل شريط 1400 الى 1700 ميغاهرتز ترقب ترداد "ثقب الماء". إنَّ كل مرشح قناة يدقق مرتين، أولاً شرقاً ثم غرباً. فإذا وجدت قناة واعدة فإن الهوائي يبرمج لقطع المسح والإقفال على إشارة المرشح (النقطة المحتملة) ماسحاً من وقت لآخر بدقة على طول الموجة لالتقاط ترددات مجاورة أخرى.

ولكن حين طرح أحدهم بداية سنة 2001 السؤال المهم إن

"كنا قد وجدنا مخلوقات من خارج كوكبنا"، على موقع BETA هارفرد الإلكتروني فقد غطى الشاشة سواد شامل كئيب مع إطلاق كلمات في الزاوية اليسرى العليا "لا، كلا حتى الآن".

إنَّ مشروع فنيكس Phoenix في SETI Institute in Mountain View في كاليفورنيا يمثل جهوداً مشابهة. إنه يتطلع الى مروحة أوسع من الإشارات، بين 1000 و3000 ميغاهرتز مع تقسيمات ضيقة جداً (بواحد هيرتز) أو حوالى ملياري قناة لكل نجم مستهدف. إنَّ مشروع فنيكس لا يغطي كامل السماء، إنه يتنصت الى السماء تقريباً على "الجيران" (ليس أبعد من 200 سنة ضوئية) من النجوم الشبيهة بالشمس التي تعتبر أنها على الأرجح قادرة على دعم الحياة وفي أواسط سنة 1999 تفحص مشروع فنيكس حوالى 400 الى 1000 هدف نجمي. "ليس هنالك من رسائل خارج-أرضية" كما تبين بحسب موقع فنيكس على الشبكة.

XI

السلامة: عارض هيندنبورغ
أو لا تطلِ منطادك بوقود الصاروخ

نهار 27 من شهر آذار/مارس سنة 1977 صدمت طائرة جامبو 747 طائرة أخرى من الطراز ذاته على مدرج ضبابي في تنريف في جزر كاناري في الوقت الذي صدمت فيه طائرة ك إل إم KLM طائرة پان أمريكان لحظة إقلاعها. ومن بين الـ 644 راكباً على متن الطائرتين، مات 583 في أسوأ كارثة في تاريخ الطيران المدني.

ج دانييل برِور المدير السابق لبرنامج الهيدروجين في لوكهيد، وعلى الأرجح المدافع الأكثر صراحة عن الهيدروجين السائل كوقود، يصرّ على أن المذبحة كانت لتتقلص كثيراً لو أنَّ الطائرتين كانتا مزودتين بالهيدروجين السائل بدل وقود النفاث التقليدي وبعد تحليل المعلومات التي أصبحت متوافرة بعد الكارثة بوقت قصير، استنتج برِور أن العديد من الوفيات كانت احتمالاً بسبب نار استعر لهيبها جراء وقود الكيروسين طيلة عشر ساعات ونصف. "لو أنَّ

الطائرتين مزودتان بوقود الهيدروجين السائل لكان هناك احتمال معقول أن ينقذ العديد من الأرواح"، هذا ما أخبر برِور نظراءه من الخبراء به بعد ستة أسابيع من المأساة خلال حلقة الهيدروجين في مركز البحث المشترك للمجموعة الأوروبية في إيسپرا - إيطاليا. يشرح برِور أن حوالى 25 الى 30 شخصاً كانوا سيموتون مباشرة بالصدم المباشر. إنَّ النار فمن المفترض أنها كانت ستندلع، ولكن بسبب اختلاف مواصفات احتراق الهيدروجين فإن العديد من الركاب كان يمكن أن يتم إنقاذه. ولقد شرح برِور ذلك كالآتي:

- القسم من النيران العائد إلى الوقود كان سيدوم من دقيقة إلى اثنتين لأن الهيدروجين متطاير جداً وبسبب ضعف الاحتمال الشديد في أن يتمزق خزانا الهيدروجين السائل في كل من الطائرتين.
- كانت النار ستنحصر في مساحة صغيرة. كان الهيدروجين السائل سيتبخر ويتوزع قبل أن ينتشر بشكل واسع[1]. أيضاً من

---

(1) استنتج برِور خلاصاته من تقرير وزارة النقل والمواصلات الاسبانية التي تقول من بين أشياء أخرى إنَّ جسم طائرة KLM لم يكن مشوهاً بشكل خاص ولا الأثر على طائرة PAN AM أو الصدمة على الأرض كانتا عنيفتين بشكل خاص. لقد قدر برِور أنه في هذه الظروف فإن أي حاويات مفترضة للهيدروجين السائل التي في تصاميم لوكهيد لهذه السنوات كانت لتوضع داخل الجسم في جزئين، واحد في الأمام والثاني خلف مقصورة الركاب أكثر من كونها في الجناحين هو نموذجي في طائرة بوينغ 474 المزودة بوقود الكيروسين وما كانت لتتفكك وأقله ليست كلها. فقط كانت النار ستكون نتيجة كميات الهيدروجين القليلة في أنابيب التغذية للمحركات خلال الأجنحة.

المفترض أن حصة أصغر بكثير من إجمالي الوقود الموجود في خزانات الطائرتين كانت لتزهق.

• التوهج أو الحرارة المتوقدة من النار كانت ستكون أقل بكثير؛ فقط الأشخاص الموجودون فوق أو قرب اللهب كانوا سيحترقون، وكذلك جزء من الهيكل. بضع أرواح إذن... إنما الدخان المنبعث من المواد الأخرى المحترقة في الطائرة فإنه كان سيلغي ميزة الهيدروجين هذه.

ومهما يكن فإن مزايا أفكار برِوِر قد لا تساعد، ولكن للمقارنة بين كارثة تنريف التي تراجعت حقاً بسرعة في وعي الجمهور كما حادثة منطاد هندنبورغ سنة 1937 حيث مات 36 شخصاً -35 من الركاب والطاقم وشخص واحد من الطاقم الأرضي. لقد أشبعت الحادثة تغطية في أخبار الإعلام وخاف العديد من أنصار الهيدروجين كوقود أن تصبح كلمة "هيدروجين" مشحونة سلبياً في الوعي الشعبي.

إنَّ منطاد هيندنبورغ لم ينفجر كما يظن غالباً، لقد احترق. وأكثر من ذلك فإن توأمه المركبة غراف زيپّلين Graf Zeppelin قامت برحلات مبرمجة عبر الأطلسي منذ سنة 1928 حتى تقاعدها سنة 1937 من دون أي حادث مشؤوم. أيضاً قبل الكارثة، أتم المنطاد هيندنبورغ بنجاح عشر رحلات كاملة بين الولايات المتحدة وأوروبا.

لقد ساور شك بأن ثمة تخريباً بداية وراء الاحتراق الانفجاري بينما اعتقد الكثيرون، لوقت طويل، أن الكهرباء الستاتيكية الموجودة في الجو هي السبب الأكثر احتمالاً بعد أكثر من ساعة العواصف الرعدية والمطر، الذي أشعل الهيدروجين المتسرب، بينما كان الطاقم يحاول ربط المنطاد الكبير الى برج مرساته.

يجب التذكير أيضاً بأن منطاد هيندنبورغ وتوأمه كانا مصممين لينفخا بغاز الهيليوم غير القابل للاحتراق. لكن تمّ استبدال الهيليوم بالهيدروجين عندما رفضت الولايات المتحدة وهي المصدر الوحيد لهذا الغاز تزويد ألمانيا به بعد الحرب العالمية الأولى.

بعد ستين عاماً على وجه التقريب من الكارثة اكتشف أديسون بِيْنْ Addison Bain المحترم كثيراً والمخضرم في النازا برهاناً ساطعاً يبرئ الهيدروجين بشكل مقنع من كونه السبب الأولي للكارثة، وأن الملامة يجب أن توضع على الكهرباء الستاتيكية (الهامدة -المترجم) وعلى وجود مواد فائقة الاشتعال على غلاف مركبة الطيران. وبصفته مديراً سابقاً لبرنامج الهيدروجين في مركز كينيدي الفضائي فقد قدم اكتشافاته بعد البحث الطويل لمدة عقد من الزمن في ربيع سنة 1997 في الاجتماع السنوي لجمعية الهيدروجين الوطنية. لقد شملت تحليلاته الثاقبة في مختبرات النازا لعلم المواد نتفاً من أغطية قطنية باقية من منطاد هيندنبورغ. لقد نشرت استنتاجاته أولاً في مجلة الطيران والفضاء *Air and Space Magazine* وقد استعيدت في مقال موسع في قسم العلوم من نيويورك تايمس. لقد أعطت (هذه الدراسة) مادة دسمة لمجلة العلوم الشعبية *Popular Sciences* وللكثير من الوثائق المتلفزة. وفي كلمة افتتاح الاجتماع قال بِيْنْ إنه اكتشف أن استعمال القطن المصنع وطريقة طلاء تحتوي على (Aluminized cellulose Acetate butyrate) وأكسيد الحديد التي مزجت بها قد أعطى مادة ملتهبة لأقل شرارة نار. ويقول بِيْنْ بشكل قاطع "وقود الدفع الصلب في المكوك الفضائي يستعمل مسحوق الألمنيوم كوقود وأكسيد الحديد كمحفز في تسريع الاحتراق".

فالكهرباء الستاتيكية (نقل الشهود أنهم رأوا ومضات زرقاء في قمة المركبة ومؤخرتها، قرب النقطة التي انطلقت منها النيران أولاً

قبل لحظات من اندلاع الحريق) قد تسببت على الأرجح بإطلاق الشرارة التي أدت الى اندلاع النار، كما ذهب يشرح بِيْنْ. وقد لاحظ أن "أحوال الجو ومركبة الطيران في لَيْكهورست Lakehurst كانت مؤاتية لتكوين نشاط كهربائي ستاتيكي معتبر على المركبة". وقال بِيْنْ إنَّ "الهيدروجين يساعد طبيعياً على الاشتعال، وإنه وقود وكل وقود يجب أن يشتعل. ولكن بخلاف مركبة الطيران كان قابلاً للالتهاب بما يكفي حتى يشتعل حتى ولو كان المنطاد مملوءاً بغاز محايد مثل الهيليوم. كان فعلاً حريقاً للسليلوز "معطراً" ببعض الهيدروجين". والحجة النهائية كانت تقديم صورة أخيرة، تظهر منطاداً للبحرية الأمريكية مشتعلاً في تموز/يوليو سنة 1956 في قاعدة لسلاح البحرية في جورجيا، تحت المطر مع تجهيزات مكافحة الحريق المحيطة به. يبدو المنظر للمشاهد العابر شبيهاً جداً بمنطاد هيندنبورغ مع اشتعال الغلاف السريع. ولكن مركبة الطيران هذه مملوءة بالهيليوم المحايد غير القابل للاشتعال. "العبرة من هذه الرواية"، متمثلة باستنتاج بِيْنْ وهو "عدم طلي مركبة الطيران بوقود الصواريخ".

لقد كانت السلامة على أجندة جماعة الهيدروجين الدولية منذ البداية، وفي التسعينيات كان البحث في سلامة الهيدروجين مستمراً في المختبرات في الولايات المتحدة وأوروبا واليابان واحتمالاً في غير مكان.

وفي سنة 1994 جرى التحقق من بعض أفكار برِوِر بخصوص سلوك الهيدروجين السائل بتجربة كميات وفيرة من الهيدروجين السائل LH_2 حيث بعثرت قصداً وأشعلت في صف هنغارات متروكة للجيش قرب برلين، والتي كانت تستخدم مأوى للجيش السوڤياتي.

لقد بعثر العلماء الألمان من المؤسسة الاتحادية للبحث وتجربة المواد BAM- ومن فرع معهد باتّلّ ميموريال ومن مركز يوليش Jülich للبحث عن قصد 650 ليتراً من LH_2، وحوالى مائة كلغ من خليط الغاز السائل النفطي (LPG) (خليط سائل غاز الپروپان والپوتان) حيث شكل كل وقود مستنقعاً واسعاً على الأرض على صفيحة معدنية، وعلى سطح مائي يفصل بين هنغارين بالاستناد إلى دراسة قدمت الى مؤتمر الهندسة التقريسية الدولي سنة 1994 في جنوى. يقول أصحاب الدراسة إنَّ سلسلة التجارب التي أجريت خلال أربعة أيام بواسطة عشرين مجسة لتفحص الهيدروجين وحده وخمس كاميرات فيديو كانت أول محاولة لاكتشاف ما يمكن أن يحصل إذا حدث أن تسرب هذا الخليط في محيط سكني. التجارب الأولية على هذا الطفح أدّت الى معلومات مهمة عن التبخر وتشكل الضباب كما قال الكتاب، ولكن أغلبها سرب الى "مساحة مفتوحة تحت شروط ليست كلها نموذجية لحصول حادث".

ما الذي حدث؟ ليس الكثير. الهيدروجين السائل لم يظهر أي اختلاف ملفت عن الغاز الطبيعي السائل أو غاز النفط السائل وغيره من الوقود التقليدي. وكما نقل الباحثون إنَّ "ما برهنا عليه هو أنه حتى في حالة الحادث فإن LH_2 ليس أكثر خطراً من أي وقود آخر". في الواقع ممكن أن يكون أضمن في بعض وجوهه بسبب أنه يتبخر بسرعة عوض الانتشار على الأرض. وفي بيان صحفي تقول مؤسسة BAM إنه من المؤكد افتراضاً أن "سائل الهيدروجين ليس أبداً أكثر خطورة في حالة سيناريو حادث كهذا من الپروپان المعروف جيداً". وبحسب البيان "ضباب الهيدروجين تصاعد بسرعة ثم تناثر، بينما تجمع الپروپان بداية على الأرض ولكنه تبعثر لاحقاً بتيار الهواء".

منذ سنة 1956 أجرت شركة آرثر د ليتل و لوكهيد تجارب لأخذ فكرة عن الأخطار الموجودة لدى معالجة كميات كبيرة من الهيدروجين المتوقع استعمالها في برنامج الفضاء الأمريكي والاجراءات الضرورية لذلك. ولقد بعثر الباحثون لدى آرثر د ليتل وأشعلوا ما يزيد عن 5000 غالون من LH_2 في مساحة مفتوحة ولكن لم يحصل أي انفجار.

وفي دراسة لسنة 1976 من قبل أ. أ. ديپون A.A. Du Pont وهو باحث لدى مؤسسة غاريتّ Garett Corporation في لوس أنجلوس نقل أن "استعمال الهيدروجين لتشغيل طائرة عادية يمكن أن يكون آمناً أو أكثر أماناً من استعمال الوقود" (العادي)، مع ذلك" يبرز السؤال عن الخطر المتأتي من الهيدروجين الوقود في حالة حصول حادث خطير حيث تدمر الطائرة جزئياً ويهرق الوقود". يقول ديپون "إنه لصعب جداً" الحصول على خليط متفجر من الهيدروجين والهواء حتى في مكان مغلق وهو ادعاء يرفضه آخرون. إنه يؤكد أيضاً أن حريق الهيدروجين "أفضل بكثير من وجهة نظر السلامة". ويتابع "إن طفحاً من الهيدروجين خفيض الحرارة يغلي بشراسة بالتماس مع الأرض الساخنة نسبياً، وهكذا تبقى مساحة الوقود المتسرب محصورة بينما ينتشر الوقود المتسرب على مساحة الأرض ويغطي مساحات كبيرة". ويقول ديپون إنه في حادث حيث يتسرب الوقود ويشتعل فحريق الكيروسين يغطي مساحة أكبر بكثير من لهب الهيدروجين. ويستنتج أنه، في كل حال، "يظهر بعد التقدير الموضوعي لمواصفات الوقودين وحجم شحنات الوقود المتضمنة أن حظوظ الركاب للنجاة في حادث تحطم طائرة تعمل بوقود الهيدروجين هي جيدة أو أفضل بذات المعدل كما لو كانت طائرة تعمل بوقود الكيروسين".

ربما كان ديپون متفائلاً قليلاً أكثر مما ينبغي. ففي سنة 1976 أظهرت دراسة لمعهد ستانفورد للأبحاث في مقارنة الهيدروجين مع أنواع الوقود التقليدية بما يخص مبتغى السلامة أنه "ليس من جواب قاطع". بالإضافة، أكدت الدراسة أنه "بما أنَّ الصفات الفيزيائية والكيميائية للهيدروجين هي حقاً مختلفة عن المواد الشائعة الموجودة فإن الاخطار المنسوبة للهيدروجين تبدو من بعيد أنها متأثرة بالظروف أكثر من أي وقود آخر... فالتأكيدات المضللة حول سلامة الهيدروجين بالمقارنة مع مواد أخرى هي على العموم خادعة". إنَّ دراسة معهد ستانفورد تشير الى أن "تصور الجمهور لسلامة الهيدروجين قد تكون أحد العوائق الرئيسية للتحول الى اقتصاد الهيدروجين".

في أواسط السبعينيات قصف باحثو قاعدة ورايت باترسون Wright-Patterson لسلاح الجو بطريقة الاختراق بالنيران المشتعلة وشظايا تحاكي الرصاص حاويات من الأليمنيوم والپوليمير بعضها يحتوي على LH_2 وأخرى على نفط الطائرات النفاثة .JP-4 وقد حاكوا أيضاً ضربات الصاعقة على الحاويات. لقد صرحوا أن هذه التجارب، أظهرت أن LH_2 هو "أكثر رحمة" من الكيروسين. وكما جاء في وصف جاك ليپّرت Jack Lippert للنتائج في مؤتمر الهيدروجين في ميامي بيتش سنة 1976 فإنها كانت تشير الى أن الأسلحة الحارقة أشعلت، ولكنها لم تفجر الهيدروجين السائل. إنَّ حريق الهيدروجين كان "أقل شدة" و"انطفأ بشكل أسرع" من حريق وقود الطائرات النفاثة المقارن، مع أنَّ إجمالي سخونة عينة الهيدروجين كانت ضعفي تلك الناتجة من عينة وقود الـ .JP-4

أما تدمير عينة الحاويات بواسطة القذائف غير المتفجرة فقد أظهرت أن الهيدروجين السائل قد تعرض للقليل من "أثر الصدمة

الهيدرولية (السائلية)" "hydraulic ram effect" (هذه الصدمة هي موجة الضغط الداخلي الناشئة داخل السائل التي تؤدي الى فتح شق في الحاوية أو الصفيحة وتسبب ضرراً في الغلاف المعدني المحيط). القذائف غير المنفجرة أيضاً لم تسبب اشتعال الهيدروجين السائل الذي تسرب ببساطة من الفتحة والثقوب.

وحين قذفت الحاوية المشابهة المغلفة بالبولييز والمملوءة بوقود JP-4 سبب المقذوف ضغطاً زائداً أدى الى "دفع" الكيروسين من خلال الغلاف، وأدى الى حدوث شق للتسرب واسع حقاً. يرجع ليپّرت الفرق في السلوك (هذا) الى واقع أن الهيدروجين السائل هو حوالى عشر كثافة سائل JP-4، لذلك فإنَّ القذيفة أدت الى أثر وموجة صدم أقوى في السائل ذي الكثافة العالية من الآخر ذي الكثافة المتدنية.

وفي محاكاة، ضربات الصاعقة، استخدم الباحثون مولداً بقوة ستة ملايين فلط لرمي قوس الوميض الكبير الى حاويات الهيدروجين السائل. أيضاً كان هناك اشتعال ولكن من دون انفجار. يقول ليپّرت "إن المعطيات تشير، الى أن الأخطار المرتبطة بالهيدروجين السائل المستعمل في معارك الطائرات ستكون أقل خطورة من تلك التي تستعمل وقود JP-4، وبذلك يتوجب عدم إقصاء الهيدروجين السائل مستقبلاً كوقود بديل للطائرات العسكرية كما للطائرات التجارية".

ويشعر بعض مناصري الهيدروجين أنه، بالنظر الى تعقّد تكنولوجيا الصواريخ فإن تجربة النازا قد لا تكون مفيدة لمسائل السلامة اليومية التي من المحتمل أنْ تطرح في الطيران المدني في الاقتصاد الهيدروجيني مستقبلاً. تبقى هناك ملاحظة غنية لا بدَّ من الإشارة إليها، وهي أن النازا استعملت وعالجت كميات هائلة من

الهيدروجين السائل حمل أغلبها على عبارات (مائية) وصهاريج لمئات الأميال حتى كاب كاڤرال وغيره من المواقع الأخرى.

وفي سنة 1974 قدم الباحث في النازا دراسة لمراجعة ستة وتسعين حادثاً وطارئاً مع الهيدروجين أمام مؤتمر بدائل الطاقة الهندسي في سان فرانسيسكو. ولقد بيَّن أوردين أن صهاريج نقل النازا جلبت ما يزيد على ستة عشر مليون غالون من LH_2 لبرنامج Appollo-Saturn وحده. لقد وصف سبعة عشر حادثاً عاثراً لدى صهاريج النقل الحاملة بين 3000 و16.000 غالون. إثنا عشر منها حصلت بسبب حمولة كاملة، وخمسة بسبب حوادث الطريق السريع. بالإجمال، بدت النتائج كأنها تشير الى أن الهيدروجين السائل رحوم بحق في ظروف الاحتمالات عالية المجازفة.

في ثلاثة حوادث على الطريق السريع من بين خمسة، كانت القاطرة قد تضررت بقوة، ولكن المقطورة بقيت سليمة في الاثنين الآخرين ولم تتضرر الناقلة. وفي الحالة الوحيدة التي تسرب فيها الهيدروجين لم يكن هناك اشتعال. بعض هذه الحوادث كان يمكن أن يسبّب انفجاراً مذهلاً لو أنَّ حمله كان من البنزين أو الكيروسين. وفي حالة واحدة دخلت قاطرة- مقطورة في كوع وهي مسرعة فسقطت أربعين قدماً أسفل ردمية. لقد دارت المقطورة مرة ودارت المقطورة مرة ونصف (حول نفسها). أصبحت المقطورة "خسارة كاملة" ولم تتضرر القاطرة إلا قليلاً مع صندوقها (قوقعتها) في حالة مرضية ومفتوحة بشكل عادي. وفي حادث عاثر آخر جنحت ناقلة هيدروجين سائل على طريق مبلل بعد استعمال المكباح فدارت حوالى 1800 وانزلقت على أحد جانبيها. أما المقطورة غير المتوقفة فخرجت الى حفرة (جانبية) وانزلقت حوالى ثمانين قدماً على جنبها أيضاً. لقد انفكت أسطوانات السلامة كما

هو مصمم وتبعثر الهيدروجين السائل في الهواء بأمان في حوالى ساعة. وفي حالة ثالثة، كانت قاطرة-مقطورة عائدة من التفريغ ولكنها لا تزال تحتوي على بعض غاز الهيدروجين وبسرعة تبلغ 50-55 ميلاً في الساعة اصطدمت في طقس ممطر بشاحنة أخرى مما أدى إلى انحرافها. لقد تحطمت القاطرة ولكن المقطورة لم تشك من أي تسرب ولم يمس الفراغ (الداخلي) فيها.

لقد تسرب الهيدروجين في ثمانين مرة من 96 إشكالاً، واندلعت النيران في 61 مرة منها. قد يبدو ذلك نسبة مئوية مرتفعة، وقد اعتبره الباحثون أكثر دلالة لأنَّ النار لم تندلع في خمسة وعشرين حالة.

مع ذلك تقدم تجربة النازا "تشجيعاً حول الاستخدام الآمن للهيدروجين السائل"، لذلك يجب أن تستخدم كنقطة انطلاق لتطوير طرائق سلامة في المستقبل. لقد استنتجت دراسة م ب ع - د أن سجل النازا كان "غير صالح كأساس لاتخاذ القرار" من وجهة نظر اقتصاد هيدروجيني أكثر شمولاً، مع أنَّ الجسم البشري الذي عالج الهيدروجين في النازا وقد تمّ اختياره اختير ودرّب تدريباً خاصاً. إنَّ استعمال الهيدروجين في مجهود الفضاء كان محصوراً وتحت "السيطرة الدقيقة" للمحيط الخارجي من أجل تقليص أخطار الانفجار، و"الهم الأقصى حول وثوقية (مصداقية) النظم" كان مسيطراً على مساحة البرنامج كلها، خاصّة وأنَّ آليات الأمان للهيدروجين في النازا قد تطلبت هيكلية تحتية "غالية جداً وغالباً فريدة".

نقطة انطلاق أخرى لتبيان سلامة الهيدروجين أتت من تجارب أول أنابيب نقل بعيدة المدى للهيدروجين في العالم الى مختلف مصانع الكيمياء المشغلة من قبل Chemische Werke Huels CWH

في ألمانيا. هذه الشبكة من 130 ميلاً لا تزال تعمل. إنه من المهم لتقدير إنجاز السلامة (هذا)، أن نتذكر أن الأنابيب ضيقة جداً في قطرها، وأنها في هذه الحالة لا تجاري القطر المتوقع الضروري لأنابيب طاقة المستقبل، وأنها تعمل تحت ضغط منخفض بالمقارنة مع آلاف البوندات لكل إنش مربع مطلوب للنقل الفعال للطاقة. كذلك في بعض الحالات يسري الهيدروجين الغازي في الأنابيب بحالة غير نقية جداً (حوالى 95% وحتى أقل): إن ذلك يفيد عند التسرب وضد التشقق وقابلية الاشتعال منذ أن كانت قلة النقاء تقلص الأخطار بطريقة ما.

يقول كريستيان إيستينغ Christan Isting الاداري في شركة Huels في دراسة نشرت سنة 1974 في اللقاء الأوروبي للطاقة إنَّ "الهيدروجين المضغوط يشتعل عادة عندما ينتشر". إنَّ الأسباب لذلك غير مفهومة بشكل واضح، ولكن ذلك يتعلق على الأرجح بالشحنات الكهربائية المتولدة من جزيئات الغبار في الهواء. الهيدروجين المضغوط سوف يشتعل إذا كان ذلك في خط قليل الاستعمال كما نقل إيستينغ، ولكن يمكن تفادي الاشتعال إذا دفع بكميات صغيرة في البداية داخل الأنبوب، وأن الكميات وسرعة الدفق قد تمّت زيادتها بشكل متدرج. هناك كميات كبيرة يمكن إطلاقها في الجو من دون الاشتعال باستثناء وقت العواصف الرعدية. ويلخص إيستينغ "خلال السنوات العديدة في العمل على الشبكة المدمجة لـCWH لم يحصل انفجارات. فإما إنَّ الهيدروجين يشتعل مباشرة عند التسرب، أو أنه في حالة عدم الاشتعال فإن خليطاً متفجراً لا يمكنه التشكل قرب الأرض بسبب كثافته الخفيفة. لهذا لا يجب الخوف من الانفجارات أو حتى الصعق في الأنبوب

لأن مزيج الغاز-هواء لا يمكن تشكله بسبب الضغط المهيمن في الأنبوب".

ولفهم ملابسات السلامة الأكثر شمولاً للهيدروجين فمن المفيد النظر الى صفاته الفيزيائية كما شرحتها دراسة م ب ع - د سنة 1976:

1. الهيدروجين السائل هو مادة باردة جداً -4230 ف (-2520 مئوية). وإنَّ التماس مع جسم الانسان يمكن أن يؤدي الى حروق شديدة، تهتك النسيج تقريباً مثل الحروق بالنار.

2. كغاز ينتشر الهيدروجين سريعاً جداً الى مساحات أخرى. إنَّ له كثافة خفيفة جداً مما يعني أنه يصعد بسرعة في الهواء.

3. ممتزجاً بالهواء، يحترق الهيدروجين على درجات خليط أوسع بكثير من الميتان أو البنزين، على سبيل المثال. المزيج المتدني بنسبة 4% من الهيدروجين مع الهواء وبنسبة مرتفعة حتى 74% كلاهما سيشتعلان. المروحة المقابلة للميتان هي 5.3 و15% وللبنزين مروحة ضيقة جداً بين 1.5 و7.6%. أما مروحة الوقود النفاث كذلك أضيق، بين 0.8 و5.6%.

4. حين حصره في مكان مغلق تماماً -غرفة أو حاوية- يمكن تفجير الهيدروجين، وهو ينفجر على مروحة تركيز من 18 حتى 59% (بالحجم) في الهواء. ينفجر الميتان على مروحة تركيز من 6.3 الى 14% بينما يتفجر البنزين ووقود النفاث في مروحة من 1.1 الى 3.3%.

5. يلزم القليل من الطاقة لإطلاق لهيب الهيدروجين -حوالى 20 ميكروجول م ج (Micro Joule). بينما يتطلب الميتان حوالى 12 مرة أكثر من الطاقة أي حوالى 290 م ج لإشعاله ويلزم 240 م ج للبنزين(2). على كل في الخارج، المفتوح، من دون حصر (إغلاق) فإنه من غير الممكن تقريباً

(2) مع ذلك حتى شرارة صغيرة كالتي تصدر عن الكهرباء الستاتية لجسم الانسان، تكفي لاشعال هذا الوقود. إنَّ شرارات كهذه تنتج حوالى 000 10 ميكروجول.

حمل الهيدروجين على الانفجار بواسطة شرارة حرارة أو لهب. يمكن تفجير مزيج الهيدروجين-هواء فقط بواسطة صاعق كرأس عاصف ثقيل.

6. لهب الهيدروجين تقريباً لا يرى في ضوء النهار (إلا إذا أضفنا بعض الملونات الخاصة) وهو ينتقل بسرعة أكبر من لهيب الميتان. إنَّ لهيب الهيدروجين ينطلق صعوداً بسرعة 2.75 متر (تسعة أقدام) بالثانية بينما يشتعل الميتان والبنزين بشكل أبطأ أكثر 0.37 (1.2 قدم) بالثانية.

7. بخلاف لهيب الكيروسين والبنزين فإن لهيب الهيدروجين يبث طاقة قليلة جداً ما يعني أنه لا يحس بحرارته عن (بعد) مسافة[3].

للتوضيح تضيف الدراسة ما يلي:

في حين يجعل عدم رؤية النار صعبة التحديد والمكافحة فإن رجال الاطفاء يمكنهم أن يقتربوا كثيراً من النار (على الافتراض أنهم يعرفون مكانها) من دون إصابات. ولما كان من الصعب أن يشعروا بالحرارة من اللهب فإن شخصاً ما قد يتحرك بسهولة نحو اللهب وأن يحترق ولكن الأعراض المحيطة لا تسخن أو تحترق إلا حين تمسها النار مباشرة. في الحرائق العادية يكون أحد الأسباب الرئيسية لانتشار النار والإصابة هو كمية الطاقة الكبيرة المنبثَّة من أكسدة ذرات الكربون. وهكذا فإن غياب رؤية اللهب في حرائق الهيدروجين يمكن أن يكون مساعدة وإعاقة (نعمة ونقمة -المترجم) في الوقت ذاته.

الطاقة المبثوثة من الحرائق فوق مستنقع الهيدروجين السائل والميتان السائل بالمساحة نفسها والحجم نفسيهما سوف تكون متساوية تقريباً بسبب أن انخفاض البث (إشاعة الطاقة الحرارية -المترجم) في الهيدروجين يقابله سرعة الاحتراق. وبالتأكيد إنَّ ذلك يعني أن الوقود المتاح يستنفد بسرعة في حالة حريق الهيدروجين. وعلى كل حال نظراً لمعدل تبخر الهيدروجين السائل السريع سوف لن تتكون بقعة منه إلا إذا حصل اندلاق واسع. وما سوف

---

(3) Source of data: Jesse Hord, Is Hydrogen Safe? (technical note 640, National Bureau of Standards, 1976).

يحدث لطائرة مزودة بالهيدروجين السائل إ&ن تحطمت عند الإقلاع أنها ستسقط في بقعة كهذه.

إنَّ مروحة الالتهاب الواسعة وطاقة الاحتراق الخفيفة تتأتى من اتجاهه للتبعثر من مكان التسرب أو الاندلاق بسبب خفته وسرعته العالية في الانتشار... حيث يندلق البنزين، تنتشر أبخرته الأثقل من الهواء على طبقة واسعة قرب الأرض. إنَّ ذلك يزيد كثيراً المساحة المعرضة (للاحتراق- المترجم). وهكذا فإن ميل الهيدروجين للانتشار بسرعة أكبر بكثير من غيره من الوقود بما فيها غاز الميتان، هو نقطة مهمة لصالحه.

منذ بداية البحوث، أصبحنا نعرف قدراً أكبر حول الهيدروجين، ولكنّ البحث المفصل في أسس السلامة لا يزال متواصلاً. ففي المؤتمر الدولي للطاقة الهيدروجينية سنة 1996 في شتوتغارت مثلاً، هناك أكثر من ثلاثين دراسة من بين 375 دراسة وإعلان تعاملت مع المواد والسلامة. لقد غطت الدراسات مواضيع فريدة حتى مثل "انكسار السلوك الميكانيكي للفولاذ MNNI 6 15 3 تحت ضغط غاز الهيدروجين المرتفع مع اختلاطه بالأكسجين"، "الاحتراق المضطرب وعمليات تفجير خلائط الهيدروجين - الهواء"، و"السلوك الميكانيكي المعدّل بالهيدروجين لسبائك الفولاذ والسبائك بالنيكل". ولكن كان هناك تقارير عن مواضيع تبدو قريبة لواقع المستهلك مثل "أداة الأمان لأجهزة الهيدروجين" و"اعتبارات السلامة في تصميم العربات المدفوعة بالهيدروجين" و"الفحوصات التجريبية في حالة السلوك الأسوأ لحاويات الهيدروجين السائل والغاز الطبيعي على راكب السيارات".

في سنة 1993 جرت دراسة أكثر شمولية عن السلامة بتفويض من البرلمان الألماني، خلصت الى أن الأخطار المتأتية من الاستعمال الواسع للهيدروجين هي على الأرجح متدنية نسبياً ويمكن

التعامل معها بسهولة حقاً. لقد اعتمدت الدراسة من قبل مكتب التحقق من تأثير التكنولوجيا في البرلمان الألماني، وتلت عمل لجنة التحقيق الوطنية السابقة والمدعوة والتي أمسكت بحشد من النشرات عن الطاقة والبيئة بما فيها توقعات ونتائج تطور الاستراتيجيات المؤدية الى اقتصاد الهيدروجين. "المجازفات التقنية في كل مكونات نظام طاقة الهيدروجين، من الإنتاج الى الاستعمال، هي في المبدأ، تعتبر تحت السيطرة" تقول خلاصة اللجنة المنفذة من خمس صفحات. "يظهر أن المخاطر الرئيسية توجد في الحلقة الوسطى، خلال التخزين والتوزيع في حالتي الغاز والسائل". ولقد صنّفت الدراسة ميزات الهيدروجين في ظروف الحوادث المختلفة بما فيها التسرب والتبخر وتكون الضباب (الهيدروجيني- المترجم) والحريق والبث الحراري الأدنى. وقد صنفت ذروة الضغط أثناء الاحتراق الطارئ لمزيج الهيدروجين - هواء كواحد من العيوب خاصة في الغرف المقفلة كلياً أو جزئياً. (ما يتعلق بالمسائل غير المنحلة بخصوص المواد والتشققات وخطر نقل الهيدروجين الغازي تحت ضغط مرتفع في الأنابيب فإنها لم تصل الى خلاصة بأي طريقة ذات مغزى). لقد نظرت الدراسة الى خطر معالجة الهيدروجين من قبل أفراد غير مدربين (مثل المستهلكين العاديين)، كما تتطلب إجراءات السلامة التقنية مثل "حال العمليات المتعاقبة آلياً" ومجسات تكييف الغاز الذاتية في الغرف المغلقة الموصولة بنظم التهوئة.

إنَّ واحداً من أفضل المشهورين بين باحثي السلامة الأمريكيين للهيدروجين هو ميكايل سوَيْن، وهو أستاذ مساعد في الهندسة الميكانيكية في جامعة كورال غِيْبلس Coral Gables في ميامي.

ولسنوات عديدة راقب سوَيْن (الذي تعود نشاطاته مع الهيدروجين الى الوراء لبداية 1970 حين حول مع زميل له سيارة تويوتا ستَيْشن الى الهيدروجين) بشكل منهجي شؤون السلامة. ولقد لخص الجهد السابق في برنامج وزارة الطاقة للهيدروجين المستعاد في ألكسندريا في ڤرجينيا. قال سوَيْن إنه مع زملائه تقصّوا على قضايا السلامة المتعلقة بالسيارات والأبنية والأنابيب وخطوط الوقود المنزلية والأنابيب وأجهزة الهيدروجين من كل نوع ونظم التهوئة وحوادث الحريق أثناء إنتاج الهيدروجين وعوازل اللهب وقابلية نفاذ الهيدروجين.

وفي اجتماع استعادي لوزارة الطاقة الأمريكية بخصوص برنامج الهيدروجين في ميامي سنة 1996 نقل سوَيْن أن تسرب الهيدروجين كان أقل من الغاز الطبيعي أو البتروليوم السائل (مركب غازي مسيل -المترجم) بأحجام تسربات مشابهة تحت الضغط عينه داخل الأنبوب حتى لو زيد ضغط الخط لإعطاء سرعة دفق الطاقة عينها كما للغاز الطبيعي أو البتروليوم السائل. كذلك قارن سوَيْن سلوك وإمكانية الخطر من الضباب الهيدروجيني مع تلك العائدة لسائل البتروليوم عن طريق محاكاة التحاليل الحاسوبية (افتراضياً -المترجم) وكذلك تجريبياً (واقعياً -المترجم). لقد كشف أن ضباب غاز البتروليوم السائل كان في أغلب الحالات أكثر خطورة من الضباب الهيدروجيني. يعود هذا كما يقول سوَيْن الى الاختلاف في كثافة الغازين، فحركة ضباب الغاز في الهواء محكومة بكثافة الضباب أما الانتشار فهو يلعب دوراً ثانوياً. وبتفحص السيناروات المختلفة التي قد تؤدي الى الحوادث وجد سوَيْن أن) LPGغاز النفط السائل) مع كثافته العالية يؤدي عادة الى خطر أكبر من الهيدروجين.

وفي تحليل آخر للآن، وجد سوَيْن أن الأنابيب البلاستيكية

نفاذة حوالى مرتين للهيدروجين أكثر منها للغاز الطبيعي. حتى مع ذلك، فالأخطار كانت "ما زالت صغيرة بشكل لا يذكر من وجهة نظر السلامة". من جهة ثانية وجد سوَيْن أن "لهيب الهيدروجين النحيل لا يرى في حضور مصادر ضوء أخرى، ولكن شعلة الهيدروجين الكثيفة يمكن رؤيتها تماماً، وأن "إضافة كميات صغيرة من الهيدروكربونات الغازية تزيد رؤية لهب الهيدروجين جوهرياً".

وفي اجتماع مراجعة برنامج الهيدروجين في وزارة الطاقة الأمريكية لسنة 1995 في كورال غِيْبلس قدم سوَيْن تحليلاً عن السلامة وعمّا يمكن أن يحدث عند زيادة الضغط في حاويات تخزين الهيدروجين من النوع الذي قد يستعمل في سيارة بالحجم الوسط وتعمل مستقبلاً بوقود الهيدروجين والتي يمكن أن تثقب خلال الحادث. لقد وجد أن تسرباً كلياً للهيدروجين والغاز الطبيعي يؤدي الى مخاريط (شكل مخروطي) من المزيج الغازي التي يمكن إشعالها. إنَّ إشعال مخروط الهيدروجين-هواء، يؤدي الى زيادة ضغط أكثر من اشعال ما يوازيه من مخروط الغاز الطبيعي -هواء ولكن زيادة الضغط تبقى متدنية فعلاً كما قال سوَيْن - في حالة مشابهة لـ "زيادة الضغط (المتولدة) من نفخ بالون طفل بقياس 11 إنشاً إلى أن ينفجر". إن نفث الوقود الغازي خفيف الكثافة صعوداً يقلص التماس المرجح مع مصادر الاشتعال خلال الحادث، وأن النفاث أيضاً يقلص حصر الغاز الممكن داخل المركبة كما أضاف. إنَّ تخزين الغاز المضغوط في العديد من الحاويات الصغيرة عوض القليل الواسع منها يمكن أن يقلل كمية الغاز المزهوق في الحادث.

ومنذ أن كان الهيدروجين لا يمكن شمه أو رؤيته فإن اكتشاف تراكمه داخل الامكنة المغلقة مثل مقصورة الركاب هي شأن مهم

في السلامة. الى هذا الاجتماع الاستعادي حول طاقة الهيدروجين لوزارة الطاقة الأمريكية نقل ديڤِد بنسون David Benson وسي إدوين تراسي C. Edwin Tracy من المختبر الوطني للطاقة المتجددة أن تطوير كشاف من الألياف البصرية لكشف تسرب الهيدروجين يمكن أن يكون أرخص للإنتاج من الأجهزة التقليدية (التي تتطلب عادة أسلاكاً كهربائية لعملياتها، والتي يمكن أن تكون مكلفة جداً للاستخدام الجماهيري في حاجيات المستهلك الحساس للسعر كالسيارة مثلاً).

يتكون كاشف بنسون-تراسي أساساً من غشاء رقيق يمكن تبديله ومتحسس كيميائياً -صبغياً ملتصق بنهاية الألياف البصرية البوليميرية. وعند تعريض هذا الغشاء (الفيلم) (وهو طبقة من أكسيد التانغستان غير البلورية الشفافة مغطاة بطبقة پالاديوم رقيقة جداً وعاكسة) للهيدروجين يجعله داكناً، ويمكن قياس الفرق بضوء الكاشف المنعكس. لقد عرضت هذه المقاربة من قبل العلماء اليابانيين في بداية الثمانينيات، كما قال بنسون. وهذا المشروع نتاجاً ثانوياً لعشر سنوات من البحوث لاستعمال غشاء أكسيد التانغستين كناشط من الناحية الكهرو-ضوئية في غطاء كهرو-صبغي للنافذة. وكما وصفه بنسون فإن التحدي الرئيسي (غير تخفيض الكلفة وتحقيق استجابة سريعة واصطفائية كافية) كان تجنب القراءات الخاطئة جراء النفاث من عوادم السيارات المارة.

في نهاية الثمانينيات، بدأت جماعة الهيدروجين الدولية بالاعتراف بأن سلامة الهيدروجين سوف يتعامل معها على المستوى الدولي إذا كان الهيدروجين سيصبح حامل الطاقة العالمي. بالإضافة، أصبح واضحاً للكثيرين أن سلامة الهيدروجين هي نوعياً مختلفة عن أي سلامة وقود آخر، وأن المعايير الدولية سوف تتركز

أكثر فأكثر لقد أفضى ذلك، باكراً في سنة 1990 الى تأسيس لجنة تقنية جديدة "لطاقة الهيدروجين" كقسم من المنظمة الدولية لتوحيد المقاييس (التعيير-المترجم)، وهي جسم دولي مركزه في جنيف ويدير كل أنواع المقاييس التقنية في جميع أنحاء العالم. المجموعة الجديدة المعروفة باللجنة التقنية 197 انتظمت بالغالب بفضل جهود مناصر الهيدروجين السويسري غوستاڤ غروب Gustav Grob الذي عمل كأول رئيس (لها). أما اقتراحه المعلن فكان "توحيد المقاييس في نظم وأجهزة إنتاج وتخزين ونقل وقياس واستخدام الهيدروجين للاستعمال في الطاقة". وفي الجلسة الأولى، المنعقدة في زوريخ دعيت اللجنة المنظمة الى إقامة عدد من اللجان الفرعية مثل واحدة للتخزين وثانية للنقل وثالثة للإنتاج وغيرها للسلامة وأجهزة الأمان.

لقد تخلت سويسرا عن سيكريتارية لجنة TC 197 في سنة 1993 وحلت كندا مكانها. مذّاك اجتمعت اللجنة ومختلف مجموعات العمل فيها واللجان الفرعية عدة مرات، وعادت بالتوافق مع أحد مؤتمرات طاقة الهيدروجين العالمية النصف سنوية. وعند سنة 1995 قامت المجموعة بتسمية ثلاثة عشر بلداً دائماً وأحد عشر من البلدان الأخرى كأعضاء مراقبين. ولكن في اجتماع المجموعة في حزيران/يونيو سنة 1995 في كيبيك أصبح جلياً أن TC 197 كانت لا تزال في تطور من دون أي سلطة حقيقية لفرض المعايير الهيدروجينية دولياً. "الهيدروجين هو عينه في جميع البلدان، وأن ضرورات السلامة هي عينها في أي مكان"، كما ورد في تقرير للاجتماع. "الأمل هو في العمل المشترك لجميع الأعضاء الذي يمكننا من بلوغ الأمثل في مواد الإنشاء ومناهج التصنيع والتجريب والعمل في نظم الهيدروجين. إنَّ منظمة ISO/TC 197 تبذل جهداً للاعتراف بها كهيئة بارزة مسؤولة في تطوير المعايير

الدولية والرموز والخطوط التوجيهية في حقل تكنولوجيا طاقة الهيدروجين. هناك ثلاث مجموعات عاملة كانت تطور التوصيفات لنظم وقود الهيدروجين السائل ولحاويات الهيدروجين السائل وللهيدروجين كوقود. إنَّ تطوير المقاييس للهيدروجين كوقود للطائرات أضيف كمهمة جديدة.

في الولايات المتحدة، يواجه الهيدروجين كوقود بفائض من قواعد السلامة والأنظمة، وفي الإجمال، ليس هناك أي واحد منها يتعلق مباشرة للاستعمال كطاقة. لهذا كانت هذه الثغرة التي يجب سدها بطريقة ما مبحثاً رئيساً في ورشة السلامة سنة 1995 في شهر كانون الثاني/يناير التي نظمتها جمعية الهيدروجين الوطنية. "كان هناك فراغ كبير في هذا الحقل، هذا ما قاله أحد المنظمين بعد ذلك. مشترك آخر، وليم سَمّرْز William Summers من شركة وستينغهاوس ساڤانا ريڤر[4]، قال إنَّ السلامة يجب أن تكون القضية الأساسية في مواجهة الاستخدام المتزايد للهيدروجين. وإنَّ من الأمور الجوهرية جعل كل المعنيين -الجمهور والرسميين والمشرعين وصناع التجهيزات وصناع التأمين والمستثمرين مرتاحين مع الهيدروجين كوقود. معلناً النتائج السريعة والقليلة وفي بيان شكلي وجد سَمّرْز أن معلومات الجمهور عن الهيدروجين هي مفجعة. ليس هناك أيّ شخص من أصل اثنين وعشرين مستجوباً يعرف أنه يمكن استعمال الهيدروجين كطاقة، وأن جميعهم قالوا إنهم لا يرون أي

(4) لقد جربت وستينغهاوس ساڤانا ريڤر الهيدروجين والهيدريدات لمدة طويلة كصواعق نووية وفي السنوات الأخيرة حيث أصبحت الشركة ناشطة في تطوير التطبيقات لزمن السلم مثل باص الهيدروجين واستعمال الهيدريدات في أجهزة التكييف.

ميزات لذلك. الكل يشعرون أن المادة خطرة، وغالبيتهم يعتبرون أن العوادم من محرك الهيدروجين ستكون مسممة.

ليس هناك من رابط بين القنبلة الهيدروجينية ووقود الهيدروجين. فالهيدروجين الوقود يمثل طاقة كيميائية وعمليات احتراق بينما تعمل القنبلة الهيدروجينية على المستوى الذري عن طريق مبادئ الفيزياء النووية. ولكن كما لاحظ برِوِر في دراسته في إيسپرا فإن الصلة تتأتى من الكلمة "على ما يبدو يكفي تأجيج مخيلة الجمهور وتهييج الخوف والشكوك حول الوقود".

XII

المئة عام القادمة

لقد ضرب الهواء الجليدي بالثلج والبرد في شوارع ريكيافيك في 17 شباط/فبراير سنة 1999 (زاعقاً) في ردهة مدخل الفندق الفخم غراندهوتيل. في الداخل، وفي غرفة المؤتمرات كان هناك أربع دزينات من الأشخاص - ومن بينهم متنفذون دوليون في الأعمال وتقنيون في الطاقة وبيئيون وبرلمانيون إيسلنديون وسياسيون وممثلون عن وسائل الإعلام المحلية، كانوا قد اجتمعوا لعقد مؤتمر صحفي حيث اجتمع ممثلون عن الحكومة الإيسلندية ومجمع أعمال إيسلندي وثلاث من الشركات الدولية وهي، ديملر كرايزلر ومجموعة رويال دتش شلّ ونورسك هيدرو من أجل الإعلان عن المخاطرة المشتركة بمليون دولار كاستثمار ممكن في الهيدروجين كبديل عن الوقود الأحفوري في إيسلندة.

المشاركون الإيسلنديون الستة الأول يقبضون على 51% من الموارد المتحكمة بهذه المجازفة المشتركة. إنهم ممثلو مشاغل الأسمدة في البلد (الذين أنتجوا الهيدروجين لفترة عقود من أجل

تصنيع الأمونيا بطريقة التحليل الكهربائي) وجامعة إيسلندة ومعمل كهرباء الجيو- حراري في ريكجنس Reykjanes، ومعهد إيسلندة للبحوث، وصندوق التوظيف للأعمال الجديدة، وشركة ريكياڤيك البلدية للكهرباء[1]. لقد كان الأفرقاء يعلنون للعالم أنهم ارتبطوا مع بعضهم بعضاً لتأسيس محترف لأول مختبر على الأرض لاقتصاد الهيدروجين المستقبلي.

مرحباً بالمشروع، ألح وزير الشؤون البيئية الإيسلندية غودموندور بجارناسون Gudmundur Bjarnason على الأفرقاء "للتعاون بطريقة مثمرة". "ربما سيؤثر جهدهم على حياتنا اليومية في الزمن القادم" كما قال. لقد أعلن أن الحكومة تدعم المشروع "في سياق تنويع الاقتصاد ووضع الأساس لمستويات معيشية أفضل في المستقبل". كما أضاف "إن حكومة إيسلندة ترحب بإنشاء هذه الشركة وتعتبر أن اختيار هذا المكان لهذا المشروع هو اعتراف بمكانة إيسلندة المميزة وإمكاناتها على المدى البعيد".

لقد كان إعلان ريكياڤيك معلماً على طريق بدأت قبل سنوات. وإنَّ فكرة اختبار نموذج اقتصاد الهيدروجين على مجال واسع في جزيرة مثل إيسلندة كانت تحوم منذ عقود. (في السبعينيات وفي الثمانينيات كان ينظر الى هاواي كمرشح جيد لذلك). إنَّ الدراسة المقدمة سنة 1992 في المؤتمر الدولي لطاقة الهيدروجين من قبل ب. أرناسون B. Arnason وت سيغفوسون T. Sigfusson وڤ. جونسّون V. Jonsson تعرضت الى الخصائص الملزمة: إمكانات

---

(1) Other institutions, including Iceland's National Power Company, Landsvirkjun, were expected to join later.

إيسلندة القابلة للاستثمار الاقتصادي في الكهرو-مائية هو حوالى 30 تيراواط tera-watt ساعة في السنة. (الإمكانات الجيو-حرارية هي أكبر بكثير حوالى 200 تيراواط ساعة في السنة). يمكن لأسطول الصيد الكبير الذي يستهلك حوالى 230.000 طن من النفط سنوياً (حوالى 12% من اجمالي الاستهلاك الطاقوي أو تقريباً ثلث إجمالي الوقود الأحفوري المستورد) أن يشكل مشروعاً تجريبياً (للعرض) حيث سيستبدل (النفط -المترجم) 000 70 طن من الهيدروجين سنوياً. ويمكن لطاقة الهيدروجين هذه أن تنمو وتصدر الى أوروبا في المستقبل.

لقد بدأت الأمور تنحو الى الجد في أيار/مايو سنة 1998 مع قانون "مفتاح" (مهم) كما نقل خلال زيارة فريق الكشف من ديملر-بنز وبالارد پاور سيستمز. النتيجة المباشرة كانت مذكرة تفاهم حيث يتفق الأطراف للتعاون في تقسيم خارطة طريق لتحويل إيسلندة (ذات الـ 000 265 نسمة) الى مختبر لتكنولوجيا طاقة الهيدروجين، وخلال 15 الى 20 سنة نحو اقتصاد الهيدروجين. ومن المحتمل عند إنجاز الأمور، أن تتحول السيارات والحافلات في إيسلندة الى الهيدروجين أو الميتانول، وكامل أسطول الصيد سيتحول الى طاقة خلايا الوقود الموقدة بالهيدروجين المنتج بالكهرو-ماء والطاقة الجيو-حرارية.

منذ بدايات الاهتمام الحقيقية بالهيدروجين كطاقة نشأ سؤال مقلق عن كيفية جعل انطلاق اقتصاد الهيدروجين ممكناً. فالمناقشات المفتوحة تطبع مشهد الهيدروجين الدولي: ما هو الضروري أولاً، إنتاج الهيدروجين على مستوى اقتصادي أم صناعة الآلات العاملة بالهيدروجين. في السبعينيات كانت ذروة الحماس للهيدروجين، وكان من المفترض أن ينخرط الهيدروجين من دون تعب في سوق

الطاقة. كان يعتقد مثلاً، أنه يمكن خلط الهيدروجين حتى بنسب عالية في أنابيب الغاز، واحتمالاً استعماله بديلاً عن الغاز الطبيعي بالكامل. على كل حال، أصبح واضحاً، أنه حتى لو حلت مسائل من نوع تشقق الأنابيب أو توافر ماكنات ضغط عالية القدرة فإن أموراً بسيطة من نوع قياس تدفق الغاز ومحتوى الطاقة ستمثل صعوبات ضخمة. (تركز الهيدروجين المختلف [داخل الأنبوب] سوف يعطي قراءة لا تعكس الطاقة الحقيقية الموجودة داخل مختلف مقادير المزيج). بالتماثل، اعتقد المتحمسون أن الهيدروجين المنتج من الماء سوف يجد سوقاً مباشراً في إنتاج الأمونيا للحال كوتد للدخول من خلال الصناعة الكيميائية. إنَّ ما لم يحدث في التسعينيات كان الهيدروجين المنتج عن طريق تهذيب البخار من الغاز الطبيعي لا يزال أرخص من الهيدروجين المنتج عن طريق تحليل الماء كهربائياً.

إنَّ أحد الآراء التي لاقت رواجاً خلال السبعينيات بين بعض منظري الهيدروجين كان أنه يتوجب في كامل نمط استعمال الطاقة بما فيها اعتماد الهيدروجين أن يمر بثلاث مراحل طويلة وبحسب هذا السيناريو فإن الفحم في المرحلة الأولى -بجميع أشكاله كفلذات أو سائل أم غازي سوف يحل مكان النفط تدريجاً في مدة عشرين عاماً أو هكذا، بينما ستدخل المفاعلات النووية بالمياه الخفيفة في الاستخدام بشكل أوسع، وأولى محاولات التهجين والمفاعلات على حرارات عالية سوف تبدأ سيرها. إنَّ العمل على الهيدروجين سوف يستمر، ولكنه سوف لن يؤدي الى أي اختراقات معتبرة وفي المرحلة الثانية التي تمتد الى فترة خمسين سنة فإن اقتصاداً للهيدروجين سوف يدخل "بالمعنى الأوسع". سوف يقصى النفط والغاز الطبيعي كمصادر أولية للطاقة، وسيستبدل بالطاقة

الشمسية والطاقة النووية (على حرارة عالية ومفاعلات هجينة). أما بالنسبة إلى السيارات فإنّ الميتانول سوف يشكل الوقود المرغوب أكثر من الهيدروجين على الأرجح. وفي وقت ما حوالى 2040 تكون البداية للمرحلة الثالثة، وهي انطلاق العصر الذهبي لنظم الطاقة النظيفة بيئياً على مساحة الكوكب. سوف يزدهر التعدين في المحيطات، وسوف تأتي الطاقة الخام من المصادر الشمسية من كل نوع، وربما سيدخل التيار الكهربائي من الانصهار الذري النظيف على الصورة. لذلك يتوجب توليد الطاقة من حفنة مواقع واسعة وبعيدة جداً عن المراكز السكنية والطاقة المتولدة التي سوف تنقل الى المراكز السكنية إما بشكلها الكهربائي (خلال مسافات طويلة وفي كابلات متدنية المقاومة ومبردة) (مقرسة-المترجم) أو على شكل غاز الهيدروجين (في الأنابيب) أو سائل خفيض الحرارة (في صهاريج ضخمة)[2].

---

(2) مثلاً في سنة 1976 اقترح مارتشيْتْذي على Energy-Islands مفاعلات للطاقة النووية عملاقة فعلاً (gargantuau) بعيداً في أجزاء نائية من المحيط الهادىء، وكمثل ملموس اقترح انشاء مفاعل نووي بقوة Terawatt ـ خمسة مفاعلات محمولة على مراكب بقوة 200 جيغاواط كل واحد ـ وذلك في Canton Island وهي جزيرة مرجانية بطول تسعة أميال وعرض ستة في أدغال ميكرونيزيا الاستوائية على بعد حوالى 1300 ميل غربي نيو ـ غينيا. (مفاعل بقوة Terawatt هو حوالى 769 مرة أقوى من بعيد من الطاقة الكهربائية المنتجة في المفاعلات النووية الأضخم بقوة 1300 ميغاواط التي بنيت، وبمعنى ما تشكل واحداً عل سبعة أو واحداً على عشرة من كامل قوة التيار الكهربائي على الكوكب!). الطاقة المولدة كانت لتنقل كهيدروجين سائل بواسطة مراكب ماردية بطول 1600 قدم لسكان المراكز. (المدن الكبرى ـ م). لم يكترث مارتشيتّي بأعباء عملقة التكنولوجيا: «حجم مفاعلات كهذه هو بالتأكيد مذهل لمهندسي

وبالرغم من ذلك، يبقى النفط موجوداً بكثرة من حولنا، والصناعة النفطية تستمر أكبر من أي وقت آخر (مع أنَّها بدأت تكافح على الحافة كما يتضح من قرار شلّ بإنشاء قسم الهيدروجين) كذلك يبقى الفحم مصدر الطاقة الأكبر في العالم، مع أنَّه ليس كذلك بشكل جلي في كامل قطاع النقل المهم. أما عن الانشطار النووي وإن يكن مهماً في بعض البلدان مثل فرنسا فإنه في حالة انحدار بينما المفاعلات الهجينة (سبق ووصفنا عملها -المترجم) وعلى حرارة عالية فهي لم تبعث فوق الأرض (للآن -المترجم).

في نهاية التسعينيات كان الهيدروجين يحقق تقدماً بطيئاً بارداً؛ إنَّ استعمال الهيدروجين الواسع الانتشار لا يزال غائباً عن المشهد. هذا ما يجب انتظاره، أقله، بالاعتماد على منظّر الطاقة ومحلل النظم مارتشيتّي. لقد كان مفهوم استدخال الهيدروجين كحامل مهم للطاقة، وهو اقتراح للمدى البعيد (90-100 سنة) قد بذر في

= النووي كما كان سيبدو لتوماس إديسون مولد بقوة 1000MW الذي كان المفاعل العملاق بالنسبة له في مروحة مئات الكيلوواط» كما قال في دراسته. إنّ هذه الفكرة لم تبارح فكره أبداً. كرر مفاهيمه الأساسية في خطاب افتتاحي في المؤتمر الدولي لطاقة الهيدروجين في بيونس أيرس سنة 1998. وبحسب مارتشيتّي فإن الحجة العقلانية لوضع مراكز انتاج الهيدروجين العملاقة بعيداً عن المدنية هي إمكانية النقل الفضلى للوقودات الغازية ومحطات التيار الكهربائي. يقول «ترى» حوالى مئة كيلومتر ـ هي المسافة المتوسطة لنقل الكهرباء اعتماداً على نماذج كثافة استهلاك التيار في الدول الصناعية، وبالنسبة لنظام الغاز مع الأنابيب فهي حوالى 1000 كلم، وهي مساحة تزيد مئة مرة. ولدى طرح أحد الحضور السؤال عليه إذا كان ذلك يسير عكس التيار الرائج مثل لامركزية الطاقة أجاب مارتشيتّي «الصغير يمكن أن يكون جميلاً ولكن الكبير هو أرخص بعد أن تكون التكنولوجيا أخذت الوقت لتتوطد».

بحوث مارتشيتّي في السبعينيات وهي السرعة التي تحل بها النظم الجديدة للطاقة، وفي الحقيقة، كأي تكنولوجيا مهمة جديدة بدل القديمة.

لقد بدأ مارتشيتّي (وهو لا يزال من أهم المفكرين المثيرين على المدى البعيد في هذا الحقل) متسائلاً "بطريقة ما عن الفرضيات التي تطيح بصورة مصادر الطاقة الأولية كمنتوجات منافسة في السوق مثل مختلف ماركات الصابون أو مختلف الطرائق لتصنيع الفولاذ، وأن قواعد اللعبة قد تبقى عينها بعد كل شيء"، كما أوضح في محاضرة سنة 1974 في موسكو. لقد أخذ بشكل واسع من عمل عالمين أمريكيين وهما ج سي فيشر J.C. Fischer ور هـ فراي R.H. Fry اللذين حللا سرعات تبديل التكنولوجيات الجديدة، واللذين حاولا تقدير سرعة انتشار التكنولوجيات الجديدة لجنرال إلكتريك.

ومستعملاً معلومات معينة وقواعد وجد مارتشيتّي أنه يستطيع التنبؤ بحصص السوق لعقود قادمة. لقد أخرج مارتشيتّي بعض الرسوم البيانية المذهلة التي أظهرت منحنيات الولوج الى السوق لمختلف مزدوجات (pairs) المنتوجات المتنافسة أو الطرائق التكنولوجية على مدى فترات تتراوح بين 60 الى 80 سنة، وكمثال استبدال طريقة الموقد المفتوح لصناعة الفولاذ بطريقة Bessemer، واستبدال سولفات التربنتين بالتربنتين الطبيعي، واستبدال الدهان المائي بالدهان النفطي. إنَّ الصفة المدهشة لهذه الرسوم البينية هي المعادلات التي تصف اختراق السوق والمشغولة جيداً كأداة تبصر تصل لعقود، المنحنيات المشتقة من هذه القواعد فإنها تتقاطع مع

المعلومات التاريخية "مع دقة استثنائية" اعتماداً على مارتشيتّي[3]. وإنَّ مقتضيات اختراق السوق تعمل تبعاً لقوانين غامضة خفية، وبعض القوى غير متأثرة بالتشريع وأوضاع الاقتصاد على المدى القصير أو السعر يمكن أن نتوقع، بيقين معقول، (مقبول-م) عمّا يجعل منتجاً جديداً بشكل أساسي أو تكنولوجيا أو نظام طاقة يحل مكان سابقه.

لقد قرر مارتشيتّي أن يخبر النظرية بمحاولة توقع نسبية النفط المئوية في السوق الأمريكية مستخدماً المعلومات لأربعة عقود سابقة. وكما قال لمستعميه في موسكو فقد كانت النتائج مدهشة:

جمعت المعلومات من الولايات المتحدة من 1930 الى 1935، وحاولت أن أتنبأ بتلبية سوق النفط للولايات المتحدة حتى 1970. إنَّ التقديرات المتوقعة، حتى في فترة الاشباع، تتطابق مع المعلومات الاحصائية الى ما هو أفضل من 1% الذي هو بعد كل الخطأ الأدنى الذي يمكن توقعه من هكذا نوع من الاحصائيات. ذلك يعني أن مساهمة النفط في ميزانية الطاقة الأمريكية، مثلاً لسنة 1965، كان محدداً منذ ثلاثين سنة قبلاً مع الافتراض الوحيد أن مصدراً أولياً للطاقة، كالنووي مثلاً، لم يكن ليلعب دوراً كبيراً في هذا الفاصل الزمني. كما يبين تاريخ الاستبدالات، في كل حال فإن الوقت اللازم لمصدر جديد لتحقيق اختراق في السوق يبقى طويلاً فعلاً، طويلاً جداً، حوالى مئة سنة ليصبح مسيطراً ابتداء من خط الانطلاق.

في سنة 1976 في ملتقى تحول الطاقة الجرثومية في غوتينغن، لاحظ مارتشيتّي أن "مهلة الاستيلاء" "Takeover time" (وهو

---

(3) يلخص مارتشيتّي هذه القواعد كالآتي: «السرعة الجزئية التي تدخل بها سلعة الى السوق هي نسبية للجزء من السوق الذي لم تتم تغطيته بعد. إنها تتضمن ثابتتين كخصاتين للسلعة بعينها وللسوق».

الوقت الضروري لكي تنتقل تكنولوجيا جديدة من 1% من السوق الى 99%) كان حوالى 50 سنة للولايات المتحدة، وهي ملاحظة من المفروض أنها صالحة للهيدروجين. "الاستقرار الأقصى للوظائف على فترات طويلة جداً من الزمن، وضمنها الحروب والركود والمعجزات الاقتصادية والتسارع المفهوم للمعرفة و"التقدم" لا تعيب من صحة هذه الظاهرة كما قال مارتشيتّي. "شعوري أن كل ذلك يرتبط بعمليات التعلم في المجتمع، ومستوى الفرد الذي يتطور ببطء شديد، وربما كان كذلك منذ ألف عام". ويلاحظ مارتشيتّي "أن مهل التجاوز هي في مرتبة القرن، وهكذا ليس بذلك من عزيمة كبيرة التصويب قدماً... التأثيرات المجدية في النظام يمكن الحصول عليها فقط من خلال التفكير البعيد المدى والتخطيط... في الواقع، إنَّ انتشار تكنولوجيا جديدة يتبع دائماً قاعدة الادخال أولاً لبيئات صغيرة ملائمة والتي تكتسب القوة والاندفاع للخطوة القادمة". لقد أوضح هذه الفرضية بوصف مختص جداً، وكيف "شق" النفط الخام طريقه الى شعيرات الطاقة العالمية. "إن صناعة النفط لم تولد كمنافس للفحم، وهي الكبيرة جداً والمحصنة جداً لكي تكافح ضدها، ولكن كبديل مرغوب عن زيت الحوت (السمك -م) الذي بدأت تنضب مصادره للإنارة. إنه كائن صغير وهجومي (عدائي) ومن خلال صناعة كيميائية مشرقة أصبح قادراً على اقتحام الأسواق الجديدة والمتخصصة جداً وكأنه أحد "محركات الأرواح"، وأخيراً بعد قرن تقريباً، رد الفحم الى آخر معاقله في الإنتاج الكهربائي وتصنيع الفولاذ". قال مارتشيتّي للسامعين إنَّ المعني هو إغفال الاهتمامات البطولية مثل "سوق

الطاقة العالمي وخلاص العالم" و"التركيز على الحالة الخاصة، والمنتج المخصص والبيئة الصالحة (للنفاذ - المترجم)". وقد قال: "إن التكنولوجيا الجديدة تتطلب ظروفاً خاصة جداً لتتجذر".

هناك اعتبارات مشابهة، لا تزال صالحة، حملت واضعي دراسة معهد ستانفورد للأبحاث الواسعة سنة 1976 بعنوان اقتصاد الهيدروجين، الى تقدير تكنولوجي أولي للبرهان على أن المتغيرات الكبرى التي تمس كامل الوطن لا يمكن تركها للشركات الخاصة مع نظرتها الغريزية قصيرة المدى. إنَّ الشركات تحسم بحسب الأصول قيمة المكاسب المستقبلية بسبب أن فلسفتها هي جوهرياً قطعة قطعة، وهكذا تؤجل التغيير النهائي المطلوب أكثر نحو المستقبل، وهذا في المقابل سوف يتطلب تحولاً إضافياً وغير ضروري بكلفة عالية. ويقول المؤلفون "القرارات في القطاع الخاص والعام تصنع عادة مع تخطيط في الأفق لخمس أو عشر سنوات. من جهتها تقلل الشركات بشكل أساسي من قيمة الأرباح المتوقعة في المستقبل من استثمارها بحسب الربح أو الفائدة اللذين يمكن للاستثمار عينه توفيره في مكان آخر. وكنتيجة لذلك فإن دولاراً يمكن كسبه هذه السنة يعتبر أكثر قيمة من دولار يمكن اكتسابه السنة القادمة. إنَّ عدم الثقة بالمستقبل تؤدي الى تبرير الاهتمام بالأهداف قصيرة المدى أكثر من الأهداف البعيدة الأجل عند صناعة القرار.

وبسبب ضخامة الاستثمارات والوقت الطويل المطلوب للدخول الى اقتصاد الهيدروجين "فإن الشركات (وكذلك الحكومات) تتجه الى إقصاء الهيدروجين لصالح التركيز على تلك النشاطات التي تطيل قابلية النظام الموجود للحياة"، كما أضاف كاتبو الدراسة. إنهم هنا يشيرون الى الاهتمام المعطى خلال السبعينيات للوقود

الاصطناعي المصنوع من الطفلّ الزيتي والفحم. هناك استراتيجيات قصيرة المدى مشابهة لا تزال تقود بعض الشركات الكبرى والحكومة الأمريكية نهاية التسعينيات. إنَّ شركة كرايزلر مثلاً قبل اندماجها سنة 1998 مع ديملر-بنز وقعت اتفاقاً مع شركة Syntroleum of Tulsa لتطوير "وقود مصمم" يصنع من الغاز الطبيعي يكون من دون كبريت وبالتالي مرغوب أكثر لخلايا الوقود من الوقود المحتوي على الكبريت. كذلك تدافع وزارة الطاقة الأمريكية عن الرأي القائل إنَّه سيكون مجدياً استخراج الهيدروجين من البنزين و إنَّها قادت عمل الأبحاث والتطوير لدعم هذه الغاية. الحجة الأساسية في ذلك هي أنه بغياب البنية التحتية لتزويد الوقود الهيدروجيني، وبالنظر إلى الصعوبات التقنية لتخزين الهيدروجين على متن السيارات فإن نظام توزيع البنزين الموجود يمكن استعماله للتزود بالوقود لخلايا وقود الهيدروجين للسيارات من البنزين الذي يعمل "كحامل" للهيدروجين، بما أنَّه "وقود مصمم" خالٍ من الكبريت. فالبنزين العادي يحتوي على الكبريت غير المنزوع عادة في عمليات التكرير. والكبريت من جهته لا يؤثر على عمل تنويعات المحرك ذي الاحتراق الداخلي، ولكنه قد يدمر أحشاء خلية الوقود. إنَّ الميزة الجلية ستكون أن وقوداً سائلاً كهذا سيمكن توزيعه من خلال نظم البنية التحتية الموجودة. ولكن من المفروض أنه سيتطلب سلسلة تجهيزات وقود أخرى موازية مثل تلك المعدّة لوقود الديزل مما يخفض هذه الميزة التي بدت لأول وهلة طريقة عبقرية لمشكلة البنية التحتية، وأنها ستكرس النظام الموجود كما صدر في صميم دراسة م ب ع - د سنة 1976.

ولكن كانت هناك إشارات جديدة وهي أن بعض صانعي السيارات الكبار في الولايات المتحدة قد فقدوا شهيتهم لاستخراج

الهيدروجين من البنزين. وفي معرض ديترويت للسيارات قال ديملر كرايزلر وفورد في بيان صحفي وتصريحات بعض مسؤوليهم التنفيذيين إنَّ استخراج الهيدروجين من البنزين هو أصعب بكثير مما كان يتوقع بضع سنوات قبل ذلك، وأنها كانت تكنولوجيا غير ناضجة، وبحاجة لفترة طويلة للدخول الى السوق. قال ديملر كرايزلر إنَّ تهذيب الميتانول الى هيدروجين تبدو طريقة واعدة أكثر. ومع ذلك، فإنه في مقلب آخر قالت شركة خلايا الوقود الدولية وهي فرع من يوناتد تكنولوجيز وطوشيبا قرب نهاية سنة 1999 إنَّها في الثمانية عشر شهراً الماضية قد طورت محولاً صالحاً للاستمرار (في السوق -م) يمكنه تغطية (استعادة -م) "98% من الطاقة (الموجودة -م) في البنزين"، وقد نقلت نماذج منه لصانعي السيارات في اليابان والولايات المتحدة وأوروبا[(4)].

وهكذا، فليس هناك في الوقت الحاضر من تفضيل لما يجب أن يكون نوع الوقود للجيل الأول من خلايا الوقود للسيارات.

ومع نهاية التسعينيات، كانت هناك إشارات الى أن مواعظ مناصري الهيدروجين للنظر جدياً اليه كخيار للطاقة النظيفة في العالم قد بدأت تسترعي الانتباه. المثل الأفضل على الأرجح هو مشروع شبكة الطاقة العالمية الياباني الذي يلقى الكثير من التعليقات، والذي يعترف أكثر من أي خطة وطنية أخرى بالحاجة الى تخطيط بعيد المدى في الاستثمار في تكنولوجيا طاقة الهيدروجين. إنَّ مشروع الملياري دولار لبناء شبكة الطاقة العالمية - هو جزء من خطة للوقاية من الاحترار (الكوكبي)- والذي تبنته الحكومة اليابانية

---

(4) «Two companies develop gasoline reformers for PEM engines, on-board APUs,» *Hydrogen & Fuel Cell Letter,* January 2000.

في تشرين الاول/أكتوبر سنة 1990 بعد الملتقى الدولي لتغير المناخ الذي قرر تقليص انبعاث ثاني أكسيد الكربون الى المستوى الذي كان عليه سنة 1993 والذي كان من المقرر أن يسود لمدة ثمانية وعشرين عاماً أي حتى سنة 2020. إنه جزء من برنامج صنشاين الجديد بتكلفة أحد عشر مليار دولار، والذي أطلق في 1993، وهو الذي يتوجه الى كل أنواع الطاقة البديلة والمتجددة(5). لقد تصاعدت مستويات التمويل السنوي بشكل ثابت في غالبية السنين، وليس دائماً على مستوى سرعة ما كان يتوقعه مصممو البرنامج. وكما نقل عن المؤتمر الدولي لطاقة الهيدروجين في شتوتغارت سنة 1996 فقد كان هناك تسع مهمات ثانوية أساسية في بداية السنوات الخمس الأولى من المرحلة الأولى (التي دامت من 1993 الى ربيع 1999)، ومن ضمنها التحليل الكهربائي للماء لإنتاج الهيدروجين وتحويل الهيدروجين الغازي الى أشكال أخرى من أجل النقل وتطوير خلايا الوقود. لقد اشتركت حوالى أربعين "هيئة" من ضمنها جامعات ومراكز فكر وشركات في المرحلة الأولى ومن بينها خمس أجنبية. إنَّ الميزانية الكاملة الموظفة للمرحلة الأولى كانت 9.4 مليارات ينّ (حوالى 78 مليون دولار في الصرف وقتها) المرحلة الثانية التي بدأت في نيسان/أبريل سنة 1999 والتي يجب تشريعها ضمن السنة المالية 2003 في اليابان

(5) The «New Sunshine Program» is essentially a repackaging and streamilining of three previous programs (the Sunshine Program, the Moonlight Program and the environment technology R&D program) that Japan's government had launched in 1974, 1978, and 1989, respectively.

هي جوهرياً استمرار للمرحلة الأولى. أما إجمالي المطلوب لهذا القسم كان 9.7 مليارات ينّ (81 مليون دولار بسعر الصرف وقتها). إنَّ المشاريع الرئيسة التي كان يتوجب استمرارها تضمنت تسويق خلايا وقود الهيدروجين ونظم حاويات تخزين الهيدروجين لخلايا وقود السيارات ومحطات تزويد وقود الهيدروجين المعتمدة على أجهزة تهذيب الغاز الطبيعي و نظم تهذيب الميتانول والمحللات الكهربائية من نوع غ ت پ.

في نوڤمبر/تشرين الثاني سنة 1997، أي قبل شهر واحد من مؤتمر كيوتو عن تغير مناخ الكوكب قال فريق استشاري عالي المستوى للرئيس كلينتون إنه يجب على الولايات المتحدة أن تعمل أكثر في مجال الطاقة المتجددة وتكنولوجيا الهيدروجين. فالواحد والعشرون عضواً في هيئة الطاقة في لجنة الرئيس للمستشارين في العلوم والتكنولوجيا، وهي أعلى هيئة استشارية للعلوم والتكنولوجيا في القطاع الخاص، كانت قد ألفت لمراجعة أولويات الطاقة على المستوى الوطني، والتي، لسنوات عديدة، لم تتعرض لأي تدقيق. لقد طلبت مضاعفة نفقات برنامج الهيدروجين في وزارة الطاقة كجزء من التحول العام لأولويات وزارة الطاقة من خلال التشجيع الكبير للطاقة المتجددة وفعالية الطاقة.

إنَّ لجنة الرئيس للمستشارين في العلوم والتكنولوجيا قد نعتت طاقة الهيدروجين بأنها: "مجال للبحث على المدى المتوسط والبعيد مهم جداً"، وهي تراهن على أن الهيدروجين سيصبح في القرن الواحد والعشرين ناقلاً للطاقة "بأهمية مشابهة للكهرباء". لقد أوصى اللقاء بزيادة مليار دولار على فترة خمس سنوات لوزارة الطاقة كميزانية سنوية لتكنولوجيا الطاقة التطبيقية ولتكنولوجيا الطاقة المتجددة والمستدامة. وقد أشارت الى خلايا الوقود غ ت پ من

بين الواعدة أكثر من هذه التكنولوجيات "لتطبيقها المرغوب هكذا في السيارات".

فقد دعا تقرير (هذه) الهيئة بعد كتشاف بعض أخطاء برنامج الهيدروجين لوزارة الطاقة كما كان مطروحاً الى تمفصل أفضل في أهداف المرحلة على المدى القصير والمتوسط والبعيد. ولقد أصرت على وضع نظم التحاليل الحديثة لتقويم استراتيجيات تطوير اقتصاد الهيدروجين "ما يشكل مساعدة نوعية لإدارة مفاصلها وتحديث أهدافها دورياً".

وفي رسالته الشاملة للرئيس كلينتون قال جون جيبونّز John Gibbons مدير مكتب العلوم والتكنولوجيا في البيت الأبيض ونائب رئيس اللجنة الرئاسية للمستشارين في العلوم والكنولوجيا إنَّ البلاد تتطلب تطوير جهود البحث والتطوير خاصة "فيما يتعلق بتحدي الاستجابة للمسؤولية والكلفة الفعلية لخطر تغير مناخ الكوكب الناتجة من تأثير الدفيئة لانبعاثات الغازات من المجتمع، وخاصة ثاني أكسيد الكربون الناتج من احتراق الوقود الأحفوري".

في كانون الثاني/يناير سنة 1998 نشرت وزارة الطاقة في الولايات المتحدة خطة استراتيجية لخمس سنوات لبرنامجها في الهيدروجين والذي يعنون ما يتوقعه المديرون لبرنامج (خاصة سيغ غرونيش Sig Gronich ونِيْل روسميسل) أن تكون أهداف البرنامج وتوقعاته للعشرين سنة القادمة. "إن الاعتماد على مصادر الطاقة الخارجية مكلف جداً" بحسب المقدمة. "إننا نعاني من (ميزان) التجارة الخاسرة، ونستخدم جيشنا لحماية مصادر طاقتنا الخارجية. ومن الناحية البيئية أصبح الوطن مرغماً على الاستجابة لمسألتيْ ضرورة وجود الهواء المديني النظيف وتأثير التغير المناخي المحتمل. في الوقت عينه، وبينما يتوقع للطلب على الكهرباء أن

ينخفض في البلد فإن الطلب على المستوى العالمي سوف يتصاعد ويلهب المنافسة على المستوى الدولي. الحل هو التزود بيئياً بالطاقة النظيفة والمستدامة. ويمكن للهيدروجين أن يكون الجواب". ومن بين أهدافه، يرسم مخطط وزارة الطاقة زيادة الفعالية وتخفيض كلفة عمليات استخراج الهيدروجين من الوقود الأحفوري، والكتلة الحيوية الى 6- 8 دولار لكل مليون و ح ب وتطوير تكنولوجيات إنتاج الهيدروجين المتجدد والخالي من الانبعاثات مع هدف وصول الكلفة الى 10 - 15 دولاراً لكل مليون و ح ب، وتطوير صناعة خلايا الوقود وتكنولوجيات خلايا الوقود الارتجاعية (التي تعمل باتجاهين: توليد الكهرباء وإعادة إنتاج الهيدروجين) ودعم الصناعة في تطوير وعرض نظم الهيدروجين في الخدمة البيتية وقطاع النقل.

إنَّ مركزين من مراكز الفكر في أوروبا وهما مجلس الطاقة الدولية WEC في لندن والمعهد الدولي لنظم التحليل التطبيقي في النمسا IIASA، تشاركا في جهدهما للإمساك بكيفية فهم مستقبل الطاقة في العالم للقرن الواحد والعشرين. والدراسة التي أنتجها هذا الجهد سنة 1996 بعنوان (توقعات للطاقة العالمية حتى سنة 2050 وما بعد) خلصت الى أن الخيارات حول أنماط الطاقة التي سيمكن استخدامها للعقود القادمة سوف تنجز في العقدين الأولين من القرن. وبما أنَّ الإيرادات في أنحاء العالم سوف تزداد، وبما أنَّ عدد سكان العالم سوف يتضاعف تقريباً في منتصف القرن، "سيطلب الناس خدمات طاقوية بمستوى أعلى وأكثر فعالية وأنظف وأقل لجاجة". كما قال الكتاب، آرنولف غروبلر Arnulf Grübler ونيبودجا ناكيتشينوڤيتش Nebojša Nakícenovič من المعهد الدولي لنظم التحليل التطبيقي في النمسا وميكايل جفرسون Michael Jefferson من مجلس الطاقة العالمي. إنَّ الطلب على خدمات الطاقة

سوف يزداد بمقدار سنة 2050، ولكن الطلب على الطاقة الأولية سوف يزداد أقل بسبب تطور معززات الطاقة، أي استدخال أكبر للطاقة الأولية في منتج أو خدمة معينة بدل المواد الجسمانية (الكتلوية). ويشدد التقرير على "إقصاء الكربنة" وهي مفردة أصبحت جزءاً من قاموس الطاقة النظيفة عالمياً. "إزالة الكربون" هي المفردة الأهم التي برزت منذ 25 سنة في تحليلات الطاقة، وهي الآن مقبولة بشكل واسع"، كما لاحظ الخبير جيس أوسوبيل Jesse Ausubel مدير برنامج بيئة البشر في جامعة روكفلر. لقد نقشت هذه المفردة حوالى سنة 1989 من قبل كنجي يماجي Kenji Yamaji وهو باحث ياباني شاب كان يعمل في المعهد الدولي لنظم التحليل التطبيقي، وقد أدخلت في الأدبيات سنة 1991 بواسطة جيس أوسوبيل الذي كان يتعاون مع فريق المعهد الدولي لنظم التحليل التطبيقي في ذلك الوقت. إنَّ عملية التقاط الكربون وتوأمه "احتجاز الكربون" (ما يعني التخزين الآمن لغاز ثاني الكربون بعيداً عن إيذاء المحيط الجوي) ظهرت في تقارير الهيئة الدولية لتغير المناخ، وقد وجدت طريقها تدريجياً الى وسائط الإعلام.

إنَّ إقصاء الكربنة هو تماماً ما يوحي مثلاً أن: نمسك فحم وقود الهيدركربون. وهذا الإقصاء سوف يشكل آخر لعبة استراتيجية من التوجه الذي اكتشفه مارتشيتّي في السبعينيات والذي يصف تحولاً تدريجياً على مدى قرون من وقود الهيدروكربون الغنية بالفحم والقليلة الهيدروجين. (الخشب، الفحم، التورب) ثم الوقود الأقل كثافة بالفحم (الكربون) وأكثر كثافة بالهيدروجين (النفط، الغاز الطبيعي) وفي الذروة، ما يبدو لا مفر منه، الهيدروجين الصافي كحامل أساسي للطاقة في مجتمع صناعي متقدم. وفي رسم تخطيطي من ناكيتشينوفيتش "تحرير الطاقة من الكربون" في نشرة صيف سنة

1996 من *Daedalus* يظهر كيف أن كثافة الكربون في استهلاك الطاقة العالمي معبراً عنها بطن من الكربون لكل ما يساويه من الطاقة في طن نفط قد هبط تماماً من 1.1 في سنة 1860 الى 0.7 في بداية التسعينيات، أي حوالى 3% سنوياً. وكما قال ناكيتشينوفيتش "لقد هبطت النسبة لأن الوقود عالي الكثافة الكربونية مثل الفحم والخشب قد استبدلت بشكل مستمر بتلك المحتوية على كربون أقل مثل الغاز، وفي العقود الراهنة الطاقة النووية والكهرومائية التي لا تحتوي البتة على الكربون".

لقد كتب غروبلر وناكيتشينوفيتش وجفرسون "إنَّ الانتقال المتواصل الى وقود أعلى نوعياً يعني الاستمرار في إقصاء الكربون من نظم الطاقة. وإقصاء الكربنة يعني تأثيرات بيئية مضرة أقل لكل وحدة طاقة مستهلكة، وذلك بالاستقلال عن أي سياسة نشطة لحماية البيئة". وعلى المستوى العالمي "يترجم ذلك مباشرة بأقل انبعاثات من غاز الكربون"، ولكن ذلك ليس كافياً بذاته. "السياسات النشيطة الإضافية ستكون ضرورية".

إنّ النقص في الطاقة الأحفورية الخام، هو بعبع ولعنة في أيام أزمات الزيت (الوقود)، ولن يبقى هناك مخرج على المدى الطويل. "إنّ ندرة المصادر التي عرفت في السبعينيات لم تخطر في بال أحد" بحسب غروبلر. ولكن مع التطور التكنولوجي والاقتصادي فإن مصادر الطاقة الأخيرة المتوافرة مقدر لها أن تستمر بالانخفاض.

متى ستتوافر حقاً هذه الطاقة الأنظف والأكثر فعالية؟ المنتظرون المراقبون لمصير الطاقة على الأرض يعتقدون أن ذلك سوف يأخذ وقتاً طويلاً.

"السؤال عن نوع الشركات التي سوف تزود خدمات الطاقة وكيف يبقى مفتوحاً على وسعه" اعتماداً على دراسة مجلس الطاقة

العالمي والمعهد الدولي لنظم التحليل التطبيقي. وحتى حوالى سنة
2020 لن يكون هناك تغير كبير بسبب الحياة الطويلة لمعامل التوليد
والمصافي وغيرها من منشآت الطاقة والاستثمارات. ولكن خلال
العشرين سنة الأولى هذه من بداية القرن الواحد والعشرين، فإن
الخيارات التي من المحتمل أن تحدد المواصفات الفيزيائية لاقتصاد
الطاقة العالمية ستتحقق، وأن هذه الخيارات سوف تحدد بشكل
واسع مجرى السنوات الثمانين الآتية.

لقد حاولت دراسة مجلس الطاقة العالمي والمعهد الدولي لنظم
التحليل التطبيقي أن تتصور مروحة واسعة من الدروب الممكنة في
المستقبل. إنها تفترض ثلاث حالات أساسية تنقسم الى ستة
سيناروهات (ليس تنبؤات ولا توقعات بل إنَّ كلاً منها يشكل
"تصوراً بديلاً لما يمكن أن يكتشف مستقبلاً") مما يغطي مروحة
واسعة من التطورات الممكنة. تتدرج الافتراضات من "التوسع
الضخم في إنتاج الفحم الى التحديد الصارم، ومن إخراج الطاقة
النووية الى زيادتها جوهرياً، ومن الانبعاثات الكربونية التي ستصبح
ثلث ما هي عليه اليوم الى زيادتها ثلاثة أضعاف".

تبدو جميع سيناريوهات مجلس الطاقة العالمي والمعهد الدولي
لنظم التحليل التطبيقي صالحة وتلاقي حاجات المستهلك:

كل تنويعات نظم الطاقة البديلة المدروسة وقد أديرت لتلاقي جيداً ضغط
المستهلكين المستمر والأكثر إقناعاً لأشكال الطاقة الأنظف... ومن سيكون
المزودون وعلى أي مصادر من الطاقة سوف يحصلون وهذا ما يرتبط
بالتطورات الاقتصادية في العالم والتقدم العلمي والتكنولوجي والسياسات
والمؤسسات، ويتعلق ذلك كثيراً جداً بأي مزودين سوف يتخذون القرارات على
المدى القريب التي ستكون أكثر فعالية في تحويل التلاقي الممكن بين
توريداتها وخيارات المستهلكين الى واقع.

إنَّ السينوريوهات الستة كلها تبشرنا بالتحول نحو الكهرباء، وبنوعية وقود أفضل مثل الغاز الطبيعي ومنتجات النفط والميتانول وفي "النهاية، الهيدروجين".

لا يهم ما هو الوقود المسيطر المحتمل في السيناريو، فإن هناك تحولاً بعيداً عن الكتلة الحيوية غير التجارية وغالباً غير المستدامة وأن الاستعمالات المباشرة للفحم سوف تختفي. سوف تستمر المصادر الأحفورية بتموين معظم طاقة العالم حتى القرن القادم (الواحد والعشرون)، ولكن مع تغير متعدد داخل السيناريو. سوف تأخذ الاستعمالات المستدامة، من (الطاقة) المتجددة مكاناً بارزاً في كل السيناريوهات.

فالحالة (ألِف) المعتبرة حقاً غير واقعية تتصور المستقبل "مبرمجاً حول نسب تطور اقتصادي عالي الطموح والتقدم التكنولوجي". ومتضمنة الإيمان "بأن لا حدود جوهرية لعبقرية التكنولوجية البشرية". إنَّ ذلك سوف يؤدي الى مستويات عالية من ثاني أكسيد الكربون. أما الحالة باء فتصف حاجات من الطاقة متواضعة أكثر وتطوراً تكنولوجياً أبطأ ناتجاً في "التبعية الغالبة للوقود الأحفوري"، وهو ما يجب وصفه "بشيء غامض". في الحالة جيم الأكثر طموحاً "الموجهة بيئياً" بشكل واسع وهي "الأكثر تحدياً"، فإنَّ المستقبل الذي ترسمه "يتضمن ملفاً كبيراً عن تكنولوجيات السيطرة البيئية والسياسات المتضمنة للمحفزات لتشجيع منتجي الطاقة والمستهلكين لاستعمال الطاقة بفعالية أكبر وبعناية، "والرسوم الخضراء" والاتفاقات البيئية والاقتصادية الدولية ونقل التكنولوجيا. إنها تعكس الانتقال الجوهري للمصادر من الدول الصناعية الى الدول النامية مما سيحفز النمو في جنوب (الكوكب).

وحيث أنَّ الناتج الاقتصادي سوف يكون أقل من الحالة ألف فإن الحالة جيم تظل ترسم نهاية شوط إيجابية مع ناتج عام كوكبي أكبر من الحالة (باء)، وتقليص معتبر للتفاوتات الاقتصادية" مما يشكل هدفاً مأمولاً للكوكب.

على العموم، فإن الحالة (جيم) (C) تسلم بأن استخدام الوقود الأحفوري سوف يتقلص وسوف تسيطر (الطاقة) المتجددة تدريجياً حيث أنَّها سوف تصل الى 40% من استهلاك الطاقة في سنة 2050، وأن نسبتها سوف تصعد الى 80% سنة 2100.

بعد نقطة منتصف القرن، يقر الكتاب، أنه سيوجد سيناريوهان متناقضان تحت كل هذه الافتراضات. أولاً يرتبط جيم2 (C2) بتطوير مفاعلات نووية آمنة بحجم صغير (150 - 250 ميغاواط) التي ستكون مقبولة بشكل واسع خاصة في المناطق النائية وذات الكثافة السكانية، وبالتالي تحديد التزود الممكن بالطاقة المتجددة. السيناريو الآخر، جيم1 (C1)، يعالج القوة النووية (التيار) كتكنولوجيا سوف تخرج احتمالاً بحوالى سنة 2100 ودائماً (بالاشتراك) مع مشتقات الوقود الأحفوري.

على الإجمال، يشير كتّاب دراسة مجلس الطاقة العالمي والمعهد الدولي لنظم التحليل التطبيقي الى أن الحاجات من الطاقة سوف تزيد خلال سنة 2020 تقريباً بشكل خطي مع زيادة السكان (غالباً في مناطق الجنوب)، وأن غالبية الطاقة سوف تأتي من الوقود الأحفوري. بعد ذلك فإن التغييرات الهيكلية في نظم الطاقة سوف تأتي على الأرجح، وأن بعض الخيارات السياسية القاسية يجب أن تقر. "الريبة تتصاعد بشكل معتبر، ولكن ليس بشكل منتظم، هكذا" كما قال الكتاب. "إننا نعترف أنه لا يستطيع التحليل تغيير المستقبل المهزوز (غير الآمن) الى شيء مؤكد" كما

لخصوا. "كما لا تقدر السيناريوهات العالمية (ابتكار) التوجيه الخاص لكل بلد وصناعاته وشركاته". يبقى أنها (السيناريوهات) تعتد بكونها حددت "نماذج متينة على اقتراح مروحة واسعة من بدائل التطورات في المستقبل".

في دراسة أخرى، بعنوان إقصاء الكربون من نظام الطاقة العالمي(6)، يلخص غروبلر وناكيتشينوڤيتش أن إقصاء الكربون هو اتجاه متواصل ومستمر ولكنه ينهج بشكل بطيء جداً بنسبة 0.3% سنوياً. فإذا استمر الاتجاه حقاً "فإننا يجب أن نكون فعلاً في منتصف الطريق خلال عصر الوقود الأحفوري الذي سيبلغ نهايته فقط متأخراً في القرن الثاني والعشرين". إجمالاً، يقول الكتاب إنَّ نظام الطاقة يسير في الاتجاه الصحيح. ولكن لن يكفي ببساطة الوثوق "بالتغيرات الهيكلية الذاتية نحو نظم تحرير الطاقة من الكربون ... [إن نظم الطاقة] تقزم بمعدلات النمو التاريخية والمتوقعة في استعمال الطاقة وانبعاثات الكربون الناتجة عنها. وسوف يؤدي التسارع الأكيد في إقصاء الكربون عن التغيرات التكنولوجية والسياسية الطموحة".

ومن جهته يعتقد مارتشيتّي أن الهيدروجين وانبلاج اقتصاد الهيدروجين لهما دلالات عميقة تذهب أبعد من الوقود النظيف والبيئة النظيفة. بالعودة الى السبعينيات فقد راهن على أن التغيرات الطبيعية المرتبطة بإنتاج وتوزيع طاقة الهيدروجين سوف تؤدي الى تغيير السياسات العالمية، وهي فكرة لا تزال مغرية.

---

(6) Reprint Research Report RR-97-6, International Institute for Applied Systems Analysis, 1997.

لقد أظهر مارتشيتّي أفكاره في مؤتمر ميامي بيتش للهيدروجين سنة 1976 خلال خطاب بأربعين دقيقة تحت عنوان "من الحساء البدائي (وهي مرحلة أولية من التطور كما يعرفها العلماء -المترجم) الى حكومة العالم في دراسة على التطور المقارن". لقد وصف توقعاته السياسية الاقتصادية المدوية (المدهشة) كناتج منطقي لتطور اقتصاد الهيدروجين وشبيه العمليات الطبيعية التي طبعت الأرض منذ بدايتها. إنه يتصور إنتاجاً على مستوى كبير، والتحول بعيداً عن الوقود الأحفوري كعملية تحرر للكوكب شبيهة إجمالاً بالتحول عن الحساء البدائي كطاقة وحامل للحياة خلال الملايين من السنين السالفة. هذا التحول أصبح ممكناً بإطلاق كميات هائلة من الأكسجين خلال سلاسل عمليات كيميائية وفيزيائية معقدة. لقد شكل الأكسجين طبقة الأوزون ومن طريق تصفية الاشعاعات فوق البنفسجية القاتلة استطاعت المتعضيات الخروج من الماء والتمدد الى اليابسة. "لقد نمت الحياة لتسيطر على البيئة على مستوى الكوكب". كما أكد مارتشيتّي. وأكمل "الآن، إذا بدأت البشرية بإنتاج الهيدروجين من الماء، مستعملة مصادر جديدة من الطاقة "الحرة" -من الانشطار أو الانصهار أو ربما الأخذ مباشرة من شمسنا القديمة، فالتحولات بعيداً عن الوقود الأحفوري والتي تعادل في مقارنتي الحساء الأولي فأي نوع من السيطرة الجديدة على البيئة يمكن حصولها كناتج لهذه العملية؟".

في الجوهر، يتنبأ مارتشيتّي باصطراع بين نظام الطاقة "المدمج عمودياً" للدول الأمم ونظام الطاقة "الأفقي" الذي يغطي دولاً عديدة، أي النموذجي بالنسبة للشركات عابرات الدول (الأمم). إنَّ الصراع لا يمكن تحاشيه كما أعتقد، ولكنه سوف لن يؤدي الى تدمير الدول أو الشركات. "يمكن النظر الى الدولة كنظام

طاقوي دمجي يغطي منطقة جغرافية" كما أثبت مارتشيتّي "الشركة متعددة الجنسيات هي نظام سلطوي أفقي منظماً لطبقة رقيقة من النشاطات البشرية من دون حدود جغرافية دقيقة. السلطة الأفقية (متعددة الجنسيات) تؤدي الى "التشوش" وخسارة السيطرة من قبل السلطة العمودية (الدولة)، وأيضاً سوف يقفل تغالظ الطبقات (النشاطية البشرية -المترجم) معه. إنَّ الفضائح المزعومة بوجه متعددة الجنسيات هي عارض جلي على ذلك، ولكن ماذا ستكون الحصيلة؟ ".

يذكر مارتشيتّي، كتشبيه تاريخي، الروابط بين "متعددة الجنسيات" الوحيدة في العصور الوسطى، أي الكنيسة الكاثوليكية والدول في تلك العصور. وكما قال "العراك بين السلطات السياسية المحصورة جغرافياً ومع سلطة أفقية جرى في العصور الوسطى" لقد كانت الكنيسة "تتدخل وتتنافس بطرق عديدة مع السلطة السياسية مشرذمة جغرافياً في ذلك الوقت". إنَّ النظامين كانا ضرورين: "بما أنَّ نظامي السلطة لا يمكن مبادلتهما أو حتى إقصاء أحدهما فإن توافقاً قد حصل أخيراً. السلطة السياسية أمسكت طبقتها الرقيقة الطافحة (على السطح -المترجم) وجعلتها هيكلية لسلطة فوق القوميات مؤدية الى نوع من السياسة عابرة الأمم (الدول) وهي: الأمبراطورية الرومانية المقدسة لقد كانت مساحة المناورة للأمبراطور ضيقة من الناحية السياسية، ولكنها واسعة من ناحية الأراضي، وأيضاً على المستوى التراتبي الخالص من التجريد مقابل البابا على قواعد الندية". أضاف مارتشيتّي "إن تشبيهي الصحيح، يقول إنَّ الحصيلة سوف تكون حكومة عالمية أو بتعريف أكثر مرونة سلطة عالمية لجعل الحوار ممكناً". ويتابع: "الطاقة هي الشأن

الأوسع الفريد في العالم. بسعر 12 دولاراً للبرميل، يصبح التبادل خمسماية مليار دولار سنوياً، وسوف يصبح ألفيْ مليار دولار في بداية القرن الواحد والعشرين. إنَّ ذلك يعني أن شركات الطاقة المتعددة سوف تصبح القوى الأشد في الصراع مع السلطة السياسية وحقل نشاطها سيغدو أكثر حساسية. إنَّ مراكز الطاقة الكبيرة جداً وتوليد الطاقة كعملية عالمية في إنتاج مباشر لتكنولوجيا فصم الماء سوف تغير المحيط السياسي تماماً كما فعل الأكسجين في تغيير المحيط (الجو -المترجم) الأرضي ما يؤدي في النهاية الى الحكومة العالمية"[7]. وخلص الى أن "المخطط الكبير ينشر ذاته ونحن نحظى بالميزة والمسؤولية لنحيا مرحلة عظيمة من التحول التاريخي".

وكما جرى، لم تتطور تجارة النفط العالمية كثيراً كما توقع مارتشيتّي، لكنها في الواقع، قد تراجعت وفي نهاية 1998 احتسب إجمالي حجم تجارة النفط العالمية سنوياً بالدولار في حدود 380 - 460 ملياراً معتبرين إنتاجاً بحوالى 38 (مليار برميل؟) بسعر 10 - 12 دولاراً للبرميل وذلك اعتماداً على خبير في النفط. (بالطبع زاد سعر النفط على وجه التقريب ثلاثة أضعاف أيضاً).

و"بخصوص نماذج انتشار التحديث" المنشور في صيف سنة 1996 في إصدار *Daedalus* أثبت آرنولف غروبلر أن هنالك في

---

(7) ظهر مؤتمر كيوتو لتغير المناخ 1997 ـ المنقول مباشرة على CNN مع ممثلي 150 بلداً تقريباً يتسابقون على المكانة والمكاسب السياسية ـ يظهرون بالتأكيد أنهم يملكون، أقله، بعض الزخرف لقاعة لقاء القرية الكونية ولكن الحكومة العالمية لا تزال عصية على الشعب.

الأساس استراتجيتين للتحديث. الأولى تركز على التحولات الإضافية مثل التكنولوجيات البيئية المضافة أو في "نهاية الأنبوب". إنها تستطيع مدّنا بالتصحيح السريع، ولكنها "تتجه لتمتين المسار المسيطر وإعاقة التحولات الأكثر منهجية وجذرية". الاستراتيجية الأخرى تفضل "الانطلاقات الأكثر جذرية من التكنولوجيات والتطبيقات الموجودة". تلك التكنولوجيات "مثل تطوير خلايا الوقود والهيدروجين للطاقة" هي "أكثر فعالية على المدى البعيد"؛ وفي كل الأحوال إنها "تتطلب وقتاً أكثر للتأسيس، وذلك بسبب تعدد الروابط المستقبلية والقديمة بين التكنولوجيات والبنى التحتية وأشكال التنظيم لإنتاجها واستخدامها". وبحسب غروبلر هذا الترابط بين "المنتوجات الفردية والبنية التحتية بمجملها" هو في أساس المشكل الذي نواجهه:

في خلال عقدين أو ثلاثة عقود تستطيع الولايات المتحدة مبدئياً تحويل كامل أسطولها (للنقل البري) الى صفر انبعاث. فعلاً إنَّ 99% من السيارات حالياً في الطريق سوف تصبح حطاماً في هذه الفترة. ومع أنَّ هذه الفترة قصيرة جداً لانتشار التجهيزات المطلوبة التابعة للطاقة والنقل والبنى التحتية للتوزيع التي لا بد أنها ستزيد من سرعة انتشار أجهزة الاستخدام النهائي. وهكذا فإن مفتاح التكنولوجيات التي يمكننا تصورها سلفاً لتحسين نوعية البيئة احتمالاً عليه تفترض انتظار النصف الثاني من القرن الواحد والعشرين ليصبح منتشراً ومؤثراً.

تاريخياً، شكلت مجاميع التكنولوجيا (التطوير المتوازي لسكك الحديد والتلغراف وشبكات الطرقات وأنابيب النفط) أداة في زيادة الإنتاجية وكذلك أيضاً في تخفيف العديد من الآثار البيئية السلبية. إنَّ بروز مركب جديد يمكن من رفع الوعد بمسار تكنولوجي أكثر ملاءمة من الناحية البيئية. ولكن ذلك سوف يأخذ وقتاً.

بعد إمعان قال غروبلر "هنالك أزمنة للتغيير وأزمنة من التغير، وما لم يتغير السلوك الفردي والجماعي فإن هذه الأزمنة سوف تبقى لإحباطنا وحثنا". قد يكون كذلك، ولكن ليس فقط نظم التحليل والتكنولوجيا والتقدم التكنولوجي التي سوف تحدد مستقبلنا الجماعي. وكما لاحظ الديبلوماسي الألماني الشاب ماركوس بلينروث (كما استدل في كتاب كمپ Kempe Father/Land (فهي أيضاً اقتصادية. إنها أيضاً وعي البيئة الذي لا يزال مقصراً في بعض الجهات. إنها أيضاً الإدارة السياسية المركزة وليس متفرقات الحديقة أو الإدارة السياسية المدعومة بالتمويل الزائد، ولكن الإدارة السياسية الخبيرة إنسانياً وأخلاقياً، والموجهة بالمصلحة الذاتية المتنورة التي ترى العالم كبيئة كلية أكثر من كونه سلسلة غير متواصلة من العلب والمقصورات.

لقد حصل أمر عظيم في التقدم منذ سنة 1990 بمفردات الوعي البيئي الأكبر وتنقية أجزاء واسعة من محيطنا (بيئتنا). لقد حصل أيضاً بعض التقدم حقاً في تطور التكنولوجيات النظيفة البديلة والمتطورة بيئياً وكذلك الممارسات. ولقد شهدنا بداية السباق التكنولوجي لحمل تكنولوجيا الهيدروجين بصفر انبعاث (غاز الكربون)، أو ما يقاربه مثل خلايا الوقود الى السوق، وهو سباق دخلت فيه كل المصانع الراسخة منذ زمن والمنشآت الجديدة الصغيرة المبتكرة. ولكن في الخطة الشاملة للأمور يبدو كل التقدم الحديث متسكعاً وضعيفاً بالقياس لما هو مطلوب. وفي لوحة البيئة الكبيرة تبدو شكوى بوكمينستر فولّر في سنة 1969 المنقولة في أول هذا الكتاب مفيدة أكثر من أي شيء آخر.

فالكاتب البيئي بل ماك كيبّن يوضح هذه الاهتمامات جيداً

سنة 1999 في النيويورك تايمز[8]. "قبل عشر سنوات كان احترار الأرض فرضية متينة. الآن بعد عشر سنوات من البحث المكثف كوّن العلماء من حول العالم توافقاً حديدياً وهو أننا نسخن الكوكب... السؤال هو لماذا عملنا قليلاً هكذا. في 1992 وعد الرئيس جورج بوش العالم بأن الولايات المتحدة سوف لن تطلق أي زيادة من ثاني أكسيد الكربون في سنة 2000 عن سنة 1990. بالمقابل شهدت إدارة كلينتون مع قليل من الاهتمام ظاهرياً أن انبعاثاتنا أفلتت بزيادة 10% لقد رفض الكونغرس حتى احترام الخطوة الطفولية المتمثلة باتفاقات كيوتو سنة 1997 التي تريدنا العودة الى مستويات سنة 1990 في حوالى سنة 2010.

إنَّ سبب الجمود كما يعتقد ماك كيبّن "هو أننا لا نشعر حتى الآن إحشائياً بخطيئة ما نصنع، وأنَّ المخاوف العقلانية الحقة ليست حول ما يمكن أن يكون العيش في عالم فائق الاحترار، ولكن حتى أكثر، الصدمة البسيطة التي كبرناها بشكل واسع، وهي أننا نستطيع السيطرة على كل شيء... كل شيء يحدث على السطح يأتي أقله جزئياً بسببنا ومن شهيتنا واقتصاداتنا". فالبشر بحاجة ليصدموا حتى "الفهم الإحشائي" لحالة البيئة "إذا كنا نريد أخذ الخطوات العملاقة التي علينا اتخاذها قريباً". "الشمس تضرب الى تحت والمطر يتساقط الى تحت والريح تعصف" كما كتب ماك كيبّن، و"كلها الآن من صنع الإنسان، إننا لا نعيش على الكوكب الذي خلقنا عليه. إننا نعيش على كوكب جديد أفقر وأبسط، وإننا نستمر بإفقاره مع كل أونصة نفط وباوندة فحم نحرقها".

---

(8) «Indifferent to a planet in pain,» *New York Times,* September 4, 1999.

إن كآبة ماك كيبّن في "نظرة آخر القرن الى العالم" هي بشكل واعٍ أو غير واعٍ مشتركة للغاية. ولكن هناك أيضاً نظرة مضادة: في القرن الجديد هناك نظرة "يمكن تحقيق كل شيء"، مدعمة بإدراك وخبرة عالم ماك كيبّن الذي قال "نحن نستطيع، وسوف نجعل من العالم مكاناً أفضل". هذه النظرة ألهمت وحثت آلاف النشطاء، الباحثين وآخرين يعملون من أجل بيئة أنظف. وأول من أعرب عنها وبشكل أفضل هو جول ڤيرن، وذلك في روايته "الجزيرة الغامضة" عام 1874:

نعم يا أصدقائي، أنا أؤمن بأن المياه سوف تستخدم يوماً ما كوقود، فمكونات المياه من هيدروجين وأكسجين، مستعملة بانفراد أو سوية، سوف تكون جاهزة ولا تفنى كمصدر للتدفئة والضوء... طالما أن الأرض مأهولة فسوف تؤمن حاجات قاطنيها، ولن يكون هناك حاجة لضوء أو لدفء آخر طالما أن إنتاج الخضار، المعادن والحيوانات لا يخذلنا.

ثبت أسماء الشركات والهيئات والمؤسسات والأماكن والتقنيات والماركات (مسرد عربي)

Epyx	أبيكس (شركة)
Federation of American Scientists FAS	إتحاد العلماء الأمريكيين
H Power	إتش باور (شركة)
papilloma	الأثاليل
Thermal Electric Devices	الأجهزة الكهربائية الحرارية
Energy Information Administration	إدارة المعلومات حول الطاقة
ARAL	آرال
ARCO	آركو
Arigna	آرينيا
adiabatic demagnetization	إزالة التمغنط من دون تبادل حراري
Asahi Chemicals	أزاهي للكيميائيات
ductility	الاستطراق
carbon black	أسود الكربون
Exxon	إكسون
Exide	إكسيد
TiO2	أكسيد التيتانيوم

HgO	أكسيد الزئبق
ACHEMA	آكيما
Allied Signal	ألايد سيغنل
PEM Allied Signal	ألايد سيغنل لتطوير خلايا وقود
Allied Chemical	ألايد كميكال
Albuquerque	ألبوكرك
El-Segundo	إلسيغوندو
Electrovan	إلكتروڤان
Elenco	إلنكو (شركة)
Allis-Chalmers	أليس شالمرز
Cryo- Adsorption	الامتزاز الصقيعي
Pressure Swing Adsorption	امتزاز دوّار ضغطي
Analytic Power	أناليتيك پاور
Energy Partner	إنرجي پارتنر
Energy Partners	إنرجي پارتنرز (شركة)
Italy's Ansaldo	أنسالدو الإيطالية (شركة)
Otto-Versand	أوتو-فيرساند (شركة)
Eureka	أوريكا
OPEL	أوپل
Itapu	إيتاپو
Air Products	إير پرودكتس (شركة)
Irvine	إيرڤين
Ispra	إيسپرا
Ikarus	إيكاروس
Aiken	آيكن
Barstow	بارستو (مدينة)

بالارد پاور	Ballard Power
بالارد پاور سيستمز	Ballard Power Systems
بالارد تكنولوجيز أند داو كندا	Ballard Technologies and Dow Canada
بالو آلتو	Palo-Alto
بايرنڤيرك	Bayernwerk
بايوپول	Biopol
بحيرة إيْريّ	Lake Erie
براونشڤيغ (جامعة)	Braunschweig
برغز وستراتون	Briggs & Stratton
برغن	Bergen
بريتش أيروسپايس	British Aerospace
بريسبان (مدينة)	Brisbane
برينستون (جامعة)	Princeton
بوز-آلن هاملتون (شركة)	Booz-Allen Hamilton
بوستدامر	Potsdamer
بوينغ أيروسبَيس	Boeing Aerospace
بيردمور	Beardmore
بيلِفِلد	Bielefeld
بيْنز (مدينة)	Beynes
پارسيپاني	Parsipanni
پارما	Parma
پالم دزرت	Palm Desert
پالم سپرينغز	Palm Springs
پالم هاربر	Palm Harbor
پراتّ أند ويتني	Pratt & Whitney
پراكسير	Praxair

Propane	البروبان
Proton Energy Systems of Rocky Hill	بروتون إينرجي سيستمز للمرتفعات الصخرية (شركة)
Proton motor	بروتون موتور (شركة)
Precept	بريسبت
Polyolefin	البوليولفين
Errenization	تأرين
Tri-Stars	تريستارز
Personal Fuel Appliance Energy	تطبيق الوقود الشخصي
Errenizing	تغذية إرّنْ- تأْرين
Teflon	التفلون
United Technologies Corporation	التكنولوجيات المتحدة (شركة)
Teledyne Brown Engineering	تلداين براون إنجنيرينغ
Teledyne Energy Systems	تلداين لنظم الطاقة
Torrance	تورانس
Taurus	توروس
Tonen	تونن
TEPCO	تيبكو
THEME Te Hydrogene Economy Miami Energy	تيم اقتصاد الهيدروجين للطاقة في ميامي
Tehachapi Pass	تيهاشابي (معبر)
Three Mile Island	ثري مايل أيلاند
Trigeneration	ثلاثي التوليد
Thornton-Shell	ثورنتون وشلّ
A&M Texas University	جامعة تكساس للزراعة والميكانيك
Sherbrooke	جامعة شيربروك

UCLA University of California Los Angles	جامعة كاليفورنيا لوس أنجلس
Cornell	جامعة كورنيلّ
Free Radicals	الجذريات الحرة
Perris	جمعية پرّيس
Perris Smogless Automobile Association in California	
	جمعية پرّيس للسيارة من دون دخان في كاليفورنيا
American Lung Association	جمعية رئة أميركا
General Atomics of San Diego	جنرال أتومِكس من سان دييغو
General Electric	جنرال إلكتريك
General Dynamics	جنرال داينميكس
Geybers	جيبرز
Genesis	جينيسيز
cryogenic	خفيض درجة الحرارة
International Fuel Cells	خلايا الوقود الدولية (شركة)
Matanzas Bay	خليج ماتانزاس
New Columbia Encyclopedia	دائرة معارف نيو كولومبيا
MIT Press	دار نشر معهد ماساشوستس للتكنولوجيا
Danburg	دانبورغ
Dresden	درسدن
Dornier System	دورنييه سيستم (شركة)
De Lijn	دي ليجن (شركة)
De Nora	دي نورا (شركة)
Demag	ديماغ
Daimler-Benz	ديملر-بنز
DaimlerChrysler	ديملركرايزلر
RAV4	راف4

Roebuck	ربوك
Chain Reaction	رد الفعل المتسلسل
Robert Hockaday	روبرت هوكداي
Rhodospirillium rubrum	رودوسبيريليوم روبروم
Rocketdyne	روكتداين
Rockwell International	روكِول إنترناشنل
Rolls-Royce	رولز رويس
Rjakon	رياكون
Reykjanes	ريكجنس
Riverside	ريڤرسايد
Zafira	زفيرا
Zollbrueck	زولبروك
Zeppelin	زيپِّلين
Xerox	زيروكس
ZEMBUS Zero Emission Bus	زيمباص (باص عديم الإنبعاثات)
ZEVCO zero emission vehicle corporation	
	زيڤكو مؤسسة المركبات عديمة الانبعاثات
Saab 900	ساب900
SAFT	سافت
Sacramento	ساكرامنتو (مدينة)
San Fernando Valley	سان فرناندو ڤالي
Santa Ana	سانتا آنا
Sanyo Electric	سانيو إلكتريك
Studebacker	ستوديبِّكر
Stuart cells	ستيوارت سلز
Stevens	ستيڤنز (معهد)

Solar-Wasserstoff-Bayern	سولار ڤاسرستوف-بايرن
Solar One	سولار1
Solar Two	سولار2
Sulzer	سولتزر
Boston Reformed Fuel Car	سيارة بوسطن ذات الوقود المعدل
cyanobacterium	السيانوباكتيريوم
Citaro	السيتارو
Sears	سيرز
Cessna172	سيسنا172
Siemens	سيمنس
Siemens-Westinghouse	سيمنس-وستينغهاوس
S?nger	سينغر
WE-NET World Energy Network	شبكة الطاقة العالمية
Energy Conversion Devices Inc.	شركة أجهزة تحويل الطاقة
Consolidated Edison	شركة إديسون المتحدة
Industrial Consultants International	شركة الاستشاريين الصناعيين الدولية
Advanced Technologies Inc	شركة التقنيات المتقدمة
Directed Technologies Inc.	شركة التكنولوجيات الموجهة
MC Power	شركة الصهيرة الكربوناتية للطاقة
Electrolyser Corporation	شركة إلكترولايزر
Canada's Electrolyser Corporation	شركة المحللات الكهربائية الكندية
International Materials Corporation	شركة إنترناشنل متيريَلز
Energy Research Corporation	شركة بحوث الطاقة
Bell	شركة بلّ
Methanex Corporation Canada's	شركة تصدير الميتان الكندية
Bus Manufacturing Corporation	شركة تصنيع الحافلات

شركة داو كميكال	DOW Chemical Co
شركة دايس	DAIS
شركة دايس-أناليتيك	DAIS-Analytic Corporation
شركة طوكيو للهندسة	Tokyo Engineering Corporation
شركة كنت للفولاذ	Kent Steel
شركة مارتن ماريتا	Martin-Marietta Corp
شركة ماكدونل-دوغلاس للنظم الفضائية	McDonnel-Douglas space systems
شركة مونسانتو	Monsanto
شركة نيوجيرسي لطاقة الهيدروجين	New Jersey's H Power Corporation
شلّ هيدروجين	Shell Hydrogen
شيبا	Chiba
شين-كوبي	Shin-Kobe
شينيكتادي	Schenectady
شڤاينبرغ	Sweinberg
صحراء موجيف	Mojave Desert
صخر طافح	Caprock
صنشاين	Sunshine
صنلاين ترانزيت	Sunline Transit
الضغط الجوي الصرف (آتا)	atmosphere absolute (ata)
الطبابة تحت ضغط غازي زائد	Hyperbaric Medicine
طوكيو أوتا	Tokyo Ohta
عملية الامتصاص المكثف	Sorption-enhanced
عملية كڤيرنر	Process Kvearner
عنصر الماء بالألمانية	Wasserstoff
العنصر واحد	Element One
غراف زيپّلين	Graf Zeppelin

Gremlin	غرملن (محرك)
Groton	غروتون
Grumman American Cheetah	غرومان أميركان شيتاه
Grumman Cheetah	غرومان شيتاه
Gelsenkirchen	غلسنكيرشن (مدينة)
Glenn	غْلِنّ (مركز- للبحوث)
Global Thermoelectric	غلوبل تيرموإلكتريك
Goi	غويْ
Gator	غِيتور
Van Hool	فان هول
Philips Research	فليبس للأبحاث
Phoenix	فنيكس
Fuji Electric	فوجي إلكتريك (شركة)
Fort St Vrain	فورت سان ڤرين
Fort Lauderdale	فورت لودردال
PFC perfluor carbonate	فوق كربونات الفليور
Focus	فوكس
Fairchild	فيرتشايلد
Fischer-Tropsch	فيشر-ترويش
Fuel Cell Energy Corporation	فيول سل إينرجي (شركة)
Fuel Cell Gator	فيول سل غِيْتور
scf standard cubic foot	قدم مكعب نمطي
GM's Allison Division	قسم جنرال موتورز في آليسون
Katowice	كاتووايس
Carter-Paterson	كارتر-پاترسون
Caltech (California technology)	كالتك (كاليفورنيا كنولوجي)

كاناغاوا (جامعة)	Kanagawa
كايزر إنجنيرينغ	Kaiser Engineering
الكتلة الهيديروجينية البكتيرية	Hydrogenomonas
ك-د شونڤيزه	C.-D. Sch?nwiese
كريوپليْن	Cryoplane
كليڤلاند	Cleveland
كلڤين	kelvin
كواد	QUAD
الكوارتز	Quartz
كِوِتْ	Kewet
كوتشيلا	Coachella
كورال غِيْبلس	Coral Gables
كورك	Cork
كوكوا بيتش	Cocoa Beach
كومكس	Comex
كومنكو	Cominco
كونسولير إندستريز	Consulier Industries
كيهول پوينت	Keahole Point
لاكوود	Lakewood
لجنة العلم البرلمانية	House Science Commitee
لودڤيغ بولكوف سيستم تكنيك	Ludwig-Boelkow System Technik
لوز إنترناشنل (شركة)	Luz International
لَيْكهورست	Lakehurst
ليندِه (صناعي)	Linde
مؤسسة إنجلهارد	Engelhard Corporation
مؤسسة دبل يو ألتون جونز	W.Alton Jones Foundation

Garett Corporation	مؤسسة غاريتّ
Mark 900	مارك 900
Compressor	ماكنة ضغط
MAN	مانْ
diffusive	المبثوث
Canadian Hydrogen Workshop	محترف الهيدروجين الكندي
Ludwig Boelkow Fueling Station	محطة وقود لودڤيغ بولكوف
Oxyburetor	محقن أكسجيني
Carburator	محقن الوقود
Argonne National Laboratory	مختبر أرغونّ الوطني
Brookhaven National Laboratory	مختبر بروكهاڤن الوطني
Los Alamos National Laboratory	مختبر لوس ألاموس القومي
Schatz	مركز شاتز لبحوث الطاقة
Lewis Research Center	مركز لِويسّ للبحوث
Messer-Griesheim	مسّر غريشَيْم (شركة)
Euro-Quebec Hydro Hydrogen Pilot project	مشروع هيدرو هيدروجين الأوروبي الكيبكي الرائد
Battelle Memorial Institute	معهد باتّلّ ميموريال
Institute of Gas Technology	معهد تكنولوجيا الغاز
Stevens Institute of Technology	معهد ستيڤنز للتكنولوجيا
Fraunhofer Institute for Solar Energy Systems Freiburg	معهد فراونهوفر لنظم الطاقة الشمسية في فرايبورغ -ألمانيا
Carnegie Mellon Institute	معهد كارنيجي في ميلّون
Unirule Institute	معهد يونيرول
crack carburator	ملقم قاصم
Spectroscope	منظار الطيف

Ontario-Hydro Utility	موارد أونتاريو المائية
Maubeuge	موْبوْج
Motorolla	موتورولا
Murata	موراتا
Musashi	موساشي
Musachi	موساشي (معهد)
molybdenum	الموليبدينوم
Münster	مونستر (جامعة)
Miata	مياتا
Water-Driven	المياه المجرورة
Mitsubishi	ميتسوبيشي
Megabars	ميغابار
Minivan-NECAR II	مينيڤان نيكار II
NACA National Aerospace Consultant Agency	الناكا الوكالة الاستشارية لعلوم الفضاء
Hydride Systems	النظم الهيدرية
Northeastern	نورإيسترن (جامعة)
Northwest Power Systems	نورثُوست پاور سيستمز (شركة)
Norsk Hydro	نورسك هيدرو
Nauru	نورو (جزيرة)
Neunburg Vorm Wald	نوينبورغ فورم ڤالد
NEBUS (New Electric Bus)	نيباص (حافلة الكهرباء الجديدة)
Negromycin	نيغروماسين
NiCad	نيكاد (بطاريات)
International Nickel	نيكل إنترناشنل
Ningbo	نينغبو (مدينة)

472

New Fleyer	نيو فليير
Neoplan	نيوپلان
Haernoesand	هارنوزاند
Hasselt	هاسلت (بلدة)
Hamilton Standard	هاملتون ستاندرد (شركة)
Handivans	هانديڤان
HYSOLAR	هايسولار
HYFORUM	هايفوروم
Humboldt	هومبولد (جامعة)
DNAEE	هيئة المياه والكهرباء الوطنية في البرازيل
California Air Resources Board	هيئة كاليفورنيا للموارد الجوية
Hythane	هيتان
Hydro-que	هيدرو كيو
Hydrogen Burner Technology, Inc.	هيدروجين برنر تكنولوجي (شركة)
Hydrogen Components	هيدروجين كومپوننتس (مؤسسة)
HFC hydrofluor carbonate	هيدروكربونات الفليور
Hydrides	الهيدريدات/ المركّبات الهيدرية
Hindenburg	هيندنبورغ
Hino	هينو
Wankel	وانكل
British Air Ministry Laboratory	وزارة الأجواء البريطانية
West Palm Beach	وست پالم بيتش
Westinghouse Savannah River	وستينغهاوس ساڤانا ريڤر
Polimer	پوليمار
Wujin	ووجين (مكان)
Winnebago	وينيباغو (ماركة بيوت)

وينيبيغ	Winnipeg
يوتاه	Utah
يونيون كربايد	Union Carbide
ڤيرنر شنورنبرغر	Werner Schnurnberger

لائحة أسماء العلم وكتابتها بالإنكليزية
(مسرد عربي)

أ ف بورستال	A.F. Burstall
أ أ ديبون	A.A. Du Pont
أ م مومنثي	A.M. Momenthy
إدوارد جوستي	Eduard Justi
إدوارد سناپ	Edward Snape
أدولف غوتسبرغر	Adolf Goetzberger
أديسون بِيْن	Addison Bain
آرثر د ليتل	Arthur D. Little
إرنست فيالا	Ernest Fiala
آرنولف غروبلر	Arnulf Grübler
أسكار خاسيليف	Oscar Khaselev
إشّر	Escher
أكسل شيزكا	Axel Szyska
أكيرا فوجيشيما	Akira Fujishima
ألساندرو ڤلطا	Alessandro Volta
ألكساندر ت ستيوارت	Alexander T. Stuart
ألكساندر شتاينبوشل	Alexander Steinbüchel

475

Alexei Tupolev	ألكسيّ توپوليڤ
Alan Lloyd	آلن لويْد
Emil Collett	إميل كولِّت
Angela Merkel	أنجلا مركل
Andrew Stuart	أندرو ستيوارت
Anthony Agnone	أنطوني أغنوني
Sir Anthony Carlisle	أنطوني كارليل
Antonio Ferri	أنطونيو فيرّي
Anibal Martinez	أنيبال مارتينيز
O.J. Hadaller	أو ج هادالر
Ortwin Runde	أورتوين روندِه
August Winsel	أوغست ڤينسل
Ulrich La Roche	أولريش لاروش
Olof Tegstr?m	أولوف تيغستروم
Igor Sikorski	إيغور سيكورسكي
B. Arnason	ب أرناسون
Brown Boveri	براون بوڤري
Bryan Palaszewski	برايان پالاجيڤسكي
Bergius	برجيوس
Bernd Füchtenbusch	برند فوشتنبوش
Ben Rich	بن ريتش
Benjamin Franklin	بنجمن فرانكلن
Bob Eaton	بوب إيتون
Bob Zweig	بوب شڤيك
Bob Witcofski	بوب ويتكوفسكي
Buckminster Fuller	بوكمينستر فولر

476

Bill Hoagland	بيل هوغلاند
Bill Van Vorst	بيل ڤان ڤورست
Bjorn Gaudernack	بيورن غودرناك
Patrick Lee Underwood	پاتريك لي أندروود
Pencroft	پنكروفت (بحار)
Paul Ehrlich	پول إيرليش
Paul Bethge	پول بتج
Paul Gip	پول جيپ
Paul Dieges	پول دييجس
Paul Staples	پول ستاپلز
Paul Gunter	پول غونتر
Paul Horowitz	پول هورويتس
Paul Weaver	پول ويڤر
Peter Glaser	پيتر غليزر
Peter Lehman	پيتر ليمان
T. Sigfusson	ت سيغفوسون
T. Nejat Veziroglu	ت نجات وزيروغلو
Takanori Minami	تاكانوري مينامي
Taylor M. Briggs	تايلور م بريغز
Terry Baker	ترّي بيكر
Channing Ahn	تشانينغ آن
Thurquet de Mayeme	توركيه دو مايّم
Tokiaki Tanaka	توكياكي تاناكا
Tom Bonner Jr.	توم بونّر الإبن
Tom Doyle	توم دويْل
Tom Harkin	توم هاركين

Thomas edison	توماس إديسون
Thomas Bailey	توماس بَيْلي
Theophrastus Paracelsus (1493-1541)	
	ثيوفراستوس باراسلسوس (1493-1541)
J. S. Just	ج س جوست
J.E. Noeggerath	ج إ نوغيرّاث
J.J. Jacques	ج ج جاك
G. Daniel Brewer	ج دانييل بروِر
J.C. Fischer	ج سي فيشر
J.F. Kemp	ج ف كمپ
Jacques Alexandre César Charles (1746-1823)	
	جاك ألكساندر سيزار شارل (1746-1823)
Jacques d'Arsonval	جاك دارسونڤال
Jack Lippert	جاك ليبّرت
Jean Portier	جان پورتييه
Jean Pierre Coutelle	جان پيار كوتِّل
Gideon Spilett	جدعون سپيلّيّت
Joan Ogden	جوان أوغدن
George Ernst Stahl (1660-1734)	جورج إرنست شتال (1660-1734)
George Brown Jr.	جورج براون الإبن
Georges Claude	جورج كلود
George Mason	جورج ماسون
Joseph Priestley (1733-1864)	جوزيف پريستلي (1733-1864)
Jules Verne	جول ڤيرن
John Appleby	جون أپلباي
J. O'Sullivan	جون أوسوليڤان

John Burden Sanderson Haldane	جون بوْردِن ساندرسون هالدان
John Bockris	جون بوكريس
Jon Pangborn	جون پانغبورن
John Pike	جون پايك
John Perry	جون پرّي
John Turner	جون ترنر
John Gibbons	جون جيبونّز
John Smith	جون سميث
John Sharer	جون شيْرر
John Firor	جون فايرور
John Foster	جون فوستر
John Litchfield	جون ليتشفيلد
John Mayow (1645-1679)	جون مايوّ (1679-1645)
Johnson Matthey	جونسون متِّيْ
Gianfranco De Beni	جيانفرانكو دي بني
Gerald Halpert	جيرالد هالپرت
Jesse Ausubel	جيس أوسوبيل
James Pacheco	جَيْمس پاتشيكو
James Provenzano	جيمس پروڤنزانو
James Funk	جيمس فونك
James McElroy	جيمس ماكالرويْ
Jane Hall	جَيْنْ هول
Daniel Evans	دانييل إيڤانس
W. Edward Wallace	دبل يو إدوارد والاس
Dwight Minnich	دوايت مينّيش
Donald Osborn	دونالد أوسبورن

David Abeey	ديڤِد أبَّيّ
David Ercegovic	ديڤِد إرسيغوڤيتش
David Benson	ديڤِد بنسون
David Moard	ديڤِد مورد
David Hart	ديڤِد هارت
R. O. King	ر أو كينغ
R. F. Stebar	ر ف ستيبار
R.H. Fry	ر ه فراي
Russel Hemley	راسل هملِيّ
Raghu Menon	راغو مِنون
Ram Ramachandran	رام راماشاندران
Randall Swisher	راندال سويشر
Robert Barthelemy	روبرت بارتلمي
Robert Boyle (1627-1691)	روبرت بويل (1691-1627)
Robert Reinstrom	روبرت راينشتروم
Robert San Martin	روبرت سان مارتان
Robert Hazen	روبرت هازن
Robert Williams	روبرت وليمز
Roger Billings	روجر بلّينغز
Roger Schoeppel	روجر شوبِّل
Rudolf Erren	رودولف إرّنْ
Rudolph Bergermann	رودولف برغرمان
Rudiger Hess	روديغر هسّ
Rosa Young	روزا يونغ
Ross Gelbspan	روسّ جيلبسپان
Ron Sims	رون سيمز

Roy Parsons	روي پارسونز
Richard Daley	ريتشارد داليّ
Richard Lugar	ريتشارد لوغار
Richard Lindzen	ريتشارد ليندزن
Richard Murray	ريتشارد موراي
Richard Niedzwiecki	ريتشارد نيدجڤيشكي
Rick Rocheleau	ريك روشلو
Raymond Lyons	ريمون ليونز
Raymond Morton	ريمون مورتون
Sam Romano	سام رومانو
Sandi Thomas	ساندي توماس
Sandy Stuart	ساندي ستيوارت
Cyrus Harding	سايروس هاردينغ
Spark Matsunaga	سپارك ماتسوناغا
Steven Spielberg	ستيڤن شپيلبرغ
C. Edwin Tracy	سي إدوين تراسي
Cesare Marchetti	سيزار مارتشيتّي
Cecil Marek	سيسيل مارِك
Sig Gronich	سيغ غرونيش
Simader	سيمادر
Simpson	سيمبسون (لاعب كرة قدم)
Charles Blagden	شارلز بلاغدن
Charles Langer	شارلز لانجر
Steinar Lynum	شتاينَر لينوم
Sheritt Gordon	شريتّ غوردون
Gary Tibbetts	غاري تيبّتس

Gary Sandrock	غاري ساندروك
Gary Wnek	غاري وْنِك
Glenn Rambach	غلنّ رامباك
Gudmundur Bjarnason	غودموندور بجارناسون
Gustav Grob	غوستاف غروب
Günther Dahl	غونتر داهل
Guyton de Norveau	غيتون دِ نورڤوْ
F. B. Parks	ف ب پاركس
F.R. Foulkes	ف ر فولكس
Franz Lawaczek	فرانتس لاواتشيك
Francis T. Bacon	فرانسيس ت بيكون
Frank Lynch	فرانك لينش
Fredric Nardecchia	فردريك نارديتشيا
Ferdinand Panik	فرديناند پانيك
Fritz Vahrenholt	فريتز ڤاهرنهولت
Friedrick Pinkerton	فريدريك پينكرتون
Frederick Kempe	فريدريك كمپ
Friedemann Suttrop	فريدمان سوتروپ
C. Bailleux	ك بايو
Cathy Gregoire Padro	كاتي غريغور پادرو
Karl Kordesch	كارل كوردش
Carl Wilhelm Scheel (1742-1786)	كارل ڤلهلم شيله (1786-1742)
Kazukiyo Okano	كازوكيو أوكانو
Kraft Ehricke	كرافت إيريك
Chris Borroni-Bird	كريس بورّوني-بيرد
Chris Fay	كريس فاي

Christoph Huss	كريستوف هوسّ
Christopher Dyer	كريستوفر داير
Christan Isting	كريستيان إيستينغ
Clay Morzan	كلاي مورزان
Claire Greensfelder	كلير غرينزفلدر
Kenji Yamaji	كنجي يماجي
Kurt Weil	كورت ڤايل
Cornelius Driver	كورنيليوس درايڤر
Constantin Carpetis	كونستانتين كارپيتس
Keith Prater	كيث پراتر
Kimitika Yamane	كيميتيكا يامان
Kenishi Honda	كينيشي هوندا
L.F.Vereschchagin	ل ف ڤيريشتشاغين
Larry Williams	لاري وليمز
Lash Miller	لاش ميلر
Lavoisier	لاڤوازييه
Lutero Carmo de Lima	لوتيرو كارمو دي ليما
Ludwig Mond	لودڤيغ موند
Laurence Jones	لورنس جونز
Lawrence Livermore	لورنس ليڤرمور
Lawrence Livermore	لورنس ليڤرمور
Loma Linda	لوما ليندا
Luis Vega	لويس ڤيغا
Linda Church Ciocci	ليندا تشرش تشيوتشي
Mark Moody-Stuart	مارك مودي ستوارت
Marcuse Bleinroth	ماركوز بلينروث

Markus Freidli	ماركوس فريدلي
Max Pemberton	ماكس پمبرتون
Michael Graetzel	مايكل غراتزل
Michael Otto	مايكل أوتو
Michael Jefferson	مايكل جفرسون
Michael Swain	مايكل سوَيْن
Michael Faraday (1791-1867)	مايكل فاراداي (1791-1867)
Michael Heben	مايكل هبن
Michael Hilton	مايكل هيلتون
Maurice Scott	موريس سكوتّ
Moshe Ron	موشيه رون
Michel Berezo	ميشيل بريزو
Nathan Lewis	ناتان لِويسّ
Ned Potter	ند پوتر
Nick Abson	نِك أبسون
Neboj?a Naki?enovi?	نيبودجا ناكيتشينوڤيتش
Nicolas Lemery (1645-1715)	نيكولا ليمري (1645-1715)
Neil Otto	نَيْل أوتو
Neil Rossmeissl	نِيْل روسميسل
Nelly Rodriguez	نيلّي رودريغيز
Hartmund Steeb	هارتموند ستيب
Harry Ihrig	هاري إيهريغ
Harry Pearce	هاري پيرس
Harry Ricardo	هاري ريكاردو
Hamilton Sundstrand	هاملتون سندستراند
Hans Pohl	هانس پوهل

Hans-Dieter Schlegel	هانس-ديتر شليغل
Heinz Klug	هاينز كلوغ
Herbert Brown	هربرت براون
Herman Boerhaave	هرمان بورهاڤ
Hermann Honnef	هرمان هونّيف
Helmut Buchner	هلموت بوشنر
Henry Ford	هنري فورد
Cavendish Henry (1731-1870)	هنري كاڤينديش (1870-1731)
Henry Linden	هنريليندن
Henry Henderson	هنري هندرسون
Howard Berman	هوارد برمان
Harold Sorensen	هورولد سورنسن
Ho-Kwang Mao (David)	هو-كوانغ (ديڤِد) ماو
Hjalmar Arnason	هيالمار أرناسون
Hillard Huntington	هيلار هونتينغتون
W.L. Gore	و ل غور
W. Mitchell	و ميتشل
Wright-Patterson	ورايت باترسون
Walt Pyle	ولت پايل
Walter Peschka	ولتر پيشكا
Walter Seifritz	ولتر سايفريتس
Willis Hawkins	ولّيس هوكينز
William Summers	وليم سَمّرْز
William Grove	وليم غروڤ
William Fife	وليم فايف
William Clay Ford	وليم كلاي فورد

William Conrad	وليم كونراد
William Nicholson	وليم نيكولسون
William Nellis	وليم نيلّيس
William Hastings Campbell	وليم هاستينغز كامبل
Willy Korf	ويلي كورف
Yale Josephy	يال جوزيفي
Joachim Gretz	يواكيم غريتس
Eugene Wigner	يوجين ويغنر
J?rg Schlaich	يورغ شلايش
Jürgen Schrempp	يورغن شرمپ
Yoshio Kimura	يوشيو كيمورا
Jülich	يوليش
V. Jonsson	ف جونسّون
Van Nuys	ڤان نويس
Wolfgang Strobl	ڤولفغانغ شتروبل

لائحة الاختصارات المستعملة
(مسرد إنكليزي)

°F° Fahrenheit	°ف درجة صفر على مقياس فارنهايت
AFC Alcaline Fuel Cell	خ و ق خلايا الوقود القلوية
ATP Adenosine triphosphate	أدينوزين تريفوسفات
BMW	بي إم في
BP British Petroleum	ب پ بريتيش پيتروليوم
BTU British Thermal Unit	و ح ب وحدة حرارية بريطانية
CAN Clair Air Now	كانْ "هواء نظيف الآن"
CNG Compressed Natural Gas	غ ط م الغاز الطبيعي المضغوط
DASA Daimler-Benz Aerospace Airbus	د أ أ ديملر إيروسپيْس إيرباص
DFVLR	وكالة الطيران والفضاء الألمانية
DLR The Deutsche Forschungstalt für Luft und Raumfahrt	المؤسسة الألمانية لأبحاث الفضاء
DMFC Direct Methanol Fuel cell	خ و م م خلية الوقود على الميتانول المباشر
EPA Environement Protection Agency	و ح ب وكالة حماية البيئة

EPNdB (Effective Perceived Noise Level in decibels) — م ض ف م د (أي مستوى الضجة الفعلي المستشعر لكل ديسيبل)

Euratom — أوراتوم الوكالة الأوروبية للطاقة الذرية

FAS Federation of American Scientists — إ ع أ إتحاد العلماء الأمريكيين

FIOR Fine Iron Reduction — فيور (صهر خام الحديد الناعم)

gigajoule GJ (109) — ج ج جيغاجول (أي109)

HHOG High-purity Hydrogen and Oxygen gas Generator — مولد غاز الهيدروجين والأكسجين عالي النقاء

HIT Hydrogen Induction Technique — ت ت هـ تقنية تحفيز الهيدروجين

HOTOL Horizontal take off and landing — هوتول إقلاع وهبوط أفقي

HSCT High Speed Civil Transport — ط ن م ع س طائرة النقل المدني عالية السرعة

HTR High Temperature Reactor — م ح ع المفاعل على حرارة عالية

ICEV internal combustion engine vehicle — م م ا د مركبة بمحرك احتراق داخلي

IGT Institute of Gas Technology — م ت غ معهد تكنولوجيا الغار

JPL Jet Propulsion Laboratory — م د ن مختبر الدفع النفاث

KLM — ك إل إم (الخطوط الجوية الهولندية)

LEAP Liquid-Hydrogene Experimental Airline Project — م خ ط ت هـ س مشروع خط الطيران التجريبي بالهيدروجين السائل

MBB Messerschmitt-Boelkow-Blohm — إم بي بي مسرشميت-بولكوف-بلوم

MC Molten Carbonate — الصهيرة الكربوناتية

MIT'Massachusetts Institute of Technology	إم أي تي معهد ماساشوستس للتكنولوجيا
NASP National Aerospace Plane	ط ف ج ق طائرة الفضاء الجوي القومي
NECAR I (New Electric Car)	نيكار1 السيارة الكهربائية الجديدة
NECAR4 (New Electric Car 4)	نيكار 4 (السيارة الكهربائية الجديدة 4)
OTEC Ocean Thermal Energy Conversion	تحويل الطاقة الحرارية في المحيطات
PAFC Phosphoric Acid Fuel cell	خ و ح ف خلايا الوقود بحمض الفوسفوريك
PEM Proton Exchange Membrane	غ ت پ غشاء التبادل البروتوني
PNGV Partnership for a New Generation of Vehicles	ش ج ج م شراكة من أجل جيل جديد من المركبات"
RAF Riga Automobile Factory	راف (مصنع ريغا للسيارت)
RLV Reusable Launch Vehicle	مركبة إطلاق يمكن إعادة استخدامها
SCP single cell protein	خ پ و خلية البروتين الوحيدة
SDIO Strategic Defense initiative Office	م م د س مكتب مبادرة الدفاع الاستراتيجي
SOFC Solid Oxide Fuel Cell	خ و أ ص خلايا وقود بالأكسيد الصلب
SPE Solid Polymer Electrolyte	پ م ك ص البوليمير المحلولي الكهربائي الصلب
SRI Scientific Research Institute - International	م ب ع – د معهد البحوث العلمية – الدولي

SSRT Single Stage Rocket technology
ت ص م و تكنولوجيا صاروخ المرحلة الواحدة

SST Super-Sonic-Transport
ن ف ص نقل فوق الصوتي

SWB Solar Wasserstoff Bayern (Solar Hydrogen Bavaria)
معامل إنتاج وقود الهيدروجين بالطاقة الشمسية في ألمانيا

Technion
تكنيون (وهي المؤسسة الاسرائيلية للتكنولوجيا)

TVP Texture Vegetable Protein
پ ن ن پروتين نسجي نباتي

ZEV Zero Emission Vehicle
م ع إ المركبة عديمة الانبعاثات

لائحة الاختصارات المستعملة
(مسرد عربي)

°F° Fahrenheit	°ف درجة صفر على مقياس فارنهايت
FAS Federation of American Scientists	إ ع أ إتحاد العلماء الأمريكيين
ATP Adenosine triphosphate	أدينوزين تريفوسفا
MIT'Massachusetts Institute of Technology	إم أي تي معهد ماساشوستس للتكنولوجيا
MBB Messerschmitt-Boelkow-Blohm	إم بي بي مسرشميت-بولكوف-بلوم
Euratom	أوراتوم الوكالة الأوروبية للطاقة الذرية
BP British Petroleum	ب پ بريتيش پتروليوم
BMW	بي إم في
SPE Solid Polymer Electrolyte	پ م ك ص الپوليمير المحلولي الكهربائي الصلب
TVP Texture Vegetable Protein	پ ن ن پروتين نسجي نباتي
HIT Hydrogen Induction Technique	ت ت هـ تقنية تحفيز الهيدروجين
SSRT Single Stage Rocket technology	ت ص م و تكنولوجيا صاروخ المرحلة الواحدة

تحويل الطاقة الحرارية في المحيطات	OTEC Ocean Thermal Energy Conversion
تكنيون (وهي المؤسسة الاسرائيلية للتكنولوجيا)	Technion
ج ج جيغاجول (أي 10^9)	gigajoule GJ (10^9)
خ پ و خلية البروتين الوحيد	SCP single cell protein
خ و أ ص خلايا وقود بالأكسيد الصلب	SOFC Solid Oxide Fuel Cell
خ و ح ف خلايا الوقود بحمض الفوسفوريك	PAFC Phosphoric Acid Fuel cell
خ و ق خلايا الوقود القلوية	AFC Alcaline Fuel Cell
خ و م م خلية الوقود على الميتانول المباشر	DMFC Direct Methanol Fuel cell
د أ أ ديملر إيروسپيْس إيرباص	DASA Daimler-Benz Aerospace Airbus
راف (مصنع ريغا للسيارت)	RAF Riga Automobile Factory
ش ج ج م شراكة من أجل جيل جديد من المركبات"	PNGV Partnership for a New Generation of Vehicles
الصهيرة الكربوناتية	MC Molten Carbonate
ط ف ج ق طائرة الفضاء الجوي القومي	NASP National Aerospace Plane
ط ن م ع س طائرة النقل المدني عالية السرعة	HSCT High Speed Civil Transport
غ ت پ غشاء التبادل البروتوني	PEM Proton Exchange Membrane
غ ط م الغاز الطبيعي المضغوط	CNG Compressed Natural Gas
فيور (صهر خام الحديد الناعم)	FIOR Fine Iron Reduction

KLM	ك إل إم (الخطوط الجوية الهولندية)
CAN Clair Air Now	كانْ "هواء نظيف الآن"
SRI Scientific Research Institute - International	م ب ع - د معهد البحوث العلمية - الدولي
IGT Institute of Gas Technology	م ت غ معهد تكنولوجيا الغار
HTR High Temperature Reactor	م ح ع المفاعل على حرارة عالية
LEAP Liquid-Hydrogene Experimental Airline Project	م خ ط ت هـ س مشروع خط الطيران التجريبي بالهيدروجين السائل
JPL Jet Propulsion Laboratory	م د ن مختبر الدفع النفاث
EPNdB (Effective Perceived Noise Level in decibels)	م ض ف م د (أي مستوى الضجة الفعلي المستشعر لكل ديسيبل)
ZEV Zero Emission Vehicle	م ع إ المركبة عديمة الانبعاثات
ICEV internal combustion engine vehicle	م م ا د مركبة بمحرك احتراق داخلي
SDIO Strategic Defense initiative Office	م م د س مكتب مبادرة الدفاع الاستراتيجي
DLR The Deutsche Forschungstalt für Luft und Raumfahrt	المؤسسة الألمانية لأبحاث الفضاء
RLV Reusable Launch Vehicle	مركبة إطلاق يمكن إعادة استخدامها
SWB Solar Wasserstoff Bayern (Solar Hydrogen Bavaria)	معامل إنتاج وقود الهيدروجين بالطاقة الشمسية في ألمانيا

493

HHOG High-purity Hydrogen and Oxygen gas Generator	مولد غاز الهيدروجين والأكسجين عالي النقاء
SST Super-Sonic-Transport	ن ف ص نقل فوق الصوتي
NECAR4 (New Electric Car 4)	نيكار 4 (السيارة الكهربائية الجديدة 4)
NECAR I (New Electric Car)	نيكار 1 السيارة الكهربائية الجديدة
HOTOL Horizontal take off and landing	هوتول إقلاع وهبوط أفقي
BTU British Thermal Unit	و ح ب وحدة حرارية بريطانية
EPA Environement Protection Agency	و ح ب وكالة حماية البيئ
DFVLR	وكالة الطيران والفضاء الألمانية

Printed in the United States
By Bookmasters